BIBLIOTECA
del

« CORPUS REFORMATORUM ITALICORUM »

diretto da Luigi Firpo e Giorgio Spini
con la collaborazione di Antonio Rotondò e John A. Tedeschi

ERESIA E RIFORMA
NELL'ITALIA DEL CINQUECENTO

Miscellanea I

Contributi di:

ALBANO BIONDI, LUIGI FIRPO, CARLO GINZBURG,
CARLO OSSOLA, UWE PLATH, ADRIANO PROSPERI,
SILVANA SEIDEL MENCHI, ALDO STELLA, MANFRED E. WELTI.

NORTHERN ILLINOIS
UNIVERSITY PRESS
DeKalb

THE NEWBERRY
LIBRARY
Chicago

Albano Biondi

LA GIUSTIFICAZIONE DELLA SIMULAZIONE NEL CINQUECENTO

LA GIUSTIFICAZIONE DELLA SIMULAZIONE
NEL CINQUECENTO

1. *Premessa.*

Queste note nascono in margine alle ricerche sulla simulazione religiosamente motivata, condotte avanti, sulla scia della definizione di «nicodemismo» fissata da Delio Cantimori, soprattutto da Antonio Rotondò e Carlo Ginzburg [1]; e mentre, da un lato, non avrebbero potuto nascere senza la sollecitazione di quegli scritti, dall'altro obbediscono ad una linea di interesse parzialmente diversa: presumono, cioè, di porsi come frammenti di un saggio sulla storia degli

---

[1]. Il nicodemismo, dopo i rapidi cenni in G. JALLA, *Storia della Riforma in Piemonte fino alla morte di Emanuele Filiberto (1517-1580)*, Firenze, 1914, R. N. CAREW HUNT, *Calvino*, trad. di ADA PROSPERO, Bari, 1939, p. 33 e 267, A. OMODEO, Calvino, Napoli, 1946, p. 47, e soprattutto A. CASADEI, *Juan de Valdés*, « Religio », XIV, 1938, divenne problema storiografico rilevante per le ricerche di DELIO CANTIMORI, soprattutto a partire dal saggio *Nicodemismo e speranze conciliari nel Cinquecento italiano*, in: « Quaderni di Belfagor », I, 1948, pp. 12-23, sino alla sezione su *L'Italia e il Papato*, cap. VIII della *Storia del mondo moderno*, II, Milano, 1967, pp. 344-5, passando per le pagine fondamentali di *Prospettive di storia ereticale italiana del Cinquecento*, Bari, 1960, soprattutto pp. 37 segg. Ma per la bibliografia cantimoriana sul nicodemismo si rimanda al contributo di A. ROTONDÒ, *Atteggiamenti della vita morale italiana del Cinquecento, La pratica nicodemitica*, nel fascicolo dedicato alla memoria di Delio Cantimori dalla « Rivista storica italiana », LXXIX, 1967, pp. 991-1030; e per le ricerche umanistico-ereticali in genere, del Cantimori si vedano i capp. X e XXI di G. MICCOLI, *Delio Cantimori, La ricerca di una nuova critica storiografica*, Torino, 1970 (il libro presenta in appendice una « Bibliografia degli scritti di Delio Cantimori », a cura di L. PERINI e J. A. TEDESCHI). E. DROZ, *Chemins de l'hérésie*, I, Genève, 1970, descrive, pp. 131-271, documenti e circostanze della polemica contro nicodemiti e « temporeggiatori » e costituisce una messa a punto molto precisa sui materiali. Il libro di C. GINZBURG, *Il nicodemismo. Simulazione e dissimulazione religiosa nell'Europa del '500*, Torino, 1970, mostra il costituirsi di una dottrina della simulazione e dissimulazione nel periodo antecedente alla condanna pronunciata da Calvino (1543-44). Il presente contributo prende le mosse da una discussione delle posizioni di Ginzburg.

atteggiamenti etici dei gruppi e degli individui ideologicamente minoritari o marginali, in situazione di chiusura di ogni prospettiva, sia poi che questa chiusura venga prospettata come temporanea, o come insuperabile, come avviene per esempio nella opposizione aristocratica tra dotti e volgo, i « pochi felici » e « i molti » dalle opinioni banali.

Il fatto è che il tema della simulazione e dissimulazione ha nel Cinquecento un'estensione che esorbita di molto il terreno del dibattito religioso, dove è stato studiato di preferenza in questi ultimi tempi, in connessione col nicodemismo. La volontà di fare di simulazione e dissimulazione, dell'agire coperto insomma, uno « stile di vita » positivo, componente indispensabile di una sia pur amara saggezza mondana, si insinua come un lievito negli scritti morali di più vario carattere, dal *Cortegiano* al *Galateo* [2], dai *Ricordi* del Guicciardini ai *Saggi* di Montaigne, a meno noti pronunciamenti di meno noti personaggi. Scrive Guicciardini: « È lodato assai negli uomini ed è grato a ognuno lo essere di natura liberi e reali, e, come si dice in Firenze, schietti; è biasimata da altro canto e odiosa la simulazione, ma è molto più utile a sé medesimo; e quella realtà giova più presto a altri che a sé ». Il tema dell'agire coperto affiora nei *Ricordi* ad ogni passo: « L'uomo è tanto fallace, tanto insidioso, procede con tante arti, sì indirette, sì profonde... ». Qui c'è quasi ammirazione; altrove la situazione si impone come una scena drammatica: « Fa el tiranno ogni possibile diligenza per scoprire el segreto del cuore tuo...; e però, se tu vuoi che non ti intenda, pensavi diligentemente, e guardati con somma industria da tutte le cose che ti possono scoprire, usando tanta diligenza a non ti lasciare intendere quanta usa lui a intenderti ». Potrebbe essere una scena tipica del rapporto tra inquisitore e inquisito; è comunque una situazione che fonda il diritto di portare la maschera. Il maestro cui Guicciardini rimandava era Tacito: « Insegna molto bene Cornelio Tacito a chi vive sotto a tiranni il modo di vivere e governarsi prudentemente » [3].

La doppiezza è un'arte da apprendere: guarnito da essa, l'uomo « abbia pure pazienza e aspetti tempo ». Non moltiplicherò, qui, le citazioni; sennonché, sotto la guida di Michel de Montaigne, uomo

---

2. Un esempio di certe possibilità di approfondimento di questa linea si può vedere in G. MACCHIA, *Il paradiso della ragione*, Bari, 1960, nei capp. « La scuola della dissimulazione » (pp. 177-90) e « Dissimulazione e romanzo » (pp. 191-207).

3. FRANCESCO GUICCIARDINI, *Opere*, a cura di Vittorio de Caprariis, Milano-Napoli, 1953; *Ricordi*, 104, 157, 103, 18.

capace di ragionare con serena equanimità sul fenomeno della doppiezza, rimanderò a un testo di Seneca [4] che fissa l'ideale dell'uomo intero, contrapposto all'uomo scisso della simulazione: « Magnam rem puta unum hominem agere. Praeter sapientem autem nemo unum agit, ceteri multiformes sumus... mutamus subinde personam et contrariam ei sumimus quam exuimus ». Ebbene, i testi cinquecenteschi sulla simulazione danno come scontata la difficoltà dell'« unum hominem agere », la realtà dell'essere « multiformes » e sfuggenti, bisognosi di indossare e deporre via via sempre nuove maschere (« personam ») a seconda delle circostanze: e tendono a rendere accettabile tale verità.

La « simulazione religiosamente motivata » si colloca dunque su questo orizzonte più vasto che qui mi sono accontentato di evocare, senza neppur tentare di caratterizzarlo ulteriormente. La sua storia è speculare alla storia della « repressione religiosamente motivata »: e sono l'una e l'altra casi particolari della fenomenologia della repressione e dei mezzi elaborati per sottrarvisi. La simulazione si caratterizza come un tentativo di girare l'ostacolo piuttosto che affrontarlo: essa trova la sua positività quando, rifiutando i terreni di scontro posti dall'epoca storica, scopre terreni nuovi su cui accampare valori alternativi, in genere valori futuri. Ma di questo, più avanti. Basti qui fissare alcuni punti rivolti ad inquadrare il significato più propriamente filologico delle pagine che seguono. Il termine di riferimento del discorso è il libro di Carlo Ginzburg, *Il nicodemismo. Simulazione e dissimulazione religiosa nell'Europa del '500*, Torino 1970. La tesi principale è nota ed è già stata ampiamente discussa: « Il nicodemismo – la dottrina della liceità della simulazione religiosa – nacque a Strasburgo dalla complessa esperienza religiosa e politica di Otto Brunfels »; i *Pandectarum veteris et novi Testamenti libri XII*, pubblicati a Strasburgo nel 1527, ne sono la bibbia, Otto Brunfels, dunque, lo scolarca, Strasburgo il centro di irradiazione; il nicodemismo viene descritto come « la risposta al fallimento della rivolta dei contadini, alla sconfitta cioè dell'ala più avanzata della Riforma »; per i vinti, per i disperati, Brunfels scava nella Bibbia precetti ed esempi, che autorizzano a disertare la lotta, ad assumere atteggiamenti di simulazione e dissimulazione in attesa dell'imminente fine del mondo o di tempi più propizi alla parola di Dio; si tratta di una vera e propria

---

4. SENECA, *Ep.* 120, cit. da M. DE MONTAIGNE, *Essais*, libro II, cap. I (« De l'inconstance de nos actions »), p. 374, dell'ed. di A. THIBAUDET, Paris, 1953².

dottrina della simulazione, « basata su una posizione religiosa di tipo
ereticale prossima all'anabattismo », destinata cioè a confortare gli
atteggiamenti di gruppi settari formati in ambiente riformato, per
cui, sostiene Ginzburg, « l'identificazione proposta da Calvino dei
nicodemiti con i criptoriformati non regge », e il testo del dottore di
Ginevra, attaccando nel 1543 gli evangelici incerti in terra papistica,
sarebbe indirizzato al bersaglio sbagliato. Erano invece settari, collocati tra anabattismo e spiritualismo, che si coprivano con l'esempio
di Paolo e con le sue parole « omnia omnibus factus sum » (che « grazie
alle *Pandectae* erano destinate a diventare l'insegna dei teorizzatori
della simulazione ») [5] o addirittura con l'esempio di Cristo (e Ginzburg commenta: « giustificare in maniera esplicita la simulazione con
l'esempio di Cristo era veramente troppo provocatorio ») [6]. Ora, le
pagine che seguono ci propongono di dimostrare in primo luogo che
le discussioni sulla simulazione religiosamente motivata sono un tema
antico di origine patristica, ripreso nel Cinquecento già almeno a
partire dal commento paolino di Jacques Lefèvre d'Etaples (1512),
trattato ampiamente da Erasmo in sede esegetica nel commento al
Novum Instrumentum (1516), e dibattuto in sede polemica nello scontro che egli ebbe nel 1524 con Ulrico di Hutten (al cui fianco era
schierato Otto Brunfels, allora contro Erasmo « simulatore »); fu nel
corso di questa polemica e in quella successiva, che oppose Erasmo
a Lutero, che vennero messi a fuoco, nella maggior parte, i testi e gli
esempi confluiti poi nelle *Pandectae* di Otto Brunfels: e da questo
punto di vista il filone strasburghese, individuato da Ginzburg, è un
vicolo e non la via maestra, la data del 1527 è troppo tarda, Brunfels
è discepolo e non scolarca, e i paradigmi a cui egli si richiama sono
non provocatori, ma consolidati già in una tradizione abbastanza
rispettabile.

I testi sembrano indicare che il dibattito sul significato religioso
di simulazione e dissimulazione è più centrale che periferico nella
discussione del tempo, essendo legato al tema privilegiato dei riformatori che è quello della libertà del cristiano: certo, sono i gruppi
minoritari che hanno necessità di simulare e che sollecitano i testi in
senso favorevole al loro comportamento, ma una definizione della
« dottrina » della simulazione religiosamente motivata non può prescindere da un esame dello sfondo offerto dalle posizioni « magiste-

5. C. GINZBURG, *op. cit.*, p. 76.
6. C. GINZBURG, *op. cit.*, p. 70.

riali » [7], se non altro per non correre il rischio di scambiare per settario quello che è accettato o almeno discusso a livello « magisteriale ». In relazione al tema della libertà del cristiano è apparso di rilevanza decisiva il tema degli *adiaphora*, vero nodo strategico nel processo di ampliamento della libertà morale e intellettuale: e credo che esso sia strutturalmente necessario in una definizione della dottrina della simulazione lecita.

Un riesame delle posizioni espresse da Calvino circa il tema della simulazione, con la distinzione da lui chiaramente enunciata di tre generi di simulatori, i nicodemiti, i libertini e gli atei « lucianici », pare porti a concludere non che Calvino sbagliava nell'identificare i nicodemiti con i criptoriformati, ma piuttosto che la terminologia storiografica più recente ha ampliato l'ambito semantico del termine nicodemita al di là delle intenzioni di Calvino: operazione, ovviamente lecita, ma non quando la si applichi a ritroso per concludere che Calvino ha sbagliato nell'identificare i nicodemiti; vero è invece che le categorie polemiche fissate dal censore di Ginevra, ossessionato dalle « mostruose » libertà che si vedeva rampollare intorno, conservano una buona aliquota di valore indicativo per una ricostruzione della dottrina della simulazione, e meglio sarebbe dire *delle dottrine*, giacché se i testi esemplari sono di solito gli stessi, le loro diverse combinazioni, finalizzazioni ed enfasi portano a strutture dottrinali diverse.

I testi biblici portati a giustificazione del procedere coperto, le figure paradigmatiche scelte dal simulatore a fargli da scudo, si ripetono nel tempo, continuamente evocati, continuamente reinterpretati in senso positivo o negativo. Quello che si troverà nelle pagine seguenti non è certo uno spoglio esauriente, ma uno scandaglio confortato dall'illusione di avere colto elementi sufficientemente significativi. Ho abbondato nelle citazioni, perché ho voluto comunicare direttamente il senso topico, ripetitivo, del linguaggio della simulazione. Il discorso ha finito col polarizzarsi sulle due figure di Erasmo e di Calvino, che sono i due reali antagonisti in questo un po' arcaico abbozzo di narrazione. I discorsi conclusivi sulla funzione storica della simulazione sono, al massimo, ipotesi per un lavoro futuro sul ruolo dell'intellettuale umanista nella vicenda intellettuale europea: allo stato dei fatti sono un salto di filologia in retorica, ma è comunque sotto la sollecitazione dei problemi che essi configurano che si è condotta la ricerca: la quale, per quello che dà ora, si propone di

7. Uso il termine nell'accezione di G. H. WILLIAMS, *The Radical Reformation*, Philadelphia, 1962.

fornire indicazioni sui modi in cui, in un ambito culturale determinato, individui e gruppi hanno accettato la realtà del comportamento scisso, sforzandosi di liberarlo da connotazioni negative, e di fondare il diritto di « procedere mascherati » verso l'« esterno » per tutelare valori « interni ».

2. *Le vicissitudini esegetiche di* Galati, *II, 11-13 e le giustificazioni dell'atteggiamento nicodemitico nel '500.*

Ginzburg ha ragione di rilevare che l'esempio di Nicodemo occorre raramente fra i precedenti invocati dai « nicodemiti »: Naaman è più popolare di Nicodemo [8]. Ma in effetti la dottrina della simulazione religiosamente motivata riposa su una base assai più ampia e ragionata della precettistica messa in luce da Ginzburg ed è, assai più intimamente che egli non dica, legata al dibattito sul valore delle opere e sulla dialettica Libertà-Legge, tema centrale della Riforma. Per rendersene conto può essere utile seguire le vicissitudini di un testo che Ginzburg ha elencato tra tanti altri, mentre occupa senz'altro una posizione chiave nella struttura delle giustificazioni della pia doppiezza. Si tratta di *Gal.*, II, 11-13 [9]; che è opportuno citare per intero: « Cum autem venisset Petrus Antiochiam in faciem ei restiti: quia reprehensibilis erat. Prius enim quam venirent quidam a Iacobo cum gentibus edebat. Cum autem venissent subtrahebat se et segregabat se, timens eos qui ex circumcisione erant, et *simulationi* eius consenserunt et ceteri Judaei: ita ut et Barnabas duceretur ab eis in illa *simulatione* ». Riassumiamo brevemente le circostanze che inquadrano questo passo. Pietro è venuto in Antiochia [10] e svolge attività

---

8. Nicodemo « venit ad Iesum nocte », per sottrarsi alle critiche degli altri Farisei in *Ioh.*, III, 2. Naamam « praefectus militum » del re di Siria, mondato dalla lebbra da Eliseo profeta, si converte al dio di Israele chiedendo però un'eccezione così formulata, in *IV Re*, V, 18-9: « Hoc autem solum est, de quo depreceris Dominum pro servo tuo quando ingredietur dominus meus templum Remmon ut adoret et illo innitente super manum meam: si adoravero in templo Remmon, adorante eo in eodem loco, ut ignoscat mihi Dominus servo tuo pro hac re. Qui dixit ei: Vade in pace ». Come si vedrà più avanti, il testo veniva interpretato come giustificazione del culto esterno non accompagnato da consenso interiore.
9. Cfr. C. GINZBURG, *Il nicodemismo* cit., p. 76. Una buona raccolta di commenti su questo passo si può leggere in J. PEARSON, *Critici sacri*, tomo VII (Amsterdam, 1698) pp. 14 segg. La raccolta esclude però, com'è noto, i testi religiosamente impegnati, Lefèvre, Lutero, Calvino ecc.
10. La *Bibbia concordata*, Milano, 1968, p. 1918, commenta: « È difficile indicare una data precisa dell'incidente che però deve essere successo tra l'anno 43 e l'anno 49 ».

missionaria tra le Genti; condivide le loro costumanze (« cum Gentibus edebat »); non tenta minimamente di trarle agli usi giudaici, finché non vengono altri missionari ebrei, da Gerusalemme, cui presiede Giacomo. Allora Pietro riduce i suoi contatti coi gentili, e « si apparta per timore dei circoncisi »; ostenta di non condividere le loro usanze alimentari e di essere pieno di zelo per le pratiche giudaiche. E, dice la Vulgata, II, 13, « simulatione eius consenserunt ceteri Iudaei » (greco: καὶ συνυπερκίθησαν αὐτῷ καὶ οἱ λοιποὶ Ἰουδαῖοι), tanto che persino Barnaba, il fedelissimo di Paolo, che sapeva bene la vanità delle opere della Legge, si lascia trarre a simulazione. Il comportamento del gruppo, sotto l'influenza dei seguaci di Giacomo, è quindi diventato tale da creare l'impressione che per essere cristiani bisogna assumere le pratiche giudaiche. Era una simulazione: infatti, che Pietro non si sentisse più vincolato dalle osservanze giudaiche lo dimostra fra l'altro, in questo contesto, il comportamento da lui adottato prima dell'arrivo dei Giacobiti; era una simulazione dettata da timore (« timens eos qui ex circumcisione erant »), che aveva la grave conseguenza di indurre in errore i gentili per rispetto ai Giudei, rendendo obbligatorie ai loro occhi le pratiche della Legge (« Gentes cogis iudaizare »). Paolo si rifiuta di accettare questo stato di cose, che significa scandalo mortale per le Genti, e rinfaccia a Pietro un comportamento scandaloso: « Se tu, che sei giudeo, vivi da gentile e non da giudeo, perché mai induci le genti a giudaizzare? ». È una simulazione scandalosa, perché intacca la verità evangelica (« quum vidissem quod non recte ambularent ad veritatem Evangelii ») e contro di essa Paolo insorge e rimprovera Pietro con durezza, in pubblico, ribadendo con estremo vigore la sua dottrina della giustificazione « per fidem Iesu Christi ».

Il testo è del tutto chiaro. Pietro, per evitare urti con i seguaci di Giacomo, fautori di un integralismo giudaico che egli non condivide, simula tuttavia un rigorismo ritualistico che non corrisponde alle sue convinzioni, ma ha lo scopo di evitargli difficoltà con i fratelli che la pensano diversamente. Questo atteggiamento potrebbe passare, in termini evangelici, come « carità verso gli infermi » e volontà di evitare situazioni sterili agli effetti dell'« edificazione » (« carità », « edificazione », due criteri guida della pratica quotidiana). Sennonché la « carità » e la volontà di « edificazione » verso gli Ebrei, si configurano qui, contemporaneamente, come mancanza di carità e comportamento non edificante verso i Gentili, a cui si comunica l'impressione che le opere della Legge siano necessarie alla salvezza; ma questo non corrisponde alla verità del Vangelo, anzi accredita un errore in questione sostanziale; quindi l'acquiescenza di Pietro, la sua simulazione, è meritevole di censura, in nome della verità evangelica su cui non si transige: Paolo rimprovera Pietro pubblicamente e Pietro accetta la reprimenda.

In questo testo i rapporti tra i predicatori del Vangelo si collocano su un piano di concreta umanità, al di fuori di ogni formalizzazione ieratica: gli uomini di Giacomo tendono ad influenzare Pietro, Pietro calcola l'opportunità di non urtarli (del resto egli è in primo luogo il missionario dei circoncisi), Paolo, missionario delle Genti, lo critica con dura franchezza, rimproverandogli una simulazione che ottenebra la chiarezza del Vangelo. È una situazione che configura realisticamente il problema della tensione tra coerenza dottrinale (la dottrina è del resto in via di definizione) e compromessi pratici; e il problema si incarna in persone: Giacomo, lontano a Gerusalemme, ma presente coi suoi emissari; e Pietro e Paolo. E Pietro ha torto: la sua simulazione non è edificante.

In epoche successive, quando la valenza mitica e le preoccupazioni gerarchiche ebbero offuscato la realtà della prima predicazione in ambiente ebraico-ellenico, la situazione, descritta con umana schiettezza nelle lettere di Paolo, dovette risultare imbarazzante a molti. È un fatto che i commentatori tentano di smussare l'asprezza dello scontro. Ci fu addirittura chi si spinse ad affermare che non c'era stato scontro: si era semplicemente trattato di una messa in scena a scopo edificante, di una commedia rappresentata a freddo a scopi propagandistici dinanzi ad un pubblico ignaro. Così la pensavano molti Padri greci [11] e con essi si schierò Gerolamo, sostanziando la posizione di esperienze personali e di una nutrita schiera di precedenti scritturali.

Dice, dunque, Gerolamo, arrivato a questo passo nell'esposizione dell'epistola di Paolo ai Galati [12], che quando, giovinetto, a Roma, si esercitava nell'eloquenza era attratto irresistibilmente dalle « fictae controversiae » dei grandi retori e degli avvocati: « Currebam ad tribunalia iudicum, et disertissimos oratorum tanta inter se videbam acerbitate contendere ut, omissis saepe negotiis, in proprias contumelias verterentur et ioculari se invicem dente morderent ». Indigna-

---

11. Una ricca rassegna di testi patristici sul problema del « mendacium officiosum » da Origene a Priscilliano, si può leggere in Sisto da Siena, *Bibliotheca Sancta*, libro V, annotazione CVII a *Gen.*, XXVII, 19 (ho avuto sott'occhio l'edizione « Coloniae, ap. Maternum Cholinum », 1586). Cfr. inoltre la lettera 75 di Gerolamo in PL, vol. XXXIII, coll. 251 segg., citata sotto.

12. PL, vol. XXVI, coll. 363 segg.

zioni fittizie, evidentemente, ma persuasive e di grande effetto su giurati e pubblico. E il nostro esegeta a concludere: « Si hoc illi faciunt... quid putamus tantas ecclesiae columnas, Petrum et Paulum, tanta vasa sapientiae inter dissidentes Iudaeos atque Gentiles facere debuisse? Nisi ut eorum *simulata contentio* pax credentium fieret et Ecclesiae fides *sancto* inter eos *iurgio* concordaret? » [13].

« Contesa simulata », « litigio santo »; ed anche, nello stesso contesto, « honesta dispensatio » e « pia hypocrisis ». Pietro è d'accordo con Paolo sul fatto che bisogna inculcare a tutti, Ebrei e Gentili, la nozione evangelica della non obbligatorietà delle opere della Legge; si accorda con lui allora sulla opportunità di organizzare una messa in scena, che permetta di eliminare gli inconvenienti della sua simulazione precedente. Il santo litigio nasce come simulazione edificante. E Gerolamo teorizza: « Utilem vero simulationem et assumendam in tempore Jehu regis Israel nos doceat exemplum, qui non potuisset interficere sacerdotes Baal nisi se finxisset velle idolum colere... (*IV Reg.*, X, 18) et David... (*I Reg.*, XXI, 13). Nec mirum quamvis iustos homines, tamen aliqua simulare pro tempore ad suam et aliorum salutem, cum et ipse Dominus noster non habens peccatum nec carnem peccati simulationem peccatricis carnis assumpserit, ut condemnans in carne peccatum, nos in se faceret iustitiam Dei ». Di simulazione edificante aveva ben dato esempio Paolo che « Iudaeus Iudaeis factus est » (*I Cor.*, IX, 20), « caput totondit in Cencris » (*Act.*, XVIII, 18), « oblationem obtulit in Ierusalem » (*Act.*, XXIV, 11), « Timotheum circumcidit » (*Act.*, XVI, 3): tutte occasioni in cui l'apostolo « fecit aliqua quae contraria essent Evangelii libertati ne scandalizaret Iudaeos » [14]. In conclusione: Pietro non ha subìto l'umiliazione di un rimprovero da Paolo, perché egli stesso ha sollecitato il confronto allo scopo di sanare una situazione imbarazzante; e d'altra parte il comportamento di Paolo indica che anch'egli adottava a tempo opportuno atteggiamenti simulatori. Così il grande esegeta dalmata, il consulente scritturale di papa Damaso, ristabiliva i valori gerarchici, offrendo nel contempo una giustificazione per la finzione utile ed edificante.

La polemica tra Gerolamo ed Agostino, cui diede luogo questa interpretazione geronimiana dello scontro tra Pietro e Paolo, è un passaggio obbligato per tutti i commentatori cinquecenteschi dell'epistola ai Galati. Li vedremo più avanti. Noi la possiamo seguire

13. Ivi, col. 365.
14. Ivi, col. 364.

comodamente nell'epistolario di Gerolamo e nell'epistolario di Agostino. La forma più elaborata della questione si può leggere nelle epistole 75 del primo e 82 del secondo. Si trattò d'uno scambio epistolare protrattosi per anni; dice un passo di Agostino: « Nunc vero, tanto locorum intervallo absumus a sensibus nostris ut de illis verbis Apostoli ad Galatas, iuvenem me ad tuam sanctitatem scripsisse meminerim et ecce iam senex necdum rescripta meruerim ». In realtà, a ritardare il chiarimento contribuirono, oltre la distanza dei luoghi, vari malintesi e il malumore di Gerolamo, che reagì come un vecchio lottatore offeso, che recita la parte di entrare nella mischia con riluttanza [15].

Non è il caso di entrare nei particolari del dibattito. Gerolamo mantenne la sua posizione e, forse senza capire a fondo la logica sottile dell'Africano, credette di poter concludere che la posizione di Agostino non differiva granché dalla propria. « Asseris reprehensionem Apostolicam non fuisse dispensatoriam sed veram: et me non debere docere mendacium sed universa quae scripta sunt ita sonare ut scripta sunt » [16]. Riassunte così le obiezioni di Agostino, Gerolamo fa presente di non aver parlato di scienza propria e accredita la propria posizione raccogliendo opinioni di vari commentatori, fra cui Origene (dal quale pare prenda l'avvio questa teoria dell'*hypocrisis*). Soppesate le ragioni del suo critico, gli sembra di poter dire: « Nec multum interest inter meam et tuam sententiam, qua ego dico et Petrum et Paulum timore fidelium Iudaeorum exercuisse, imo simulasse mandata; tu autem asseris hoc eos fecisse clementer, "non mentientis astu sed compatientis affectu", dummodo illud constet, vel metu vel misericordia eos simulasse se esse quod non erant » [17]. Inutile avvertire come Gerolamo arrivasse a questa conclusione dopo una nutrita rassegna di testi che dimostravano (e giustificavano) discrepanza tra convinzioni interiori e comportamento esterno: una vera antologia per « nicodemiti » colti.

Il fatto è che Agostino aveva colto acutamente il punto debole e pericoloso in questo fuoco di sbarramento di citazioni. « Alia quidem quaestio est sitne aliquando mentiri viri boni » (del resto, Agostino non consente neanche a questo); « et alia quaestio est utrum scripto-

---

15. PL, vol. XXXIII, ep. 28, tutto il cap. III (Agostino), 40, coll. 155-7 (Agostino), 72 (Gerolamo), 75, cap. III, coll. 252-61 (Gerolamo), 82, coll. 275-81 (Agostino).
16. PL, vol. XXXIII, col. 252.
17. PL, vol. XXXIII, coll. 260-1.

rem sanctarum scripturarum mentiri oportuerit ». Se si accetta l'interpretazione geronimiana di *Gal.*, II, 11, ne consegue sì che Paolo ha simulato assieme a Pietro a fin di bene come sostiene Gerolamo, ma anche che inganna i destinatari della sua epistola presentando come vera una *reprehensio* che era soltanto simulata. È possibile che Gerolamo non si renda conto degli abissi di errore che si spalancano con la sua interpretazione? « Non intelligit prudentia tua quanta malitiae... patescat occasio si... ipsos Apostolos falsa scripsisse dicamus? »[18]. Ecco qui Paolo a protestare (*Gal.*, I, 20): « Quae autem scribo vobis ecce coram Deo, quia non mentior »; e poi, poche righe sotto, mentirebbe presentando come uno scontro reale quella che era stata soltanto una commedia edificante. Qui è in gioco la veridicità delle Scritture, la credibilità degli Apostoli: « De quo enim certus sim quod una scribendo vel loquendo non fallat, si fallebat Apostolos filios suos quos iterum parturiebat? »[19].

La verità, sostiene fortemente Agostino, è un'altra. Paolo racconta ai Galati come andarono realmente le cose (« Paulus vera narravit ») e Pietro sbagliò realmente e in maniera grave, con effetti non edificanti: « Ego quidem Petrum sic egisse credo ut gentes cogeret iudaizare »[20]; cioè, secondo Agostino, Pietro, adottando la posizione di integralismo giudaico dei seguaci di Giacomo, si era reso colpevole di una « fallax simulatio », una simulazione, cioè, che induceva in errore circa la libertà evangelica, poiché conduceva a credere che le cerimonie giudaiche fossero necessarie per la salvezza del cristiano: e il rimprovero di Paolo fu vero e ben fondato.

Non mi occupo qui delle vicissitudini medievali di questo testo e mi limito ad osservare che sulla calcolatissima sistemazione di san Tommaso dà ragguaglio Erasmo nelle sue *Annotationes*, come si vedrà più avanti.

Nel 1512 apparve a Parigi, dedicato a Guillaume Briçonnet vescovo di Lodève, il commento alle epistole paoline di Jacques Lefèvre d'Etaples. Se è vero che « il ne tirait pas de l'Epître aux Galates la thèse érasmienne et bientôt luthérienne de la liberté des fidèles affranchis par le Christ des servitudes de l'ancienne loi », questa citazione da Renaudet ha tuttavia la funzione di ricordare la centralità dell'epistola ai

18. PL, vol. XXXIII, col. 278, 6.
19. Ivi, col. 277, 4.
20. Ivi, col. 278, 8.

Galati nel dibattito religioso cinquecentesco e, aggiungerei, l'interesse generale e non conventicolare della discussione sulla simulazione [21].

Ho avuto sott'occhio l'edizione parigina del 1531, che presenta l'esegesi del nostro testo al f. XXI *r-v* (e XXII: dove si può leggere il cenno alla controversia Gerolamo-Agostino). Senza seguire nei particolari l'ampio svolgimento del discorso, basti dire che Lefèvre accetta l'esegesi di Agostino: Pietro fingeva, giudaizzando, ma « illa simulatio non aedificabat sed nocebat tam gentilibus quam iudaeis qui eius exemplo arbitrabantur iudaismum esse aliquid ». Ne venivano esaltate le opere della legge, vane, invece, dopo che col battesimo « omnes Christo concrucifigimur et commorimur et cum eo in mysterio resurgimus ».

Pietro dunque sbagliò, ma piamente Lefèvre, meno aspro di Agostino, soggiunge che sbagliò col permesso divino: « Et permisit deus ut aliquantulum non tam sibi quam aliis laberetur Petrus ut ex illo lapsu maior omnium fieret erectio... et haec permissio divina dicitur dispensatio ». Resta il fatto che la sua era una simulazione non buona.

Esiste dunque una simulazione buona e giustificabile? Qui Lefèvre introduce nel dibattito uno sviluppo interessante. Agostino aveva tentato invano di convincere Gerolamo che in Paolo non c'era simulazione. Neanche Lefèvre accetta i tentativi di Agostino di qualificare diversamente certi comportamenti di Paolo. Infatti: non circoncise Timoteo? non si purificò per sette giorni prima dell'ingresso al tempio? non sapeva che queste cerimonie « sono nulla »? « Si sciebat et faciebat: proculdubio simulabat. Quare igitur non arguendus ut Petrus? Haec perplexa multis ambiguitas. Verum dicimus simulationem ut simulationem malum non esse (nam et dominus simulavit se longius ire) sed indifferens et ad bonum et ad malum est. Nam si salvat, si amplius affectum inflammat, ut simulatio Christi amplius discipulos inflammavit ut eius praesentia requireretur, si aedificat bona est. Si destruit, si charitatem tollit, si aedificationi adversa est, mala est et reprehensibilis. Fatemur ingenue [la contrapposizione implicita è ad

---

21. AUGUSTIN RENAUDET, *Un problème historique: la pensée religieuse de J. Lefèvre d'Etaples*, in: *Medioevo e Rinascimento, Studi in onore di Bruno Nardi*, II, Firenze, 1955, pp. 623-50), che riprende osservazioni già avanzate in *Préréforme et Humanisme à Paris pendant les premières guerres d'Italie*, Paris, 1916, in particolare pp. 622-34. Le *Sancti Pauli Epistolae XIV ex vulgata editione adiecta intellegentia ex graeco, cum commentariis* IACOBI FABRI STAPULENSIS, furono stampate da H. Estienne « circa Natalem dominicae nativitatis » del 1512, tra l'edizione delle *Nozze spirituali* di Ruysbrock e quella delle *Visioni* delle sante Machtilda e Hildegarda (ivi, p. 597).

Agostino] Paulum in observantiis iudaicis simulasse... sed tum cum nihil exemplo noceret sed simulatione prodesset... Omnia certe facta Pauli, etiam simulationes, spirituales sunt ».

Ci sono affermazioni importanti da sottolineare: la simulazione, di per sé, non è né bene né male, è « indifferente ». È il criterio stoico dell'ἀδιάφορον [22], la cui riapparizione nella dialettica del Cinquecento ha avuto un ruolo di prim'ordine, non ancora sufficientemente analizzato, nella smagliatura della mentalità etico-religiosa tradizionale. Le azioni non si qualificano nel loro isolamento, atomisticamente, ma nell'intero quadro processuale in cui si collocano. La simulazione presa in sé è indifferente: si qualificherà come buona o cattiva guardando ai suoi effetti (« si aedificat bona est; si destruit... mala est et reprehensibilis ») e alle sue scaturigini, magari alla persona che la compie. La formulazione di questo ultimo punto è ben caratteristica. « Certamente tutti gli atti di Paolo sono spirituali: anche le simulazioni ». La contrapposizione tra *homo carnalis* e *homo spiritualis* ha una parte di grande rilievo nella visione religiosa di Lefèvre. L'agente qualifica l'azione. Quanti « rinati » avranno letto in questo testo di grande diffusione la sublimazione della loro doppiezza coatta? [23].

22. Sullo sviluppo del concetto di *adiaphoria* dalla filosofia stoica, cinica e scettica alla patristica, cfr. i cenni forniti da G. GARUTI e la bibliografia relativa s. v. *Adiafora e adiaforia*, in: *Enciclopedia filosofica*, I, Firenze, 1967, coll. 72-4. Per il suono del concetto al '500 cfr. A. BAUDRILLART, *Adiaphorites* in *Dictionnaire de théologie catholique*, I, Paris, 1935, coll. 396-8 e J. GOTTSCHICK, *Adiaphora* in *Realencyclopädie für Protestantische Theologie und Kirche*, I, Leipzig, 1896, pp. 168-74. È noto il ruolo che questo concetto svolge nel pensiero religioso erasmiano. Si desidererebbe un'indagine che dal campo strettamente religioso facesse centro sulla storia degli atteggiamenti etici.
23. C'è un problema del « nicodemismo » di Lefèvre. Come è noto Farel accreditò l'immagine di un Lefèvre simulatore, cfr. GINZBURG, *op. cit.*, p. 89 e A. RENAUDET, *Un problème* cit., p. 650 (« Temoin des recentes persecutions, Lefèvre, dit-on, se reprochait de n'avoir pas eu la costance de souffrir pour l'Evangile »). Del resto egli poteva fondare il suo atteggiamento sulla convinzione, che nutriva, di un duplice livello dei testi sacri; egli credeva secondo la formulazione di Renaudet, « à une double révélation de Saint Paul: les Epitres pour le *commun des fidèles* et pour *les initiés la doctrine ésotérique* dont l'Areopagite fut mysterieusement instruit » (*Un problème* cit., p. 632). Una lettera di Enrico Cornelio Agrippa indirizzata ad un amico della cerchia di Lefèvre (« Saluta meo nomine Copum et Fabrum », lamentando le persecuzioni da parte dei domenicani e dei Sorbonici, osserva che « veritas nullo securiori modo colitur, quam stupore et silentio », e consiglia « honestum est propriis armis decertare, aut tutius forte sub alieno clypeo delitescere, tutissimum autem tacere » (AGRIPPAE, *Opera*, Lugduni, per Beringos fratres, 1600, vol. II, pp. 862-3). La lettera è del 1526. Credo che ci siano buone ragioni per sostenere che il rapporto Brunfels-Lefèvre come fissato da Ginzburg,

Il testo di *Gal.*, II, 11-13 (e la nutrita costellazione di altri passi scritturali che gli si era addensata intorno nel corso della polemica) acquistò la sua attualità più scottante quando i polemisti della riforma ebbero maturato l'equazione tra le opere della Legge e le cerimonie del culto cattolico. Come le ombre della *Nékuia* omerica che ritrovano la loro spenta voce quando bevono al sangue del sacrificio, la Bibbia tornò ad essere la voce e l'interprete di una situazione religiosa allo stato caldo, quasi nativo. La Chiesa cattolica era l'abominazione dell'idolatria; oppure era Israele; o l'una e l'altra cosa assieme. Che cosa si doveva fare delle sue cerimonie? Mantenerle, simulandone la validità «pro tempore», con Pietro? O respingerle, rendendone evidente la non necessità per la salvezza, con Paolo? Lutero ha commentato l'epistola ai Galati una prima volta nel 1519 [24]. Giunto a II, 11, attacca con esordio solenne: «Ista est Abel, seu planicies magna, in qua acriter congressi sunt illustrissimi duo patres, Hieronymus et Augustinus». La posizione è quella agostiniana, ma Lutero la espone introducendovi il criterio di indifferenza. Usi gentili e giudaici appartengono alla categoria degli *adiaphora* e il cristiano si può comportare nei loro riguardi «indifferenter», purché non sussistano dubbi sulla loro irrilevanza agli effetti della salvezza. Quindi Pietro non peccò né ellenizzando né giudaizzando, bensì dando ai Gentili l'impressione che gli usi ebraici fossero obbligatori per il cristiano. Questa fu «simulatio» colpevole, perché Pietro sapeva bene che ciò non era vero, e tuttavia diede scandalo a danno della fede cristiana. «Vera itaque culpa Petri et reprehensione dignissima et in neutro simulatio qualem D. Hiero putat. Prior autem erat simulatio illa qua rogabat Petrus iudaica et legalia servari» [25]. La tesi di Gerolamo è respinta in modo nettissimo: il passo contempla una sola simulazione, quella di Pietro; non c'è traccia della simulazione concordata

andrebbe invertito, approfondendo il sospetto formulato dallo stesso Ginzburg a p. 88 («*forse* l'incontro con Lefèvre e i suoi amici aiutò lo stesso Brunfels a maturare definitivamente la sua apologia della simulazione»); e la dedica a Lefèvre del «manifesto del nicodemismo», che, secondo Ginzburg «segnava non solo simbolicamente l'inizio della diffusione di questo atteggiamento in Francia» (*op. cit.*, p. 88) andrà semmai più plausibilmente interpretata come l'omaggio ad un predecessore illustre in una pratica consolidata.

24. D. MARTIN LUTHERS WERKE, *Kritische Gesamtausgabe*, serie I, vol. II, Weimar, 1884, p. 484 (cit. d'ora in avanti come WA). *Abel = planities* è interpretazione di Reuchlin.

25. WA, cit., p. 486 (dove si sottolinea che «in faciem» va inteso non «secundum apparentiam», ma «coram omnibus»).

che immagina Gerolamo. In realtà, Paolo ha combattuto una buona battaglia: « Contra necessitatem pro libertate pugnat Paulus ». E a coloro che difendevano Pietro, con la giustificazione che egli aveva il dovere di non offendere la sensibilità degli Ebrei, di cui era l'apostolo, replica fieramente: « Melius est unam partem, cum Evangelii veritate servari, quam utramque partem una cum Evangelio perire » [26]. Salvare la verità del Vangelo vuol dire, nel caso specifico, affermare con chiarezza che le opere della Legge non salvano, che il Cristiano non è sottoposto alla Legge. Fatto salvo questo punto, stabilito con fermezza questo concetto, è eliminato l'abuso (teologicamente parlando) del cerimoniale; esso è riportato al suo uso corretto, e alla sua indifferenza dal punto di vista religioso. È la dottrina paolina di *I Cor.*, IX, 20 segg. (l'altro testo sostanziale, che appare con la maggior frequenza in combinazione con *Gal.*, II, 11-13). Lutero non fa che generalizzare i criteri indicati lì a proposito degli *idolotiti* [27], delle offerte agli idoli: se non credete agli idoli, mangiate pure della carne offerta loro in sacrificio; purché non diate scandalo agli « infirmi ». Lutero dice press'a poco: purché sia chiaro che gli idoli sono idoli, e nient'altro.

La posizione non muta nel commento del 1524; e neppure nel commento edito nel 1535, dove il discorso è completamente riformulato (pur mantenendosi come punto di riferimento l'« acris contentio » di Gerolamo ed Agostino) e ulteriormente nutrito di motivi polemici d'attualità. Gerolamo « non putat rem seriam hic geri. Ita concludit neutrum peccasse sed fingit officioso mendacio simulasse » [28]. Ma la cosa era seria, perché Pietro in quella situazione induceva (anzi « costringeva » con la sua autorità: Lutero insiste sull'uso di « cogis » « coactus est » nel testo vulgato) a giudaizzare e rendeva « observationem legis non liberam, sed necessariam... ad salutem ». E qui si inserisce con vigore il problema dell'atteggiamento da assumere nei confronti della legalità papistica (« Ita hodie adversarii fortissime contendunt humanas traditiones non posse omitti sine periculo salu-

---

26. WA, cit., p. 487.
27. *I Cor.*, VIII, 3-13: « eidolothyta » sono le carni immolate agli idoli circa le quali si pose nelle prime comunità cristiane il problema se fosse lecito cibarsene.
28. WA, serie I, vol. XL, 1-2, Weimar, 1911. Il commento a *Gal.*, II, 11-13, è alle pp. 191-214. Qui cito dal *Tomus quartus et idem ultimus operum Reverendi Patris, viri Dei, Doct. Mart. Lutheri...* Ienae, excudebat Christianus Rhodius, 1570, c. 29*v* e 32*r*.

tis ») e ritorna la questione dell'applicazione del principio di indifferenza delle cerimonie: « Libenter una cum iis utemur iisdem cibis, servabimus item ferias et ieiunia ipsorum, modo nos ista omnia voluntate libera servare permittant », purché, cioè, le cerimonie siano ridotte al loro retto uso di connettivo sociale esteriore e sia tolto loro il carattere di opere necessarie alla salvezza. Dice Lutero: « Res quidem apparet valde levicula, circumcisum vel non circumcisum esse, sed accedente fiducia ac timore propter servatam aut omissam circumcisionem negatur Deus, Christus, gratia et omnia promissa Dei... Sic si Papa exigeret a nobis traditiones suas ut nudas cerimonias non graveremur eas observare. Qualis enim esset labor gestare cucullum? raso vertice incedere? cum alioqui caerimoniis utamur. Addere autem hoc grande malum, quod in ista levicula, immo nihili re consistat aut vita et salus aut mors et damnatio aeterna, hoc Satanicum est... Edam, bibam, gestabo cucullum, faciam quaecumque praescripserit Papa, modo sinat ista omnia libera esse... ».

Il testo sfrutta l'oratoria della disponibilità, ma nella sostanza è duro, e al limite toglie qualsiasi spazio alla simulazione. Noi non facciamo i superstiziosi della purezza, i bacchettoni del ripudio del ritualismo cattolico: possiamo benissimo adottare esteriorità cattoliche, una volta che sia chiaro a tutti coloro con cui siamo e a cui ci rivolgiamo che esse sono indifferenti alla salvezza. Si vede bene che in questo non si tratta più di simulazione: « gestare cucullum » o chiericarsi, su queste premesse non è cedimento, neppure temporaneo: a quei gesti si è tolto dichiaratamente ogni valore sacrale e la materia del simulare è tolta. Però tutto ciò implica che il papa abbia accettato la dissacrazione delle sue tradizioni, la loro riduzione a « nudas caerimonias »: prima che questo si verifichi ogni comportamento ambiguo è tradimento della verità e della libertà evangelica. Paolo ebbe ragione a condannare la simulazione di Pietro.

Non diversa qui è la posizione di Calvino nel commento del 1548. A *Gal.*, II, 11 osserva « quam ineptum fuerit commentum Hieronymi et Chrysostomi qui putarunt ex composito Apostolos hanc fabulam coram populo egisse »; e « nimis frivolum » è l'argomento principale di Gerolamo secondo cui Paolo non poteva rimproverare in Pietro ciò che faceva egli stesso. Le « simulazioni » di Paolo non sono comparabili a questa di Pietro, perché non inducevano in dubbio sul senso del messaggio divino. « Rectius ergo iudicavit Augustinus qui negat ex composito quicquam actum fuisse: sed Paulum syncere pro

Christiano zelo se opposuisse pravae et intempestivae simulationi Petri, quod eam Ecclesiae noxiam iudicaret... » [29].

Nella *praefatio* aveva già chiarito il senso in cui la simulazione di Pietro è malvagia e fuor di luogo: « ...intellegant lectores circumcisionem per se non damnari, ac si mala esset: verum de necessitate eius observandae pugnari... Legem enim imponere volebant. Coactioni eiusmodi non fuit cedendum ». Non si può transigere su pratiche che comportano una sostanziale rinuncia alla verità del Vangelo. Sicché, « ubi sunt qui fucatis moderationibus conciliare nos papistis volunt? ». È la voce del fustigatore dei flessibili nicodemiti, non disposto a concessioni quando è in gioco l'onor di Dio.

Chiuderemo questa rapida rassegna delle vicende del nostro testo nella esegesi di alcuni riformatori, ricordando che Beza [30] nel suo commento critica aspramente l'interpretazione di Erasmo, cui rimprovera la difesa dei contorcimenti e degli errori di Gerolamo (che aveva interpretato la situazione « quasi res tota non serio sed per sanctam quandam simulationem inter utrumque sit acta »). Ricordando che alcuni, distinguendo tra simulazione e dissimulazione, avevano attribuito a Pietro quest'ultimo, meno reprensibile, atteggiamento (« absurdum est certe quorundam commentum, qui hoc nolunt dici de Petro, sed de aliis qui cum Petro simulabant, quasi ille dissimularet potiusquam simularet... »), osserva: « Causa... profecto non erat cur iterum nobis Erasmus rancidas istas nugas apponeret ». La verità è che in Erasmo l'interpretazione di *Gal.*, II, 11-13 faceva corpo con un atteggiamento che, soprattutto per suo tramite, divenne tipico di un modo di intendere la comunicazione della parola divina, che potremmo definire *illuminazione graduale* o *opportunismo pedagogico*: e questo modo legittimava almeno la dissimulazione di una parte della verità. Riportiamoci dunque al 1516 e ai commenti neotestamentari del « larvatus Erasmus ».

3. « *Larvatus Erasmus* ».

Gli autori sinora citati hanno preso tutti le parti di Agostino nella polemica che si era aperta più di mille anni avanti per l'interpretazione di *Gal.*, II, 11-13. Rimandava a questa interpretazione

29. Cito da Ioannis Calvini, *Commentarii in quatuor Pauli epistolas...*, Genevae, per Ioannem Girardum, 1548, pp. 24-30.
30. *Testamentum Novum, sive Novum Foedus Iesu Christi D. N., cuius Graeco contextui respondent interpretationes duae, una vetus, altera,* Theodori Bezae, *nunc quarto diligenter ab eo recognita...*, Genevae, H. Stephanus, 1589, pp. 221-2.

intransigente anche Otto Brunfels (ironicamente destinato a diventare se non scolarca, come vorrebbe Ginzburg, certo fautore di nicodemismo), quando prendeva con appassionata violenza le difese del morto cavaliere Ulrico di Hutten contro la viltà d'Erasmo[31]. Nell'acceso clima di rinascita evangelica Hutten che attacca Erasmo è un Paolo redivivo che chiede a Pietro conto della sua codardia. Hutten « ausus est semel in faciem resistere tibi et arguere quod ad veritatem Evangelii non recte ambulas. An non et Paulus Petrum reprehendit idque in facie totius ecclesiae? »[32]. E Brunfels attaccava le dissimulazioni di Erasmo-Pietro: « Non expediebat dicere? Cur non expediebat? Quibus ergo scripta sunt? an eruditis et sacerdotibus tantum?... an pro attonsis tantum mortuus est Christus? »[33]. Questa era la voce della Riforma nel suo momento aurorale, quando i suoi adepti sognavano la libertà evangelica per tutti, senza gradazioni o eccezioni. Ma Erasmo non si era calato, neppure per un attimo, in quel sogno: anche se liberata dai sofismi della scolastica, la verità restava per lui una difficile conquista di pochi. E quanto ai testi, la sua autorità paolina era piuttosto *I Cor.*, IX, con l'« omnia omnibus factus sum »; e di *Gal.*, II, 11-13, egli accettava in sostanza l'interpretazione geronimiana. Non senza, naturalmente, le precisazioni e le limitazioni e i raffinati giochi di quinte della sua maniera più scaltrita. Il commento prende le mosse dall'« ei restiti in faciem » e nella stesura definitiva copre quasi integralmente quattro colonne in-folio nell'edizione di Leida, coi loro minuti caratteri[34]. Riassume accortamente la pole-

---

31. HULRICHI HUTTENI, equitis Germani, *Opera, quae reperiri potuerunt omnia,* *edidit* EDUARDUS BÖCKING, Lipsiae, 1859-1861, 5 voll. più due di *supplementa.* I testi relativi alla controversia tra Hutten ed Erasmo, utilizzati in questa sezione, si leggono alle pp. 180-392 del vol. II, citato da qui innanzi come BÖCKING, II. La *Responsio* di Brunfels alla *Spongia* erasmiana è alle pp. 325-51. Per le questioni relative, cfr. anche P. S. e H. M. ALLEN, *Opus epistolarum* *Des. Erasmi Roterodami,* vol. V, Oxford, 1924, pp. 367 segg. (cit. da qui innanzi come ALLEN). La pubblicazione dello scritto può porsi tra il 19 gennaio e il 13 marzo 1524 e al 21 luglio dello stesso anno ne era già in circolazione una seconda edizione. L'operetta era stata preannunciata in una lettera, forse del dicembre 1523, molto dura (ALLEN, V, p. 369): saremo peccatori, ma non empi; *tu* bestemmi e sei empio verso la Scrittura, anche se vuoi ignorarlo; ti strapperemo la maschera (« detracta semel hac larva ») e ti mostreremo, con la Scrittura alla mano, chi veramente sei (« tibi scripturis palam faciemus qui sis »).
32. BÖCKING, II, p. 326.
33. Ivi, p. 344.
34. ERASMI, *Opera,* ed. Io. Clerc, Leida, 1703-1706, 10 voll. (citata da qui innanzi come EO), vol. VI, coll. 807-10. Il testo è stato riscontrato sulla prima edizione del 1516.

mica, trova che Agostino ha usato eccessiva durezza nel tratteggiare la posizione di Pietro, espone ampiamente i quattro punti di Tommaso sulla questione e lo loda per l'abilità con cui ha saputo compendiare « verbosissimam disputationem ». Tende a scusare Pietro: certo, si poté rimproverargli una certa carenza di fermezza, ma si può senz'altro passare per questo a parlare di peccato? (« Quod si nonnihil roboris hac in parte Paulus desideravit in Petro non protinus sequitur Petrum peccasse, quandoquidem illa claudicatio non aliunde quam a studio pietatis proficiscebatur »). Erasmo non trae conseguenze teologiche da quella che egli considera una leggera « zoppicata » morale; tanto più che « quoniam Mosaica lex erat in confinio, fieri potest ut Petrus quoque nonnihil addubitarit, an *palam* lex esset negligenda ». D'altra parte, « neque quisquam negat, pium hominem alicubi recte simulare et dissimulare ». In conclusione: « Ego non video cur, odio mendacii, Petrum tam dure tractemus quam illum tractavit Augustinus ». Tutti i lettori dei commenti di Erasmo conoscono la componente soggettiva, quasi di intima confessione, di certe sue annotazioni. Del resto vedremo più avanti come, con procedimento inverso che conferma la posizione, egli applichi a se stesso caratteri che crede di aver rilevato nel personaggio di san Paolo. Qui si reclama per Pietro e indirettamente per tutti coloro che si trovano « in confinio » (espressione che diventerà caratteristica della coscienza posizionale di Erasmo) il beneficio del dubbio e della *vacillatio*. Dal testo che diverrà presso i riformatori un paradigma di lotta intransigente per la verità, Erasmo trae suggestioni di comprensione per coloro che si trovano a dover scegliere in situazioni difficili.

Non seguiremo i numerosi tentativi di Erasmo di fissare una distinzione tra « simulatio » e « mendacium » (contro Agostino) o fra l'uso occasionale della menzogna e la mendacità, anche se dietro la sottigliezza filologica traspare una tendenza molto precisa. Attenendoci a testi espliciti, rileviamo in primo luogo l'elogio della tempestività, del senso di opportunità, della *vafrities*, che egli idealizza addirittura a *civilitas* (in un senso che vale press'a poco « urbanità », « buona educazione », ma anche « fair play », « diplomazia » e simili). Il Paolo intransigente dell'esegesi dei riformati diventa nella sua ricostruzione il propagandista duttile e accorto, dotato di un'infinita disponibilità a tutti gli adattamenti, nel rispetto beninteso della parola divina di cui è servitore esemplare. Prendiamo, ad esempio, un testo dalle *Annotationes in N. T.* (*Act.*, XVII, 23) *Ignoto Deo* [35]: « Et hic Hiero-

---

35. EO, VI, coll. 501 segg.

nymus indicat Paulum *pia quadam usum vafritie...* ». Paolo che parla
agli Ateniesi non riversa immediatamente su di essi tutto il tesoro
della verità evangelica: non sono ancora « mysterii capaces »; così
egli sfrutta l'espediente del « dio ignoto », presenta Cristo semplicemente come uomo, non dice tutta la verità, in una parola *dissimula*.
Inganno menzognero? No, « pia astuzia » (o « accortezza, o « furberia »)
e senso dell'opportunità. Ed ecco la deduzione dal sacro paradigma:
« Quam quidem civilitatem imitandam arbitror iis quibus studium
est Ethnicos aut Principes mala educatione depravatos ad pietatem
adducere ne protinus convitiis rem agant et exacerbent quibus
mederi volunt, sed multa dissimulantes paulatim illos adducant ad
mentem meliorem. Et fortassis reprehendi non oportet, si boni viri
hoc animo in Regum aulis agant, quo paulatim irrepant in Principum
affectus, modo ne sint auctores corum quae palam sunt iniqua, licet
ad quaedam conniveant inviti ». Erasmo consigliere dei consiglieri
dei prìncipi: come penetrare nel loro cuore indurato? Non serve certo
durezza da profeta rampognatore (« convitiis rem agant »), ma la
prudenza del serpente (*irrepant!*), l'accortezza del diplomatico che
sa anche quando chiudere un occhio (sia pure di mala voglia: « licet
ad quaedam conniveant inviti ») ed ha la pazienza del procedere
graduale (*paulatim*, ripetuto), che permette alfine di insinuarsi negli
affetti dei prìncipi. Si direbbero consigli per un cortigiano, mentre
sono direttive per un direttore di coscienze principesco.

« Civilitas », « vafrities ». La *Ratio verae theologiae* (1518) caratterizza
così la strategia usata da Cristo per trarre a sé il mondo: « Accomodavit sese his quos ad sese trahere studebat. Ut homines servaret
homo factus est [Gerolamo aveva detto: « simulationem peccatoris
carnis assumpserit »] ut peccatores sanaret, cum peccatoribus familia-
riter versatus est. Ut Iudaeos alliceret circumcisus est, purificatus est,
observavit sabbata, baptizatus est, ieiunavit... ». Qui è la sottolineatura di elementi di calcolo, di accortezza (« accomodavit sese, ut
Iudaeos alliceret »), in luogo di quello più consueto dell'amore, che
fornisce il tono particolare del passo. E, poco più sotto, dice di Paolo:
« Quanta vafricie Paulus ubique chamaeleonta quempiam ut ita loquar
agit, et in omnia vertitur ut undique lucri nonnihil addat Christo » [36].
Si tenga presente che la *Ratio* è una introduzione o *Methodus*, destinata
alla formazione dei nuovi teologi, propagandisti della vera teologia,
e che la fortuna del testo fu assai notevole. Il programma di rinnova-

---

36. EO, V, coll. 97-9.

mento della Chiesa coltivato da Erasmo contemplava che il Verbo riconquistasse i vertici della cristianità, prìncipi, prelati, università, predicatori, per poi permeare le masse, come pioggia benefica dall'alto. Era la coscienza delle resistenze incontrate dal rinnovamento che induceva Erasmo a consigliare ai suoi dotti o potenti interlocutori gradualità, adattabilità e al limite dissimulazione e simulazione.

In una dedicatoria datata da Lovanio, 5 febbraio 1519, e destinata « praesuli Leodiensi D. Erardo de Marca », in accompagnamento alle *Paraphrases* delle due epistole ai Corinzi torna l'elogio della serpentina adattabilità di Paolo: « Cum Paulus noster ubique vafer sit ac lubricus, in his tamen duabus epistolis sic polypum ac chamaelontem, sic Proteum ac Vertumnum quendam agit... *in omnia se vertens... per cuniculos insinuat*, ita sui dissimilis ut maxime tamen sui similis ita inconstans, ut maxime constans » [37]. Polipo, camaleonte, Proteo, Vertunno: questi termini rimbalzeranno su Erasmo, come note infamanti, per bocca dei riformatori, Hutten, Lutero...; ma qui stanno a connotare positivamente l'attività di Paolo e di tutti coloro che sapranno assumere come Paolo la missione dell'evangelo.

È superfluo registrare tutti i testi di Erasmo, che sviluppano questa linea. In un'epistola « R. P. Aloisio Marliano episcopo Tudensi », datata 25 marzo 1521, la dottrina ritorna nella dimensione aristocratica già vista nel commento ad *Act.*, XVII: « Scio pietatis esse nonnunquam celare veritatem eamque neque quovis loco neque quovis tempore neque apud quosvis, neque quovis modo, neque totam ubique ponendam... ». E con la litote caratteristica di Erasmo quando vuole insinuare una persuasione senza compromettervisi totalmente, il testo prosegue: « Nec enim ausim pronunciare an aliquo pacto Christianis probanda sit Platonis sententia, qui permittit sapientibus illis custodibus ut populum ipsius bono fallant mendaciis... ne prolabatur in deterius ». Pia dissimulazione, dunque (« pietatis esse... celare veritatem »), ma anche simulazione, anzi menzogna a fin di bene. Se si volesse usare qui il termine di *nicodemismo*, bisognerebbe aggiungere al nicodemismo dei vinti, delle minoranze perseguitate, il nicodemismo *ad usum regni* dei potenti.

Fu questo del resto che Hutten rinfacciò ad Erasmo, nell'attacco che gli rivolse nell'*Expostulatio* [38] l'ultimo anno della propria turbo-

37. EO, VII, coll. 855-6 e 890, cfr. ALLEN, III, pp. 480-91.
38. *Cum Erasmo expostulatio*, in BÖCKING, II, pp. 180-248; la *Spongia Erasmi adversus aspergines Hutteni*, ivi, pp. 265-324.

lenta esistenza. Il comportamento di Erasmo nei suoi riguardi è certo una macchia nella biografia del grande umanista. Ma non è il caso qui di raccontare ancora una volta la vicenda, ripresa recentemente da Bainton con una certa indulgenza per Erasmo [39], quanto piuttosto di rilevare come questo scritto e la risposta di Erasmo (la *Spongia*), mentre da una parte contribuiscono a fissare per molti anni a venire un'immagine negativa dell'ambiguità di Erasmo presso i riformatori, sono poi un ulteriore apporto alla definizione della dottrina della simulazione religiosa lecita; giacché Erasmo replica agli attacchi di Hutten ribadendo la sua posizione: «Pietatis esse nonnunquam celare veritatem». I testi di questa polemica, a cui si aggiunsero molte altre voci, furono eccellentemente raggruppati dal Böcking nella sua edizione degli *Opera* hutteniani. Hutten fissa così le rispettive posizioni: «Simulandum, inquis, est pro tempore. Ego quidem haud puto neque ulli Christiano neque multo magis docto et theologo... tanto minus qui tuus est status simulando ac dissimulando conversari hominibus te decet» [40]. Al comportamento di Erasmo egli oppone orgogliosamente quello dei *liberi homines* «quibus aequitas colitur, fides servatur, religio curae est, veritas non deseritur» [41]. Questo è il tempo di battersi a viso aperto: Erasmo disonora il suo passato e la sua gloriosa milizia di combattente della verità, con le fuorvianti maschere che ora indossa. «Quis repertus est unquam qui tam varie mobiliter et lubrice omnia diceret ac faceret? Est verecundia tibi, hoc aetatis, aliud verbis promittere, aliud rebus exhibere». Erasmo rispose, rivendicando il valore della propria posizione di disimpegno attivo. Rispose coprendosi con le caratteristiche del suo san Paolo. Certo: «Ego Vertumnum, Proteum ac Polypum egi, memet in omnia vertens» [42]; ma nella mia maniera sommessa, con la mia voce flebile, non ho mai tradito la verità di Cristo. Hutten lo esortava a gridare [43] ed egli rispondeva: «Clamo etiam dum scribo paraphrases». (È un'indicazione di metodo che gli avversari non gli passano per buona: Erasmo spera di soddisfare il suo dovere di Cristiano «dum paraphrases condit caecas mutasque», sogghigna un

---

39. R. H. BAINTON, *Erasmus of Christendom*, New York, 1969, in particolare 174 segg.; 169 segg. in *Erasmo della Cristianità*, trad. di A. BIONDI, con introduzione di A. ROTONDÒ, Firenze, 1970.
40. BÖCKING, II, p. 196.
41. Ivi, p. 224.
42. Ivi, p. 293. La *Spongia* è dell'agosto 1523.
43. Ivi, p. 303.

altro degli interlocutori, Erasmo Albero [44]. Lo accusavano di essere avido nel favore dei prìncipi ed egli rispondeva distinguendo, ma non negando assolutamente: « Nec cuiusquam principis vel metus vel gratia tantum apud me valebit unquam ut sciens adverser veritati aut gloriae Christi. Et tamen est alicuius opinor prudentiae sic alere principum favorem, ut non deseras evangelicam veritatem ». È lecito dissimulare ed anche simulare, quando lo richiedano le circostanze: « In discrimine licet ambiguo fallere: David etiam furorem simulavit » [45].

Quanto poi all'opportunismo, « Christus primum legans apostolos ad evangelicam praedicationem vetuit ne proderent se esse Christum. Si veritas ipsa iussit eam veritatem ad tempus sileri, citra cuius cognitionem ac professionem nulli contingit salus, quid novi si ego dixi alicubi supprimendam veritatem? Idem nonne siluit apud sceleratum concilium quod coierat in domo Annae et Caiphae? " Si dixero ", inquit, " vobis non credetis mihi ". Veritatem dicturus erat; quur igitur siluit? Quia sciebat nullum fore profectum. Nonne similiter obticuit apud Herodem? Sit parum hoc illud fecisse, nisi docuit ita faciendum " Nolite " inquit " sanctum dare canibus, nolite margaritas obiicere porcis ". Quum iubet apostolos emigrare a civitate, quae se praebeat indignam evangelico sermone, nonne silere iubet quod verum est? Petrus in primis illis suis concionibus Christum virum appellavit, deum tacuit; idem fecit Paulus apud Athenienses » [46]. Come si vede, siamo di fronte a tutta una serie di

44. Cfr. *Iudicium Erasmi Alberi* in Böcking, II, 373-8, e Allen, V, p. 494, nota 26. Erasmo Albero (c. 1500-1553) insegnante e ministro di spiriti radicali combatté la sua ultima battaglia a fianco dei Magdeburgici, contro l'*Interim*.
45. Böcking, II, p. 301. Si riferisce al precedente già invocato da Gerolamo e richiamato sopra, p. 15. Del resto Erasmo aveva già espresso in precedenza queste posizioni. In una lettera a Lorenzo Campeggio, 6 dicembre 1520 (Allen, IV, p. 404), criticando quel « quid saevum et austerum » che riscontrava in Lutero (a proposito del quale, peraltro, protestava « ex universis... libris non perlegi duodecim pagellas »), osservava: « Siquidem ut veritati nunquam phas est adversari, ita celare nonnunquam expedit in loco ». E dopo considerazioni sull'*admonitio* che deve essere « tempestiva, blanda et utilis », soggiungeva « non enim hic adducam quod Plato perspexisse videtur, multitudinem promiscuam et imperitam non posse contineri in officio nisi nonnunquam fuco doloque bono fallatur ». Qui Eppendorf annotava, in margine al suo esemplare delle epistole di Erasmo pubblicate nel 1521 da Froben: « Nescio certe an hoc pacto in fidei negotio agendum sit », preludio della critica che Hutten, Brunfels e Lutero renderanno comune (cfr. Allen, IV, p. 617). Il richiamo a Platone per il diritto dei sapienti « ut populum ipsius bono fallant mendaciis » è anche nella lettera al Marliano cit. sopra, in forma dubitativa.
46. Böcking, II, p. 306. Il testo continua: « Paulus loquitur sapientiam inter perfectos utique veram, inter *imbecillos* igitur silet quod verum est ». E cita

esempi di dissimulazione, e per giunta a precetti di Cristo: egli stesso invitò gli apostoli a tener presente che ci sono circostanze di tempo (« veritatem ad tempus sileri ») in cui la verità o va detta solo parzialmente o non va detta affatto, quando si vede che non ci sarebbe utilità alcuna, quando il dirla equivarebbe a un gettare le perle ai porci. Egli tacque davanti ad Anna e a Caifa; Pietro e Paolo dissero solo una parte della verità ecc. Si tratta, come si vede, di molto autorevoli sacri paradigmi; debolmente Brunfels, qui « antinicodemita », si sforzò di ridurne l'ambito di applicazione: a proposito della fuga da città a città (« iubet apostolos emigrare » ecc.) tentava di sostenere, richiamandosi a Tertulliano, che « dictum Jesu de hoc non ad nos pertinet sed ad apostolos » [47].

Come si vede, nel discorso di Erasmo la simulazione trova tutta una gamma di motivazioni: in parte di derivazione umanistica (il concetto della *civilitas*, che lo portava, ad esempio, a formulare per le polemiche il criterio seguente: « Sic oportet ad librum legendum accedere lectorem ut solet ad convivium conviva civilis »; il richiamo a Platone e ad un concetto aristocratico di cultura), ma soprattutto, conformemente allo stile d'epoca, di derivazione scritturale. Sotto questo usbergo egli tentò di condurre avanti la sua lotta per la rinascita evangelica, con metodi che l'accelerazione impressa dai riformatori rendeva inattuali.

Questa « inattualità » di Erasmo era impressione di entrambe le parti in conflitto. È superfluo rifare la storia delle sollecitazioni a prendere posizione, che gli pervennero dai due fronti e sgranare di nuovo il monotono rosario delle sue giustificazioni di uomo che sta nel mezzo. « Erasmus neminem laedere vult, placere autem omnibus: vult igitur maior esse domino suo qui sese omnibus invidiosum reddidit: evangelium illud natura seditiosum parcit nemini... »: è il suo omonimo, Erasmo Albero, che lo attacca, gettandogli in faccia *Matt.*, X, 33, *Quem puduerit* ecc. [48] Potrebbe essere Brunfels, che in quella stessa epoca illustrava la natura sediziosa del vangelo ai contadini della Selva Nera, come ha ben mostrato Ginzburg. L'inanità dei suoi sforzi diveniva oggetto di burlesche farse; eccolo spuntare, tra altri notori personaggi, in una *tragedia* del 1524: « Alius itidem larvatus,

a p. 307 esempi di temporeggiamento e simulazione tra i primi cristiani, Ilario, Cipriano ecc.

47. Ivi, p. 339: un tipo di argomentazione che sarà ripreso dal Vermigli e riapparirà nella *Panoplia* (1566) del cattolico Benoist, come segnala GINZBURG, *Il nicodemismo* cit., p. 204.

48. Cfr. nota 44.

Erasmi Roterodami nomine insignitus... qui componere ligna, curva rectis exaequare diu multumque conatus est...»[49]. Nella farsa Erasmo finisce con lo stizzirsi e scappar via indignato. L'Erasmo della realtà persisteva. Si amareggiava sì, si sfogava con tutti: scriveva a Lutero di tenere a freno i suoi scudieri, e Lutero rispondeva conciliante nell'aprile (?) del 1524[50], che, insomma, ad essere schietti, avevano qualche ragione coloro che attaccavano «tuam acerbitatem et simulationem, quam tu prudentiam et modestiam velis intellegi...», ma per lui andava bene anche così; e proponeva: «A te peto ut si aliud praestare non potes, spectator sis tantum tragoediae nostrae, tantum ne socieris et copias adiungas adversariis, praesertim ne edas libellos contra me». Quando il libello, nonostante tutto, venne (e fu il *De libero arbitrio*), la risposta di Lutero superò nella violenza del tono, ma soprattutto nella qualità degli addebiti, tutti gli attacchi precedenti; giacché la doppiezza, l'evasività, la «vafrities», la tiepidezza nella difesa della Parola erano in fondo tare psicologiche, riportabili a quelle «pusillanimitas», con cui Erasmo aveva dolorosamente imparato a coesistere sin da quando aveva cominciato ansiosamente a scrutare il proprio carattere, nella sua giovinezza; ma qui Lutero andava alla radice di queste manifestazioni di perpetua incertezza: si trattava di una maschera; e, lacerata la maschera, veniva in luce la cosa orribile, la radicale empietà che stava al fondo di tutto.

Erasmo è ubique «lubricus et flexiloquus», è uno sfuggente Proteo, ma Lutero, «Prothei capiendi peritus», ne ha finalmente scorto le vere sembianze: «Blasphemus est in Deum, nihil omnino credit, sed Epicurum ac Lucianicum atheon celat in pectore, dicens in corde suo: Non est Deus, aut si est non curat res mortalium». Non è il caso qui di ricostruire la grandiosa catena di motivazioni che rendevano plausibile l'accusa; ricorderemo, per inciso, che Nicodemo, il quale «venit nocte auditurus», appare qui, nel *De servo arbitrio*, come simbolo del fallimento dell'arbitrio umano non sostenuto dalla grazia[51].

49. BÖCKING, II, 386-92 («tragoedia Parisiis a. d. 1524 acta»).
50. BÖCKING, II, p. 407; cfr. ALLEN, V, 445-7.
51. Per un esame dell'atteggiamento di Lutero riguardo ad Erasmo visto come simulatore cfr., in primo luogo, i testi indicati nel *Gesamtregister* in WA, sez. I, vol. LVIII, Weimar, 1948, s. v. *Erasmus*, pp. 215-6: «Erasmus vere fuit Italicus Epicureus» (*Tischreden*, V, p. 220) cui «propositio et status fuit serviendum esse tempori» (*Tischreden*, IV, p. 37). Una pacata reiezione delle posizioni conciliatrici di Erasmo si può leggere nella prefazione dettata da Lutero per il dialogo di Antonio Corvino, *Quatenus expediat aeditam recens Erasmi de sarcienda ecclesiae concordia rationem sequi*, Vitebergae, per

Altri si limitavano, in quell'occasione, ad ironizzare sulle difficoltà di Erasmo, costretto a misurarsi con quelle squisitezze teologiche che egli avrebbe preferito confinare fra gli *adiaphora*; ecco
Bullinger: « Quam misere se misellus torquet Erasmiolus, quam
belle Protheum induit, quam infantiliter omnia figit ac refigit »[52].
Ma, come abbiamo visto, per Erasmo Proteo era anche Paolo: e questo lo incoraggiava a tenere duro.

In un testo del 1530, *Adversus mendacium admonitio*[53], troviamo
addirittura un'aggressiva difesa del diritto all'inganno, con modi
argomentativi del tipo che in epoche successive si sarà soliti definire
gesuitico. Per giunta la questione è di carattere piuttosto personale,
e non sembrerebbe comportare l'enfasi religiosa di cui Erasmo la
carica. Contro Epphendorpius[54] che gli rinfacciava di avere scritto
una lettera lesiva della sua onorabilità e dei suoi interessi, egli ragiona:
« Anche ammettendo che la lettera che egli [Epphendorpius] ha letto
sia stata scritta da me, non avrei mentito per nulla, negando questa
circostanza, perché essa era stata trascritta da un'altra mano ». E

Nicolaum Schirlentz, 1534 (WA, I, XXXVIII, pp. 276-9). Il *De servo arbitrio*
(1525) si legge in WA, sez. I, vol. XVIII, 1908, pp. 600-787. La introduzione
di A. FREITAG, pp. 551-99, contiene un'esemplare esposizione dei rapporti
Erasmo-Lutero e delle circostanze che accompagnarono lo scontro. A p. 609,
a commento dell'espressione « totus Lucianum spiras, et inhalas mihi grandem
Epicuri crapulam », una nota indica i rimandi ad altri passi in cui Erasmo
appare come Lucianico ed Epicureo. Quanto a Proteo e Vertumno, cfr. l'*Ada-
gium* 43 di Erasmo che rinvia ad ORAZIO, *Sat.*, II, 7, 14. L'atteggiamento
di Erasmo, oltre che a quello di Epicuro e di Luciano, è paragonato a quello
delle antiche scuole scettica ed accademica: cfr., WA, cit., p. 603 (« Absint
a nobis Christianis Sceptici et Academici »), p. 613 (« Tua illa moderata Sceptica
Theologia »), p. 605 (« Aliud nihil facis, quam quod significas te in corde Lucianum aut alium quendam de grege Epicuri porcum alere, qui, cum ipse nihil
credat esse Deum, rideat occulte omnes qui credunt et confitentur. Sine
nos esse assertores et assertionibus studere et delectari, tu Scepticis tuis et
Academicis fave. Spiritus sanctus non est Scepticus »). Il riferimento a Nicodemo, ivi, p. 778: ora, Giancarlo Angelozzi mi fa notare attraverso C. Ginzburg che Erasmo, nel *De libero arbitrio*, aveva chiesto per sé almeno il trat-
tamento riservato da Cristo a Nicodemo: « Quando queste persone per tutta
risposta si limitano a dire che Erasmo non è che un vecchio otre incapace di
ricevere lo Spirito... ebbene, che ci trattino almeno come Cristo trattò Nicodemo e come gli Apostoli trattarono Gamaliele! Benché fosse ignorante, il
Signore non scacciò il primo perché era avido di apprendere... » (cito dall'ed.
Claudiana, 1969, p. 58).

52. Il testo, del 1525, è citato in BÖCKING, II, p. 427.

53. EO, X, coll. 1683-92.

54. Le notizie essenziali su Enrico di Eppendorf e la sua familiarità e
quindi la lunga *querelle* con Erasmo, che si collega in origine al caso Hutten
(cfr. sopra, nota 45) in ALLEN, IV, p. 303 e VII, pp. 297 segg.

prosegue, mescolando prudenza profana e paradigmi biblici: « Hic succlamabitur, dolus malus: imo dolus bonus est, quoties suo quoque bono fallitur aliquis aut fallitur qui falli dignus est. Sic David decepit regem Achis, sic Michol fefellit exploratores Saulis non sine laude pietatis. Hic dolus in bello laudari cum primis solet. Sic medicus interdum fallit aegrotum. Denique sic Christus aliquoties fefellit Iudaeos, absit iniuria verbo ».

Né lo risparmiavano i cattolici. « Erasmus cum primis vafer » è il bersaglio, assieme a Lefèvre d'Etaples, dell'*Apologia adversus clandestinos Lutheranos* di Beda: il domenicano accusa Erasmo di empietà per aver attribuito a Paolo opportunismo e *vafrities*. E nel 1531 la gran macchina accusatoria allestita dal principe di Carpi, Alberto Pio [55] (evidentemente non convinto della *Responsio* captatoria che Erasmo gli aveva indirizzato nel 1525), conteneva precise accuse in questo senso. Erasmo si è fatto avvocato della menzogna (« patrocinari mendacio »). Sostiene che è lecito mentire ogniqualvolta se ne possa trarre vantaggio (« licere mentiri quotiescumque commodum est »). Interpreta tendenziosamente i testi scritturali in modo da inculcare la persuasione che la duplicità nel comportamento è lecita (« haec eo tendunt ut persuadeas licere mentiri »), posto che vi siano esempi biblici a giustificarla. Ma la sua perpetua difesa (« multa reticeo, ne quid ulceris rebus ad hunc modum exasperatis renovem ») non incanta nessuno. L'albero si riconosce dai suoi frutti, e se Erasmo non combatte per la Chiesa, egli è *realiter* nemico della Chiesa; e riesuma l'eresia di quei seguaci di Priscilliano di cui parla Agostino nell'*Adversus mendacium ad Consentium* [56].

Non seguiremo le argomentazioni dell'*Apologia* di Erasmo: vi ritornano Cristo e Paolo e quei personaggi biblici che in certe occasioni ricorsero alla menzogna (« mendacio usos »), come Abramo,

55. Il testo di Noël Beda si legge alle cc. 88-90 dell'ed. Parigi, Badio, 1529. L'opera di Alberto Pio da Carpi fu pubblicata postuma a Parigi da Badio nel marzo 1531, e da Lucantonio Giunta a Venezia nello stesso anno, col titolo *Tres et viginti libri in locos lucubrationum variarum D. Erasmi Rotero-dami*. Su Alberto Pio è ancora utile G. TIRABOSCHI, *Biblioteca modenese*, IV, Modena, 1783, pp. 156-201; ma cfr. M. P. GILMORE, *Erasmus and Alberto Pio Prince of Carpi*, in: *Action and Conviction in Early Modern Europe. Essays in Memory of E. O. Harbison*, eds. T. K. Rabb and J. E. Seigel, Princeton, 1969.
56. PL, XL, coll. 517-48. È punto di riferimento fondamentale per la simulazione e dissimulazione dei Priscillianisti.

Giuditta (già invocati a questo proposito nella *Methodus* del 1518) [57] e la meretrice Rhaab; vi torna anche il riferimento alla polemica Gerolamo-Agostino (« Sed interdum mendacii vocem usurpo largius, pro simulatione... sic usurpant Augustinus et Hieronymus... decertantes de simulatione Petri et Pauli »), da cui questo discorso ha preso le mosse, per mostrare che la « dottrina » della simulazione era già bell'e pronta, quando Brunfels ne introdusse gli spiccioli, sotto forma di « loci », nelle *Pandectae*.

Concludo questa rassegna di voci ostili richiamando un testo, che viene ormai da una generazione successiva e indurisce in aspro sarcasmo il modulo caricaturale che abbiamo visto applicato ad Erasmo nella *tragoedia* del 1524. Il brano è trattato dal *Pasquino in estasi* di Celio Secondo Curione. Dice, dunque: « Havendo noi passato il ciel de la luna, come fummo giunti a quel di Mercurio, trovammo molte anime in varij modi travagliate, tra le quali una ve n'era tra due pali, legato al traverso con una corda, sì che stava tutto sospeso e haveva in capo due corna di cervo, e a le corna un fazzuolo congiunto e posto in forma d'una vela, et a i piedi haveva appiccata una borsa piena di scudi, et esso s'andava di continuo girando attorno; imperò che soffiando il vento, ei percoteva nel velo, che era tra le corna e lo volgeva co i piedi in su, e cessando il vento, il contrapeso della borsa lo tornava co piedi in giù, e così il meschino di continuo era aggirato, e mo col capo, mo con le piante verso il cielo e verso la terra si ritrovava ». È Pasquino che racconta. Marforio chiede: « Chi poteva essere costui? ». Pasquino: « L'angelo mi disse ch'egli era Erasmo Roterodamo » [58]. Un'analisi delle sezioni antinicodemitiche del *Pasquino* ci aiuterà forse ad individuare destinatari della polemica calviniana più probabili di Otto Brunfels.

4. *Curione contro i mediatori e uno scritto di Isidoro Clario.*

Quando Curione giunse a Basilea nell'autunno 1546 si rivolse a Bonifacio Amerbach, chiedendo un sussidio dal lascito che Erasmo

---

57. L'*Apologia* si può leggere in EO, IX, 1123-96; il passo della *Methodus* è in EO, V, 131 F. Da quanto si è detto sin qui pare evidente che Erasmo non avesse poi del tutto ragione di sdegnarsi quando, ad esempio, da Strasburgo, a giustificare le ambiguità dei riformatori, gli si attribuiva di avere insegnato che « pro ratione temporis, apud indoctos... Apostolos initio dissimulasse Christi divinitatem »; cfr., EO, X, 1606.

58. *Pasquino in estasi nuovo, e molto più pieno ch'el primo, in sieme c'ol viaggio de l'inferno. Aggiunte le proposizioni del medesimo da disputare nel Concilio di Trento.* Roma? (il colophon indica « Nella botega di Pasquino ») 1546?, c. [88]*r*.

aveva fondato per gli studiosi afflitti da ristrettezze finanziarie. La richiesta sollevò opposizione. Come poteva essere aiutato da Erasmo un uomo che lo aveva così violentemente attaccato? Ma Amerbach propose di dare ugualmente, in modo che Curione potesse avere una lezione evangelica[59].

In realtà non poteva sfuggire agli accorti Basileesi il contesto particolare in cui si era collocato l'attacco di Curione ad Erasmo. Nella prima edizione del *Pasquino* Curione, in verità, era stato discreto[60]. Il nome di Erasmo non appariva. Dopo l'icastica presentazione, di cui abbiamo letto sopra il rifacimento italiano, Marforio, impressionato alla vista del « miser homo » che, col suo aspetto del resto « civile, dotto e pio », « huc illucque volutabatur », si era informato « Quem dicebat esse genius? » Te l'ha detto, il genio, chi era? Pasquino si era limitato a bisbigliarglielo all'orecchio (« Dicam in aurem ») e al lettore non esperto giungeva solo l'esclamazione, sorpresa e addolorata, di Marforio « Hei mihi tantum virum? » Purtroppo, risponde Pasquino: era d'ingegno mercuriale[61] e molto *versatile* (qui

---

59. *Die Amerbachkorrespondenz*, hrsg. von B. R. Jenny, VI (1544-1547), Basel, 1967, pp. 507-9. La lettera di Curione, che chiede un prestito di 6 o 4 aurei, è datata 3 agosto 1547.

60. *Pasquillus extaticus et Marphorius* in *Pasquillorum tomi duo*, Eleutheropoli, 1544, p. 516.

61. Circa il valore della designazione « mercurialis », bisogna ricordare che nelle caratterizzazioni degli astrologi Mercurio è pianeta « anceps, ambiguus », che influisce variamente sulle nature a seconda delle varie combinazioni con gli altri pianeti. G. INDAGINE, esaminando la *Mercurialium natura* in *Introductio in Chiromantiam*, c. 25*r*, dell'ed. « impensis autoris... opera vero Ioannis Scotti », Argentorati, 1522, evidenzia tra gli altri aspetti del carattere del « mercuriale » l'individualismo (« sui ingenii... amator »), la propensione alla menzogna (« proclivis ad mendacia »), la disponibilità: « in summa, omnium horarum homo »; e nel *De iudicio complexionum secundum planetas*, ed. cit., c. 38*v*, trattando « de Mercurio in radice nativitate Melancholici » dice che, in caso di avversità, « facit incredulum male sibi conscium, liberatum tamen et vaniloquum ardelionem... aliud tamen semper in ore, aliud in corde habentem, aliis persuadere volentem quod ipse non credit... ». Era il pianeta dell'accomodamento, dell'ambiguità; ed era nozione abbastanza comune se nell'epistolario di Gregorio Cortese (*Opera*, Padova, 1774, I, p. 116) si legge «...e parmi siano coniuncti Saturno e Marte, perché uno sollecita e l'altro tarda e il signor Ranaldo, *come Mercurio si accomoda all'uno e all'altro* ». Una applicazione ai letterati era stata avanzata, fra gli altri, da Lilio Gregorio Giraldi, in termini che meritano considerazione, *Opera*, II, Basilea, T. Guarino, 1580, p. 437: « Alii Mercurium haec literarum studia invenisse volunt et perinde literatos ut sidus ipsum ita esse versipelles, versutos atque fallaces... »; e p. 442 «...literas et literarum studia ex iis esse aiunt, quae, indifferentia et media a Latinis, a Graecis ἀδιάφορα et μέσα dicuntur, hoc est eas nec in bonis, nec in malis esse... Similiter ut quoque inter sidera illud

nel senso del *Vertumnus* già visto tante volte): e dal momento che non si riesce a capire dai suoi scritti di che parte sia stato, è stato collocato con questo aspetto a metà strada tra il cielo di Dio e il cielo degli uomini. Nel primo *Pasquino* troviamo dunque un personaggio mercuriale anonimo e solo, e questo ne accentua la valenza simbolica: è il tipo del letterato frigido che non prende il volo nella lotta per la libertà cristiana e l'onore di Dio, perché vincolato all'egoismo dei propri vizi: nel caso di Erasmo, secondo Curione, avarizia e vanità superba.

Negli altri due *Pasquilli* latini e nel *Pasquino* italiano il nome appare a chiare lettere ed Erasmo non è più solo, ma sta tra « molte anime in varii modi travagliate ». Pasquino spiega: « La maggior parte erano predicatori i quali conoscendo la verità, danno tutta la laude a Dio per Christo e tutto il biasimo a tutti gli huomini e poi in un subito, per paura de l'inquisitore, predicano de la confessione auriculare, d'el purgatorio, de la falsa podestà del Papa e di mille altre heresie e inganni de poveri ascoltanti »; e contro costoro viene evocato l'esempio di coloro che soffrono per Cristo esilio, prigione, morte; e viene richiamata la « sentenza spaventosa che Paulo scrive a gli Hebrei, di quelli che havendo una volta conosciuta e accettata la verità, l'hanno poi abbandonata »[62]. Ora queste anime ambigue fanno ricordare a Marforio, che il comportamento incerto non è solo degli Italiani. « Io ho inteso che in Francia ancora ci son di quelli che vogliono sedere in su due scabelli ». E qui entra in scena « uno, che ha un gran nome », *Pietro di Carlo*[63].

---

ipsum esse aiunt Mercurii a quo et eae inventae dicuntur ». Il *Progymnasma adversus literatos* composto dal Giraldi all'epoca del suo soggiorno romano (1514-27) fu stampato nel 1541; non è necessaria, ma nemmeno da escludere, la congettura che Curione abbia letto l'opera in Ferrara nello stesso anno.
62. Per la relazione tra le diverse redazioni del *Pasquillus*, cfr. A. BIONDI, *Il « Pasquillus extaticus » di C. S. C. sulla vita religiosa italiana della prima metà del '500*, « Bollettino della Soc. di Studi Valdesi », dic. 1970, n. 128, p. 38; la citazione da *Pasquino in estasi*, cc. 88v-89r.
63. Ivi, c. 89r-v. Per Pietro Caroli, cfr. IOANNIS CALVINI, *Opera quae supersunt omnia*, edd. G. BAUM, E. CUNITZ, E. REUSS, voll. 1-59 (in *Corpus Reformatorum*, voll. 29-87), Brunsvigae, 1863-1900, citato da qui innanzi come CO, vol. VII, p. xxx e coll. 293-340. Attaccava Calvino e Farel « eosdemque amicos et patronos humiliter salutans ». Nel maggio 1543 inviò una lettera di sfida a Farel, invitandolo ad un dibattito dinanzi a papa, imperatore, concilio o accademie (CO, IX, pp. LXV-LXVI e CO, XI, coll. 544-5; a coll. 549-54 e 572-83 le risposte di Farel). Cfr. anche gli indici in A. L. HERMINIJARD, *Correspondance des Reformateurs dans les pays de langue française...*, Paris, 1866 segg., vol. VIII.

Pietro Caroli era in quegli anni una presenza ossessiva per Calvino e soprattutto per Farel, col quale era passato fra i riformati, da quello straordinario vivaio di energie innovatrici che fu la Meaux di Briçonnet. Era capitato improvvisamente a Ginevra, racconta Farel [64], senza che si potesse capirne bene la ragione, « cum nihil egisset pontifice indignum nec Christo dignum ». Avevamo tanto desiderato il pio Stapulense ed infine è venuto Carlo, commenta Farel, palesemente perplesso. La narrazione dell'incontro con Pietro Caroli all'albergo ci porta subito alla tematica e alla terminologia nicodemitica: « Nos hominem invisimus in diversorio et post salutationem agere coepimus de ratione dispensationis divinae, quod urgeat ad confessionem sui nominis refugientes et qui veritatem cognitam dissimulant ». In Gallia non ti sei mai scoperto, dice Farel: almeno adesso, da lontano, metti in chiaro la tua posizione: « Scribendo praestaret et resarciret, quod tacendo et dissimulando damni ecclesiae dederat ». Farel chiedeva evidentemente un manifesto di aperta rottura rivolto ai fratelli rimasti « in terra d'Egitto », com'era consolidata consuetudine degli esuli religiosi; Pietro contropropone di recarsi in Francia a raccogliere denaro per i poveri; Farel replica: « Questo va bene, ma occupiamoci prima del " pane del verbo "; tu predica ». Carlo però trova scuse, tergiversa: quando si offrirà per un pubblico dibattito, Farel avrà la sgradita sorpresa di accorgersi che cerca il favore dei cattolici.

Non vi possono essere dubbi che quando Calvino tratteggiava la sua articolatissima tipologia del Nicodemita, casi come questi erano il referente concreto delle sue parole. Curione, che si trovava a Losanna all'epoca in cui Calvino elaborava l'attacco ai Nicodemiti, avrà ragionato con Viret sull'opportunità di dare un più ampio spazio alla polemica, nel suo libello, per la diffusione del discorso in Svizzera, in Francia e nella Germania renana. Così Pietro Caroli acquista tanto rilievo nel rifacimento del *Pasquillus*; per noi, il fatto significativo è comunque che egli viene posto sotto l'insegna di Erasmo, ad esemplificare i guasti che l'atteggiamento erasmiano incoraggia. E risulta chiaro un altro fatto: a parte le motivazioni moralistiche della condanna ad Erasmo (avarizia, vanità ecc.), quello che viene colpito qui è un programma positivo che sotto l'*auctoritas* di Erasmo si tentava di condurre avanti da parte degli elementi moderati del campo riformato e del campo cattolico: un programma di riconcilia-

---

64. Questo incontro è descritto in una lettera di Farel a Calvino del giugno 1540, in CO, XI, coll. 43-50.

zione che aveva come metodo la dissimulazione dei punti di maggior
contrasto e l'esibizione di una disponibilità spinta agli estremi possibili. Il libello di Curione combatte aspramente questa tendenza,
vista come cavallo di Troia dei papisti per espugnare le cittadelle
della riforma. Nel gran concilio che si tiene nella parte alta della
città papistica, nell'anticielo, – racconta Pasquino – « agebatur ut
mitteretur quis miti ingenio qui eos Germanice et liberaliter invitaret.
Et fuit conclusum ut reverendissimus Sadoletus scriberet ad Philippum Melancthonem, ceu ad suum fratrem » [65]. Sadoleto avrebbe attenuato quello che aveva scritto contro i Riformatori nel commento
all'*Epistola ai Romani*; Bucero avrebbe allora ritrattato quello che
aveva scritto controversisticamente contro i cattolici. In questo
modo la Chiesa romana avrebbe ricondotto nelle sue file questi uomini
illustri dell'altra parte e riacquistato « strenui defensores ». Il *Pasquino*
è un libello dell'ala intransigente della Riforma; è antinicodemitico
ed antimelantoniano: l'intransigenza dell'ala radicale italiana qui si
dà la mano con la lotta al compromesso condotta da Calvino.

Un documento interessante della ricerca del compromesso da
parte cattolica è l'*Adhortatio ad concordiam* che Isidoro Clario scrisse
trovandosi a Roma al seguito di Gregorio Cortesi. L'orazione, dedicata a Gaspare Contarini, vide la luce delle stampe nel 1540 [66]. La si
esamina qui perché vi confluisce tutta la fraseologia della dissimulazione che abbiamo già incontrata nel quadro specifico dell'ispirazione
erasmiana.

Il motivo conduttore è la denunzia dell'imprudenza commessa
da poco sensati zelatori della parola divina nel portare a livello di
vulgus motivi di critica che, seppure giustificati, erano destinati a

---

65. *Pasquillorum tomi duo* cit., pp. 507-8. Curione qui fa il verso all'*inscriptio*
della lettera che Jacopo Sadoleto, neocardinale, inviò da Roma a Melantone
il 19 giugno 1537 e che comincia appunto « Doctissimo tanquam fratri... ».
Cfr. PHILIPPI MELANTHONIS, *Opera quae extant omnia*, ed. C. G. BRETSCHNEIDER,
vol. III, Halis Saxonum, 1836, coll. 379-83.
66. Isidoro Chiari (1495-1555), benedettino, dopo l'*Adhortatio ad concordiam*
pubblicò nel 1541-42 una *Vulgata editio Novi et Veteris Testamenti* con una
prefazione giudicata irriverente nei confronti del testo vulgato e censurata:
fu ristampata nei *Critici sacri*, Londra, 1660, Amsterdam, 1698. Sull'*Adhortatio ad concordiam*, cfr. M. BATAILLON, *Erasme et l'Espagne, Recherches sur
l'histoire spirituelle du XVI siècle*, Paris, 1937, pp. 535-6, il quale fa anche
presente come la dedica a Virgilio Caracciolo della traduzione dei due dialoghi di Alonso de Valdés apparsa a Venezia nel 1545 « apparait signée dans
certaines éditions par Clario ». Qui l'*Adhortatio* si cita dall'edizione ISIDORI
CLARII, *Epistolae ad amicos, Adhortatio ad concordiam, De modo divitiis adhibendo*, Modena, Antonio Capponi, 1705.

non essere capiti o tratti al peggio: « Sid quid communi hominum salutiferum excogitavissetis non continuo in vulgus prodere... sed cum paucis diu multumque deliberare, quibus artibus, salva populorum pace atque concordia, haec a vobis recens excogitata sensim in hominum venirent consuetudinem... Nihil est profecto quod non opportunitas assequatur, qua si perspicere accuratius voluerimus, Deum semper in homines usum fuisse reperiemus, praesertim ad se mortalibus aperiendum, suaeque veritatis lucem mundo declarandam »[67]. « Prudentia » « opportunitas », insomma gradualità: sono i temi della *Methodus* theologica di Erasmo.

La rivelazione delle verità divine è passata attraverso dissimulazioni temporanee di una parte della verità: il Vecchio Testamento « de Filio obscurius est locutum »; poi, con procedimento graduale, la « nova lex » ha chiarito la figura del Figlio; « Sancti vero Spiritus divinitatem non ita late patentibus argumentis », per rispetto « imbecillioribus », cioè dei più deboli. Alla stessa maniera anche il Salvatore « in opportunum magis tempus reservavit » le rivelazioni « quae cerneret tunc a discipulis ferri non posse »[68], comunicando loro, del resto, cose che teneva celate al popolo (« Hoc docere vos poterat Servatoris exemplum, qui de sua morte... verba facturus, eam cum discipulis tantum communicare seorsum voluit, intelligens maioris momenti negocia non esse multitudini committenda ») [69].

Clario cita poi il comportamento di Paolo con i due riferimenti consueti (il rispetto agli « infirmi » e « factus Iudaeis tamquam Iudaeus ») [70] e aggiunge l'esempio di san Basilio per concludere: « Pleraque dissimulanda interdum, nonnulla etiam donanda magis quam committendum ut is populus inter se dissideat... ». Il paradigma generale che si ricava suona così: « Hunc imitati morem praestantissimi quique viri disposuere divini David consilio sermones suo in iudicio, ut tantum ea proferrent, quae profutura cognoscerent; caetera alioqui digna, atque adeo necessaria quae quivis confiteretur, tamdiu interim dissimularent, dum libertatis tempus nacti, fiduciam

---

67. Ed. cit., p. 159.
68. Ivi, p. 160.
69. Ivi, p. 159.
70. Ivi, p. 162. Un esempio significativo della diffusione del *topos* dell'« omnia omnibus factus » si legge in una lettera del Morone a Paolo III, 18 aprile dello stesso anno 1540, cit., in C. CANTÙ, *Italiani illustri*, Milano, 1873, II, p. 399: « ...Sua Santità potrebbe alquanto discostarsi dalla solita forma, cioè invitar di nuovo i Luterani con ogni benignità, affezione, ed esortazione ed anco preghi; imitando Sua Santità colui del quale ha il nome, il quale *omnia omnibus factus erat ut omnes lucrifaceret* ».

et facultatem loquendi opportune assequerentur »[71]. Sono inequivocabilmente i motivi dell'ala erasmiana di quello che si suole chiamare «nicodemismo»: una prudenza che è fatta di senso dell'opportunità, di saper parlare e saper tacere a tempo debito e con le persone debite, con la distinzione, anch'essa erasmiana, di discorsi per
il «vulgus» e discorsi solo per gli «eruditi»; con la sottolineatura
della *carità* intesa come volontà intrepida di evitare dissidi al popolo
cristiano. Clario cita le parole con cui Lutero replica all'attacco di
Erasmo sul libero arbitrio[72], e tocca il tema con una certa ampiezza,
ma gli preme più che altro raccomandare: «Utinam, quoties nos
invadit disceptandi libido recordaremur interdum quod Apostolus
admonet, ne ultra quam oportet sapiamus...»[73]; e loda l'esempio di
Pietro che pur su un tema essenzialissimo («nosse Iesum esse et
filium Dei et aequalem Patri Deum»), tuttavia «divinitatis appella-
tioni parcebat ne minus capacibus salus ipsa damno fieret atque offendiculo»[74]. Un caso evidente di dissimulazione per rispetto agli «infirmi». Ancora: Clario considera eccessivo il peso attribuito alle
dispute sui sacramenti e a sottili questioni collaterali[75]: «Audebimus
et ista inter res cognitu necessarias collocare?». Si lascia troppo
spazio ai sofismi[76] e non si sa dissimulare[77] come seppero dissimulare gli apostoli, che, pur avendo appreso nella pienezza dei tempi
«neque circumcisionem esse quicquam neque praeputium», pure
conservarono «quadam ex parte, sapientissime» quelle «ombre della
legge» che pure era ormai tramontata[78]. Al contrario le «tragoediae»
(il termine erasmiano per designare la dismisura!) suscitate nel nostro
tempo attorno all'eucaristia, o attorno al concetto di libertà e di
eguaglianza, l'imprudenza di un discorso di questo genere fatto
al volgo[79] hanno sconvolto di guerre il mondo cristiano[80]. La Germania ha sciupato l'elezione divina che l'aveva resa ultimamente

71. Ivi, p. 160.
72. Ivi, p. 170.
73. Ivi, p. 177.
74. Ivi, p. 178.
75. Ivi, pp. 178-9.
76. Ivi, p. 182.
77. Ivi, p. 186.
78. Ivi, p. 187.
79. Qui torna il solito richiamo a Platone: «Cum haec vix idonea quae in Platonis republica proponerentur, in hominum faecem sunt disseminata, quid
ageret turba, nisi quod esset suo nomini consentaneus?», pp. 189-90.
80. P. 190: «hi sunt tam ambitiose praedicatae libertatis Christianae egregii
fructus».

« quasi Paradisus Domini »; « illa ingenia, per quae iam intelligendis Pauli Epistolis non exiguam lucem addi credebatur, ita parum suos impetus moderari curavere, ut ipse etiam Paulus scelerate quidem et impie, sed tamen apud aliquos male interdum audiret » [81]. Si rilevi la notazione rigorosamente documentaria sul carattere sospetto assunto dal paolinismo, ma anche la mano tesa, e come, a Lutero. L'opera di Lutero poteva dare molta luce alle lettere di Paolo, se egli avesse saputo usare moderazione. E torna il paradigma nicodemitico « illa Pauli... numquam pro dignitate laudata dexteritas, qui sic omnibus omnia fiebat ecc. » (episodio della predicazione del *Deus ignotus* sull'Areopago), con tutte le solite variazioni sullo « stile » paolino [82]. La difesa degli ordini monastici e del celibato ecclesiastico è portata avanti da Clario con moderazione ed argomenti di buon senso: ma soprattutto gli ripugna l'idea di « quam deceat, inter quotidianos amplexus celestia tractare mysteria » [83]; dove è operante un'immagine del sacro come ciò che è distante ed altro dal quotidiano, « non mittendus canibus », separato dal volgo con cui non è sempre opportuno comunicare. La comunicazione della parola agli insipienti ha germinato la proliferazione delle sette; « iam enim post Lutheranos, Pneumatici, Anabaptistae, Sacramentarii, Iconomastiges emerserunt et emersuri alii sunt »; e lo spettro della frantumazione settaria viene agitato qui come invito a una concordia, che nascerà dal riserbo e dalla moderazione. Clario invita ad apprezzare il nuovo spirito dei cattolici: « Neque vos ad iungendas dexteras pigriores frigidioresque faciat superiorum annorum consideratio, quibus parum feliciter, aut minus sapienter fortasse nonnulli rem transigere curaverunt ». Questi più aperti patteggiatori debbono incontrare uno spirito analogo dall'altra parte. E Clario tesse l'elogio dell'equilibrio di Melantone [84] (il nome non appare, ma i riferimenti non lasciano adito ad equivoci) che, « cum non privato iudicio fidere, sed Ecclesiae catholicae et optimi cuiusque lucubrationum suarum omnium iudicium permittere profiteatur, et posteriores communes ecclesiasticos locos ita tractaverit ut vel de rebus ipsis inter nos facile conveniat, tametsi in verborum usu videatur dissidere, vel si quid est, in quo aliqua ex parte a nobis dissentiat, non ita magni sit negotii, ut ab eam causam communi tranquillitate, atque concordiae velit adversari. Huius viri si

81. Ivi, pp. 90-1.
82. Ivi, pp. 194-5.
83. Ivi, pp. 203-4.
84. Ivi, pp. 165-6.

prudentiam modumque vestrarum partium duces imitari didicissent...
longe pacatiorem Christianam rem publicam haberemus». A questo
punto si capisce il curionesco: «Tam strenui defensores Romanae
ecclesiae», e si ha un riferimento per capire la furia antierasmiana
del *Pasquillus*: il fatto è che qui Erasmo viene assunto come figura
emblematica di un atteggiamento di gradualismo tiepido, di temporeggiamento opportunistico, di evasione dinanzi alle decisioni importanti, di cedimento alle mene dei cattolici; è ancora l'Erasmo che
non combatte, quale l'abbiamo visto delinearsi nel corso della polemica con Hutten; ma è anche qualcosa di più e di peggio: è paradigma
di un atteggiamento che obiettivamente spiana la strada alla restaurazione cattolica, passando sulla testa dei gruppi più combattivi
della riforma. Si tratta di stabilire punti di incontro dissimulando
alcuni termini del contrasto, riportando i problemi al livello di una
discussione tra dotti equilibrati e dando per scontato che al popolo
si può tacere parte della verità, non essendo esso in grado di portarla
intera. Questa è la simulazione dei potenti, vista in funzione di una
restaurazione dell'ordine, l'incontro tra le dirigenze delle chiese «ma-
gisteriali» contro la «riforma radicale», prospettata come minaccia
che investe sia cattolici che riformati. L'ostilità dell'esule Curione
ad una prospettiva di questo genere è ovvia, anche se il suo incontro
con l'intransigenza di Calvino è solo temporaneo [85]: giacché il «non
dissimulabo» del riformatore ginevrino rigetta, sì, la transazione con
i cattolici, ma si radica in un concetto d'ordine nella comunità cristiana che esclude anche ogni avventura radicale.

5. *Calvino e la varia fenomenologia della simulazione.*

Abbiamo visto svilupparsi, dunque, attraverso l'esame dei commenti a *Gal.*, II, 11-13, una duplice immagine di Paolo: il propagandista flessibile, abile, accomodante del verbo di Dio, che si adatta
alle circostanze per meglio attuare la parte sostanziale della sua
missione; e l'intransigente che condanna le oscillazioni e gli opportu-
nismi di Pietro e non rifugge dagli scandali perché la verità trionfi.

---

85. Nel *Pro vera et antiqua Ecclesiae Christi autoritate*, Basilea, senza stampatore, né anno, ma fine del 1546 o inizio del 1547, Curione difende già
(p. 16) i «simulatores» come parte della Chiesa ed è diventato sospettoso
verso l'«ordine» calvinista. E nella *praefatio* agli *Omnia opera* di Guillaume
Budé, Basileae, N. Episcopius, 1557, i tempi di Erasmo sono diventati «felicia
tempora, quibus alteri ab altero dissidere, sine crimine, sine Areopago et Curia
fas erat... ».

Le due posizioni non sono inconciliabili e i commentatori si adoperano a conciliarle, ma, nell'uso paradigmatico che si fa della figura dell'apostolo, le diverse sottolineature portano ad una polarizzazione, che oppone un *Paulus vafer* al *Paulus strenuus*. Calvino sceglie come modello il *Paulus strenuus* [86].

Uomo della seconda generazione della riforma, egli individuò presto il senso della sua missione nel portare ordine nel campo dei novatori [87]: il cristianesimo rinato non doveva perdersi ancora una volta per l'errore di coloro che identificavano libertà cristiana ed arbitrio individuale. La presunzione degli ignoranti, la « curiositas » vana degli intellettuali, la fragilità morale di coloro che plaudivano alla dissoluzione della vecchia Chiesa solo perché cadevano così le remore ai loro vizi, gli apparivano degne di ostilità non meno delle turpitudini della Babilonia papale. Il suo forte senso della Chiesa come comunità che esige testimonianza totale lo caricava di diffidenza verso coloro che pretendevano a vie particolari, sia che le giustificassero ricorrendo alle circostanze, al tempo o a illuminazione speciale dello Spirito o a vocazioni personali. Così egli aveva un'attitudine spiccata per l'individuazione delle opinioni marginali e il suo senso del pericolo si faceva tanto più vigile, quanto più coperte erano le forme in cui esse si esprimevano. « Il mondo tutto è così pieno di menzogne, astuzie, simulazioni, infedeltà, che non vi è nessuno che abbia coraggio di fidarsi neanche del fratello ». La lubricità dei libertini, la pavidità dei nicodemiti, il furore degli anabattisti, l'ironia empia degli « epicurei », erano tutte mostruosità morali o intellettuali che si mascheravano di pietà: ora Dio imponeva di lacerare la maschera.

---

86. Per gli scritti di Calvino esaminati in questa sezione si è fatto ricorso soprattutto all'edizione JOANNIS CALVINI Noviodunensis, *Opera omnia in novem tomos digesta*, Amstelodami, apud viduam Joannis Jacobi Schipperi, 1667, il cui vol. VIII contiene « tractatus theologici omnes » distribuiti in « classes »: la « classis tertia », pp. 409-99 contiene gli scritti « *Adversus Pseudonicodemitas* »; la « secunda » attacca Anabattisti e libertini ecc. I testi si sono riscontrati, in genere, con la citata edizione CO del « Corpus Reformatorum ». Si è data la preferenza alla citazione in latino, anche quando la prima stesura di un testo è in francese, perché fu la formulazione latina che ebbe diffusione europea e anche per evidenziare la persistenza e l'omogeneità della terminologia della simulazione.
87. Per la centralità del concetto di ordine nella teologia di Calvino, cfr. da ultimo B. C. MILNER Jr., *Calvin's Doctrine of the Church*, Leiden, 1970: « ordine » è il concetto unificante dell'*Institutio* e la chiesa è « Church as the restoration of order in the world » (p. 195).

La posizione è già fissata nella prima opera di Calvino di un certo respiro, la *Psychopannychia* [88] (1534, 1ª ed. 1542), nella quale egli combatte gli Anabattisti come propagatori della dottrina del sonno delle anime. È evidente l'attenzione rivolta ai modi clandestini di diffusione della dottrina. Gli psicopannichisti non si esprimono attraverso scritti, non danno una forma letteraria determinata e controllabile ai loro pensieri; ma parlano in segreti conciliaboli « sussurris et qua maxime pollent garrulitate clanculum se insinuantes »; e così irretiscono la gente con più efficacia che con i libri stampati: il loro segreto insinuarsi è un cancro che corrode ogni giorno di più il popolo cristiano, travolgendolo in una sorta di « spirito di vertigine » [89]. Nei loro riguardi ogni considerazione opportunistica deve essere accantonata; è in gioco la verità divina e il dovere è chiaro: « Nullo modo ferendum esse, ne tantillum quidem ex ea delibari ». È il primo dei numerosi « non dissimulabo » che Calvino pronuncia nella sua carriera. Non è ancora il tutore dell'Evangelo ginevrino, ma è ben fermo nell'idea che non si deroga alla carità denunciando i dissennati ignoranti e torbidi che pervertono la parola di Dio. « Reprehendi eorum curiositatem, qui has quaestiones, revera nihil aliud quam ingenii tormenta excogitarent » [90]. Già in questo primo scontro, Calvino ha individuato quella « curiositas inquieta », che stroncherà in Serveto e combatterà negli Italiani troppo acuti e poco pii, Gribaldi, Gentile, Sozzini: e sa già che le idee audaci si insinuano nella clandestinità e che quello che rimane nascosto è più empio di ciò che emerge.

Quando, nel 1544, le cure pastorali lo spinsero a riconsiderare il problema dell'anabattismo, egli giustificò lo scritto [91] col dovere imprescindibile di « subdolas artes Satanae detegere ne incauti seducantur ». Come è noto, egli distingue a quest'epoca, nello « stupefacente mare di deliri » che gli pare l'anabattismo, due ramificazioni, quella degli anabattisti veri e propri e quella dei libertini [92]. Trova più tollerabile la semplicità dei primi, che accettano il ricorso alle Scritture ed hanno una loro rozza franchezza, anche se sottaciono

88. Ed. 1667, pp. 335-55; CO, V, 1866, coll. 163-261.
89. *Prefatio ad amicum quendam*, ed. 1667, pp. 335-6; CO, cit., coll. 170-2.
90. *Prefatio lectoribus*, ed. 1667, 336; CO, cit., coll. 173 segg.
91. *Brevis instructio muniendis fidelibus adversus errores communes sectae Anabaptistarum...*, ed. 1667, pp. 335 segg.; uscì in prima edizione in francese *Briève instruction pour armer tous bon fideles contre les erreurs de la secte commune des Anabaptistes*, Genève, par Jehan Girard, 1544, cfr. CO, VII, 1868, coll. 45-142.
92. Ed. 1667, p. 356.

alcuni punti particolarmente scottanti della loro dottrina, come quello del «corpus celeste» del Cristo e del «sonno delle anime» («Quod de iis subticent nescio an astutia factum sit, quod adeo sint odiosi...») [93]; mentre contro «la setta fanatica e furiosa dei libertini che si autodefiniscono Spirituali» [94], che parlano per suggerimento del diavolo, «padre di menzogne», tentando poi di far passare quel loro stile gonfio e falsamente sublime come voce dello Spirito, egli si scaglia con spietata violenza, senza riguardo al fatto che i più accreditati rappresentanti della tendenza godono della protezione della preziosa Margherita di Navarra.

«...Aequissimum est eis larvam detrahere, qua aliam formam induere nituntur, ut detestabiles conatus suos perficiant, hoc est ut honorem Dei evertant et salutem animarum» [95]. «Larvam detrahere», strappare la maschera: la maschera è fatta di comportamenti, gestuali e verbali, e di motivazioni religiose che stabiliscono la liceità dei comportamenti. Se nella loro materialità esteriore i comportamenti coincidono talvolta con quelli dei Nicodemiti (ad esempio, nell'omaggio agli idoli cattolici), e se gli stessi testi scritturali vengono invocati talvolta dagli uni e dagli altri; se, al limite, gli uni e gli altri hanno a sfondo gli stessi ambienti (le corti, la cultura *delicata*), tuttavia la definizione teologica del Libertino e del Nicodemita sono nettamente differenziate nell'attenzione che Calvino presta loro contemporaneamente, nel 1543-44.

La simulazione nicodemitica è, nella descrizione di Calvino, quella dei deboli, dei pavidi, dei pigri, quella a cui si piegano coscienze anche non totalmente pervertite, sotto il peso di situazioni ambientali insostenibili o considerate tali per eccessivo ossequio alla debolezza della carne: una simulazione che nei casi più favorevoli chiede perdono a Dio di se stessa, anche se talvolta tenta di acquetarsi cercando paradigmi scritturali. E c'è la simulazione sfacciata e provocatoria, che si giustifica con un'illusoria convinzione di superiorità spirituale «giacché all'uomo spirituale tutto è lecito» («externa omnia hominis Christiani libertate posita») [96]: questa è la simulazione dei Libertini, e Calvino ne fornisce la fenomenologia.

---

93. Ivi, p. 371-3.
94. *Instructio adversus fanaticam et furiosam sectam Libertinorum qui se spirituales vocant*, alle pp. 374-403 dell'ed. 1667, vol. cit.; *Contre la secte phantastique et furieuse des Libertins qui se nomment spirituelz*, Genève, Girard, 1545; in CO, VII, 1868, coll. 146-248.
95. Ed. 1667, cit., p. 377.
96. Ivi, pp. 379, 390 ecc.

La descrizione è molto articolata: a) *a livello di linguaggio*: «primus enim fidei ipsorum articulus est ut bilingues sint...»[97]; hanno sviluppato un particolare stile che è negazione della semplicità evangelica: «sublimes sermones», «sublimi stylo», deformazione del senso dei vocaboli comuni, «longae ambages» che non permettono di capire «quid negare aut affirmare velint», un po' per confusione mentale propria («se quoque obripiunt ipsos ut quid garriant minime intelligant»), ma molto per volontà d'inganno («id quidem malitiose agunt ut possint clanculum velut ex insidiis idiotas circumvenire»). Così, egli conclude, «sub istis ambagibus tanquam latrones in latebris suis sese occultant»[98]. b) *a livello di comportamento esterno individuale*: sono versipelli, «ad auditorum voluntatem et arbitrium sese transformant», si gloriano di sapere ben adoperare la simulazione, anzi «hic unus est ex praecipuis capitibus theologiae ipsorum: artem simulandi et sese transformandi nosse oportere, quo facilius hominibus imponant»; con questa premessa non hanno ritegno alcuno ad «omnem speciem induere», ad esempio a fingere di aderire alle superstizioni papiste[99] o ad insinuarsi nelle comunità riformate «sub praetextu nominis servorum dei», come aveva tentato di fare due anni prima Antonio Pocquius in Ginevra (invano: «personam vero suam non sic callide egerat, quin saltem eum pro deliro et fanatico homine habuissem»)[100]. c) *a livello di comportamento di gruppo*: avevano cominciato con l'attaccare le Scritture, «postea, cum viderent se ita alloquentes omnibus esse horrori, tectius et obscurius agendum esse animadverterunt: ut simulantes se Scripturam minime reiicere in allegorias ipsam converterent et detorquerent in alienos et peregrinos sensus», imitando così l'astuzia degli antichi ed empi seguaci di Priscilliano. I loro pensieri segreti li mormorano nell'oscurità, «obscure mussitant», riservandoli ai fedelissimi; e a questo proposito Calvino attribuisce ai gruppi libertini la riesumazione della struttura iniziatica («discipulorum gradus») dei Manichei: «Nec enim facile prodeunt, quo se patefaciant: nec unicuique quod animo gerunt declarant; sed diu

97. Ivi, p. 380.
98. Cfr. tutto il cap. VII, ivi, p. 379.
99. Cap. VIII, ivi, pp. 379-80.
100. Ivi, p. 377. Per Coppin, Quintin, Bertrand des Moulins, Antoine Pocque, maestri dei libertini cfr. cap. IV, in CO, VII, a coll. 159 segg.; a col. 163 la descrizione delle manovre di Antoine Pocque il quale «n'avoit il pas si bien ioue son personnaige, que pour le moins il ne l'eusse congneu pour un resveur et phantastique»; per bibliografia sui libertini, C. GINZBURG, *Il Nicodemismo* cit., p. 182.

suspensos tenent et per longas ambages circumagunt quos volunt ad sectam suam adducere... solum iis qui veluti iurejurando astricti sunt detegunt mysteria sua: nisi quod primarii doctores sibi semper aliqua reservant...»[101]. I «dottori primi», i «patriarchi» della setta sono indicati nominalmente al capitolo IV.

d) *Quanto alle motivazioni*: i libertini si consideravano «spirituales» e basavano su questa coscienza il loro diritto di ingannare i «carnales»: «Praeclara ista quam sequuntur philosophia simulare, mentiri, fallere atque in omnes formas sese immutare licet, ut iis, quos carnales vocant imponantur»[102]. A questo scopo citavano di preferenza testi paolini come I *Cor.*, X, 22 («omnia mihi licent...»), dai quali sviluppavano il loro concetto di libertà dell'uomo spirituale; e ricavavano in genere dalla pratica della missione paolina la convinzione che egli «ad tempus seductorem et simulatorem fuisse»[103]. Da *Matt.*, IX, 16 («Ecce ego mitto vos sicut oves in medio luporum. Estote ergo prudentes sicut serpentes...») deducevano un altro incoraggiamento all'agire coperto in situazioni di pericolo, «in mezzo ai lupi»; e da *Matt.*, XIII, 10-11, («Quia vobis datum est nosse mysteria regni coelorum, illis autem non est datum») ricavavano una certa coscienza di superiorità spirituale e il diritto di comunicare gradualmente, cioè parzialmente e non a tutti, la verità: insomma, la pratica dell'iniziazione graduale; da *III Re*, XXII, 20 e segg., dove appare che Dio ha permesso l'inganno di Acab da parte dei profeti affinché egli vada in rovina, traevano l'esempio di Michea[104]; e citavano *Ps.*, II, 4 («Qui habitat in coelis irridebit eos et Dominus subsannabit eis»), ricavandone il diritto all'acre irrisione verso i potenti ingannati[105].

Così, nell'anno 1544, Calvino intrecciava alle sue riflessioni sulla «infirma» simulazione dei Nicodemiti, l'astio che gli veniva ispirato

---

101. Ivi, p. 376; ma è da vedere tutto il cap. III.
102. *Adversus Franciscanum*, ivi, p. 408; (CO, VII, coll. 346-64); ma soprattutto il cap. XIX dell'*Instructio*: «libertatem Christianam... ita extendunt ut statuant omnia homini sine exceptione licita esse» (p. 380); quindi «hoc libertatis tegumento simulationem occultant... homini enim permittunt ante idola genu flectere, candelas offerre, peregrinationes ad divorum templa suscipere, celebrare missas, denique fingere se assentiri omnibus abominationibus papistarum...». Queste sono anche pratiche nicodemitiche, ma la base motivazionale pare diversa.
103. *Adversus Franciscanum*..., ivi, p. 406.
104. Ivi, p. 406: «fingit Micheam ad tempus seductorem et simulatorem fuisse».
105. Usavano *Ps.*, II, 4 anche per dimostrare «Deum simulatorem esse ...Protheum quendam se faciens quo imponat hominibus»; e citando *Mt.*, XIII, 11: «eodem... crimine postea Christum onerant».

dalla petulante attività mascherata dei libertini. Minavano entrambe il senso dell'obbligo che lega il cristiano alla comunità spirituale e all'onore di Dio, troppo indulgendo all'arbitrio personale; e se, in polemica con la «Chiesa dei puri», voluta dagli anabattisti «classici», egli sosteneva la coesistenza ecclesiale con gli ipocriti («quoniam hypocritarum malitia saepe occulta est: aut saltem non ita detegitur ut adversus eam ferri sententia possit») [106]; accettando per questo verso l'idea che «sino alla fine del mondo si debbano tollerare molte erbe nocive», non pertanto ne risultava attenuata la condanna teologica ed etica della finzione.

La parola «nicodemiti» appare per la prima volta nella polemica di Calvino nell'anno 1544 [107], ma la cosa, cioè il complesso di comportamenti designati con questo termine, era già stata da lui individuata alcuni anni prima ed aveva trovato una descrizione analitica nel *De fugiendis impiorum illicitis sacris* del 1537 [108], dove il riformatore, indirizzandosi a Nicola Duchemin, fissa posizione e giustificazioni di uomini che presumono di poter restare a metà strada tra Babilonia e l'Evangelo. Il disegno è pressapoco il seguente.

Ci sono cristiani che dopo avere provato «gustum Dei aliquem», vivendo tra le impurità d'Egitto o di Babilonia (cioè in terra cattolica) «non credono di poter tutelare la propria tranquillità né preservare la concordia con quelli in mezzo ai quali vivono, se non venendo incontro alla loro idolatria con atteggiamento simulato» («nisi eorum idolatriae simulando indulgeant»): una «piccola» ed «innocua» simulazione, che ha anche una funzione edificante, perché permette di non urtare gli ignoranti e di conservare la possibilità di agire su di loro in senso evangelico. Opportunismo missionario, dunque, rispetto degli «infirmi», e l'umano desiderio di non rendersi la vita troppo difficile: ma per Calvino è il principio del ritorno all'abominazione, una decadenza di cui egli descrive minutamente i gradini fino all'ultimo passo: «Cominciano ad accontentarsi di una loro coscienza segreta, sottratta ad ogni arbitrario intervento umano»; non si differenziano più dagli Egizi per alcun segno esterno; finché in omaggio al tempo e alle circostanze cominciano a detestare pubblicamente ed apertamente la fede che in precedenza almeno avevano

---

106. Ivi, p. 360.
107. Nell'*Excusatio*, a p. 445 dell'ed. 1667: poiché «mutuantur Nicodemi nomen, ut clypei vice nobis opponant ac si eius imitatores forent, in praesens vocabo eos Nicodemitas».
108. *Epistolae duae de rebus hoc saeculo apprime necessariis*, Basileae, 1537; CO, V, 1866, coll. 232-312; nell'ed. 1667, da cui cito, il testo è alle pp. 409-22.

coltivata nel segreto dei loro cuori (« quod antea occultum apud se retinebant aversari palam ac detestari ») [109]. Quale è la radice morale di questa inevitabile retrogressione? È la tiepida illusione di poter conciliare l'inconciliabile: il cristiano tiepido e timido « circumspectat quomodo cum Dei venia retinere possit hominum gratiam », ed entrato in quest'ordine d'idee gli vengono in aiuto i sotterfugi « astuti, amabili, capziosi, speciosi ». Ma contro tutto ciò sta *Luca*, IX e *Rom.*, X [110]. E allora? Bisognerà gridare la propria posizione religiosa sui tetti e per le piazze? Non questo, che semmai riguarderebbe i predicatori della Parola; ma, senza fissare norme rigide, si può stabilire in linea di massima che ciascuno deve cercare di essere cristiano intero, nel quadro della propria vocazione e del proprio ordine (« ut singuli quid vocationi suae, suoque ordini conveniat, pro se quisque cogitent ») [111], seguendo le indicazioni della Parola che portano a concludere sulla necessità d'onorare Dio non solo in spirito, e non solo con la lingua, ma con tutta la ricchezza del culto esterno quale si manifesta negli atteggiamenti corporei, in unione insomma di corpo e di spirito.

E come polemizza contro i fautori di un culto che si esaurisca nel segreto delle coscienze, Calvino attacca i *moderatores* disposti a cercare concordia qualificando di irrilevanti o indifferenti gli omaggi al cerimoniale papistico, « non secus ac iniecta offa maleficae belluae » [112]. È vero che ci sono riti « medii » e « indifferentes »: ma tale non è la messa, compendio di idolatria non diverso dalle cene dei pontefici pagani, dai banchetti dei Salii o da quelli dei Turchi [113]. È vero anche che non basta respingere la messa, per essere religiosi: e tuttavia essere religiosi implica anche il ripudio di questa « abominatio » [114]. Né vale che « ad palpandam carnis suae mollitiem », « ad ignaviam animi sui obtegendam », si citi dal *Libro dei Re* l'esempio di Naaman; o l'epistola che si attribuisce a Geremia in *Baruch*, VI [115]; o che si tenti di coprirsi dietro la figura di Paolo [116].

---

109. P. 409. Il passo sulla coscienza privata in latino è « secreta ab omni hominum arbitrio conscientia contenti esse incipiebant ».
110. Ivi, p. 410. *Luc.*, IX, 26: « Nam qui me erubuerit et meos sermones hunc Filius hominis erubescet... »; *Rom.*, X, 9: « Quia si confitearis in ore tuo ecc. ».
111. Ivi, p. 411.
112. Ivi, p. 414.
113. Ivi, p. 415.
114. Ivi, p. 419.
115. Per Naaman, cfr. sopra, nota 8; l'« Exemplar epistulae quam misit Jeremias » è in *Baruch*, VI, e il passo essenziale in VI, 5, « visa itaque turba

Ci sono circostanze in cui gli atti esterni hanno la rilevanza di professioni di fede o di abiure; e se il criterio della vocazione può permettere talvolta al privato la *dissimulazione* della propria fede, purché egli si impegni a fare della sua famiglia una piccola chiesa, è sempre peccaminosa la *simulazione* di adesione al papismo: « Pietatem tuam non peto ut propalam profitearis: solum ne impietatis professione ipsam abneges a te contendo »[117].

Le responsabilità, naturalmente, sono più pesanti per chi si assume il ministero della Parola. Nel *De Christiani hominis officio in sacerdotiis papalis Ecclesiae vel administrandis vel abiiciendis* (1537)[118] Calvino descrive la rete di dissimulazioni colpevoli in cui si intricano inevitabilmente coloro che accettano cariche sacerdotali all'interno della Chiesa cattolica, sperando in questo modo di avere opportunità maggiori per servire l'Evangelo: come si può tutelare l'onore di Cristo « connivendo, tacendo, dissimulando »[119], lasciando passare in « sanguinaria taciturnitas » le miserie di una devozione malintesa che si colora di magia (« magico more demurmurant ut illis non aliud sit orare quam rosarii circulum evolvere »)[120], indulgendo a riti assurdi, « auricularium confessionum carnificina », « fabulosas purgatorii naenias », « missaticum sacrificium », e a tutti gli abusi collegati, decime, annate, oblazioni, donazioni? Tutte queste ragioni inducono Calvino a dire ai « praesules » veramente evangelici: « Eam personam non potestis sustinere »[121]. Non è una giustificazione dire che si assume quel ruolo per tenerne lontano persone più indegne. Le difficoltà? « Ergo Christiani ne sitis »: il cristiano affronta le rinunce. Si conosce la « communis omnium imbecillitas », ma questa, se può valere a giustificare esitazioni momentanee, non scusa una scelta di vita che è diametralmente opposta alla richiesta evangelica. A questo livello di responsabilità dissimulazione e simulazione sono parimenti colpevoli: « De te, ut voles, aestimabis: mihi certe nec vir bonus eris nec Christianus »[122].

de retro et ab ante *adorantes dicite in cordibus vestris*: Te oportet adorari, Domine », dove si configura un omaggio esterno contraddetto nel segreto del cuore.

116. Ivi, p. 420-1.
117. Ivi, p. 422.
118. Ed. 1667, pp. 423-34; CO, V, 1866 coll. 279-312.
119. Ed. 1667, p. 426.
120. Ivi, p. 428.
121. Ivi, pp. 429-32.
122. Ivi, p. 434.

Le posizioni dottrinali erano, dunque, già state fissate con chiarezza quando nel 1543 Calvino riprese la polemica nel *De vitandis superstitionibus quae cum sincera fidei confessione pugnat* (l'opera a cui ci si riferisce di solito per la questione dei nicodemiti) [123]. Il tono comunica un po' dell'impazienza di chi si trova a dover ripetere cose ben note. Gli chiedono consiglio con la disposizione d'animo con cui Balaam si rivolgeva a Dio circa la sua partenza « ad regem Balaach »: già deciso a non seguirne il consiglio. « Pulvinaria quaerunt ad sopiendas suas conscientias », dice, citando Ezechiele, ma egli non ha intenzione di fornire cuscini morbidi a coscienze delicate: non può dissimulare o sottacere la verità [124] e chiede ai suoi interlocutori di fare altrettanto, « ne sibi adulentur, ne subterfugia quaerant, sub quibus frustra se occultent ». Ammette che ci sono terreni di incontro con i cattolici « vel ob hoc solum, quod ab uno Christo utrique nominamur », ammette che è giustificato porsi il problema « quo usque homini vere Christiano liceat cum ipsis communicare » [125] e fissa un criterio: c'è una gradazione di corruzione nelle cerimonie papistiche e la « communicatio » si porrà in ragione inversa al grado di corruzione; ma la devastante analisi della messa cattolica è orientata a contrarre al massimo i terreni d'incontro, le zone neutre. Ora però si dà il caso che cristiani « infirmi » vogliano ampliare questo terreno e cerchino pretestuosamente esempi biblici sotto cui coprirsi, « qualemcumque clypeum quem opponant » [126]. Gli esempi e i ragionamenti di copertura sono quelli già esaminati negli scritti del 1537: *a)* « Exemplum Naaman Syri valde illis familiare est ». *b)* « Citant etiam quod habetur in epistola, quae inscribitur Jeremiae ». *c)* « Exemplum Pauli quod obtendunt paulo plus habet coloris ». *d)* Portano a pretesto gli « infirmi »: « concedere fratrum ignorantiae aut ruditati ne illis simus offendiculo ». *e)* Sostengono che la cosa non è di grande rilevanza [127].

Calvino confuta tutti e cinque i punti: non perché gli sia facile, stando al sicuro nella roccaforte di Ginevra; non perché gli piaccia opporre speculazione vana a speculazione; ma per opporre alla spe-

---

123. Qui si cita, dall'ed. 1667, la trad. latina del 1549; per il testo francese del 1543, *Petit traicté monstrant que c'est que doit faire un homme fidele quand il est entre les papistes...*, cfr. CO, VI, 1867, coll. 537-78, cui segue *Epistre*, sullo stesso argomento datata Strasburgo 12 sett. 1540 (coll. 579-588).
124. Ed. 1667, p. 434: « dissimulare mihi aut subterfugere integrum non est ».
125. Ivi, p. 437.
126. Ivi, p. 437-9.
127. Ivi, pp. 439-42.

culazione una dottrina nata dall'esperienza della lotta religiosa e della consuetudine con la parola divina: « Haec igitur doctrina non speculatio, quam in umbra otiosus fabricaverim » [128]. Non vuol condannare, è dolorosamente conscio delle sofferenze dei perseguitati, ma i pellegrini d'Egitto e i prigionieri di Babilonia hanno dinanzi a sé solo tre possibili comportamenti cristiani: *a*) emigrare ovunque non siano a contatto con l'abominazione; *b*) in caso di impossibilità chiudersi nel culto domestico, « domi suae Deum adorare » e « fideliter incumbere ad rudes aedificandos », senza partecipare alle cerimonie papistiche; *c*) e se non ne hanno la forza, accusare la propria colpa, non ingannarsi con pretesti, pregare Dio di liberarli; ma, soprattutto, « ne malo suo indormiant adsuescendo » [129].

A questo punto si inserisce l'*Excusatio ad Nicodemitas* [130], e questa operetta, *pamphlet* brillante nel migliore stile polemico di Calvino, superiore sotto questo aspetto anche al caustico *Traité des réliques*, presenta (per la prima volta in questa serie di controversie) il nome di Nicodemiti, destinato a fortuna storiografica come etichetta di processi che si identificano solo parzialmente con quelli qui descritti da Calvino. « Prendono a prestito il nome di Nicodemo per opporcelo come uno scudo; ed io li chiamerò per il momento Nicodemiti, come se fossero realmente suoi imitatori, finché non avrò mostrato quale ingiuria facciano a questo santo uomo traendolo nelle loro file »; si celano sotto questo nome, come pulcini sotto le ali della chioccia e ne hanno fatto una coperta che stiracchiano da tutte le parti per coprirsene tutti (« ...isti tam late extendunt Nicodemi pallium ut inde tegantur omnes... ») [131]. In realtà essi prendono a modello il Nicodemo ancora ignaro di Cristo, non la vera « Nicodemizandi ratio », che è il « proficere de die in die » sino a Cristo. Il punto significativo è questo: gli pseudonicodemiti hanno scelto a paradigma non il Nicodemo che approda nella dedizione totale a Cristo, ma quello che si affaccia appena al messaggio cristiano. Il Nicodemo che cerca è l'alibi per un egoistico disimpegno.

I Nicodemiti, e persino i Libertini, per quanto cristianamente perverso si possa considerare il loro atteggiamento, si richiamano pur sempre al Vangelo o allo Spirito in senso cristiano. Ma Calvino

---

128. Ivi, p. 443.
129. Ivi, p. 444.
130. Ed. 1667, pp. 444 segg. Cfr., per il testo francese *Excuse de Jehan Calvin à messieurs les nicodemites sur la complainte qu'ils font de sa trop grand rigueur*, 1544; CO, VI, 1867, coll. 589-614.
131. Ed. 1667, p. 448.

vede crescere nell'ombra, e sporgere talvolta il capo dalla caverna della simulazione, un'altra razza di simulatori, che nasconde sotto apparenze di pietà la mostruosità dell'irreligione: « Ci sono oggigiorno molti uomini inquieti, che se avessero la libertà di vomitare all'esterno ciò che hanno concepito dentro, nulla lascerebbero immune dalla loro sfrenata audacia. Non c'è da meravigliarsi se hanno tanto cara l'impurità, madre di licenza ». Fra questi ci sono tutti gli Epicurei e i Lucianici « al cui piacere questo solo fa difetto, che non osano gridare a piena voce le cose sacrileghe che si bisbigliano fra di loro, in forme clandestine ed enigmatiche » [132].

Qual è dunque la linea discriminante tra costoro e i Nicodemiti? Calvino fissa chiaramente la posizione nel commento ad *Act.*, VIII, 13: « Inter fidem et meram simulationem aliquid esse medium. Epicurei et Lucianici credere se profitentur, quum tamen inter rideant, cum illis fabulosa sit spes vitae aeternae » [133], mentre ci sono quelli che si illudono di avere la fede e vorrebbero averla, « sed deest fundamentum: sui abnegatio ». Questi sono i Nicodemiti. La loro simulazione non va confusa con quella degli Epicurei, che ha una sola motivazione: il disprezzo di Dio, che non osano confessare.

Si disegna, dunque, una gradazione di valori che ha al vertice la confessione aperta dell'onore di Dio e al fondo l'aperta dichiarazione del « contemptus Dei ». Ora, il mondo è pieno di « Dei contemp-

132. *Defensio orthodoxae fidei de sacra Trinitate contra prodigiosos errores Michaelis Serveti Hispani*, 1554, in CO, VIII, 1870, coll. 453-644. Il passo citato è alla col. 461, ed. 1667, p. 511.

133. CO, XVIII, col. 180. Il tema degli « Epicurei » e dei « Lucianici » si è consolidato nel corso della polemica Hutten-Erasmo-Lutero, come si è indicato sopra, pp. 27 segg. Le citazioni si potrebbero moltiplicare. Erasmo scrive a Giovanni di Sassonia il 2 marzo 1526 (ALLEN, VI, n. 1670, p. 269): Lutero « me facit Lucianum atheon, quod nullum credam esse deum, Epicuri de grege porcum, quod non credam Deo cordi esse res mortalium » e cfr. ivi, lett. 1688, p. 306, lett. 1690, pp. 309-10 ecc. Il confronto tra Erasmo e Luciano era stato in origine positivo, impostato sulla mordacità dello stile e la sapienza retorica, cfr. ALLEN, II, n. 344, di Ulrich Zasius, 1515. Quanto all'ateismo e alla negazione della provvidenza gli autori latini a cui si faceva di solito riferimento erano Plinio e Lucrezio, cfr. G. POSTEL, *De orbis terrae concordia* [Basilea, 1544], p. 111 («ex multis qui id sensere apud Latinos ausi sunt prodere scriptis Plinius et Lucretius»), L. VIVES, *De veritate fidei christianae*, Basilea, Episcopio, 1555, vol. II, p. 184: «Plinius post multas de diis cavillationes ad extremum ita concludit: Deus est mortalem iuvare mortalem ». Sui limiti dell'ateismo al '500, cfr. L. FEBVRE, *Le problème de l'incroyance au 16e siècle, la religion de Rabelais*, Paris 1942, e in altro senso, gli studi di H. BUSSON, sulle origini e gli sviluppi del razionalismo, *Le rationalisme dans la littérature française de la Renaissance (1533-1601)*, Paris, 1957.

tores »; ma tutti costoro velano di nebbie protettrici la loro follia empia:
« Epicurei... (qua labe nunc refertus est mundus) semper offundunt
aliquas nebulas sub quibus lateat eorum furor »[134]. Nel *De scandalis*
(1550)[135] aveva dato nomi e volti ad alcuni di loro: « Agrippam,
Villanovanum, Doletum et similes vulgo notum est tanquam Cyclo-
pas quospiam Evangelium semper fastuose sprevisse... » (e nel seguito
si cita anche Rabelais); ma erano miriade e li vedeva spargersi a
riempire di ateismo il mondo, a distruggere ogni senso di pietà con
la loro dottrina della genesi puramente umana delle religioni, tutte,
senza eccezione (« religiones omnes ex hominum cerebro natas esse »).
Trovano ascolto nelle sfere alte della società « in Regum et Principum aulis, in tribunalibus, in splendidis aliis vitae generibus », dove
regna l'« inanis curiositas », confinante con la futilità, dei begli spiriti,
gli « aulici urbani, mundi, elegantes » che parlano di tutto, dopo avere
sfiorato le cose « primoribus labris », « delicati assectatores muliercu-
larum »[136], che si concedono accanto al brivido della carne il brivido
intellettuale dei pensieri empi. Sono uomini di questo genere che ora
vorrebbero parlare pubblicamente al mondo, scrivere, stampare le
loro bestemmie; e poiché il timore della pena interviene ad impedire
ciò che il loro pudore non è sufficiente ad impedire, gridano che la
Chiesa è oppressa da un'indegna tirannide.

L'« inanis curiositas », che, come è noto, era per Calvino e per altri
capi religiosi della Svizzera, caratteristica peculiare degli Italiani[137],
viene talvolta riportata sotto l'etichetta di epicureismo, talaltra di
accademia: sono fondatori di una nuova accademia Castellione e
Curione in una lettera di Gallasio e Calvino[138]; è « ingenium plane
Academicum » Lelio Sozzini nelle parole della biografia calviniana di
Beza; e Calvino usa una volta la designazione di « discepoli di Socrate »

134. Commento ad *Exod.*, V, 2 « et dixit Pharao: quis est Jehova ». POSTEL,
De orbis terrae concordia cit., p. 437: « Maxima eorum pars, sub Evangelicae
libertatis praetextu Epicurum et Lucretium praetulit Christo ». Anche Postel,
come Calvino, indicava nell'Italia la centrale di diffusione dell'incredulità:
a proposito di Pomponazzi, ivi, p. 114: « O Italia, etiam ea hominum monstra
alis, qui non satis habent esse impiis, nisi etiam virus suum omnibus cae-
teris propinent » ecc.
135. CO, VIII, 1870, coll. 1-84. Il passo cit. alla coll. 44-5.
136. La cit. è dal finale di *Adversus astrologiam iudiciariam* nell'ed. 1667.
Per il testo francese, cfr. CO, VII, 1868, pp. 509-42: il testo è alla col. 540.
137. « Vulgaris hic morbus est ac fere ubique regnat... sed in Italis, forte
propter rarum acumen, magis eminet ».
138. CO, XVIII, col. 367: « Atque hi fructus ex Franci cuiusdam Flandri far-
raginibus prodierunt et Castalionis Coeliique somniis, qui novam Academiam
ampliandi regni Christi praetextu invexerunt ».

per questi ingegni che sembravano poggiare sulla premessa che « in utramque partem sentire Academicorum more liceat »; la loro simulazione si estrinsecava nel fatto che avanzavano le loro idee non in forma asseverativa, ma sotto copertura di un problematicismo sottile, che Calvino sentiva ad un tempo come futile e come pericoloso. Ma la fenomenologia di questo tipo di simulazione è stata descritta troppe volte perché sia il caso di fermarvisi qui. Si osservi solo che Lelio Sozzini, di cui Cantimori ha fatto quasi il paradigma del Nicodemita [139], è, nella terminologia di Calvino, piuttosto un discepolo di Socrate che un imitatore di Nicodemo. Era questa la etichetta di cui si sentiva bollato uno dei compagni in spirito di Sozzini, il Castellione: « Est... genus quoddam hominum, qui nihil dubitari, nihil nesciri volunt... et si dubites, non dubitant Academicum appellare » [140]. È giusto che la voce dell'autore del *De arte dubitandi* – una voce che viene dall'altra parte – chiuda questa rassegna di condanne pronunciate da un giudice troppo sicuro.

Calvino distingue, dunque, tre tipi principali di simulatori: quanto ai nicodemiti, l'uso che egli fa del termine, che, per quanto ne so, ha coniato o almeno messo in circolazione egli stesso, è rigorosamente univoco e costante nel tempo. Di solito si parla di loro facendo riferimento ai trattati del 1543-44, ripresi nell'edizione ginevrina, con pareri di altri riformatori, del 1549 [141]; ma si può citare dal commento del 1554 in *Act.*, XXI, 26: « Quod autem falsi Nicodemitae hoc Pauli exemplo perfidam suam simulationem fucare conantur, dum se omnibus papatus inquinamentis polluunt » [142], o dal commento (1556) a *Ps.*, XVI, 4: « Non est quod sibi indulgeant larvati Nicodemitae frivolo isto praetextu, occultam se fidem intus fovere, dum se papistarum sacrilegiis adiungunt » [143]; o da *In Hoseam*, IV (1557), dove, parlando della messa, si osserva: « Et non tantum hic cum papistis certamen nobis est, sed cum nebulonibus istis qui iactant se Nicodemitas » e vanno a messa perché sostengono, tutto sommato, « illic proponi memoriam coenae Christi et mortis eius » [144]; o infine (1563)

---

139. D. CANTIMORI, *Prospettive di storia ereticale italiana del Cinquecento*, Bari, 1960, cap. V (« il nicodemismo in Italia »), pp. 61 segg.

140. S. CASTELLIONE, *De arte dubitandi...*, ed. E. FEIST, in *Per la storia degli eretici italiani del secolo XVI in Europa*, testi raccolti da D. CANTIMORI e E. FEIST, Roma, 1937, p. 345.

141. *De vitandis superstitionibus, quae cum sincera fidei confessione pugnant...*, Genevae, per Ioannem Girardum, 1549.

142. CO, XLVIII, col. 486.

143. CO, XXXI, col. 153.

144. CO, XLII, col. 290.

In Ier., X: « Nicodemitae, qui hodie sibi blanditias faciunt, qui in papatu vivunt »[145].

È evidente che Calvino si è costantemente riferito col termine del 1544 ai criptoriformati, a gente cioè che non traduce all'esterno il suo interno affrancamento dalle cerimonie papistiche e partecipa al culto cattolico; e la sua caratterizzazione, articolata del resto nei quattro famosi tipi, era tutt'altro che inadeguata.

Quanto ai simulatori « a radice spiritualistica e settaria » appartenevano a tutt'altra partita, secondo la distinzione da lui ripetutamente formulata e che, in dipendenza da Calvino, avrebbe trovato formalizzazione teologica rigorosa, ad esempio, nell'opera di quell'instancabile sistematore che fu Gerolamo Zanchi[146]. Secondo Zanchi è ἀθρήσκεια (*irreligiositas*) in primo luogo la posizione degli atei (ma anche dei Turchi e dei Giudei) che negano culto al vero Dio; e in secondo luogo la posizione di coloro che, pur conoscendo il vero Dio, gli negano una parte del culto dovutogli, la parte esterna, cerimoniale. E qui vale la pena di riportare integralmente il passo: « Altera species ἀθρησκείας eorum est, qui licet Deum verum utcumque norint et vero etiam se illum interna religione colere profiteantur, totum tamen externum eius cultum qui in ceremoniis situs est contemnunt. In hoc genere videntur esse cum primis Schwenkfeldiani. Hi enim ita totam religionem in spiritu collocant, ut omnes externas ceremonias totumque adeo Ecclesiae ministerium [...] ut rem inutilem contemnunt, contenti nescio qua, sed hypocrita pietate ». Questa è la collocazione dei libertini. I nicodemiti trovano invece sistemazione in una distinta categoria, quella della ψευδοθρήσκεια o idolatria. « Idolatriae crimine involvuntur qui cum idolatris ipsorum idololatriis communicant »: come sono appunto i nicodemiti (espressamente

---

145. CO, XXXVIII, coll. 74-5.
146. Lo Zanchi tratta dei nicodemiti in vari passi. In *Opera theologica*, II, Genevae, 1619 (ma la *praef.* è datata 1577), *De natura Dei*, lib. III, cap. IV, *quaestio* XIV, col. 304: « Voluntatem Dei facere non in solo animi studio consistit: sed externam quoque, licet imperfectam complectitur oboedientiam: ut locus non sit doctrinae Libertinorum et Nicodemitarum. Nam Deus vult corpore simul et animo coli ». Qui Libertini e Nicodemiti sono unificati per la comune sottovalutazione del culto esterno; ma la distinzione teologica cui si allude nel testo è chiaramente formulata in *Op. theol.*, IV, *De primi hominis lapsu*, cap. XVII (De vitiis externo vero cultui oppositis), *thesis* II (irreligiositas) e *thesis* XI (superstitio), dove alle coll. 533-40 si trova una discussione puntigliosa di tutte le giustificazioni nicodemitiche. Ma la polemica antinicodemitica è già al cap. XVI, col. 415: « Quanta igitur est consceleratio Nicodemitarum qui putant se perbelle satisfecisse Christo, si animo pietatem (ut aiunt) servent, cum interim corpora sua prostituant ante idola... ».

citati) che dagli esempi di Naaman, Geremia, Daniele, Paolo; o da quelli di sacri personaggi come Zaccaria, Giovanni Battista, la Vergine Maria, che si recavano al tempio; o dalla massima secondo cui bisogna evitare gli scandali; o dalla necessità di mantenere contatti con i fratelli « infirmi » per conquistarli a Dio (« charitas igitur postulare videtur, ut fratris lucrifaciendi causa accomodemus nos ad ipsius infirmitatem, et, ita cum illo Missam audiamus »); e quindi di non fuggire, di restare simulando e dissimulando per propagandare il Vangelo: traevano la giustificazione religiosa della partecipazione alle pratiche superstiziose del culto cattolico. Anche qui i nicodemiti sono riformati imperfetti che continuano a fornicare con la meretrice [147].

6. *Il nicodemismo come concetto storiografico e le altre forme di simulazione.*

A questo punto lo *status quaestionis* sul nicodemismo pare il seguente: c'è coincidenza solo parziale tra la definizione proposta in sede storiografica da Cantimori e quella coniata in sede polemica da Calvino. La definizione di Cantimori [148] è più ampia, assumendo tratti che Calvino attribuisce a gruppi settari di diversa provenienza e, comunque, di collocazione ideologica diversa, nella dinamica politico-religiosa del tempo. Il nicodemita di Cantimori è più ricco, più ribelle, più carico di futuro del simulatore « infirmus » di Calvino, visto come colui che dopo avere conquistato nella sua interiorità una posizione evangelica rischia, per timidezza, sensualità, leggerezza, di « redire ad vomitum » del papismo. Ora, è chiaro che ogni etichetta, nasca

147. Per la sistemazione che questi temi hanno trovato nell'*Institutio* cfr. libro III, cap. XIX in CO, II, coll. 613-624 (*De libertate christiana*). Non esaminerò qui le polemiche che Calvino condusse sugli anni sessanta, *Responsio ad versipellem mediatorem*, 1561 (CO, IX, coll. 529-60) e *Reponse à un certain Holandois*, 1562 (ivi, coll. 585-628), dove temi antilibertini ed antinicodemitici ormai si confondono ed anche i nicodemiti sono Epicurei (col. 538) e Lucianici (col. 545), e pretendono alla formazione di un terzo partito, ostinandosi « eos solos laudare qui a nobis non aliter quam a papistis dissentiunt », e pretendendo al monopolio della saggezza perché rifiutano la lotta: « *neutrales, qui se Nicodemitas falso nominant* solos sapere et manere in gradu, quia se a contentione subducunt... » (col. 555). In una situazione in parte nuova i due libelli ricapitolano ancora una volta i temi fondamentali della polemica sulla simulazione.
148. Secondo CANTIMORI, *Prospettive* cit., p. 63, si passava con Lelio Sozzini a una « teorizzazione e giustificazione di validità generale di quella che prima era solo una pratica ». Cantimori era naturalmente consapevole che questo « nicodemismo » era ormai altro da quello descritto da Calvino, come è evidente nell'espressione: « Si è riusciti all'affermazione di un principio generale che *proponiamo* di chiamare nicodemismo ».

essa in sede storiografica o controversistica, è il simbolo compendioso di un giudizio: e questa natura non cambia, sia che il giudizio nasca dal distacco dello storico o dal fervore del polemista. Il giudizio di Cantimori ha avuto come punto di riferimento in una prima fase il « libero pensiero », in una seconda fase l'« irenismo »; quello di Calvino la comunità compatta di decisi testimoni dell'« onor di Dio ». Precisate con riferimento ai diversi valori orientativi, le due etichette sono entrambe valide, ma non sono sovrapponibili nell'uso storiografico. Il termine di Cantimori è il risultato di un'estensione analogica dell'uso di Calvino, estensione legittimata dalla considerazione di un solo tratto del tipo del nicodemita, quello della simulazione: è contraddittorio utilizzarlo *à rebours* per dire poi che Calvino si è sbagliato nell'identificare i nicodemiti coi criptoriformati e per costruire una « dottrina del nicodemismo », più adeguata di quella suggerita polemicamente da Calvino.

Sarà piuttosto corretto descrivere il fenomeno in questo modo, sia pure per sommi tratti: nella dinamica etica ed intellettuale del Cinquecento la coscienza della simulazione acquista una particolare acutezza, testimoniata negli ambienti, nelle situazioni e dagli individui più disparati, spiriti « laici » e spiriti religiosamente motivati. Le indicazioni in tal senso fornite nel corso di questa rassegna sono solo esempi di un'antologia che potrebbe essere ben altrimenti nutrita, « car la dissimulation est des plus notables qualitez de ce siècle »[149]. Le reazioni al fenomeno sono negative o positive o medie (« quantunque il simular sia le più volte... »[150]), ma l'inclinazione a fare di simulazione e dissimulazione componenti della saggezza o almeno della « civiltà » è assai documentata, e a questo livello generico si possono indicare radici umanistiche, Cicerone, Platone, « parlare coi molti, ma sentire con i pochi ». Queste suggestioni umanistiche si affiancheranno a testi scritturali per giustificare l'atteggiamento « super partes » di uomini come Erasmo, quando si aprirà la lacerazione religiosa. A partire dagli anni venti le situazioni difficili, nelle quali il simulare diventa, in casi limite, condizione di sopravvivenza, renderanno sempre più frequenti atteggiamenti di simulazione e pronunciamenti giustificativi: la simulazione come reazione di soprav-

---

149. M. DE MONTAIGNE, *Essais*, libro II, cap. XVIII (*Du dementir*); e E. JODELLE, citato da H. HAYDN, *The Counter-Renaissance*, New York, 1950; vedi la trad. di A. BALLARDINI, Bologna, 1967, pp. 721-2: « Les barbares marchent tout nus / Et nous, nous marchons inconnus / Fardés, masqués... ».
150. L. ARIOSTO, *Orlando furioso*, IV, 1 segg., sul simulare di Bradamante con Brunello.

vivenza dopo il fallimento della rivolta contadina (simulazione come maschera tragica degli sconfitti) è solo un caso fra i tanti della folta fenomenologia della maschera, che è il quadro a cui va rapportata la simulazione religiosamente motivata studiata da C. Ginzburg nel suo tentativo di individuare la «dottrina» che sostiene la «prassi» della simulazione. Tale dottrina, nei suoi tratti più generali, si articola su tre punti: *a*) la «libertà del cristiano», *b*) il rispetto degli «infirmi», *c*) il carattere temporale e circostanziale della pratica; ma essa appare già costituita con questi tratti, prima che Otto Brunfels la ospiti nelle *Pandectae* e prima che il fallimento della rivolta contadina condanni alla clandestinità i pensieri di rinnovamento radicale. Si tratta sempre degli stessi testi esemplari che vengono invocati nelle circostanze più diverse, sia che si tratti di giustificare rapporti blandi tra confessioni antagoniste in un borgo svizzero, o mimetizzazioni protettive nella Londra di Maria la Sanguinaria, o la liceità di assistere alla messa e di accostarsi alla comunione nella Ferrara di Renata e di François Richardot... [151]. È impossibile, sotto questo riguardo, fare della simulazione religiosamente motivata l'ideologia di un gruppo specifico: semmai le tipologie di Calvino dimostrano che combinazioni variabili dei testi e spostamento d'accento dall'uno all'altro punto rendevano possibili diverse dottrine della simulazione correlative a gruppi e situazioni diverse; e in questa direzione lo sfondo più ampio aperto dalla ricerca di Ginzburg potrebbe stimolare indagini rivolte a determinare con maggiore nettezza i contorni di situazioni specifiche, a riempire di concretezza vitale gli schemi tipici.

Ma è possibile anche un altro cammino, dal particolare al generale, che d'altra parte è necessario percorrere se ci si pone il problema del significato per la storia europea di un atteggiamento come quello della simulazione, che attiva molteplici valenze della personalità a livello morale ed intellettuale. Qui il discorso si fa rischioso per lo storico, costretto a far ricorso ad ipotesi che rilevano più della psicologia della cultura che non della filologia, che è il suo strumento di lavoro. Comunque, le ipotesi sono queste: posto l'intento di abboz-

---

151. Uno spoglio, ad esempio, della *Bullingers Korrespondenz mit den Graubündnern*, ed. T. SCHIESS, Basel, 1904-6 (lettere dal 1533 al 1575) offre una casistica interessantissima sulla diffusione della terminologia che si è ricostruita in queste note; elementi descrittivi interessanti in A. ROTONDÒ, *La pratica nicodemitica...* cit., pp. 1012 segg. Quanto a Renata e Richardot, cfr. la famosa lettera antinicodemitica di Calvino a Renata, in A. L. HERMINIJARD, *Correspondance...*, VII, pp. 307-19 (CO, XI, coll. 323 segg.) e note relative.

zare la storia di un comportamento, che attraverso riflessione ed approfondimento trova la propria giustificazione e si consolida in « stile di vita », non sarà male disegnare un « tipo teorico » del comportamento stesso, magari un elogio della doppiezza come forma moderna degli elogi delle qualità negative che piacevano a Romani e Greci della tarda antichità e che il Rinascimento riprese come ghiotti divertimenti [152].

Il discorso potrà dunque svolgersi così:

1. La doppiezza presuppone uno stato di costrizione, una coscienza chiara della stessa e dell'impossibilità di superarla: richiede un calcolo delle proprie forze e delle forze ambienti, ostili; ammette il riconoscimento dell'inadeguatezza di ogni sforzo per modificare nel tempo breve lo stato di cose esistente; dà per scontata la priorità di interessi minimi di sussistenza (individuale o di gruppo) rispetto a interessi di programma o a « ideali » di qualsiasi genere; temporeggia e aspetta l'occasione: « il beneficio del tempo ». Si tiene in serbo per quando le condizioni mutate permetteranno che i valori repressi si possano di nuovo affermare con probabilità di successo. La doppiezza è paziente.

2. Ma la doppiezza comporta una scissione nel comportamento individuale o di gruppo. Non permette più che si dica che « ciò che è nel cuore è sulle labbra ». Un cumulo di energia psichica ristagna senza canalizzarsi nell'azione. « Interno » ed « esterno » non comunicano più, gli atti smentiscono i pensieri, i pensieri condannano gli atti. D'altra parte: il fenomeno della « riserva mentale » implica, come sua base, una personalità complessa, che sappia modulare parecchi registri: richiede un'intensificazione del lavoro cerebrale ed anche una severa opera di addestramento dell'emotività (c'è, indubbiamente, un'ascesi della doppiezza). Deve creare tutto un armamentario di meccanismi di elusione che funzionino a un tempo verso l'« esterno » e verso l'« interno »: « inganno » ed « autoinganno » si rafforzano vicendevolmente, si facilitano l'un l'altro i compiti. In effetti la personalità rilutta ad accettarsi come scissa, è, strutturalmente, una spinta all'unità. Una giustificazione razionale della doppiezza serve a creare unità: una mente sorveglia le distorsioni, le calcola, le guida, le inserisce in un quadro di riferimenti che le rende significative e giuste (quindi non più distorsioni, ma comportamenti

152. L'elogio della doppiezza fu scritto, di fatto, da Torquato Accetto, come si vedrà più avanti.

adeguati a scopi accettabili). La doppiezza richiede una « morale dell'ambiguità », basata su una « ars dubitandi ».

Insomma: il tipo umano del « larvatus », « masqué », « dissimulatore », ha bisogno di costruirsi una coscienza di valori alternativi. Essa si baserà in primo luogo sulla fondazione di un diritto a portare la maschera; in secondo luogo sull'elaborazione di valori nuovi resi possibili dalla mascherata stessa. Lo spazio ambiguo serve ad ammortizzare le pressioni « esterne » e tutela il lavoro « interno ». In risposta a una distorsione della comunicazione di tipo autoritario si adotta una comunicazione distorta a carattere difensivo. Questo atteggiamento potrà diventare tipico nel tempo-luogo di una categoria socialmente sradicata con forte sviluppo dell'attività mentale e scarsa garanzia economica: gli « intellettuali socialmente fluttuanti » di Karl Mannheim ed Alfred Weber. Ma torniamo al Cinquecento, cioè dal modello alla situazione specifica.

Quando Erasmo scrive ad Enrico Cornelio Agrippa[153], che aveva avuto guai con i monaci per il *De vanitate scientiarum* e il *De occulta philosophia*, « suadeo ut si commode possis extrices te ab ista contentione », e gli ricorda la triste fine di Berquin, e gli consiglia di chiudersi negli studi lasciando perdere le troppo rischiose e sterili « digladiationes » con i frati; quando Iacopo Sadoleto, dopo aver letto l'apologia di Aonio Paleario, che pure loda, gli raccomanda tuttavia, anzi lo scongiura (« non modo hortor, sed rogo »), a nome proprio e a nome di Pietro Bembo, di astenersi dai temi religiosi e di dedicarsi ai suoi classici, giacché « a peripateticis interpretandis aut illustrandis nullum periculum est »[154]; quando Celio Calcagnini, in risposta al Morato, poi discepolo entusiasta di Curione, che gli aveva mandato un suo scritto di argomento religioso, scrive che, sì, non ha trovato niente in esso che « aut probari aut defendi non possit », ma che, insomma, « quaedam omnino sunt quae quasi mysteria taceri ac dissimulari satius sit, quam in vulgus efferri », e distilla da ciò il consiglio: « Quibus de rebus quoniam periculosum est in turba atque in forensi concione verba facere, idcirco saluberrimum existimaverim, *loqui ut multi, sentire ut pauci* »[155]; dalla varietà dei casi e delle situazioni emerge sempre

---

153. La lettera, del 21 aprile 1533, in AGRIPPAE AB NETTESHEYM, *Operum pars posterior...*, Lugduni, per Beringos fratres, 1600, p. 1056 e ALLEN, X, p. 203. Sulla simulazione di Agrippa, cfr. sopra, nota 23, e ancora *op. cit.*, pp. 453-9.
154. A. PALEARII, *Opera*, ed. A. Halbarrer, Jena, 1728, p. 559.
155. La lettera è datata da Ferrara, maggio 1538, ed affianca al consiglio mondano un suggerimento scritturale, che non ho trovato citato altrove nella precettistica nicodemitica: *Ad Rom.*, XIV, 22; Calcagnini cita in greco e

un analogo atteggiamento: sono uomini dotti che consigliano ad altri
dotti di sopprimere una parte dei propri interessi, di occuparsi d'altro,
perché per altra via si possono esprimere comunque certi valori intellettuali, mentre sul terreno religioso la via è sbarrata.

Celio Calcagnini dava voce ad uno stato d'animo ben diffuso, e
per le note ragioni, negli ambienti ferraresi. E una voce che proviene
dagli stessi ambienti chiuderà questa rassegna. Pier Angelo Manzolli
(cioè Marcello Palingenio) [156] a proposito del quale ci informa il Giraldi
che « post eius mortem in eius cineres saevitum est ob impietatis
crimen » [157], esprime spesso nello *Zodiacus vitae* dedicato ad Ercole II
d'Este l'amara dottrina del procedere mascherati: in questo mondo,
che sembra il regno del caso, « ambiguus, varius, Vertumnum et Pro-
tea vincens » [158], il sapiente, se vuole preservare la sua fiammella di
vita, deve isolarsi vivendo nascosto (« secernat sese a vulgo, studeat-
que latere ») [159], e se crede di aver raggiunto verità proprie, non deve
dare loro pubblicità:

> Nemo igitur bonus et prudens audebit aperte
> dicere mortalem esse animam et corrumpere vulgus [160].
>
> Nam licet hoc esset, debet tamen usque taceri:
> non *sunt haec dicenda palam*, prodendaque vulgo [161].

L'ultima parte del IV libro dello *Zodiacus* è un corso di saggezza
mondana, dove l'accettazione del fingere è totale, pur lasciando trasparire qua e là il livore della personalità mortificata:

> ...nam dissimulare tacendo
> maxima plerumque est prudentia. Vivere nescit,
> ut bene vulgus ait, qui nescit dissimulare [162].

---

traduce « Tune fidem habes? Pene te ipsum habe, deo spectatore contentus ».
Su Pellegrino Morato cfr. G. CAMPORI, *F. P. Morato*, « Atti e Memorie della
Reg. Dep. di st. patria per le prov. mod. e parm. », VIII, 1887, pp. 361-8.
156. G. TOFFANIN, *Il Cinquecento*, Milano, 1965[7], pp. 50-3 e G. BORGIANI,
Marcello Palingenio Stellato e il suo poema lo Zodiacus vitae, Città di Castello, 1913, parlano di 60 edizioni della sua opera. E. BONORA, *Il Cinquecento*,
Milano, 1966, p. 668, accenna a 70 edizioni: la prima edizione dello *Zodiacus*
è, forse, Venezia, 1535.
157. Nel *De poetis nostrorum temporum* (ed. K. Wotke, Berlino, 1894, p. 83).
158. *Zodiacus vitae*, VIII, v. 145.
159. Ivi, X, v. 355.
160. Ivi, VII, vv. 902-3.
161. Ivi, VII, vv. 878-9.
162. Ivi, IV, vv. 683-5; cfr. anche vv. 806 segg.; vv. 940 segg.; X, vv. 37 segg.

Che altro può fare del resto il dotto, isolato e privo di ogni garanzia, in una situazione in cui la religione si è ridotta a campo di cupidigie, di sete d'ambizione e guadagno (« relligio aucupium facta est ») e chi dovrebbe provvedere si fa connivente allo scempio?

> ...tamen haec spectantque tacentque
> magnifici reges et Christi prorsus honorem
> nil curant... [163].

Tra disprezzo del volgo e sfiducia nei prìncipi rinunciatari l'orizzonte dell'intellettuale « erasmiano » si chiude. Può restare il risarcimento di un compenso futuro, che riscatti dalla miseria presente. Palingenio, che si sentiva « perverso sub sidere natus » [164], lo immaginava così:

> Adveniet tempus cursum variantibus astris, ...
> quando tuum quod nunc mersum iacet atque sepultum
> mille per ora virum fiat memorabile nomen [165].

Riassumendo: una dottrina « media » della simulazione e dissimulazione lecita (di cui il nicodemismo costituisce caso particolare) presuppone una distinzione tra comportamenti indifferenti e comportamenti essenziali per il cristiano, nel senso che è lecito dissimulare o simulare quando l'oggetto del comportamento finto è « res per se media, vel indifferens » alla testimonianza di fede, mentre la simulazione è colpevole, peccaminosa, quando investe un dato essenziale del contenuto di fede, rispetto al quale il cristiano può esimersi dal testimoniare, quali che siano le conseguenze del suo atto.

È chiaro quindi che il problema di fondo diventa la definizione di ciò che è ἀδιάφορον: ma la definizione cambia a seconda che si ponga come punto di riferimento « l'onor di Dio » (Calvino) o la « concordia » tra i cristiani (gli « irenisti » a partire da Erasmo, passando attraverso l'ala conciliarista dei cattolici pretridentini, sino ai « politiques ») o il « progresso ordinato » dell'intelligenza aristocratica (ancora Erasmo; e Montaigne) o il valore supremo dei valori religiosi interiori degli « homines spirituales », che abbiamo già visti apparire nella posizione di Jacques Lefèvre d'Etaples. In sostanza, il pendolo della casistica oscilla tra la posizione di Calvino, irremovibile sul concetto

163. Ivi, VIII, vv. 1020 segg.
164. Ivi, IV, v. 61.
165. Ivi, IV, vv. 52-5.

che il corpo deve testimoniare all'esterno l'esperienza religiosa interna, e i libertini che consegnano all'indifferenza ogni comportamento esteriore, sostenendo che ciò che qualifica moralmente e religiosamente un'azione è l'intenzione della coscienza. Tra questi due poli si accampa la gamma innumerevole delle situazioni concrete, il problema quotidiano dell'andare o no a messa o alla « concio », dell'inginocchiarsi o no dinanzi alle immagini, dell'eucarestia cattolica o della cena riformata, del battesimo degli infanti ecc. ecc., con i connessi concetti dell'evitare scandali o del rispettare gli « infirmi » senza transigere nelle questioni di fondo; e si colloca anche il problema teorico delle cose non essenziali e delle cose fondamentali (« fundamentalia fidei ») a livello dogmatico. Al limite il problema diventa quello delle condizioni minime a cui bisogna ottemperare per potersi considerare parte della comunità cristiana conservando il più possibile di specificità religiose particolari: ed è chiaro, da questo punto di vista, che la discussione è contributo ad una definizione dei diritti della coscienza singola in campo religioso: dove Calvino mette l'accento sulla comunità, la Chiesa, e i libertini sull'individuo.

La « battaglia sugli ἀδιάφορα » (*Adiaphorenstreit*, dall'*Interim* di Augusta[166], 1548, alla *Formula di concordia*, 1580), in cui Brenz e Calvino si associarono a Flacio Illirico e alle posizioni da lui espresse nel *De veris et falsis adiaphoris* (1549) contro il « lassismo » di Melantone e dei teologi di Wittenberg, è solo un episodio, e sia pure quello a conseguenze comunitarie più clamorose, del cammino del concetto di *adiaphoria* nell'etica del Cinquecento. A partire da Lefèvre d'Etaples e da Erasmo esso operò in senso liberatorio su coscienze singole, cenacoli, gruppi di iniziati e di raffinati dello spirito (le comunità invisibili che si formano attorno ad un libro), che ne fecero premessa etica di un disimpegno necessario per creare spazi ad impegni morali ed intellettuali di tipo diverso da quelli richiesti dall'esteriorità delle situazioni. Per questi gruppi simulazione e dissimulazione appari-

---

166. Si riporta qui il testo di GIOVANNI SLEIDANO, *De statu religionis et reipublicae*, exc. C. Badio, 1559, lib. XXI, c. 349r, per la sua stretta pertinenza al vocabolario della simulazione: « Deinde doctores Magdeburgici, Nicolaus Amstorffius et in primis Matthias Flacius Illyricus, Albona urbe natus, et Nicolaus Gallus graviter sese Wittembergicis atque Lipsensibus opponunt, et multis editis libellis eos incusant quasi dissimulanter agant et per adiaphora seu res medias pontificiae religioni viam aperiant. Hanc denique regulam ponunt: omnes ceremonias atque ritus quantumvis natura sint indifferentes non amplius esse adiaphora, quum vis et opinio cultus et necessitas accedit et quum impietati datur occasio ».

vano come leciti mezzi di difesa cui ricorrere quando erano in gioco concetti o situazioni per loro indifferenti.

L'*adiaphoria* (e dietro di essa il rinnovato concetto di « libertà del cristiano ») è dunque il « luogo » ideale della nascita della simulazione. L'adattamento simulatorio scatta quando il ruolo che ricopre o la situazione in cui viene a trovarsi impone ad una persona comportamenti che non rispondono all'autenticità delle sue esigenze interiori: si determina allora il dualismo tra coscienza e ruolo, « persona », maschera appunto. Quando Erasmo scrive ad Agrippa di lasciar perdere le polemiche con monaci e frati dove c'è tutto da perdere e niente da guadagnare, o Celio Calcagnini scrive al Morato il consiglio di « sentire cum paucis, loqui cum multis », è implicita sempre l'idea che per fare cose importanti (e le cose veramente importanti sono affare di pochi), si può transigere, conformandosi, sulle cose irrilevanti moralmente o intellettualmente.

Sul piano di quella entità nebulosa che è la storia dei sentimenti etici (senso del comportamento) la novità pare questa: che l'agire coperto, la finzione, l'inganno, contemplati già, con sentimenti ambigui, presso i politici, i militari, i mercanti, vengono adesso messi in questione, sotto il profilo delle liceità, in riferimento alla categoria degli « uomini dotti », gli « intellettuali », in primo luogo, e poi anche in riferimento agli uomini comuni.

Per gli intellettuali si può affacciare qui un problema di grande rilevanza, che è quello del valore progressivo del disimpegno. Si tratta, in realtà, a ben guardare, di un disimpegno apparente. Quando le parti contrapposte si irrigidiscono in posizioni sterili, si determinano situazioni per cui individui o gruppi si astengono dall'investirvi le proprie energie costruttive e spostano altrove i loro sforzi. Lo scotto che viene pagato dal punto di vista della valutazione esterna è quello dell'ambiguità: il vantaggio, quello si prova con l'opera. Erasmo si espone all'accusa opposta di criptoriformato e criptocattolico, ma scrive: sa che nel lungo periodo svanirà lo scandalo della sua contraddizione e che i suoi scritti troveranno la giusta funzione da esercitare. Qui sta la sua sostanziale coerenza, al di là dei versipellismi formali che gli rinfacciano i detrattori: egli segue la sua legge.

Su questa linea si incontrano allora testi famosi, come le osservazioni di Cartesio sulla « morale par provision », sotto coperta della quale la ragione può compiere indisturbata il suo scavo [167]; o altri,

---

167. R. Descartes, *Discours de la methode*, III partie, pp. 140-1 dell'ed. A. Bridoux, Paris, 1953. Ovvio il rinvio al discusso libro di M. Leroy, *Descartes*.

meno famosi ma altrettanto significativi, e più stretti alla tematica della simulazione religiosa, come il ritratto di Lelio Sozzini nella *Vita authoris conscripta ab equite Polono* [168] dove l'elogio della *morum dexteritas*, della *circumspecta prudentiae lenitate*, sottolinea fortemente la positività di uno stile di vita coperto in situazioni in cui « columbina simplicitas serpentino astu temperanda est », in cui è inutile « margaritas prodigere, ubi pretio suo aestimari nequeunt », e il riserbo è la condizione indispensabile per un operare concreto al servizio della verità.

In questa prospettiva – che si riallaccia al Cantimori degli *Eretici* e della periodizzazione del concetto di Rinascimento, piuttosto che a quello di *Prospettive* ecc. che fa confluire la simulazione nicodemitica nell'irenismo – la storia della simulazione potrebbe trovare il suo posto in una storia della formazione dell'intellettuale europeo come tipo sociologico; purché si tenga presente naturalmente che un'esemplificazione che passi solo per Erasmo e Cartesio è parziale e capziosa, configurando un'avventura svolta tutta sotto il segno della razionalità produttiva. Si tratterà anche di mettere sul conto dell'avventura individuale i deliri mistici, le fantasie arcanistiche, la dismisura dei casi (Postel, Bruno...) in cui sembra che l'energia creativa non effusa all'esterno, a livello comunitario, sia esplosa all'interno, creando mondi incandescenti, affascinanti e terribili. E tuttavia mi pare che il problema della simulazione possa essere impostato secondo un'*ottica di libertà progrediente*, dove individui e gruppi, sia pure in modi contorti, si conquistano spazi autonomi, sottraendosi alla pressione sociale. « Noi uomini di frontiera » scriveva Francesco Pucci [169], di sé e di questi uomini: quale ricchezza di determinazioni questo *camminare ai margini* ha portato alla vita del pensiero europeo è stato detto più volte ed è inutile anche solo tentare di suggerire qui; vale invece la pena, forse, di accennare a un altro bilancio che si fa più di rado: l'investimento di energia etica o intellettuale su strade individuali è produttivo a patto che in qualche modo questa energia sia rimessa in circolazione a livello di valori comunitari; certe conclusioni in chiave

Le philosophe au masque, Paris, 1929; e cfr. le voci « mask » e « larvatus prodeo » nell'indice a G. SEBBA, *Bibliographia cartesiana*, The Hague, 1964. Abbondante materiale per la teoria della simulazione si può raccogliere in Grozio, Hobbes, Spinoza.

168. FAUSTI SOCINI SENENSIS, *Opera omnia in duos tomos distincta*, Irenopoli, « post annum Domini 1656 ».

169. Esattamente « noi altri soldati di frontiera », in CANTIMORI-FEIST, cit., p. 162. Cfr. F. PUCCI, *Lettere documenti e testimonianze*, vol. I, *Lettere*, a cura di L. FIRPO e R. PIATTOLI, Firenze, 1955, p. 148.

di solitudine individualistica tragica pongono il grosso problema della loro funzionalità simbolica per la vita della società. E poi non bisogna dimenticare l'evasione dal basso: qui i nostri padri (se possiamo ancora chiamarli tali) del Risorgimento ponevano il problema dell'ipocrisia e dell'indifferentismo morale (della « furberia » qualunquistica) degli Italiani. È anche questo un aspetto da considerare: sulla via che parte da Nicodemo si incontra anche Tartufo.

E a un livello più bonario si incontrano « le piccole gioie dell'intimità della privatezza borghese ». Non mi sottrarrò alla tentazione di citare qui, in finale, quel piccolo gioiello che è il trattato *Della dissimulazione onesta* del napoletano Torquato Accetto (1641). Nei 25 capitoletti dell'opuscolo la tensione che accompagnava il problema nel '500 si è totalmente dissolta. La dissimulazione è un « viver cauto » che « ben s'accompagna con la purità dell'animo »; si dà per scontato « che in questa vita non sempre si ha da esser di cuore trasparente »; ma soprattutto si vantano le segrete gioie che la mascheratura rende possibili. « Nel cuor che sta nascosto », « nella vasta e insieme segreta casa del suo cuore », l'uomo recupera quella pienezza di vivere che l'ostilità esterna gli sottrae dopo il tramonto del secolo d'oro in cui « l'amico parlava all'amico, l'amante all'amante, non con altra mente che d'amicizia e d'amore ». In cambio della comunicazione idillica, la dissimulazione concede le gioie della fantasticheria compensativa, la « delectatio morosa » del sogno; è, anche verso se stessi, « un inganno c'ha dell'onesto »: « sarà come un sonno di pensieri stanchi, tenendo un poco chiusi gli occhi della cognizione della propria fortuna... »[170].

Le vie della dissimulazione conducono dunque anche alla consolazione del sogno privato. Croce, che non aveva il senso della lunga preistoria di questo atteggiamento, commentava, quasi a scusa dei « paradossi » dell'Accetto (e, sperabilmente, con ironia) che « in quella prima metà del Seicento e ancora per qualche tempo dipoi, l'arte del fingere, del simulare e dissimulare, dell'astuzia e dell'ipocrisia, era, per le condizioni illiberali della società di allora, assai praticata »: e questo, proprio nel tempo in cui gli Europei, nella drammatica notte delle dittature incipienti, riapprendevano la mortificazione e l'astuzia

170. Su T. Accetto e sul suo trattato pubblicato a Napoli nel 1641, cfr. l'articolo di C. DE FREDE, in: *Dizionario biografico degli Italiani*, I, Roma, 1960. Il testo si può leggere in *Politici e moralisti del Seicento*, a cura di B. CROCE e S. CARAMELLA, Bari, 1930, pp. 145-73 (nota critica alle pp. 299-302). Le citazioni sono rispettivamente alle pp. 145, 149, 159, 169.

del simulare e dissimulare nel senso forte che ebbe – dilemma etico, rifugio non solo per la salvezza, ma per l'opera [171] – ai tempi di Erasmo, di Serveto, di Calvino.

171. G. LUKÀCS, *Storia e coscienza di classe*, trad. di G. PIANA, Milano, 1973, pp. LX-LXI: «Naturalmente, per poter pubblicare un'autocritica, dovetti sottomettermi alle regole di linguaggio allora dominanti... Si trattava ancora una volta di un biglietto di ingresso ad una ulteriore lotta partigiana».

Silvana Seidel Menchi

ALCUNI ATTEGGIAMENTI DELLA CULTURA ITALIANA DI FRONTE A ERASMO

ALCUNI ATTEGGIAMENTI DELLA CULTURA ITALIANA
DI FRONTE A ERASMO
(1520-1536)

I.

Premessa

Gli atteggiamenti e le reazioni che gli uomini di cultura italiani assunsero davanti alla figura e all'opera di Erasmo – non al tempo del suo soggiorno nella penisola (1506-1509), quando la sua fisionomia non era ancora ben definita [1] e la sua attività restò limitata quasi esclusivamente al piano filologico ed erudito, ma tale quale essa si venne configurando nel secondo decennio del secolo e oltre, attraverso le imprese e le pubblicazioni che diedero al suo nome fama europea – possono essere riassunti secondo due linee: da un lato Erasmo è visto come filologo ed editore di testi, traduttore di Euripide e di Luciano, eruditissimo raccoglitore di adagi, brillante letterato e fortunato creatore di paradossi come l'*Elogio della Follia*, padre di uno stile latino libero e pieghevole, sciolto dai moduli correnti della prosa ciceroniana; dall'altro lato egli è visto e opera come filosofo morale e teologo, critico della mondanizzazione del clero e

---

1. Quanto poco definita fosse la fisionomia di Erasmo al tempo del suo soggiorno in Italia risulta, ad esempio, dall'epiteto di «Britannus», attribuitogli da Girolamo Bologni in una poesia che risale molto probabilmente all'anno veneziano dell'olandese (cfr. più avanti nota 26). Per quanto i molteplici legami di Erasmo con l'Inghilterra spieghino in parte l'equivoco del Bologni circa la terra d'origine dell'umanista, non è improbabile che l'errore sia stato favorito da Erasmo stesso. Siccome per tutto il 1508 la signoria di Venezia visse in un clima di paura e di tensione per la minaccia costante di un attacco in forze di Massimiliano, in quel periodo, come Erasmo accennerà molto più tardi, passare per «Germanus» a Venezia non era salutare. Cfr. *Responsio ad Petri Cursii Defensionem*, in: *Opera omnia* DESIDERII ERASMI ROTERODAMI, Lugduni Batavorum, 1706, vol. X, col. 1753 (in seguito l'edizione di Leida delle opere complete di Erasmo sarà indicata con la sigla LB seguita da un numero in cifre romane indicante il volume).

degli abusi ecclesiastici, traduttore e annotatore del Nuovo Testamento, precursore e alleato di Lutero, promotore di un ritorno al Vangelo e al cristianesimo primitivo, di una religiosità interiore insofferente di pratiche e cerimonie [2]. Per quanto la separazione di questi due aspetti, strettamente congiunti e complementari dell'attività di Erasmo, risulti schematica e abbia solo valore di comodo (perché neanche nell'Italia del primo Cinquecento mancano casi di conoscenza e valutazione globale dell'umanista d'oltralpe [3]), tuttavia nella maggior parte dei casi i rapporti fra Erasmo e la cultura italiana si lasciano ricondurre all'una o all'altra di queste due linee interpretative.

Nei confronti dell'opera letteraria e filologica di Erasmo il discorso degli Italiani, per vario e articolato che sia (si va dalle imitazioni dell'*Elogio della Follia* [4] alla diffusione che i «libri d'humanità» di Erasmo avevano nelle scuole, anche e specialmente nei collegi dei Gesuiti [5]), ha però il suo nodo più complesso nel *Ciceroniano*, con le discussioni e le polemiche che lo anticiparono e lo seguirono [6] e gli echi che destò fino allo Scaligero, a Ortensio Lando, a Nicolò Franco [7]

---

2. A. RENAUDET, *Érasme et l'Italie*, Genève, 1954, libro III, capp. V, VII, VIII e libro IV, capp. I e III. Lo studio del Renaudet va integrato con: D. CANTIMORI, *Note su Erasmo e la vita morale e religiosa italiana del sec. XVI*, in: *Gedenkschrift zum 400. Todestage des Erasmus von Rotterdam*, Basel, 1936, pp. 98-112; ID., *Note su Erasmo e l'Italia*, «Studi Germanici», II, 1937, pp. 145-70; B. CROCE, *Erasmo e gli umanisti napoletani*, in: *Aneddoti di varia letteratura*, Napoli, 1942, vol. I, pp. 131-40; ID., *Sulle traduzioni e imitazioni italiane dell'«Elogio» e dei «Colloqui» di Erasmo*, ivi, pp. 327-38 (ho tenuto conto anche delle aggiunte pubblicate dal Croce nella seconda edizione degli *Aneddoti*, Bari, 1953, pp. 411-24).
3. Un esempio è Ortensio Lando, del quale esaminerò i rapporti con Erasmo in un saggio di prossima pubblicazione.
4. B. CROCE, *Sulle traduzioni* cit., pp. 329-30.
5. M. SCADUTO S. J., *Laínez e l'indice del 1559. Lullo, Sabunde, Savonarola, Erasmo*, «Archivum historicum Societatis Jesu», XXIV, 1955, pp. 12, 23.
6. Per le discussioni sul *Ciceroniano* cfr. l'edizione del dialogo curata da A. Gambaro, Brescia, 1965, *Introduzione*, specialmente le pp. LXXVIII-CVIII, *Rilievi sul «Ciceronianus» e sua accoglienza*.
7. N. FRANCO, *Dialoghi piacevoli*, Venezia, 1542, Dialogo terzo, f. LIXr: «Credo che tu habbi inteso, come a i dì nostri sono uscite due sette tra litterati, una ciceroniana e l'altra erasmica nominata. E come i ciceroniani si fanno chiamar coloro, che overo divoti sieno di Cicerone, o che si servano de le maniere del suo parlare; e gli erasmici sieno quegli, che ne la guisa che Erasmo ha fatto vadano scrivendo senza andar dietro a quella intera osservatione chi di Cicerone fu così propria. E perché questi tali si ridono de la superstitione del parlare, com'essi chiamano, hanno per ciò un gran concorso ne le lor sette. Non però i ciceroniani (per intravenirci il nome di Cicerone) par che sieno in maggiore stima, e dove fra dotti compaiono, sedono sempre nel maggior luogo». Cfr. anche ff. LXIr-v e LXVr.

ed oltre. In questo discorso l'accento cade con insistenza sulla nazionalità di Erasmo, sia per deplorare che un « barbaro » arrogasse a sé quel primato nello studio dell'antichità greca e latina che finora era stato dell'Italia, si atteggiasse a maestro di tutta l'Europa, pretendesse di dettare i canoni del buon latino e di definire il significato e il fine della cultura (per tale lato anche l'opera di Pietro Corsi in difesa dell'Italia [8] si può considerare un'emanazione della disputa ciceroniana), sia per esaltare, con procedimento analogo, ma invertendo il segno di valore, la vivacità e lo splendore dello stile e l'ampiezza del sapere, che mettevano Erasmo in grado di reggere il confronto con gli antichi, nonostante che fosse « nato sulle piagge germaniche » [9].

Il discorso intorno all'influenza e alle reazioni che Erasmo esercitò e suscitò in Italia in quanto teologo, critico ecclesiastico e filosofo morale è invece – allo stato attuale della ricerca – più frammentario e discontinuo, manca di nodi così complessi come la polemica ciceroniana e di accenti altrettanto precisi: di contro ad attacchi massicci, a violente accuse di eresia, di empietà mascherata e perciò tanto più perniciosa e corrosiva, di corresponsabilità, anzi di prima e massima responsabilità nell'esplosione del moto luterano rivolte a Erasmo da Alberto Pio [10] e da Egidio da Viterbo nel *Racha* [11], vi sono, fra l'umanista di Rotterdam e gli Italiani, affinità, dipendenze o alleanze più o meno dichiarate e stabili (il caso forse più vistoso è quello del Sadoleto [12]), vi sono casi di recezione parziale (come nel

---

8. R. VALENTINI, *Erasmo di Rotterdam e Pietro Corsi. A proposito di una polemica fraintesa*, « Cooperazione intellettuale », VI-VIII, 1937, pp. 111-36.
9. Cfr. la poesia di Marcantonio Amalteo pubblicata a p. 76 e quella di Girolamo Bologni riportata nella nota 26.
10. M. P. GILMORE, *Erasmus and Alberto Pio, Prince of Carpi*, in: *Action and Conviction in Early Modern Europe, Essays in Honor of E. H. Harbison*, ed. by T. K. Rabb and J. E. Seigel, Princeton, New Jersey, 1969, pp. 299-318; ID., *Les limites de la tolérance dans l'oeuvre polémique d'Érasme*, in: *Colloquia erasmiana turonensia*, Paris, 1972, vol. II, pp. 725-31.
11. E. MASSA, *Intorno a Erasmo: una polemica che si credeva perduta*, in: *Classical Mediaeval and Renaissance Studies in Honor of Berthold Louis Ullman*, ed. C. Henderson jr., Roma, 1964, vol. II, pp. 435-54. Purtroppo nel momento in cui scrivo il volume del prof. Massa contenente il testo del *Racha* e la dimostrazione della tesi anticipata nell'articolo sopra citato – che cioè Egidio da Viterbo ne è l'autore – non è ancora a stampa. Tuttavia io assumo questa tesi come dimostrata, per la conferma che il prof. Massa me ne ha gentilmente fornito a voce e per il contenuto del *Racha* stesso.
12. Per la convergenza di certe posizioni del Sadoleto con quelle di Erasmo e sull'alleanza dei due cfr. R. M. DOUGLAS, *Jacopo Sadoleto 1477-1547, Humanist and Reformer*, Cambridge Mass., 1959, pp. 46-8, 59, 86-7, 223-4, 295, nota 9.

circolo bresciano che faceva capo a Emilio de' Migli e dal quale uscì
la traduzione italiana dell'*Enchiridion* [13]), vi sono trasporti d'entusiasmo incondizionato (come in Giovanni Angelo Oddoni, autore di
una lettera del 1535 che è un vero e proprio trattato in lode d'E-
rasmo [14]). In definitiva però, come notava Delio Cantimori riepilo-
gando il suo discorso su Erasmo e l'Italia, « l'interesse per la personalità di Erasmo e per le sue opere rappresenta solo un episodio della
storia culturale e spirituale italiana » [15] non paragonabile per importanza ed efficacia all'azione di animatore e iniziatore da lui esercitata
nei riguardi di altre sfere della cultura europea, come quella francese,
inglese, spagnola, quella di lingua tedesca e le aree da essa dipen-
denti. L'ostacolo principale alla penetrazione di Erasmo in Italia fu
l'evoluzione in senso controriformistico della vita culturale e religiosa
italiana nelle sue varie tappe. Fin dal 1540 il nome di Erasmo era
sospetto e i librai si facevano scrupolo di trafficare i suoi libri [16]; nel
1555 a Venezia Bernardino Tomitano sentiva il bisogno di presentarsi
spontaneamente davanti al Santo Uffizio per giustificarsi di aver
tradotto la parafrasi erasmiana del vangelo di Matteo [17]; Giovan
Francesco Lombardo riteneva di dover escludere il suo nome dal-
l'*elenchus catholicorum* da lui compilato per il Seripando prima della
loro partenza per Trento [18]; nell'indice del 1559 Erasmo era messo

13. *Opus epistolarum Des. Erasmi Roterodami denuo recognitum et auctum
per P. S. Allen et H. M. Allen*, Oxford, 1934, vol. VIII, lettere n. 2154 e n. 2165
(in seguito l'epistolario erasmiano pubblicato da P. S. e H. M. Allen sarà
indicato con la sigla ALLEN seguito da un numero in cifre romane indicante
il volume). In proposito cfr. P. GUERRINI, *Due amici bresciani di Erasmo*,
« Archivio storico lombardo », L, 1923, pp. 172-80 e, più recentemente, S. CA-
PONETTO, *Fisionomia del Nicodemismo italiano*, in corso di pubblicazione negli
Atti del Convegno di studi italo-polacco, Firenze, 22-24 settembre 1971.
14. ALLEN, XI, lettera n. 3002. Cfr. in proposito L. PERINI, *Gli eretici italiani
del Cinquecento e Machiavelli*, « Studi storici », X, 1969, pp. 880-3.
15. Cfr. *Note su Erasmo e la vita morale* cit., p. 98.
16. N. FRANCO, *Dialoghi* cit., Dialogo ottavo, ff. CXv-CXIr.
17. L. DE BENEDICTIS, *Della vita e delle opere di Bernardino Tomitano*, Padova, 1903, pp. 27-39. Ho desunto informazioni su Bernardino Tomitano da una
relazione tenuta dalla signorina Mirella Dorna, nell'àmbito delle ricerche
promosse e guidate dal prof. Antonio Rotondò nel corso del suo seminario
presso l'Università di Torino.
18. Napoli, Biblioteca Nazionale, *Carteggio Seripando*, XIII, AA. 59 f. 132
(questo documento mi è stato amichevolmente comunicato da mons. Romeo
De Maio). Su Gianfrancesco Lombardo cfr. R. DE MAIO, *Alfonso Carafa cardinale di Napoli (1540-1565)*, Città del Vaticano, 1961, *ad indicem* e specialmente pp. 182-3, nota 1.

fra gli eretici di prima classe e tutte le sue opere erano condannate [19].
Ma forse una ragione concomitante fu anche la tendenza della cultura
italiana a scindere l'aspetto letterario e filologico dell'opera erasmiana
dall'aspetto religioso e morale, la tendenza a ridurre il «Batavo»
a un puro letterato, trascurando i fermenti critici e mettendo in sor-
dina i toni polemici. Un esempio di questa operazione si può vedere
in quell'imitazione dell'*Elogio della Follia* studiato da Benedetto
Croce [20] e un altro esempio ci offre Ortensio Lando, quando rielabora
la *Follia* nel suo paradosso «Meglio è d'esser pazzo che savio» [21].
Anche l'ammirazione di letterati come Giovanni Bressani di Bergamo (1489-1560), che pure è stato definito un «erasmiano in filosofia» [22], sembra specialmente diretta alla dottrina trilingue dell'Olandese, come risulta da questo epitaffio imperniato sull'immagine di
Erasmo «sole degli studi»:

Tumulus incomparabilis viri E. R. [23]
(1536)

Hoc tegitur tumulo doctissimus undique vates
Qui triplicem linguam calluit egregie,
Scilicet Hebraeam, Graiam pariterque Latinam,

19. Sull'esito di quel «processo d'inasprimento inarrestabile» che porta al
«bando d'Erasmo dal mondo cattolico» cfr. R. DE MAIO, *Riforme e miti nella
Chiesa del Cinquecento*, Napoli, 1973, pp. 372-3.
20. Cfr. sopra nota 4.
21. *Paradossi cioè sententie fuori del comun parere*, Lione, 1543, libro I, paradosso V. A proposito del carattere letterario dell'interesse italiano per Erasmo
cfr. D. CANTIMORI, *Note su Erasmo e la vita morale* cit., pp. 98-100.
22. Su Giovanni Bressani cfr. la biografia di G. BALLISTRERI in: *Dizionario
biografico degli Italiani*, Roma, 1972, vol. XIV, pp. 195-6 e la bibliografia
ivi citata.
23. Nel manoscritto originale conservato a Bergamo, Biblioteca civica,
Sigma III, 18, ff. 26v-27r, il nome di Erasmo compare per intero nel titolo
(*Tumulus incomparabilis viri Erasmi Roterodami*) e anche nel primo verso
(*Hoc tegitur tumulo doctissimus undique Erasmus*). Il manoscritto presenta
un'altra variante rispetto al testo a stampa negli ultimi due versi (*At tegitur
corpus, sed nomen, gloria, honorque / Clara micant, nullo deficientque die*).
La presenza dell'epitaffio dedicato a Erasmo nel manoscritto bergamasco è
segnalata da P. O. KRISTELLER, *Iter Italicum*, London-Leiden, 1963, vol. I,
pp. 14-5 (in seguito i due volumi dell'opera fondamentale del Kristeller,
pubblicata negli anni 1963-7 e sulla quale è basato in gran parte il presente
contributo, saranno indicati rispettivamente con la sigla KRISTELLER, *Iter*,
I e II). Il manoscritto di Bergamo porta due dediche al cardinale Ippolito
d'Este del 1550 e del 1551. La scomparsa del nome d'Erasmo dal testo a
stampa è anch'esso un piccolo ma eloquente indizio dell'ostracismo sotto
cui era caduto l'umanista nella seconda metà del secolo.

Ut genuinam illi quamlibet esse putes.
Hic tantum studiis studiosus contulit orbi
Quantum fert Clarii fax radiosa dei.
Quid tegitur dixi, quem quaelibet ora tuetur,
Quique oculis hominum notus ubique patet.
Nimirum tegitur corpus; sed gloria late
Clara micat, nullo deficietque die [24].

Analogamente, nel ritratto di Erasmo tracciato da Marcantonio Amalteo (1474-1558) [25], l'accento è posto sulla scienza, sull'eloquenza, sulla grazia dello stile latino, sul perfetto dominio del greco:

*Endecasyllabum in laudem Erasmi Roterodami
compositum VIII idus Iulii anno a mundi salute 1539*

Erasmus veterum aemulus virorum
Quos priscum Latium tulit disertos,
Erasmus patriae decus perenne,
Exculti ingenii scientiaeque,
Complureis dedit optimos libellos,
Nostrae delitias decusque linguae.
Germanis licet hic sit ortus oris
(Bathavus genere extitisse fertur),
A cunctis tamen hic vir est colendus:
Nam tantum Latio addidit leporis,
Ut cum doctiloquis queat Latinis
Vel Graecis etiam inde comparari,
Lingua Nestora provocans Pelasga [26].

---

24. IOANNIS BRESSANI BERGOMENSIS, *Tumuli, tum latina, tum etrusca, tum bergomea lingua compositi, et temporis ordine collocati*, Brescia, 1574, pp. 24-5. L'epitaffio è ristampato da C. CAVERSAZZI, *Giovanni Bressani poeta e umanista*, « Bergomum », XXX, 1936, p. 215. Anche nelle sue poesie dialettali il Bressani inveisce « contro questi ignoranti che presumono di biasimare Erasmo, il quale egli solo ne sa più che a mettere insieme quasi tutti quelli che si danno ad intendere di sapere di lettere e che ne fanno professione » (ivi, p. 205).
25. I suoi poemi sono pubblicati da A. BENEDETTI, *Marcantonio Amalteo umanista pordenonese (1474-1558)*, «Atti dell'Accademia di scienze, lettere e arti di Udine», serie VII, vol. X, 1970-72, pp. 167-321, in specie p. 287.
26. Venezia, Biblioteca Marciana, XII, 98 (4726), ff. 17v-18r. (Cfr. KRISTELLER, *Iter*, II, p. 258). Riproduco qui, perché lo si confronti con l'*endecasyllabum* dell'Amalteo, il componimento del Bologni in lode di Erasmo, composto più di 30 anni prima, nel quale si esaltano in tono conforme le fatiche umanistiche di Erasmo, la traduzione metrica dell'*Ifigenia* e dell'*Ecuba* e la raccolta degli *Adagia*, e si conclude che ogni espressione di disprezzo per i

Come esperienza morale e religiosa la lettura e lo studio di Erasmo rimasero invece vivi nel gruppo dei « cardinali erasmiani »[27] o « irenici »[28] o « conciliatori »[29], negli ambienti « evangelici » italiani[30] e, dopo la loro sconfitta e dispersione, nei circoli degli « eretici » italiani (specialmente in Celio Secondo Curione[31]), ma anche qui non come costante, bensì come fenomeno discontinuo e ambivalente, come dipendenza e imitazione non scevra da riserve e accuse, da toni di amara rampogna[32].

La critica più recente, senza modificare nelle sue linee principali il quadro della presenza di Erasmo in Italia tracciato dagli studiosi

« barbari » è ormai da considerare superata: il vanto delle lettere è stato sottratto all'Italia, e non dai vicini Francesi (che hanno fatto del Lascari l'ambasciatore residente a Venezia), ma dai lontani Britanni: «*In honorem Erasmi Britanni*: Erasmus Roterodamus Britannus / sermonem Iphigeniam in latinum / tum Cisseida transtulit poetae / quem leto rapidi canes dederunt, / servata ratione metricae artis / structis versibus eleganter, apte, / ac si materies foret latina. / Tum proverbia quaelibet referta / multa lucidat eruditione, / doctis gratum opus utile ac necessum. / Ac tu consilio coacte sano / non ortos italo atticove coelo / livor desine barbaros vocare / tanquam nomine contumelioso. / Non tam Gallia Lascarin colendo / nostrae proxima quae cohaeret orae / linguarum decus inclytum duarum, / divisi penitus sed orbe toto / nobis eripuere iam Britanni». Cfr. G. Tournoy-Thoen, *Zwei unveröffentlichte Gedichte an Erasmus aus Girolamo Bolognis «Promiscuorum libri»*, «Humanistica Lovaniensia », XIX, 1970, pp. 235-9.
27. Cfr. K. Schatti, *Erasmus von Rotterdam und die Römische Kurie*, Basel, 1954, pp. 158-65. Sui « cardinali erasmiani » e sulla misura della loro efficacia cfr. R. De Maio, *Riforme* cit., pp. 16-7 e bibliografia ivi citata.
28. Cfr. H. Jedin, *Geschichte des Konzils von Trient*, Freiburg, 1951², vol. I, p. 294.
29. Cfr. L. von Pastor, *Storia dei papi*, vol. V, Roma, 1931, pp. 237-327.
30. Sulla confluenza di correnti « erasmiane » e correnti « evangeliche » cfr. H. Jedin, *Geschichte* cit., vol. I, pp. 294-9. Sul problema di terminologia e di metodo posto dall'esistenza e dalla valutazione di questi gruppi cfr. Id., *Girolamo Seripando, Sein Leben und Denken im Geisteskampf des 16. Jahrhunderts*, Würzburg, 1937, vol. I, pp. 132-45; Id., *Geschichte* cit., vol. I, p. 565, nota 26. Cfr. anche D. Cantimori, *Prospettive di storia ereticale italiana del Cinquecento*, Bari, 1960, p. 28; e più recentemente le osservazioni di R. M. Douglas, *Jacopo Sadoleto* cit., p. 273, nota 2; la diffusa trattazione di P. Mc Nair, *The Environment of Evangelism*, che costituisce il primo capitolo del libro *Peter Martyr in Italy*, Oxford, 1967, pp. 1-50; A. Prosperi, *Tra evangelismo e controriforma, G. M. Giberti (1495-1543)*, Roma, 1968, p. XXII, nota 21; G. Fragnito, *Gli « spirituali » e la fuga di Bernardino Ochino*, « Rivista storica italiana », LXXXIV, 1972, pp. 786-7, nota 34.
31. Cfr. D. Cantimori, *Note su Erasmo e la vita morale* cit., pp. 107-10.
32. Ivi, pp. 107-8. A prova dell'atteggiamento ambivalente, che anche un « erasmiano vero e proprio » come il Curione aveva nei confronti dell'umanista olandese, Delio Cantimori adduce la satira che di lui si fa nel *Pasquillus ecstaticus*. Ivi l'epitaffio di Erasmo riprende un giuoco di parole (*Hic iacet Erasmus qui quondam pravus erat mus*) che, come vedremo, era nato negli ambienti dell'Accademia Romana: cfr. più avanti p. 110.

della generazione precedente, ha posto in luce aspetti o momenti della diffusione in Italia di motivi e testi erasmiani finora trascurati [33], ha messo a fuoco legami fra Erasmo e la cultura italiana prima sconosciuti [34] o lasciati in ombra [35], ha individuato o additato all'attenzione centri di vita spirituale e intellettuale nei quali Erasmo era oggetto di meditazione e di discussione, come l'abbazia di San Benedetto di Polirone o il monastero di San Giorgio Maggiore a Venezia [36]. Nel loro insieme i vari studi suggeriscono la conclusione che i rapporti fra Erasmo e l'Italia siano meritevoli di un discorso più articolato, che la lista dei corrispondenti italiani di Erasmo redatta dal Renaudet in base all'epistolario possa essere arricchita, che il problema delle traduzioni italiane di Erasmo meriti di essere approfondito [37].

33. S. Caponetto, *Erasmo e la genesi dell'espressione «beneficio di Cristo»*, «Annali della Scuola Normale Superiore di Pisa», Classe di lettere, storia e filosofia, serie II, XXXVII, 1968, pp. 271-4; F. Schalk, *Folengo und Erasmus*, in: *Scrinium Erasmianum*, Leiden, 1969, vol. II, pp. 437-48. Sui rapporti fra Erasmo e Gian Matteo Giberti cfr. A. Prosperi, *op. cit.*, pp. 107-11; sulla dipendenza di Camillo Renato da Erasmo cfr. Camillo Renato, *Opere, documenti e testimonianze*, a cura di A. Rotondò (Corpus Reformatorum Italicorum), Firenze-Chicago, 1968, *Nota critica*, pp. 290-91.
34. P. O. Kristeller, *Two Unpublished Letters to Erasmus*, «Renaissance News», XIV, 1961, pp. 6-14; E. Massa, *op. cit.*
35. E. Garin, *Noterella erasmiana* (su un legame di dipendenza fra Erasmo e Nicola Leonico Tomeo), «La Rinascita», V, 1942, pp. 332-4; L. Perini, *op. cit.*, pp. 880-3, 893-6.
36. Cfr. Benedetto da Mantova, *Il beneficio di Cristo*, a cura di S. Caponetto (Corpus Reformatorum Italicorum), Firenze-Chicago, 1972, *Nota critica*, pp. 290-1.
37. Alla lista delle traduzioni italiane di Erasmo redatta da B. Croce, *Sulle traduzioni* cit., pp. 329-31, occorre aggiungere: 1. *Il divotissimo libro de la preparatione alla morte. Composto per Erasmo Roterodamo et di latino nel volgare idioma tradotto*. Novamente con diligenza corretto e stampato, In Vineggia, per Vettor de Rabani e compagni, MDXXXIX, del mese di settembre (la traduzione dedicata «alla magnifica et honorata Madonna Caterinetta Spinola Lomellina» è opera d'uno Stefano, che potrebbe essere quello Stefano Penello che tradusse più tardi il *De civilitate morum puerilium*); 2. *Epistola di Erasmo Roterodamo, per la quale esorta ciascuno ad imitar Christo, et a la osservantia de la dottrina evangelica* (traduzione con qualche modifica della prefazione premessa da Erasmo alla terza edizione del Nuovo Testamento). L'*Epistola* ebbe diverse ristampe in testa ad altrettante edizioni del Nuovo Testamento. Mi sono direttamente note le seguenti: *Prima parte del Novo Testamento, ne la qual si contengono i quattro evangelisti, cioè, Mattheo, Marco, Luca et Giovanne*, in Venetia, al segno de la Speranza, 1545; *Id.*, In Vinegia, al segno de la Speranza, 1548; *Il Novo Testamento del figliuolo di Dio Salvatore nostro Giesu Christo...*, in Vinetia, per Francesco Rocca alla Charita, MDLI; *Id.*, s. l. (ma Venezia), Appresso Gio. Grifio, MDLI; 3. *Esposizione di Matheo evangelista*, Venezia, Griffo, 1547 (tradotta da Bernardino Tomitano e stampata sotto il suo nome, che però non ho visto, cfr. nota 17). Anche de *La dichiarazione de li dieci commandamenti* vi è, oltre all'edizione del 1540 segna-

In questa tendenza si inserisce anche il presente contributo, che si propone di illustrare i rapporti fra Erasmo e alcune figure della cultura italiana con le quali, per quanto mi risulta, il suo nome non era stato finora collegato, o era stato collegato in termini non particolareggiati.

II.

Bartolomeo Cerretani

Una testimonianza relativamente precoce di interesse per il programma religioso e politico di Erasmo, in particolare per la sua critica della curia e della gerarchia mondanizzata, si trova negli anni 1518-20 a Firenze in ambienti savonaroliani. Nella sua *Storia in dialogo della mutazione di Firenze*, solo in piccola parte pubblicata da Joseph Schnitzer [38], Bartolomeo Cerretani dedica a Erasmo un paio di pagine che dimostrano l'attenzione con cui l'opera del fiammingo era seguita nei circoli repubblicani fiorentini. La *Storia in dialogo*, scritta probabilmente nell'estate o autunno 1520, è il resoconto di un colloquio avvenuto poco tempo prima a Modena, nella casa e in presenza del governatore Francesco Guicciardini, e ha per oggetto gli avvenimenti che avevano immediatamente preceduto la restaurazione medicea del 1512, lo svolgimento della restaurazione stessa e le vicende della politica interna fiorentina che la seguirono fino al 1520. Gli interlocutori sono da un lato Giovanni Rucellai, parente dei Medici e fervido aderente al partito medioceo, e dall'altro Lorenzo e Girolamo, due membri del partito popolare savonaroliano, che avevano lasciato Firenze poco prima della restaurazione del 1512 e che passavano da Modena per andare in Germania, dove erano attratti dalla fama di Lutero (religioso « per costumi, doctrina e religione prestantissimo ») e le cui conclusioni appaiono ai due savonaroliani « molto proprie e conforme all'opinione et vita della pri-

---

lata dal Croce, un'altra edizione stampata « in Venegia, per Bernardino de Viano de Lexona Verzelese, nel anno del Signore MDXXXXIII ». Sulle traduzioni italiane di Erasmo il contributo del Croce va integrato con: l'*Introduzione* di C. Baseggio alla sua traduzione dell'*Elogio della stoltezza*, Torino, 1935, pp. 52-7; A. SCARPELLINI, *Fausto da Longiano traduttore di Erasmo*, « Convivium » XXX, 1962, pp. 338-42 e la complementare recensione di A. ROTONDÒ, « Rivista storica italiana », LXXV, 1963, pp. 207-8.

38. *Quellen und Forschungen zur Geschichte Savonarolas*, vol. III, « Bartolomeo Cerretani », München, 1904, pp. 83-105.

mitiva chiesa militante » [39]). In precedenza, nel corso del loro pellegrinaggio dall'uno all'altro tra gli uomini « per varie et molte virtù prestantissimi », i due erano stati a far visita a Reuchlin e poi, nel 1519, a Erasmo. Così, nella cornice di un dialogo dedicato alle vicende particolari della politica interna fiorentina, Erasmo appare associato a Reuchlin e a Lutero in una specie di triade propiziatrice; ma l'importanza di cui egli viene investito è di gran lunga maggiore di quella attribuita agli altri due. La sua figura esce, dalla narrazione che fanno i due esuli, caratterizzata da una perfetta armonia fra vita e pensiero e circondata da un alone di venerazione: egli « vive felice nella quiete de sua studi... sprezando roba, ambitione, grandezza temporale et spirituale », si veste e si nutre in modo semplicissimo, la sua esistenza è fatta « di assai solitudine, di continua speculatione, e contemplatione, et d'una integra religione remoto ogni superstitione » [40]. Verso i due viaggiatori che vengono a visitarlo da tanto lontano egli si comporta con modestia e al tempo stesso con socievolezza e urbanità: pur sottraendo malvolentieri del tempo al lavoro per dedicarlo alla conversazione, egli si mette a disposizione degli ospiti per illustrare loro le sue opere, in particolare l'*Elogio della Follia*, tanto che i due Fiorentini restano a lungo presso di lui per avere la possibilità di parlargli a più riprese, nei rari momenti di pausa che egli si concede [41]. A parte l'insistenza – tipica di questi ambienti – sul carattere esemplare, da candidato alla santità, della vita di Erasmo e sul rigore ascetico dei suoi costumi, la sommaria esposizione della dottrina dell'umanista « gallo fiammingo » che viene messa in bocca a uno dei due fuorusciti, Girolamo, dimostra che nel 1520 l'autore della *Storia in dialogo* conosceva di Erasmo non solo l'*Elogio della Follia*, che è esplicitamente citato, ma probabilmente anche il *Lamento della Pace* (dal quale il Cerretani mutua uno spunto, sulla discordia che regna all'interno dei conventi, troppo preciso per passare per una coincidenza casuale [42]) e soprattutto i *Sileni di Alcibiade* [43].

39. J. SCHNITZER, *op. cit.*, p. 84.
40. Ivi, pp. 88-9.
41. Ivi, pp. 89-90.
42. Cfr. LB, IV, col. 629: « Pensai allora di ritirarmi in qualche piccolo monastero che fosse davvero tranquillo. Dico con rammarico ... che non ne ho fin'ora trovato nessuno che non sia infestato dall'odio e dalle discordie intestine. Ci sarebbe da vergognarsi a raccontare fino a qual punto siano feroci le lotte che, per i motivi più insignificanti, sono capaci di provocare questi vegliardi imponenti per la barba e per la tonaca e che si credono altrettanto sapienti che santi » (seguo la traduzione di F. Gaeta in: ERASMO

Nel vigoroso adagio, uno dei suoi scritti più radicali, intimamente legato al dialogo *Iulius exclusus*[44] (ma forse più intransigente, proprio perché più generale, meno personalmente virulento), Erasmo, rifacendosi a un passo famoso del *Convivio* di Platone, svolge la tesi che quanto vi è di più valido, di più raro e prezioso al mondo, non si manifesta immediatamente ai sensi come tale, ma si cela sotto apparenze umili e dimesse: come Socrate con il suo aspetto sgraziato e buffonesco rappresenta uno dei culmini della saggezza antica, così, in un'altra dimensione di valori, Cristo incarna la sua divina natura in un umile falegname giudeo[45]. Questa chiave di interpretazione del mondo che è rappresentata dalla contrapposizione di visibile-invisibile, apparenza-sostanza e che vale non solo in campo morale ma anche in quello della natura, può anche essere usata a rovescio: ciò che abbaglia gli occhi per il suo splendore, ciò che seduce per la sua promessa di dolcezza, ciò che si impone per la sua ostentazione di gloria e di potenza, si rivela sempre, commisurato all'ordine reale – cioè cristiano – dei valori come vano, illusorio, pernicioso, mortifero. Nell'esemplificazione che segue questa considerazione generale, cioè nel lungo elenco di quelli che chiama « Sileni a rovescio », Erasmo dimostra come e in che misura la sua acuta sensibilità morale potesse trasformare un *topos* dell'erudizione classica in un'arma contro la società del suo tempo. « La gente grossa, che giudica a rovescio e valuta le cose dalla corteccia, si confonde ed erra ad ogni passo: si lascia ingannare da immagini illusorie del bene del male, ammira e pregia i Sileni alla rovescia... Ci sono di quelli che, a giudicare dalla testa rasa, dovresti onorare come sacerdoti; ma se guardi dentro il

---

DA ROTTERDAM, *Contro la guerra*, a cura di Franco Gaeta, L'Aquila, 1968, p. 69). Cfr. il seguente passo del Cerretani: « Lorenzo et io ... ce ne andamo al eremo in Casentino, dove stemo dua giorni, pensando di trovare qualche quiete per rassettarci alquanto il confuso intelletto, il che non ci venne fatto, perche vi trovamo la discordia in supremo grado, la qual cosa fuggimo andandocene alla Vernia, fra quali frati non vi era una gran pace, e pero pigliamo la via verso Vinegia... « J. SCHNITZER, *op. cit.*, p. 87.

43. LB, II, coll. 770-82.

44. Le corrispondenze notevolissime per qualità e quantità che legano il dialogo *Iulius exclusus* ai *Sileni* sono già state in gran parte sottolineate da W. K. Ferguson nelle note della sua preziosa edizione del *Iulius* (ERASMI, *Opuscola, A Supplement to the Opera omnia*, ed. W. K. Ferguson, The Hague, 1933, pp. 65-134). Qui si accetta la paternità di Erasmo per il dialogo, conformemente al giudizio degli studiosi più autorevoli, il Ferguson stesso, C. Reedijk, R. H. Bainton (cfr. C. REEDIJK, *Erasmus in 1970*, « Bibliothèque d'Humanisme et Renaissance », XXXII, 1970, p. 450).

45. LB, II, coll. 771-2.

Sileno, li troverai peggio che laici... Se assisti alla solenne consacra-
zione di certi vescovi, se guardi alla loro splendida veste, alla loro
mitra rilucente d'oro e di gemme... insomma a tutto il mistico apparato che li ricopre dalla testa ai piedi, ti aspetti naturalmente di
trovare degli uomini divini... Ma rovescia il Sileno: a volte non troverai che un uomo di guerra, un bottegaio, magari un tiranno... Ci
sono di quelli che, a giudicare dalla barba cespugliosa, dal pallore,
dalla cocolla..., si direbbero dei Serapioni, dei Paoli. Se però li apri,
troverai dei puri e semplici ghiottoni, avventurieri, crapuloni, anzi
dei briganti... Di qui deriva quel rovesciamento proprio del volgo
nella valutazione delle cose, per cui di ciò di cui si dovrebbe avere
massima stima... non si fa parola, e ciò che dovrebbe essere perse-
guito con la massima sollecitudine, è tenuto nel più profondo disprezzo. Così la ricchezza vien preferita alla cultura, l'antichità di
stirpe all'onestà, le qualità del corpo ai beni dell'anima; la pietà
genuina è posposta alle cerimonie, i precetti di Cristo ai regolamenti
umani; e si preferisce la maschera al volto, l'ombra alle cose, l'arti-
ficioso al genuino, il provvisorio all'eterno. Dai giudizi a rovescio
derivano poi i nomi a rovescio: si chiama umile quello che è eccelso,
dolce quello che è amaro, vile quello che è prezioso, morte quello
che è vita... » [46].

Sembra che il Cerretani abbia presente i *Sileni* (o se non proprio
i *Sileni* almeno il tema silenico quale appare nell'*Elogio della Follia* [47]),
anzi sembra quasi che li riassuma e li condensi quando, nel suo dialogo, insiste sulla singolarità dell'atteggiamento di Erasmo, « contradio » per voglia, parole e fatti a tutti gli altri uomini, e attribuisce

---

46. Ivi, coll. 773-5.
47. « Anzitutto, è noto che, come i Sileni di Alcibiade, tutte le cose umane
hanno due facce, completamente diverse l'una dall'altra, talché ciò che a
prima vista è morte, a ben riguardare più addentro, si presenta come vita,
e all'opposto la vita si rivela morte, il bello brutto, l'opulenza non è che miseria, la mala fama diventa gloria, la cultura si scopre ignoranza, la robustezza
debolezza, la nobiltà ignobiltà, la gioia tristezza, le buone condizioni celano
la sventura, l'amicizia l'inimicizia, un rimedio salutare vi reca danno; in
una parola, se apri la scatola vi troverai di colpo tutto l'opposto dell'esterno.
Vi pare che io mi esprima troppo filosoficamente? Ebbene, per esser più
chiara, parlerò alla buona. Chi, del re, non pensa che è un signore potente e
ricchissimo? Ma se il suo spirito non è fornito di belle doti, se non c'è cosa
che gli basti, è poverissimo, evidentemente. Se poi ha l'anima asservita a
molti vizi, è uno schiavo, uno spregevole schiavo. Allo stesso modo si potrebbe filosofare per le altre qualità, ma basti quanto si è detto come esempio ».
Elogio della Pazzia, a cura di T. Fiore, introduzione di D. Cantimori, Torino,
1964, p. 45.

all'umanista olandese la tesi « che la generatione humana nella religione, philosofia naturale, morale, dialectica et in tutte l'altre facultà ha smarrito e fini » (cioè ha perso di vista l'ordine reale dei valori) « et che tutto si usa a rovescio » [48]. Gli avverbi « al contradio », « a rovescio », sono precise traduzioni dei termini erasmiani « preposterus » « prepostere », che costituiscono il filo conduttore dell'adagio. Più avanti il savonaroliano Girolamo, richiamandosi all'autorità di Erasmo, contrappone alla Chiesa primitiva dei martiri e dei confessori, ricca di frutti spirituali e vera guida degli uomini alla vita celeste, la Chiesa del proprio tempo, che ha anch'essa « smarrito el fine » oberandosi di piaceri e di voluttà, dove i beni temporali donati da Costantino « hanno fatto l'ufitio loro, cioè suffocati e' beni spirituali », dove l'ostentazione e la superbia hanno annientato ogni forza di richiamo e ogni credibilità [49]; e invita a confrontare « quelli primi nocchieri » (i pontefici come Pietro Lino Cleto) con quelli dell'« età nostra ». Anche in questo passo, il riferimento ad Erasmo può essere interpretato tanto come un ricordo del capitolo LIX della *Follia* [50] quanto come un riassunto della seconda parte dei *Sileni*, dove il principio di un duplice ordine di valori viene applicato alla Chiesa contemporanea: si stabilisce un contrappunto fra i trionfi di Paolo apostolo e quelli di Giulio II, fra le ricchezze di Pietro e quelle che avviluppano e soffocano ogni vita spirituale in vescovi e cardinali, fra il regno di Cristo e quello del mondo, fra la vita degli apostoli e quella dei pontefici mondanizzati [51].

La circolazione di scritti come l'*Elogio della Follia*, il *Lamento della Pace* e i *Sileni di Alcibiade* in ambienti savonaroliani verso il 1520 potrebbe essere un fatto interessante ma isolato. Esso acquista un'importanza maggiore per la corrispondenza che lega queste pagine del Cerretani all'attività editoriale della tipografia fiorentina dei Giunti, la quale tra la fine del 1518 e l'inizio del 1519 sembra aver avuto una stagione dichiaratamente erasmiana. In un breve giro di mesi i Giunti stampano di Erasmo le traduzioni da Euripide dell'*Ecuba*

---

48. J. SCHNITZER, *op. cit.*, pp. 88-9. Esito fra la congettura che il Cerretani avesse presente i *Sileni* e la congettura che avesse presente il tema silenico quale si trova nella *Follia*, perché l'esposizione della dottrina d'Erasmo sopra citata termina con la frase « et che il mondo è tutto inpazzato ».

49. J. SCHNITZER, *op. cit.*, p. 93.

50. Ivi, nota 2.

51. La seconda parte dei *Sileni*, in quanto si riferisce alla Chiesa, ai vescovi e ai pontefici, può essere considerata come un ampliamento del cap. LIX dell'*Elogio della Follia*.

e dell'*Ifigenia in Aulide* [52], poi l'*Elogio della Follia* [53], poi le traduzioni di Luciano fatte da Erasmo e da Tommaso Moro (con in appendice l'*Utopia* [54]), l'operetta *De octo partium orationis constructione* [55], e nel febbraio 1519 una interessante raccolta di scritti che vanno dal *Lamento della pace* ai *Sileni di Alcibiade* [56] e che riflettono l'aspetto pacifista, etico-politico della pubblicistica erasmiana. Anche se sarebbe

52. *Hecuba, et Iphigenia in Aulide, Euripidis Tragoediae in latinum translatae, Erasmo Roterodamo interprete. Eiusdem Ode de laudibus Britanniae, Regisque Henrici septimi, ac regiorum liberorum eius. Eiusdem Ode de senectutis incommodis.* Impressum Florentiae, per haeredes Philippi Iunctae, A. D. XVIII a christiana salute supra mille mense decembri. Per la descrizione delle edizioni giuntine seguo A. M. BANDINI, *De florentina Iunctarum typographia eiusque censoribus*, Lucca, 1791, voll. 2, integrando il lavoro del Bandini con D. DECIA, *Annali delle edizioni dei Giunti di Firenze*, (*1497-1570*), tesi di laurea ms. in 4 voll. presentata all'università di Firenze nel 1913, Firenze, Biblioteca Nazionale, N.A.593. L'edizione giuntina delle tragedie di Euripide è segnalata da A. M. BANDINI, *op. cit.*, vol. II, pp. 128-9 e da D. DECIA, vol. II, pp. 542-4.
53. ERASMI ROTERODAMI, *Opusculum, cui titulus est Moria, idest stultitia, quae pro concione loquitur*, Florentiae, per haeredes Philippi Iunctae florentini, Anno ab Incarnatione Domini DXVIII supra mille. Cfr. A. M. BANDINI, *op. cit.*, vol. II, p. 130; D. DECIA, *op. cit.*, vol. II, p. 545. Questa edizione dipende da un'aldina del 1515.
54. LUCIANI, *Opuscula Erasmo Roterodamo interprete. Toxaris, sive de amicitia. Alexander, qui et pseudomantis. Gallus, sive somnium. Timon, seu misanthropus. Tyrannicida, seu pro tyrannicida. Declamatio Erasmi contra tyrannicidam. De iis, qui mercede conducti, degunt. Et quaedam eiusdem alia. Eiusdem Luciani, Thoma Moro interprete, Cynicus. Menippus, seu necromantia. Philopseudes, seu incredulus. Tyrannicida. Declamatio Mori de eodem. Eiusdem Thomae Mori de optimo Reip. statu, deque nova insula Utopia libellus vere aureus.* Impressum Florentiae, per heredes Philippi Iunctae, Anno D.XIX. a christiana salute supra mille, mense Iulio. Cfr. A. M. BANDINI, *op. cit.*, vol. II, pp. 139-40; D. DECIA, *op. cit.*, vol. II, pp. 556-7. Questa edizione dipende da un'aldina del 1516.
55. ALDI PII MANUTII, *Institutionum Grammaticarum libri quatuor. Addito libello Erasmi Roterodami de octo partium orationis constructione*, Florentiae, per haeredes Philippi Iunctae ..., mense Ianuario MDXIX. Cfr. A. M. BANDINI, *op. cit.*, pp. 132-4; D. DECIA, *op. cit.*, vol. II, pp. 590-2. Questa è la seconda edizione di un'opera stampata già nel 1516 e dipendente da un'aldina del 1514.
56. *Quae toto volumine continentur. Pacis querela. De regno administrando. Institutio principis christiani. Panegyricus ad Philippum et carmen. Item ex Plutarcho. De discrimine adulatoris et amici. De utilitate capienda ex inimicis. De doctrina principum. Principi cum philosopho semper esse disputandum. Item. Declamatio super mortuo puero. Sileni Alcibiadis per Des. Eras. Oratio de virtute amplectenda.* Impressum Florentiae, per haeredes Philippi Iunctae, Anno D.XIX a christiana salute supra mille mense Februario. Questa edizione non è registrata da nessuno dei due cataloghi menzionati nella nota 52. Anche le altre edizioni giuntine di opere o traduzioni di Erasmo sono assenti dalle biblioteche fiorentine (il Decia nel descriverle si basa sulla descrizione del Bandini, che ne aveva visto qualche raro esemplare in biblioteche private), perché in seguito alla condanna di Erasmo tutti i volumi

forzato pretendere di collegare la improvvista (e breve) fortuna di Erasmo presso la stamperia fiorentina con una visita fatta effettivamente all'umanista da due fuorusciti savonaroliani [57], tuttavia la conoscenza che il Cerretani aveva di Erasmo può forse essere messa in relazione con i volumi pubblicati a Firenze nel biennio immediatamente precedente la stesura della *Storia in dialogo,* anche perché tutte e tre le opere di Erasmo che il Cerretani conosceva – o che si può presumere conoscesse – compaiono nel catalogo dei Giunti. D'altra parte questo momento dell'attività tipografica dei Giunti può contribuire a spiegare la presenza di suggestioni erasmiane in altri protagonisti della cultura fiorentina di quegli anni, per esempio in Giovan Battista Gelli [58], che più tardi tradusse in italiano l'*Ecuba* di Euripide, basandosi sulla traduzione latina di Erasmo [59].

Come fra le letture erasmiane del Cerretani il tema silenico ha, se le precedenti illazioni non sono infondate, una importanza preponderante, così nel mazzo delle edizioni erasmiane dei Giunti i *Sileni* spiccano per la loro posizione particolarissima. Tali edizioni infatti sono tutte ristampe di testi pubblicati da Aldo a Venezia qualche anno prima [60] e arrivano a Firenze indirettamente e di riflesso, passando per Venezia. Anche la raccolta di scritti politici, della quale l'adagio silenico fa parte, dipende direttamente e riproduce fedelmente, fin nelle caratteristiche tipografiche (come la formulazione del frontespizio), un'edizione aldina del settembre 1518 [61].

in cui compariva il suo nome andarono distrutti; ma contro la raccolta di scritti e traduzioni politiche che ci interessa la persecuzione dovette essere particolarmente accanita, perché essa non è nota neanche al Bandini.

57. Il signor Humfrey Butters, che sta scrivendo un lavoro sulla politica interna fiorentina dal 1502 al 1515 e che si è occupato anche di Bartolomeo Cerretani, ritiene possibile che la cornice della *Storia in dialogo* rispecchi eventi reali e che anche l'incontro ivi narrato fra Erasmo e i due savonaroliani Girolamo e Lorenzo sia realmente avvenuto. Allo stato attuale della ricerca però l'identificazione dei due savonaroliani con personaggi storici non è possibile. Le ricerche condotte dal signor Butters per rintracciare lettere o altri documenti pubblici o privati che si riferiscano a questo particolare momento della biografia del Cerretani non hanno dato frutti.

58. Cfr. G. TOFFANIN, *Il Cinquecento,* in: *Storia letteraria d'Italia,* Milano 1941, p. 256.

59. *Hecuba tragedia di Euripide poeta greco tradotta in lingua volgare per Giovambaptista Gelli,* s. l. a. (preceduta da una lettera dedicatoria a « Philippo del Migliore patritio fiorentino », compagno di studi del Gelli nella scuola di Antonio Francini, nella quale il Gelli dichiara di essersi basato sul testo latino di Erasmo).

60. Cfr. sopra note 53, 54, 55.

61. *Quae toto volumine continentur. Pacis querela. De regno administrando. Institutio principis christiani. Panegyricus ad Philippum et carmen. Item ex*

L'inclusione dell'adagio è però un'iniziativa dei Fiorentini, i quali si distaccano dall'edizione aldina per aggiungere alla raccolta l'*Oratio de virtute amplectenda* [62] e, rifacendosi all'edizione frobeniana del 1517 [63], i *Sileni di Alcibiade*.

Mentre l'*Oratio de virtute amplectenda* può essere considerata per il suo contenuto un'anticipazione o un complemento dell'*Institutio principis christiani* e dunque è perfettamente in linea con i testi messi insieme da Aldo, la ristampa dell'adagio silenico, pieno di riferimenti polemici alla prassi curiale ed ecclesiastica e alla politica degli ultimi pontefici, sposta gli accenti della raccolta e porta alla ribalta, accanto all'Erasmo politico, un Erasmo critico delle degenerazioni e abusi ecclesiastici, che aveva pieno diritto di cittadinanza nella Firenze savonaroliana.

L'idea germinale dell'adagio, quel Sileno al quale Alcibiade paragona Socrate, in apparenza deforme ma interiormente pieno di divinità, doveva essere familiare a certi circoli colti fiorentini, perché costituisce l'immagine centrale, quasi emblematica, della lettera-trattato di Giovanni Pico della Mirandola che va sotto il titolo « de genere dicendi philosophorum » [64]. Rispondendo a Ermolao Barbaro, che aveva designato collettivamente come barbari Tommaso, Scoto, Alberto, Averroè e li aveva dichiarati *sordidi rudes inculti* e già morti prima ancora di cessare di vivere, Pico assume la difesa della filosofia nuda e disadorna contro la poesia pagana e la retorica.

Plutarcho. *De discrimine adulatoris et amici. De utilitate capienda ex inimicis. De doctrina principum. Principi cum philosopho semper esse disputandum. Item. Declamatio super mortuo puero.* Venetiis, in aedibus Aldi et Andreae soceri, mense septembri M.D.XVIII. Cfr. questo frontespizio con quello dell'edizione fiorentina riprodotto sopra, nota 56.

62. LB, V, coll. 65-72.

63. *Sileni Alcibiadis per Des. Erasmum Roterodamum. Cum scholiis Ioannis Frobenii, pro graecarum vocum et quorundam locorum apertiori intelligentia ad calcem adiectis*, Basileae, apud Io. Frobenium, mense aprili AN. M. D. XVII. La dipendenza dell'edizione giuntina dei *Sileni* da quella frobeniana del 1517 si deduce dal fatto che i Fiorentini ristamparono in calce al testo (ff. 222*v*-227*r*) gli scoli del Froben.

64. JOANNIS PICI MIRANDULAE, *Opera omnia*, Basileae, 1572, vol. I, pp. 351-8. Per l'interpretazione della lettera nell'insieme dell'opera di Pico cfr. E. GARIN, *Giovanni Pico della Mirandola. Vita e dottrina*, Firenze, 1937, pp. 22, 57, 60. Per lo svolgimento della discussione cfr. Q. BREEN, *Giovanni Pico della Mirandola on the Conflict of Philosophy and Rhetoric*; ID., *Melanchton's Reply to G. Pico della Mirandola*, « Journal of the History of Ideas », XIII, 1952, pp. 384-426; ID., *The Subordination of Philosophy to Rhetoric in Melanchton. A Study of his Reply to G. Pico della Mirandola*, « Archiv für Reformationsgeschichte », XLIII, 1952, pp. 13-28.

Lungi dal negare il contrasto che il Barbaro aveva sottolineato, fra splendore di stile e filosofia, fra eloquenza e sapienza, Pico lo enfatizza e lo dichiara irriducibile: perché l'oratoria, che si vanta di disporre di poteri magici, di far apparire nero il bianco e bianco il nero, di poter a suo arbitrio esaltare o abbattere, gonfiare o ridurre le dimensioni delle cose, altro non è che impostura, giuoco di prestigio, un inganno esercitato sugli ascoltatori sfruttando la mendace armonia delle parole. Nulla può avere in comune con essa il filosofo, concentrato nella ricerca e nella trasmissione della verità, alla quale, in quanto cosa sacra, si addice la *sancta rusticitas* [65].

Anzi il filosofo ha l'obbligo di fuggire le lusinghe dell'eleganza formale (che non gli si confanno più di quanto si confacciano a un autorevole cittadino l'andatura e le mosse di un istrione) e di perseguire invece programmaticamente uno stile ispido e intricato: perché il lettore non deve fermarsi alla superficie, ma essere spinto ad addentrarsi nel sangue e nella midolla del discorso. Alle opere degli umanisti, che avvincono i lettori *prima facie* e con la loro lingua fiorita suscitano il plauso dei molti del teatro, ma *intus* sono vuote e inconsistenti, Pico contrappone l'ingrata e arida lingua dei filosofi, che respinge la massa ma riserva, ai pochi che sanno penetrare oltre la dura scorza, profondissime divine verità. Così gli antichi occultavano in un involucro di favole e di enigmi i loro misteri, per difenderli dagli insulti dei profani, così chi ha un tesoro lo nasconde fra i rifiuti o fra le macerie, per sottrarlo alla curiosità dei passanti. « Ma vuoi che ti dia un'idea del nostro stile? » fa dire Pico ai filosofi al vertice della loro autodifesa. « È l'idea stessa espressa dal nostro Alcibiade quando parla dei Sileni. All'esterno le immagini dei Sileni si presentavano come rozze, brutte e dappoco, ma dentro erano piene di gemme, di supellettile rara e preziosa. Sicché se ti fermavi all'aspetto esterno vedevi una bestia, ma se guardavi dentro, ci trovavi il dio » [66].

---

65. L'espressione « sancta rusticitas », che risale a Girolamo (*Epistolae*, 53, 3), non si trova nella lettera di Pico, ma vi si trovano frasi come questa: « est ob hanc causam legere res sacras rustice potius, quam eleganter scriptas ». Per la polemica del giovane Erasmo contro la « sancta rusticitas » cfr. DESIDERII ERASMI ROTERODAMI, *Opera omnia*, recognita et adnotatione critica instructa notisque illustrata, Amsterdam, 1969, serie I, vol. I, pp. 93-105 (successivamente l'edizione delle opere di Erasmo in corso di pubblicazione ad Amsterdam sarà indicata con la sigla OOE).

66. JOANNIS PICI MIRANDULAE, *Opera omnia* cit., p. 354: « Sed vis effingam ideam sermonis nostri. Ea est ipsissima quae Silenorum nostri Alcibiadis, erant enim horum simulachra hispido ore, tetro et aspernabili, sed intus plena gemmarum, suppellectilis rarae et praeciosae. Ita extrinsecus si aspexeris, feram videas, si introspexeris, numen cognoscas ».

Come si vede, non è solo il tema, ma anche il modo di svolgerlo in un rapporto chiasmatico che accomuna la lettera-trattato di Pico all'adagio di Erasmo. La differenza consiste nella diversa estensione del discorso, in Pico limitato allo stile, in Erasmo esteso a tutto l'ambito della vita morale, a tutti i piani della realtà. Non è forse azzardato congetturare che all'origine del tema silenico di Erasmo – un tema che affascina l'umanista di Rotterdam e che percorre tutta la prima parte della sua opera, dall'*Enchiridion*, dove è limitato ancora alla interpretazione della Sacra Scrittura[67], all'*Elogio della Follia*[68], dove diventa canone d'interpretazione della vita morale, fino all'adagio, dove si dispiega in tutte le sue possibilità retoriche – vi sia la lettura del trattatello di Pico, intrapresa dietro suggestione degli ambienti francesi intorno a Gaguin[69] o degli ambienti inglesi intorno a Colet e Moro[70], dove il nome e l'opera dell'Italiano erano familiari. La congettura è verosimile anche perché la lettera di Pico al Barbaro s'inserisce con autorità nell'ambito degli interessi del giovane Erasmo, centrando in pieno uno dei suoi problemi fondamentali, il conflitto fra il culto della letteratura pagana (specialmente della retorica e della poesia) e la cultura e i metodi educativi tradizionali, rappresentati dalla filosofia e dalla teologia delle scuole.

Questo conflitto è uno dei motivi ispiratori del *Libro contro i barbari*[71], dove Erasmo scende in campo per difendere, fra l'altro, la bellezza della forma e l'eleganza del dire contro i barbari « tomisti albertisti scotisti occamisti e durandisti »[72] (anche se non solo contro di loro). È dunque verosimile supporre che nell'opera di Pico – che conosceva almeno dal 1500[73] e del quale associa il nome a quello del Barbaro – Erasmo non si lasciasse sfuggire questo testo, che suscitò

---

67. LB, V, col. 29: « Idem observandum in omnibus litteris, quae ex simplici sensu et mysterio, tamquam corpore atque animo constant, ut contempta littera, ad mysterium potissimum spectes: cuiusmodi sunt litterae poetarum omnium, et ex philosophis platonicorum, maxime vero Scripturae divinae, quae fere Silenis illis Alcibiadeis similes, sub tectorio sordido ac pene ridiculo, merum numen claudunt ».
68. Cfr. sopra, nota 47.
69. Cfr. P. O. KRISTELLER, *Erasmus from an Italian Perspective*, « Renaissance Quarterly », XXIII, 1970, p. 9, nota 36. Cfr. anche L. DOREZ - L. THUASNE, *Pic de la Mirandole en France (1485-88)*, Paris, 1897, p. 46.
70. Cfr. F. SEEBOHM, *The Oxford Reformers of 1498*, 3ª ediz., London 1887; J. H. LUPTON, *A Life of Dean Colet*, London, 1887.
71. OOE, serie I, vol. I, ed. K. Kumaniecki, pp. 33-138.
72. Cfr. ivi, p. 81.
73. Cfr. ALLEN, I, lettera n. 126, p. 293 (lettera-prefazione della *Adagiorum collectanea*, Parigi, giugno 1500).

un'eco anche presso altri umanisti d'oltralpe usciti dalle scuole e dagli ambienti dei Fratelli della vita comune [74]. Se fra i testi del neoplatonismo fiorentino presenti e operanti nella formazione del pensiero teologico e morale di Erasmo [75] la lettera a Ermolao Barbaro merita un posto, se effettivamente l'Olandese intuì le possibilità di svolgimento dell'idea silenica anche grazie all'uso che di essa aveva fatto Pico, allora quando i Giunti ristampano a Firenze l'adagio erasmiano si assiste alla chiusura di un circolo: un'idea nata nell'ambito del platonismo fiorentino, trapiantata e sviluppatasi nell'opera dell'umanista fiammingo, torna a fecondare il terreno in cui era germinata e a ispirare gli eredi di quella tradizione culturale che l'aveva prodotta [76].

III.

Battista Casali e l'Accademia Romana

Alla Firenze repubblicana e savonaroliana si contrappone, nell'atteggiamento verso Erasmo, la Roma pontificia e ciceroniana. Per quanto, grazie anche a un notevole lavoro di diplomazia, Erasmo

74. Nella prefazione di una sua opera tarda l'umanista Johann Murmellius (1480-1517), che aveva anch'egli studiato nella scuola di Alexander Hegius a Deventer, raccomanda lo studio della filosofia in questi termini: « Dum enim plerique ob sermonis barbariem philosophiae studia, antequam eorum fructus inenarrabiles noverint, primo conspectu refugiunt et abhorrent, fit ut, spreta sapientia, circa inanes verborum flosculos et sirenias fabularum illecebras tota vita sua voluptentur et lasciviant, nihil firmi, nihil solidi ... amplectentes ». Cfr. T. REICHLING, De Joannis Murmellii vita et scriptis, Monasterii, 1870, p. 20, nota 22.

75. Sui rapporti fra Erasmo e il neoplatonismo fiorentino cfr. I. PUSINO, Der Einfluss Picos auf Erasmus, « Zeitschrift für Kirchengeschichte », XLVI, 1927, pp. 75-96; P. O. KRISTELLER, Erasmus cit.; E. GARIN, Erasmo e l'Umanesimo italiano, « Bibliothèque d'Humanisme et Renaissance », XXXIII, 1971, pp. 12-6; R. MARCEL, Les dettes d'Érasme envers l'Italie, in: Actes du Congrès Érasme, Rotterdam, 27-9 octobre 1969, Amsterdam-London, 1971, p. 171 (R. Marcel annunciava uno studio nel quale avrebbe dimostrato che il cap. VII dell'Enchiridion è lo sviluppo delle Duodecim regulae di Pico). Documento dell'associazione in ambienti fiorentini dei nomi di Erasmo e di Pico è anche il volumetto Il paragone della vergine e del martire, e una oratione d'Erasmo Roterodamo a Giesu Christo, tradotti per M. Lodovico Domenichi. Con una dichiaratione sopra il Pater Nostro del S. Giovanni Pico della Mirandola tradotta per Frosino Lapino; opere non meno utili che dilettevoli et pie, in Fiorenza, appresso Lorenzo Torrentino, MDLIIII.

76. Per la fortuna successiva dell'immagine dei Sileni di Alcibiade cfr. il prologo del Gargantua di Rabelais (cfr. R. L. COLIE, Paradoxia epidemica, The Renaissance Tradition of Paradox, Princeton, 1966, pp. 47-8) e anche il De studio literarum del Budé, Basilea, 1533, p. 58. L'immagine ritorna poi

riuscisse a mantenere sempre rapporti abbastanza buoni con la curia [77], tuttavia da ambienti romani vicini alla curia gli vennero alcuni degli attacchi che lo amareggiarono di più. Verso la metà del decennio 1520-30 si delinea a Roma, come risulta dall'epistolario erasmiano [78], un circolo nel quale il nome di Erasmo è circondato di malevolenza. A Roma fanno capo e a questo circolo si ricollegano, più o meno direttamente, la maggior parte degli avversari italiani di Erasmo: sia di quelli che l'attaccano sul piano dell'ortodossia linguistica e ciceroniana [79], che prendon di mira la sua opera di filologo [80], che denigrano il suo stile e sviliscono la sua produzione letteraria, lo accusano di ostilità contro l'Italia e gli Italiani [81]; sia degli avversari che si muovono sul piano dell'ortodossia religiosa, dallo Zúñiga [82] a Egidio da Viterbo [83] ad Alberto Pio [84]. Questi atteggiamenti antierasmiani, che producono i loro frutti più cospicui nella seconda metà del decennio 1520-30 e oltre, hanno una preistoria che risale a qualche anno più indietro e, pur sviluppandosi in modo abbastanza indipendente l'uno dall'altro (è caratteristico ad esempio che Alberto Pio si distanzi da chi designava Erasmo come barbaro [85]), sembrano rivelare una matrice o almeno una componente comune in quell'ostilità contro l'Olandese, che si era diffusa negli ambienti dell'Accademia Romana e vi aveva assunto un carattere così pronunciato, che Ortensio Lando nel 1540 poteva scrivere riferendosi a Erasmo: « L'Accademia Romana l'odiava in blocco » [86].

anche nel Tasso, nel Vida, in Giordano Bruno (D. CANTIMORI, *Note su Erasmo e la vita morale* cit., pp. 99-100).

77. Cfr. K. SCHÄTTI, *Erasmus von Rotterdam und die Römische Kurie* cit. Il problema dei rapporti fra Erasmo e la curia va tenuto distinto da quello dei rapporti fra Erasmo e l'Italia: cfr. D. CANTIMORI, *Note su Erasmo e l'Italia* cit., p. 169.

78. ALLEN, V, lettera n. 1479, pp. 514-21.

79. Ivi, linee 110-24.

80. Ivi, linee 37-95.

81. Ivi, linee 22-30.

82. Cfr. M. BATAILLON, *Erasmo y España*, Mexico-Buenos Aires, 1950, vol. I, pp. 107-12 e 134-56.

83. Cfr. sopra nota 11. Sul legame fra Egidio da Viterbo e l'Accademia Romana cfr. più avanti, nota 166.

84. Cfr. sopra nota 10. Sul legame fra Alberto Pio e l'Accademia cfr. più avanti nota 165.

85. Cfr. ALBERTI PII CARPORUM COMITIS, *Ad Erasmi epistolam primam responsio*, Venetiis, 1531, f. Aij: « Etsi anim barbarum per iocum videlicet tuis te literis profiteris, scito tamen mi Erasme me minime illis assentire, qui putant intervallo Alpium barbaros homines a cultis et politioribus seiungi ».

86. *In Des. Erasmi Roterodami funus dialogus lipidissimus*, Basileae, 1540, f. B6v: « Tota Romana Academia oderat ».

Un codice della Biblioteca Ambrosiana conserva due testi (uno dei quali è qui pubblicato in appendice), che gettano nuova luce sugli antecedenti e sulla matrice di alcune delle polemiche, compresa quella ciceroniana, che inasprirono i rapporti del vecchio Erasmo con certi circoli della cultura romana. I due testi sono una lettera a Erasmo del 1522 e una invettiva contro Erasmo che risale forse al 1524 [87]. Autore ne è il letterato e oratore Battista Casali [88]. Membro di una illustre famiglia romana allora in decadenza, il Casali, nato verso il 1473 [89], era stato avviato fin dai primi anni al culto della poesia e dell'eloquenza, sotto la guida di Pomponio Leto [90], e allo studio del diritto, su stimolo ed esortazione dello zio Luca Casali, illustre giurista [91]. Il ragazzo aveva studiato con profitto e all'età di 23 anni aveva cominciato a professare latino alla Sapienza [92]. Ben presto egli si era creata una tale reputazione come oratore da ricevere nel 1502,

---

87. Io. BAPTISTAE CASALII, *Epistolae, orationes, libelli suplices et alia id generis. Habes in fronte orationem Pauli Bigolini Tarvisii de laudibus Casalii*, Milano, Biblioteca Ambrosiana, G 33 inf., parti 2 (in seguito il codice ambrosiano sarà indicato con la sigla A, seguita da un numero romano indicante la parte I o II). I due documenti di cui si tratta si trovano rispettivamente nella parte I, ff. 137r-138r (lettera del Casali a Erasmo) e nella parte II, ff. 82v-87v (invettiva del Casali contro Erasmo). Cfr. KRISTELLER, *Iter*, I, p. 324.
88. Su Battista o (come a volte lo chiamano le fonti ecclesiastiche, cfr. P. L. GALLETTI, *Lateranenses canonici*, Roma, Biblioteca Vaticana, Vat. lat. 8037, vol. I, ff. 75-77) Giovan Battista Casali, spesso confuso con l'omonimo vescovo di Belluno e con altri, cfr. G. F. LANCELLOTTI, *Poesie italiane e latine di monsignor Angelo Colocci con più notizie intorno alla persona di lui e sua famiglia*, Iesi, 1772, pp. 58-59; F. M. RENAZZI, *Storia dell'Università degli Studi di Roma...*, vol. II, Roma, 1804, pp. 21-2, 71-2; *Pasquinate di Pietro Aretino e anonime* pubblicate da V. Rossi, Palermo-Torino, 1891, pp. 113-4; J. BURCHARDUS, *Liber notarum*, ed. Enrico Celani (Rerum italicarum scriptores, nuova ediz., t. XXXII), Città di Castello, 1906-11, parte II, p. 78; F. UBALDINI, *Vita di Monsignor Angelo Colocci*, a cura di V. Fanelli, Roma, 1969, pp. 37-8, nota 45, e appendice V, pp. 196-9 (tre lettere inedite del Casali a Angelo Colocci).
89. Desumo questa data dalla testimonianza del biografo Paolo Bigolini, secondo il quale il Casali sarebbe vissuto 52 anni. Cfr. *De vita et moribus Io. Baptistae Casalii oratio*, A, I, f. 5v. La data di morte può essere fissata al 1525 in base a ALLEN, VI, pp. 149 e 157, e J. BURCKARDUS, cit., vol. I, p. 649, nota 1.
90. Ivi, f. 2v.
91. Ivi, ff. 2r, 3r. Il codice ambrosiano ci fa conoscere anche l'esistenza di una sorella Faustina (ff. 124v-125r) e di un fratello Matteo (f. 167v).
92. Ivi, f. 3v: «Baptista Casalius vix tertium et vigesimum suae aetatis annum compleverat, cum latinas litteras summa cum laude omniumque admiratione in Romano Gymnasio publice profiteri coepit». Un passo della supplica del Casali a Leone X per il conferimento del canonicato di San Pietro (A, I, f. 204v) parla di un curricolo ventennale di insegnamento («viginti annorum curriculum quibus sum publice professus»). Siccome il canonicato venne conferito al Casali nel 1517, anche questo passo conferma la data del 1496 come data d'inizio dell'insegnamento del Casali presso l'Università di Roma.

non ancora trentenne, l'incarico di predicare in presenza di Alessandro VI il giorno delle Ceneri. Ma i lunghi capelli dell'oratore e il suo aspetto di « scolare laico » misero il papa in uno stato di tale indignazione che il Maestro del Sacro Palazzo, responsabile della scelta, rischiò di perdere il posto [93]. Sotto Giulio II e sotto Leone X l'astro del Casali fu invece in costante ascesa: ambedue questi pontefici, ma specialmente Giulio II, tributarono larghi riconoscimenti alla sua fama di poeta e di oratore [94], egli ricevette spesso l'incarico di predicare nelle cerimonie solenni in loro presenza [95] e nel 1514 fu eletto a leggere il Vangelo in greco nella cappella pontificia o dovunque celebrasse solennemente messa il pontefice [96]. Godette del patronato di vari cardinali, specialmente del cardinale Paolo Fregoso, dell'Alidosi e del Pisani [97].

Giulio II nel 1508 lo creò canonico di San Giovanni in Laterano [98], Leone X mutò nel 1517 questo beneficio con il più lucroso canonicato della basilica di San Pietro [99]; e se non fosse sopravvenuta la morte prematura, il Casali sarebbe forse arrivato a quell'episcopato che gli era stato fermamente promesso dal cardinal Pisani [100]. Nel corso del processo di lesa romanità cui fu sottoposto il Longolio, Battista Casali – che era allora una delle figure più autorevoli dell'Accademia e uno dei successori di Tommaso Inghirami nel primato dell'eloquenza ciceroniana – si schierò dalla parte del Francese: presentò, con una dedica al cardinal Colonna, l'orazione che questi aveva

93. J. Burchardus, op. cit., vol. II, p. 318.
94. Cfr. P. Bigolini, De vita cit., f. 3v. Cfr. anche L. v. Pastor, Storia dei papi cit., vol. IV, parte I, pp. 420, 430.
95. Cfr. P. Mandosio, Bibliotheca Romana, vol. I, Roma, 1682, pp. 298-9 e A, II.
96. Cfr. Pasquinate di Pietro Aretino cit., pp. 113-4.
97. Cfr. P. Bigolini, De vita cit., f. 4r.
98. Cfr. le suppliche del Casali a Leone X perché il canonicato lateranense gli fosse trasmutato in quello di San Pietro, A, I, ff. 121v, 204v. Il canonicato lateranense fu conferito al Casali il 2 settembre 1508. Cfr. P. L. Galletti, cit., vol. I, f. 75. Dal Galletti attinse probabilmente il Litta, cfr. P. Litta, Famiglie celebri italiane, Casali di Cortona, fasc. LVII, disp. 98, Milano, 1843, tav. 3.
99. P. Bigolini, De vita cit., f. 3v: « Leone X fasces orbis terrarum moderante in amplissimum Petri apostolorum principis basilicae sacerdotium est cooptatus, eique septem annos praefuit ». Secondo il Galletti, op. cit., il canonicato di San Pietro sarebbe stato conferito al Casali il 6 luglio 1517. Il codice ambrosiano contiene anche l'orazione di ringraziamento del Casali a Leone X in quell'occasione.
100. P. Bigolini, De vita cit., ff. 4r-v. Si trattava dell'episcopato di Gubbio. Cfr. A, I, f. 200r.

scritto in propria difesa [101] e compose egli stesso una difensoria [102]. Durante il pontificato di Adriano VI fu probabilmente messo un po' in disparte, sebbene avesse l'incarico di comporre un'orazione gratulatoria da pronunciarsi all'arrivo del nuovo pontefice [103], di fronte al quale prese anche le difese dell'università, spogliata delle sue entrate dai Conservatori [104]. Poco dopo l'avvento di Clemente VII pubblicò un'orazione, che anche Erasmo conobbe [105], contro un tentativo di riforma agraria per via d'esproprio (e di liberalizzazione del commercio dei cereali) che danneggiava i proprietari terrieri romani. Morì improvvisamente il 13 aprile 1525 in seguito a una fulminea malattia, contratta durante le faticose funzioni sacre della Domenica delle Palme [106]. Dopo la sua morte Angelo Colocci, al quale era stato legato da strettissima amicizia, curò che le sue lettere e orazioni venissero raccolte, con l'intenzione di pubblicarle [107] (il codice ambrosiano sembra essere appunto il frutto di questa raccolta voluta dal Colocci), ma l'intenzione non ebbe seguito.

Il nome del Casali non è stato mai messo in stretto rapporto con quello di Erasmo, per quanto compaia e nell'epistolario erasmiano e nel *Ciceroniano*: nell'epistolario come autore di certe critiche contro gli *Adagi* riguardo alla interpretazione delle fonti greche [108], nel *Ciceroniano* come autore dell'orazione contro la legge agraria, che Erasmo giudica come un prodotto tipico del ciceronianesimo romano, ricca di pregi formali, ma lontanissima dall'efficacia di Cicerone [109].

---

101. D. GNOLI, *Un giudizio di lesa romanità sotto Leone X*, Roma, 1891. La dedica del Casali si trova a p. 120.
102. Cfr. A, I, ff. 324*r*-325*r*.
103. Ivi, f. 138*r* segg.
104. Ivi, ff. 135*r*-137*r*.
105. *In legem agrariam pro communi utilitate et ecclesiastica libertate tuenda ad Clementem VII Pont. Max. oratio*, Romae, 1524 (cfr. G. CAROCCI, *Lo stato della Chiesa nella seconda metà del secolo XVI*, Milano, 1961, pp. 27-28). Per il giudizio di Erasmo su questa orazione cfr. più avanti nota 109.
106. Cfr. P. BIGOLINI, *De vita* cit., f. 5*v*: « Utinam Casalius V. Idus Aprilis sacris nunquam interfuisset. Quis nescit ex ea animi corporisque defatigatione, peractis de more sacrificiis, eum in illum morbum incidisse, quo in dies ingravescente infra quatriduum absumptus est? ». Per l'anno della morte cfr. sopra, nota 89. La Domenica delle Palme nel 1525 cadde il 9 aprile.
107. P. BIGOLINI, *De vita* cit., f. 5*r*.
108. ALLEN, V, lettera n. 1479, linee 30-32.
109. Cfr. *Ciceronianus*, ed. P. Mésnard, OOE, serie I, vol. II, pp. 698-9: « NOSOP. Multum suffragiis eruditorum tributum est Baptistae Casselio. BUL. Oratio *de lege agraria*, quam paulo ante mortem aedidit, declarat illum summo nisu tullianae dictionis affectasse lineamenta, et hactenus propemodum assequutus est quod voluit: lucis habet plurimum, verba nitida, compositionem

Dall'epistolario risulta anche che Erasmo fu informato prestissimo della morte del Casali, la quale a sua volta comunicò malinconicamente ai propri amici, assieme a quella di altri cospicui cultori delle muse come il Longolio [110] (l'associazione dei due nomi induce a credere che Erasmo fosse al corrente della parte avuta dal Casali nel famoso processo del 1519).

Questi dati possono essere integrati e precisati grazie ai due documenti ambrosiani. Risulta da essi che la conoscenza fra Erasmo e il Casali risaliva al soggiorno romano del 1509, ma che non era stata diretta: era stata l'incontro di due rinomanze di dotti, ognuno dei quali aveva sentito parlare dell'altro da conoscenti e amici comuni [111]. Dopo la partenza di Erasmo ognuno dei due era rimasto memore dell'altro: al Casali erano arrivati echi della fama crescente dell'Olandese [112] e anche qualche esemplare delle sue opere, se non altro dell'*Elogio della Follia* [113]; anche Erasmo doveva aver serbato memoria del Romano come di un uomo influente per posizione e dottrina, oppure, se la memoria gli si era affievolita, il Longolio aveva provveduto a rinfrescarla [114].

Al principio del 1522 l'Olandese ricevette da diverse fonti una serie di notizie piuttosto allarmanti sull'attacco o gli attacchi che gli stava preparando contro il teologo spagnolo Jaime López de Zúñiga, il quale aveva già aspramente criticato l'edizione e le note del Nuovo Testamento, coinvolgendo l'umanista in una sgradevole polemica [115]. La lettera che preoccupò maggiormente Erasmo fu forse quella scrittagli in proposito da Roma dal suo amico Jacob Ziegler il 16 febbraio

---

suavem. Caeterum immane quantum est quod desideratur, si ad Ciceronem conferas ». Il Mésnard chiama il Casali Giovan Battista Casselli.

110. ALLEN, VI, lettera n. 1597, p. 149: «cadunt passim οἱ τῶν Μουσῶν στρατηγοί: Longolius Bononiae..., Romae nuper periit Baptista Casalius ». Cfr. anche ivi, lettera n. 1603, p. 157.

111. Cfr. più avanti, nota 137.

112. Cfr. più avanti, nota 138.

113. Cfr. più avanti, nota 158.

114. Sui rapporti fra Erasmo e il Longolio cfr. G. VALLESE, *L'umanesimo al primo Cinquecento: da Cristoforo Longolio al « Ciceronianus » di Erasmo*, nella sua raccolta di saggi *Da Dante a Erasmo, Studi di letteratura umanistica*, Napoli, 1962, pp. 103-28.

115. Sul primo attacco dello Zúñiga contro Erasmo cfr. M. BATAILLON, *Erasmo y España* cit., vol. I, pp. 107-12. Sulla polemica che scoppiò due anni dopo cfr. ivi, pp. 134-56. Le fonti in base alle quali il Bataillon ricostruisce la controversia sono, oltre alle opere dei due antagonisti, l'epistolario erasmiano e la corrispondenza fra lo Zúñiga e Juan Vergara pubblicata da P. S. Allen come appendice XV in calce al volume IV dell'epistolario, pp. 623-31.

1522 [116]: una lettera che gli dipingeva l'intera città, e specialmente l'Università, come un punto d'incontro e un centro dei nemici suoi e di Lutero, con Eck che concionava da una parte esibendo il suo tono enfatico e i suoi ragionamenti capziosi, con l'inquieto e smanioso Zúñiga che teneva le sue lezioni, dall'altra, sbandierando in ogni cena, in ogni incontro, un nuovo scritto antierasmiano [117]. Il solo pensiero di un incontro fra i due sarebbe bastato a far trepidare Erasmo, sensibile com'era agli attacchi sul piano dell'ortodossia, da qualsiasi parte venissero; per di più ora minacciavano di venire da Roma, « mundi princeps ac domina » e tribunale supremo e inappellabile in questioni di fede, come sottolineava il consapevole Zúñiga [118]. L'attività di questi veniva descritta ad Erasmo come frenetica: egli pellegrinava senza sosta dall'una all'altra libreria di Roma e, imponendosi all'ascolto di tutti quelli che vi incontrava volenti o nolenti, lacerava il nome d'Erasmo, gli stimolava contro altri spagnoli (Carranza), si raccoglieva intorno gli Italiani in una schiera serrata di simpatizzanti [119]. Ma la notizia che suonò più sinistra all'orecchio di Erasmo fu quella che Zúñiga stava suscitando gravi sospetti sulla sua ortodossia proprio negli ambienti della curia: aveva molti appoggi fra i prelati, il suo libello sulle « bestemmie ed empietà » di Erasmo [120] era stato presentato a Leone X conquistandolo o quasi, nonostante la difesa del Bombasio, alla causa antierasmiana.

Fu probabilmente in seguito a questa lettera che Erasmo decise di scrivere al canonico di San Pietro e professore Battista Casali, per cercare in lui un alleato da affiancare al malsicuro Bombasio. La missiva, che fu inviata al Casali insieme a un esemplare della *Para-*

---

116. ALLEN, V, lettera n. 1260, pp. 17-25.
117. Ivi, linee 149-155.
118. ALLEN, IV, appendice XV, p. 630 (lettera dello Zúñiga al Vergara del 4 maggio 1522).
119. ALLEN, V, lettera n. 1260, p. 24: « Circumuolitat eciam circumforaneus homo tabernas librarias, per eas traducit et obtrudit nomen tuum iuxta nolentibus et volentibus, solicitat quos potest suae vesaniae complices, te reperit nunc suae farinae gentilem »; ivi, lettera n. 1277 (Juan Vergara a Erasmo, 24 aprile 1522), p. 52: « Nec ipsius [Stunicae] tantum hanc prouinciam esse: instrui magnam delectamque doctorum hominum Italorum manum, qui eruptione facta sint in scripta tua maximo impetu inuasuri ».
120. *Erasmi Roterodami Blasphemiae et Impietates per Iacobum Lopidem Stunicam nunc primum propalatae ac proprio volumine alias redargutae*, Romae, 1522; *Libellus trium illorum voluminum praecursor, quibus erasmicas impietates ac blasphemias redarguit*, Rome, 1522. Sulla presentazione a Leone X della prima opera cfr. ALLEN, V, lettera n. 1260, linee 188-94.

frasi del Vangelo di Matteo [121], non ci è rimasta, ma può essere ricostruita nelle sue linee principali in base alla risposta e al tenore delle
lettere che Erasmo nello stesso periodo spediva in varie direzioni, e
specialmente alla corte di Bruxelles, per difendersi dall'accusa di
filoluteranesimo, che lo comprometteva politicamente e finanziariamente [122]. Deplorando come poco saggio e poco prudente l'atteggiamento di intransigenza e di rigore assunto in curia nei confronti di
Lutero, e sostenendo che così si rischiava di scatenare un incendio di
maggiori proporzioni di quello in corso, Erasmo invitava il Casali a
usare la sua influenza perché si assumessero toni e modi più accorti
e tolleranti nei confronti del monaco sassone [123]. Nel definire la propria posizione verso Lutero, l'umanista in questo periodo si atteneva
a una linea di autodifesa abbastanza costante: egli sosteneva di non
conoscere Lutero, di averne letto pochissime pagine, di averne sì
all'inizio condiviso in parte le posizioni, ma di essersi ormai distaccato
decisamente da lui per l'intemperanza di cui Lutero aveva dato prova:
tanto che nel campo luterano il suo nome era malvisto e oggetto di
attacchi continui, tanto che i fautori di Lutero tenevano pronti dei
libelli antierasmiani dei quali si servivano come di un'arma di ricatto,
minacciandolo di pubblicarli alla sua prima mossa antiluterana [124].
È verosimile che anche al Casali Erasmo descrivesse in termini analoghi il suo rapporto con Lutero e che si lamentasse di passare anche
a Roma per eretico e luterano, per opera dei suoi nemici e dei luterani
stessi, i quali, guastando i suoi rapporti con la curia, speravano di
indurlo a passare dalla loro parte [125]. La lettera accennava anche
alla corrispondenza che l'umanista olandese intratteneva allora con
vari personaggi della corte di Carlo V per assicurarsi la protezione

---

121. La *Paraphrasis in Evangelium Matthaei* ha una dedica a Carlo V che
porta la data del 13 gennaio 1522; le prime copie erano pronte il 21 marzo
(ALLEN, V, lettera n. 1267, pp. 31-2).
122. Cfr. per esempio ALLEN, V, lettere n. 1267, pp. 31-2, n. 1275, n. 1276,
n. 1287, n. 1299, n. 1300.
123. Cfr. *Appendice 1*, lettera di Battista Casali a Erasmo, linee 12-5: «Quod
vero ad ipsum attinet Lutherum, cum quo mitius agendum censes ne maius
fortasse sic incendium excitetur, semper ego eorum improbavi consilium, qui
pluris Lutherum fecerunt quam eius improbitas exigeret». V. per confronto
la lettera di Erasmo al duca Giorgio di Sassonia del 3 settembre 1522
(ALLEN, V, lettera n. 1313, p. 127): «Semper in hac fui sententia, tragoediam
hanc [Lutheranam] nulla ratione melius consopiri posse quam silentio».
124. Cfr. le lettere citate sopra nella nota 122.
125. Una asserzione del genere si trova per esempio nella lettera di Erasmo
al cardinale Campeggio del febbraio 1524 (ALLEN, V, lettera n. 1415, p. 392).

di quel principe contro i suoi ingiusti detrattori [126] e si concludeva probabilmente con la preghiera di difendere a Roma il nome di Erasmo e forse anche con l'esortazione a fare qualcosa per fermare la pubblicazione del « libello » dello Zúñiga [127].

La risposta del romano fu forse un po' diversa nel tono e nel contenuto da quella che Erasmo aveva sperato di ottenere. Non vi mancano le espressioni di riguardo e di stima, ma siamo lontani da quei toni di venerazione e di dedizione ai quali Erasmo era assuefatto. Il Casali si dichiara d'accordo con Erasmo sull'opportunità di mantenere il silenzio sull'intero affare luterano, del quale a suo avviso si sta sopravvalutando l'importanza. La tattica migliore è ignorare il monaco e la sua iniquità, è lasciarlo combattere da solo, in modo da farlo sprofondare nel silenzio dell'indifferenza. Quanto alla consistenza e alla validità dell'accusa di filoluteranesimo diretta contro Erasmo, il Casali assume un atteggiamento di prudente riserbo: il dotto olandese non ha ragione di temere, scrive, perché la sua vita, i suoi costumi e i suoi scritti rappresentano una testimonianza più che sufficiente della distanza che lo separa da Lutero (ma gli attacchi dello Zúñiga dimostrano che gli scritti di Erasmo potevano essere usati anche per documentare il contrario). Infine, riferendosi al patrocinio che Erasmo aveva cercato presso principi come Carlo V, il Romano si dichiara anche lui un risoluto e fedele partigiano della causa di Erasmo: egli aveva già avuto occasione di difenderlo nel senato [128] dalla calunnia di luteranesimo e prometteva di conservarsi solidale con lui anche in futuro [129].

A questo primo capitolo degli scambi fra Erasmo e il Casali, che documenta un rapporto non molto caloroso, ma di correttezza e

126. Cfr. *Appendice 1*, lettera di Battista Casali a Erasmo, linee 19-20: « bonorum principum operam exigis adversus eos qui te uti transfugam Lutheranumque insimulant ». Per gli sforzi di Erasmo di assicurarsi l'appoggio di Carlo V cfr. la sua corrispondenza con alcuni personaggi della corte di Bruxelles nella primavera-estate 1522, ALLEN, V, lettere n. 1275, n. 1276, n. 1287, n. 1299, n. 1300; sull'esito di questi sforzi cfr. M. BATAILLON, *op. cit.*, vol. I, pp. 156-64.

127. La congettura che la lettera di Erasmo al Casali fosse provocata tra l'altro dal timore della pubblicazione dell'opera dello Zúñiga si basa sul seguente passo della risposta: « scribis esse qui tibi ut Lutherano negocium facessant et te paratis libellis tamquam tormentis petant » (*Appendice 1*, linee 7-8). Per la definizione delle opere dello Zúñiga come « libelli » da parte di Erasmo cfr. fra l'altro ALLEN, V, n. 1352, p. 259; n. 1410, p. 383; n. 1415, p. 392; n. 1418, p. 398; n. 1423, p. 407; n. 1466, p. 495.

128. Questo passo farebbe pensare che il Casali avesse difeso Erasmo nel senato romano. Il senato però aveva allora solo attribuzioni giudiziarie.

129. *Appendice 1*, lettera di Battista Casali a Erasmo, linee 22-4.

stima reciproca, se ne aggiunge qualche tempo dopo, forse nel 1524 [130],
un altro, nel quale il tono è completamente mutato: al posto della
stima subentra nel Casali una violenta avversione non esente da
sarcasmo né da aggressività. Fra il primo e il secondo capitolo di
questo rapporto vi è un anello di congiunzione che mi resta ignoto.
L'*Invectiva in Erasmum Roterodamum* del codice ambrosiano si presenta infatti come reazione a un attacco di Erasmo contro il Casali;
ma per ricostruire i termini e le circostanze di questo attacco il testo
fornisce scarsissimi elementi. Sfrondando la narrazione della sua
esuberanza retorica, risulta solamente che Erasmo si era espresso
in termini di disprezzo riguardo ai letterati di Roma, anzi dell'intera
Italia, e che in particolare aveva fatto il nome del Casali [131], mostrando di tenerlo in scarsa considerazione come grecista [132] e anche

130. La datazione dell'*Invectiva* in base a elementi interni non è possibile.
L'unico appiglio fornito dal testo (*In Desiderium Erasmum Roterodamum Invectiva*, A II, ff. 82v-87v) è l'affermazione del Casali di essere da 22 anni
professore di retorica presso l'Accademia di Roma («iam annos duos supra
XX ita in luce omnium orbisque terrarum conventu profiteor – sic enim
Romanam Academiam appellaverim – », ivi, f. 84r). Assumendo il 1496 come
data d'inizio dell'insegnamento del Casali (cfr. sopra nota 92), questa dichiarazione fisserebbe al 1518 l'anno di composizione dell'*Invectiva*. La data 1518
però non è accettabile, perché la lettera pubblicata in *Appendice I* fissa
come termine *post quem* la primavera del 1522: il Casali non avrebbe potuto
verosimilmente rivolgersi ad Erasmo in un tono così cortese e distaccato
come quello documentato dalla lettera, se l'invettiva fosse già stata scritta.
Bisogna dunque tentare una datazione in base a elementi esterni al testo.
Assumo il 1524 come possibile data di composizione movendo da un passo
della lettera di Erasmo a Haio Hermann, del 30 agosto di quell'anno (ALLEN,
V, lettera n. 1479), dal quale risulta che a Roma si era appena scritta un'invettiva contro Erasmo (comunicando la notizia a Girolamo Aleandro il 2 settembre 1524 Erasmo si esprime infatti come se la composizione dell'invettiva
fosse recente: «est istic Angelus nescio quis, qui scribit invectivas in me»,
ALLEN, V, lettera n. 1482, linea 29). La coincidenza di quell'*Invectiva*, che
Haio Hermann attribuiva ad Angelo Colocci, con questa, scritta da uno stret-
tissimo amico del Colocci, mi sembra probabile (cfr. più avanti p. 114).
Questa datazione non spiega perché il Casali affermi di professare la retorica
da 22 anni; a meno che egli si riferisca non all'insegnamento universitario,
ma alla sua fama di retore nell'Accademia, fama che potrebbe ben risalire
al 1502 (cfr. nota 93).
131. *Invectiva* cit., f. 83r: «Ac primum illud quaero abs te, quid te potissimum impulerit, ut tam acerbe litteratos omnes urbis Romae cunctaeque
Italiae insecteris, tanquam omnes infantissimi sint, tu solus excellas? An tibi
fortasse somnus ita est blanditus, alios omnes, si tecum conferantur, foenum
esse oportere? Esto fuerit hoc somni, cur iterum vigilans somnias? Cur autem,
cum omnes temere, me unum tandem etiam impudenter carpis? ».
132. *Invectiva* cit., f. 84v: «Nam quod me litteras Graecas ignorare contendis,
in quibus te magnificum facis, quid aliud est quam delirare ac prorsus desi-
pere? Quando enim ego in his nomen professus meum? Neque omnino id mihi
probro esse, opinor, potest, cui non id propositum fuit, ut his totis (ut aiunt)

come latinista [133], senza risparmiare neanche il modello sacrosanto al quale il Casali s'ispirava, Cicerone [134]. Parlando delle circostanze e dell'occasione in cui questo disprezzo si sarebbe manifestato, il Casali afferma che Erasmo spargeva calunnie contro di lui « in ogni convegno, in ogni adunanza e specialmente nei conviti degli ottimati » [135]; altrove però parla dell'attacco di Erasmo come di una *oratio* [136], il che potrebbe far pensare anche a una composizione scritta. È comunque ragionevole supporre che l'attacco di Erasmo fosse espresso in termini obiettivi e moderati. La replica del Casali fu invece violenta e intemperante. Essa si apre rievocando in tono recriminatorio l'ammirazione scevra di ogni invidia e la devozione che il Casali aveva votato a Erasmo fin dai tempi del breve soggiorno che questi aveva fatto a Roma, il suo rimpianto di aver perso allora l'occasione di incontrarlo [137], la costante difesa che egli in seguito si era assunto del nome e del primato di Erasmo in tutti i circoli colti [138]. Erasmo invece ha dimostrato un profondo disprezzo per il Casali e per i suoi colleghi e ha affermato di non aver trovato a Roma quasi nessuna persona colta [139]. In questa opera di denigrazione sistematica, l'Olandese è mosso, secondo il Casali, dal rancore concepito contro l'Accademia che, ai tempi del suo soggiorno a Roma, non gli aveva tributato gli

velis incumberem, sed eas duntaxat perpaucas horas impenderem, quas essem negociis suffuratus ».

133. Ivi, f. 83*v*: « Eam inisti rationem... me nec latine scire, nec graece quicquam, ac plane omnium rudissimum esse palam atque ubique praedicare ».

134. Ivi, f. 83*v*: « Ipsum quoque M. Tullium tibi sordidum ac omnino barbarum videri ».

135. Ivi, f. 83*r*: « Cur autem cum omnes [litteratos Italiae] temere, me unum tandem etiam impudenter carpis? et in quovis coetu, in quavis corona, et praesertim in optimatum conviviis, quorum es assectator mensarum, laceras ac non nisi sanguinem expresseris desistis? ».

136. Ivi, f. 87*v*: cfr. più avanti nota 164.

137. Ivi, f. 82*v*: « Postquam hinc tanquam viator potius quam hospes abscessisti, quippe qui prius te abiisse quam venisse rescire potuerim, indolui sane multum (ut par erat) meque magna voluptate optatissimoque complexu atque commercio tuo, quo frui tantisper potuissem, caruisse, permoleste tuli...; pensandam tamen hanc ipsam videndi tui iacturam censui commendatione rerum tuarum, ut intelligere posses qualis futurus fuissem, si te coram nactus essem ». Cfr. ALLEN, V, lettera n. 1479, Erasmo a Haio Hermann: « Ne Casalium quidem novi ».

138. Ivi: « Equidem dicam ingenue nullus locus, nullus doctorum hominum congressus fuit, nulla mihi occasio oblata est unquam, quin ego tibi facile primas detulerim, idque non tam ut te demererer, quanquam id quoque, quam ut meo more facerem: qui nulla prorsus alia re, minus quam livore ac malignitate opprimor, neque is sum, qui ex obtrectatione alienae laudis mihi laudem quaerendam putem ».

139. Cfr. sopra nota 131.

onori a cui egli, nel suo orgoglio, si crede degno [140], e dall'ambizioso intento di « occupare come tiranno la cittadella della cultura di lingua latina » [141].

Screditando la cultura romana, il « Batavo » vorrebbe accreditare la tesi che il primato dell'eloquenza latina e dell'erudizione greca si è ormai incarnato in lui, Erasmo, ed è con lui emigrato da Roma in Germania [142]; che la propria comparsa sulla scena del sapere segna una data altrettanto importante quanto il passaggio del primato negli studi letterari dalla Grecia al Lazio [143]. Questa pretesa fa torto tanto alla cultura romana (perché non tiene conto della presenza a Roma del Lascari e degli altri corifei del greco né della scuola del Lascari con la sua « familia » greca [144]) quanto alla « Germania » (perché mette in non cale tutti gli altri cultori delle lettere che si trovano oltralpe, dal Budé a Moro, e che superano Erasmo per scienza e per prudenza [145]).

---

140. *Invectiva* cit., ff. 82v-83r: «Ego ne abs te ante omnes alios vellicer? Tu me unum tibi delegeris, quem maledictis intemperanter proscindas tuis? Ego tibi sim argumentum, ubi tu magnificum te facias? mihique subsanes uni imprimis quasi tu solus sapere videaris? At qua fidutia aut potius confidentia istuc? An quia tibi Romam venienti quasi per pompam Romana Academia obviam non iit? ego carmen non praeivi, ac parentem litterarum non salutavi, quia tibi non acclamatum est, ac passim omnibus aris ut eloquentiae deo vota nuncupata? Quae istaec vecordia est, quaeve stoliditas? Si adeo intumuisti, hac quidem gratia disrumparis licet. Non tu scis esse hic vel pueros, qui te docere possint? qui praestigias tuas deprehenderint, qui ineptias rideant, et te ut plane barbarum aspernentur? ».

141. Ivi, f. 83r: « Tu quidem hercle (si diis placet) uti improbus tyrannus litterarum romanarum arcem te facile invasurum existimasti, si duces ac signiferos inde aliquo commento atque arte deiecisses; palam atque aperto marte nequibas (nullus enim hic barbariae locus) et custodes pro foribus semper excubant ».

142. Ivi, f. 83v: « Eam inisti rationem... palam atque ubique praedicare... romanas litteras atque facundiam tecum in Germaniam migrasse... Ad hec graecarum litterarum facultatem quondam ex Graecia in Latium, iam vero ex Latio te in Germaniam transtulisse, quasi tu solus una opera Athenas Romamque litteris ac doctrina exhauseris ».

143. Ivi, f. 84v: « En tibi, Germania, egregium alumnum tuum: qui Graeciam Italiamque pulcherrima illa litterarum possessione spoliavit, unusque secum trans alpes utriusque linguae naufragia relliquiasque asportavit, ac natale solum opibus ac splendore utriusque facultatis tanquam spoliis illustravit ». Cfr. anche nota precedente.

144. Ivi, f. 85r: « Tu ne Athenas in Germaniam transtuleris incolumi Lascari, qui vel ipsas nobis Athenas solus exhibet? qui accersita Graecorum familia novam Romae Academiam instituit, nequid in Graecis desideraremus ».

145. Ivi, ff. 84v-85r: «Qui [Erasmus] cum se ditasse nobilitasseque Germaniam iactat opibus... non animadvertit se tam multis Germanis undecunque doctissimis ac dicendi copia praepollentibus notam inurere indignissimam, tanquam ipse quidam Bataviae sol tot aliorum Germanorum sydera suo exortu ac fulgore

Fra tutti i membri dell'Accademia Romana, fra tutti i letterati d'Italia, l'ostilità di Erasmo si è appuntata contro il Casali, considerato come un difensore particolarmente valoroso della cittadella letteraria contro ogni attacco barbarico e come un avversario particolarmente temibile nella sua duplice qualità di romano e di letterato di professione [146]: così il « barbaro » si è messo a demolire sistematicamente la sua fama, proclamandolo in ogni occasione ignorante di greco e di latino e del tutto rozzo [147]. Ma Erasmo ha fatto male il suo piano di battaglia: anche se fosse riuscito ad annientare il Casali, gli sarebbe rimasta da affrontare tutta la schiera degli altri accademici, dal Porcio al Sadoleto, dal Bembo al Gravina, dal Colocci al Giovio, dal Casanova al Corsi, dal Sannazzaro al Navagero, anche le ombre dell'Inghirami e del Pontano gli si sarebbero scagliate contro [148]. Neanche nella scelta del suo obiettivo speciale Erasmo è stato avveduto. L'accusa di non sapere il greco che egli rivolge al Casali

oppresserit, si obscurare huius tenebrae tantorum virorum lumina ac splendorem possent. O perditam hominis audaciam, o furorem carcere catenisque coërcendum. Cur non tale quippiam Faber, Budeus, Ruellius, Morus, Longolius, cur non alii permulti Germani Gallique audent ut id ipsi de Germania Galliaque iactent? Nimirum ut litteris illi longe tibi praestant, ita antecellunt prudentia, neque esse modestiae suae arbitrantur, ut sibi tantum invidiae conflatum velint ».

146. Ivi, f. 83*r*: « Inter quos [custodes arcei litterarum romanarum] acerrimum fortasse ratus es esse me, utpote et romanum et bonarum artium professorem et barbariae cum primis hostem, quo iugulato facilius tibi reliquum negocium putasti fore ».

147. Cfr. sopra nota 133.

148. Ivi, f. 83*v*: « O stulte stulte, finge oppressum esse me, num una idcirco tibi rem factam arcemque expugnatam credas...? Tibi nimirum maius multo negocium futurum erat cum Portio, Sadoleto, Bembo, Gravina, Fabiano, Colotio, Motta, Cornellio, Iovio, Capella, Petrasancta, Pimpinello, Casanova, Elmo, Thamyra, Blosio, Laelio, Pierio, Curtio, Sanazario, Summontio, Naltrensio, Vopisco, Sessa, Naugerio, Bombasio, Amiter[n]ino, Camertibus, Parrhasio, Marcello, Diacetio, Modesto, Siculo, Arcade, Socio, Molosso, Anselmo, Cataneo, Pio [Battista Pio bolognese, cfr. *Coryciana*, f. Sij *v*], cuncta Academia, cum Latio, cum omnibus quicunque ubique sunt romanis litteris initiati, cum pueris quoque, qui tantum illi quidem nasi habent quantum tu impudentiae. Ipsi denique Pontani Phedrique manes tibi negotium facesserent ». La lunga lista di nomi comprende indiscriminatamente molti dei poeti della raccolta *Coryciana* e altri letterati legati all'Accademia (compreso l'amico di Erasmo, Bombasio). Per la loro identificazione cfr. bibliografia citata nella nota 88, specialmente le note di V. Fanelli alla vita del Colocci scritta dall'Ubaldini. Sulla raccolta *Coryciana* cfr. J. RUYSSCHAERT, *Les péripéties inconnues de l'édition des « Coryciana » de 1524*, in: *Atti del convegno di studi su Angelo Colocci*, Iesi, 13-14 settembre 1969, Città di Castello, 1972, pp. 45-60.

è difatti un'arma spuntata dal momento che l'accusato non ha mai fatto professione di sapere il greco [149], anzi è un'arma che può ritorcersi contro l'accusatore perché con la sua scarsa conoscenza del greco il Casali si proclama capace di individuare migliaia e migliaia di mende nelle traduzioni e nelle edizioni di Erasmo e minaccia di dedicarsi a questa collezione non appena ne avrà il tempo [150]. Quanto all'accusa di non sapere il latino – che un barbaro osa scagliare contro un cittadino romano educato dai principi della lingua latina [151] e da 22 anni professante eloquenza nell'Accademia di Roma fra il consenso universale dei dotti [152] – che altro è se non un atto di mera impudenza? Il tempio massimo della cristianità, il senato di Roma, i pontefici stessi sono testimoni dell'eloquenza del Casali [153]. Ma il « Batavo », si sa, ha l'orecchio fine [154]: non è il solo Casali a incorrere nella sua censura, egli trova da ridire anche su quell'incarnazione dell'eloquenza, su quel fonte del sapere che è, per comune consenso dei popoli, Cicerone [155]. Il Casali chiama a raccolta tutte le schiere

---

149. Cfr. sopra nota 132.

150. Ivi, f. 84v: « In quibus [litteris Graecis], absit verbo invidia, non dissimulabo me id assecutum, ut vel sexcentas, immo vero sexcenties millies ineptias tuas in graecis deprehenderim, homo ut tu vis omnium ignarissimus, hominis ut tu palam de te iactas omnium doctissimi: tot in litteris flagitia offendi; quae cum mihi per mea negotia licebit colligam, ne posthac tu tibi tantum in graecis placeas ».

151. Ivi, f. 83v: « Non vereor ut hominis tam litteris quam moribus barbari suggillatio mihi probro esse possit homini cum primis romano atque in Romana Academia a pueris versato; qui principes sane semper assertoresque latinae linguae audivi, sub quibus profecto nihil me poenitet quantum profecerim ».

152. Ivi, f. 84r: « Qui iam annos duos supra XX ita in luce omnium orbisque terrarum conventu profiteor (sic enim Romanam Academiam appellaverim, ubi sunt semper omnium linguarum gentium nationumque commercia) ut philosophandi quidem scientiam naturae indagatoribus concedens, latine apte copioseque dicendi facultatem, quod unum est reliquum Romanis regnum, una cum multis aliis tueri contendam ».

153. Ivi, f. 84r: « Testis est universus fere orbis terrarum, testis urbs Roma, testis augustissimum illud pontificium templum... an aliquid dicendo valeam. Ubi me toties aliquot pontifices universusque senatus, ac doctissimorum hominum corona summo assensu ac voluptate audierunt ».

154. Ivi, f. 85v: « Sane oppido quam delicatissima est auris illa tua batava, quam implere Ciceronis oratio nequeat ». Cfr. Adagiorum Chiliades, IV, VI, XXXV, LB, II, col. 1083 F.

155. Ivi, f. 85r-v: « Nam quid aliud est invehi in Ciceronem eumque nescisse litteras palam iactare, quam delirare ac furere? An obsecro Cicero litteras nescivit? Cuius nomen ab eloquentia seiunctum esse nequit? quem omnium hominum consensus tam litterarum quam eloquentiae parentem esse attestatur? Sed quid mirum quod tu Marcum Tullium ut barbarum aspernaris, cui non nisi sordes dicendi placeant ac sermonis prodigia consecteris?... Nempe

dei ciceroniani perché vendichino convenientemente l'insulto del barbaro contro il loro patrono: Erasmo deve essere messo al bando della repubblica delle lettere, deve essere accerchiato, portato via a forza, preso a pugni e sacrosantamente bastonato [156].

Del resto non c'è da meravigliarsi che Erasmo dia segni di squilibrio mentale, prosegue l'invettiva passando dal piano letterario a quello teologico. Non è forse lui che ha fatto l'elogio della follia e si è proclamato duce e portabandiera dei pazzi [157]? Si è proclamato e si è anche dimostrato tale, perché in quel libretto ha stoltamente scoperto la propria posizione, si è tradito tramite il più empio dei sacrilegi, rivelando la molla intima della sua contorta natura: egli infatti fa professione di teologo e di esegeta, ma in realtà è un apostata, un eretico, e si copre con un manto di simulata pietà solo per rovesciare più agevolmente il dogma cristiano e uccidere Cristo una seconda volta [158]. Cristo, la meta di tutti i vaticini e di tutte le profezie, il figlio di Dio miracoloso, il redentore e il trionfatore, non è forse trattato in quel libro da impostore, da sicofante e da pazzo? Coloro che seguono Cristo e la sua eresia non sono forse trattati da folli e dissennati [159]? « Haec tu, Erasme, sentis et christianum agis?

quia novum dicendi genus in extrema Batavia commentus es, perquam elegantissimum et quod Ciceronis maiestati longe praestet ».
156. Ivi, f. 85v: « Nam vel hinc quam sapias spectamus, quod cum tot ab hinc seculis receptum sit, cui Marcus Tullius placuerit, eum vel hoc uno magnos in litteris progressus fecisse, tu solus inventus es, cui Marcus Tullius respuendus tanquam hospes ac peregrinus videatur. Ex quo id ipsum sequitur, te de communi litteratorum consilio explodendum ut barbarum, extrudendum ut corruptorem, exsibilandum ut nefarium Latinae ac Graecae facultatis adulterum. Qui Ciceroni operam datis adeste obsecro, neve tantam nebulonis huius audaciam esse inultam sinatis, ne haec calumnia latius serpat, ne molles adolescentium animi repudiato Cicerone fecem dicendi consectentur et barbaria imbuantur. Circunsistite sycophantam, rapite sublimem, incursate pugnis, caedite fustibus, satisfaciat ipse Ciceroni de tergo suo ».
157. Ivi, ff. 85v-86r: « Sed insanis, Erasme, vereorque ne ullam tuus hic morbus curationem recipiat. Actum prorsus est de te, qui vel insanire pulchrum ducis et te stultorum ducem ac signiferum profiteris ».
158. Ivi, f. 86r: « Nam in eximio ac praeclaro illo tuo libello, quem *Moriam* inscripsisti, cum omnes insaniae insimules, tu omnium insaniam longo intervallo superas, qui alios quidem... insanire, te vero furere ostendis. Quid enim tu, qui iampridem transfuga es atque apostata, aliud parere ac praestare quam sacrilegium posses? At profiteris sacrae paginae interpretem ac doctorem, cum sis impiorum omnium impientissimus, qui christianum dogma decretumque te eversurum facilius putasti simulatione religionis, qua tanquam gladio abutereris atque iterum Christum iugulares ».
159. Ivi, ff. 86r-86v: « Quem tot prophetarum sybillarumque oraculis ac testimoniis Dei filium e coelo in terras descensurum... didicimus..., hunc tu ipsum Christum impostorem quendam ac sycophantam tuique similem esse

haec tu profiteris et impune iactas? haec tu scribis et vivis? O infamiam seculi christiani, christianorum collegia hoc legunt, christianorum senatus hoc videt, christianorum principes hoc audiunt, vident, legunt, tu tamen vivis? At supplicia de falsis, de plagiariis, de adulteris, de peculatoribus, de testamentariis, de paricidis quotidie sumuntur. Erasmus vero, qui uti flagitiosissimus plagiarius vel novas Christo plagas infert vel Christum negat, vivit. Erasmus, qui Christianam religionem improbe mentitur et veluti collatis signis atque aperto Marte apostata oppugnat, vivit. Erasmus, qui naturam ipsam adulterat, dum naturae parentem inficiatur, vivit. Erasmus, qui naturae arcana depeculatur ac Christi testamenta circunscribit [160], vivit. Erasmus, qui Christum uti profligatissimus paricida iterum iugulat, vivit. Si is maiestatis accersitur non modo qui aliquid in principem molitur, sed qui obiter conscius et duntaxat auribus non manu deliquerit, Erasmi facinus quo supplicio vindicandum, qui ultro volens ac sciens plusquam in hominem, plusquam in principem, immo vero in principum principem, in ipsum rerum omnium auctorem et dominum, in ipsum inquam Deum impius ac sceleratus fuit? Et tamen vivit vivit? Quin vivit non ut sceleris poeniteat ac veniam petat, sed ut flagitia flagitiis, scelera sceleribus cumulet. At mihi crede, vivis, Erasme, ut scelestus, ut sacer, ut religionis transfuga, ut fidei desertor, ut mox poenas daturus. Lentus enim est ad iram Deus, verum tandem, tandem tam certus quam severus vindex » [161].

Dopo questo acme il tono dell'invettiva cala, l'oratore ricorre al sarcasmo, prescrive al pazzo furioso una cura commisurata alla gravità e alla durata della sua malattia. Dei rimedi che si sogliono prescrivere ai malati di mente, Erasmo deve prendere non l'uno o l'altro, ma tutti quanti e in dose quadruplicata; poi deve bere per venti giorni l'elleboro [162]. Allora, tornato alla ragione, si pentirà della sua impudenza e del torto fatto al Casali [163]. Nella chiusa riaffiora il tono minaccioso: l'atteggiamento dell'antagonista vien paragonato a quello di un cane, che chiuso nella sua stanza latra e abbaia

---

profiteris. Atque id quidem minus flagitiosum esset, si unus tu pseudochristianus in tuo delirio insanires, nisi alios quoque tentares tua ruina involvere..., contendens qui Christi heresim sectantur, eos omnes insanos esse atque excordes ».

160. Questa allusione può riferirsi tanto alla traduzione annotata del Nuovo Testamento (1516) quanto alle *Parafrasi* neotestamentarie (1522-24).

161. *Invectiva* cit., f. 86v.

162. Ivi, f. 87r.

163. Ivi, f. 87v.

contro i cani più grossi di lui, ma appena fuori si mette ad agitar la coda e se ne sta cheto. Il Casali promette di diventare una specie di Ercole, in presenza del quale i cani, temendone il bastone, diventavano muti: così Erasmo, quando sentirà il suo nome, non oserà fiatare [164].

In questo ottuso e insulso campione di invettiva cinquecentesca, in questo prolisso esercizio retorico dell'insulto, dove neanche la rabbia ha sapore di autenticità, compaiono però in germe diversi motivi, che più tardi verranno ripresi in forma più precisa e articolata nelle dispute che opposero Erasmo ad altri membri dell'Accademia Romana o a personaggi all'Accademia strettamente legati. Nell'*Invectiva* si trovano infatti, messe in bell'ordine una accanto all'altra: l'accusa di irriverenza verso Cicerone e di infrazione dei sacrosanti canoni della prosa ciceroniana, che rientra nella preistoria del dialogo famoso; l'accusa di empietà e di eresia, che più tardi si sviluppò nella discussione con Alberto Pio da Carpi [165] e nel *Racha* [166]; il rimprovero di ostilità programmatica verso l'Italia e gli Italiani, che costituirà il punto di partenza della *Defensio* del Corsi; un minaccioso elenco di colpe che vengono punite con la morte e che pure appaiono lievi in confronto di quelle attribuite a Erasmo e un accenno esplicito al rogo come degna punizione del barbaro sacrilego [167], che ricordano i toni aspri che la polemica assunse ai tempi del *Racha* [168].

L'interesse principale dell'*Invectiva* consiste dunque nella sua natura di documento di quel pronunciato sentimento antierasmiano,

---

164. Ivi: « Omnino tua oratione canem oblatratorem agis, qui intra cubiculum obgannit allatratque maiores, obmutescit extra deprehensus et cauda blanditur. At ego exhibebo me adversus te Herculem, quem adeo canes (eius opinor clavam experti) horrebant, ut eo praesente muti viderentur. Itidem ego tecum agam, faciam ubi nomen audieris meum, ne mutire quidem audeas ».
165. Sui legami fra Alberto Pio e l'Accademia Romana cfr. ad esempio *Coryciana*, Roma, 1524, DDiij*r* (*Iani Vitalis panhormitani pro Alberto Pio Carporum principe aegrotante ad Christum votum exoratum*).
166. Per i rapporti di Egidio da Viterbo con l'Accademia Romana cfr. ad esempio F. M. RENAZZI, *op. cit.*, vol. II, p. 20.
167. *Invectiva* cit., f. 87*r*: « Non ego te vinclis Erasme, non carcere ac tormentis coercebo: facessant ignes, quos tibi iure optimo consensus bonorum omnium minitabatur ».
168. Nel *Racha* Egidio da Viterbo invita il pontefice ad annientare Erasmo e fa balenare la prospettiva di un intervento vendicatore di Dio in mancanza di azione umana (cfr. E. MASSA, *op. cit.*, p. 454). A parte questo passo, l'atteggiamento antierasmiano nel *Racha* è così veemente che Erasmo ne trasse l'impressione che lo si minacciasse di morte (« auctor... dicit demirare se, quum Germania tot hominum milia trucidarit ob impietatem, Erasmum adhuc vivere », cit. da E. MASSA, *op. cit.*, p. 445).

il quale si manifesta negli ambienti dell'Accademia Romana a partire almeno dal 1524. Leggendo il testo da questo punto di vista, colpisce innanzi tutto l'ammirazione e la considerazione per l'avversario che traspaiono attraverso insulti e sarcasmi. Il Casali non è ignaro della portata dell'opera erasmiana, anzi si dimostra oscuramente consapevole che il proprio contrasto con Erasmo non è riducibile a un contrasto fra due tipi di formazione e di preparazione filologica, ma è il contrasto fra una cultura formale, cortigiana e subalterna fino al servilismo [169], e una cultura ricca di contenuti innovatori, che aspira

169. Si veda per esempio la incondizionata celebrazione di momenti e tendenze della politica pontificia che si trova nelle orazioni del Casali raccolte nel codice ambrosiano, fra l'altro nella *Oratio pro ecclesia Lateranensi ad Iulium II*, A, I, ff. 292r-297v e nella *Gratiarum actio Leoni X Pont. Max.* (si tratta del ringraziamento per l'elezione a canonico di San Pietro), A, II, ff. 75v-82r., che si chiude con una violenta incitazione contro Francesco Maria della Rovere, del quale Leone X stava usurpando lo stato. Il tono e il contenuto di alcune delle orazioni del Casali corrispondono così perfettamente alle critiche che Erasmo nel *Ciceroniano* muove contro un certo tipo di eloquenza curiale (OOE, serie I, vol. II, pp. 637-9), che si è indotti a chiedersi se il famoso oratore ciceroniano e non cristiano ascoltato da Erasmo a Roma il venerdì santo del 1509 non avrebbe potuto essere proprio il Casali. Fra le orazioni di questo conservate nel codice ambrosiano vi è effettivamente una *Oratio ad Iulium II pont. max. in die veneris sancto*, A, II, ff. 2r-7r, la quale però fu pronunciata il giorno della Passione del 1510, come risulta dal *Diarium* di Paride de Grassi (Firenze, Biblioteca Nazionale, *Fondo Capponi* 69, parte III, f. 76, venerdì santo 1510: «Orationem habuit satis disertam et doctam dominus Baptista Casalius Romanus »), e anche dal contenuto del discorso. L'identificazione del Casali con l'oratore paganizzante del *Ciceroniano* non sembra dunque possibile. Neanche la fortunata congettura del Cantù, che – seguito dal Gambaro e dal Mesnard nelle loro edizioni del *Ciceroniano* – propone di identificarlo con Tommaso Fedro Inghirami (C. CANTÙ, *Gli eretici d'Italia, Discorsi storici*, Torino, 1865, vol. I, p. 261 e p. 299, nota 12) è convalidata dalla documentazione esistente. Fra le orazioni a noi rimaste dell'Inghirami ve ne è bensì una sulla Passione pronunciata davanti a Giulio II (*T. Phaedri de morte Iesu Christi Domini Deique nostri deque eius tormentis Iulio II Pont. Max. dicta oratio*, Parigi, Bibliothèque Nationale, cod. nat. lat. 7352B, ff. 221-36, segnalata da I. INGHIRAMI, *Notizie dei codici, degli autografi e delle stampe riguardanti le opere dell'umanista volterrano Tommaso Inghirami detto Fedro*, « Rassegna Volterrana », XXI, XXII, XXIII, 1955, pp. 33-41), ma essa fu pronunciata nell'anno 1504, come si ricava dal Burckardus (*op. cit.*, vol. II, p. 444, venerdì santo 1504: « Sermonem fecit Thomas Fedrus, canonicus Lateranensis ») e anche dal contenuto dell'orazione stessa. Nondimeno sia nell'orazione sulla Passione del Casali, sia in quella dell'Inghirami, si riscontrano singolari coincidenze con i temi dell'orazione che Erasmo aveva ascoltato nel 1509 e che egli riassume nel *Ciceroniano*. Per esempio: Erasmo racconta che l'oratore da lui ascoltato « deplorabat... valde lugubriter, quod fortibus viris qui suis [fuis: OOE] periculis reip. subvenissent, publicis decretis relata esset gratia, aliis in foro posita statua aurea, aliis decretis honoribus divinis: Christum pro suis benefactis ab ingrata Iudaeorum gente praemii loco tulisse

a operare nella realtà e a trasformarla tramite il potere costituito, ma qualche volta anche contro di esso. Ma al pensiero filosofico morale e teologico di Erasmo il Casali non ha niente di proprio da contrapporre. Egli tenta allora di far passare la propria vacuità come un atto di modestia (« ...ut philosophandi quidem scientiam naturae indagatoribus concedens, latine apte copioseque dicendi facultatem, quod unum est reliquum Romanis regnum, una cum multis aliis tueri contendam »[170]) e bolla il vigore speculativo e l'impegno etico-religioso dell'avversario come atti di superbia intellettuale e di empietà (« Erasmus, qui naturae arcana depeculatur et Christi testamenta circunscribit, vivit »), collocandoli alla stregua degli altri suoi errori di dottrina e valutandoli come aspetti della sua eterodossia. La seconda parte dell'*Invectiva*, cioè l'accusa di eresia, diventa così un complemento necessario della prima parte, dell'attacco mosso sul piano letterario: essa rappresenta un espediente per mettersi alla pari con l'avversario, gettando un'ombra di sospetto su tutta quella parte della sua attività, con la quale il Casali e l'Accademia non erano in grado di competere. Dunque le riserve sollevate nei confronti dell'ortodossia di Erasmo appaiono in questo testo un aspetto posteriore di una rivalità originariamente letteraria: il torto che maggiormente brucia al Casali sembra essere quello fatto a lui e ai dotti di Roma e d'Italia, non solo e non tanto dall'atteggiamento sprezzante di Erasmo, ma dalla sua stessa esistenza e statura intellettuale, che mette

crucem, dira passum, summaque affectum ignominia » (OOE, serie I, vol. II, p. 637). Ed ecco un passo dell'*Oratio... in die veneris sancto* cit., del Casali: « Qui quondam legatione pro patria suscepta ab hostibus trucidati fuissent, his maiores nostri statuae honorem tribuendum censuerunt, ut in bellis periculosis obirent homines legationis munus audacius, et pro brevi vita diuturnam memoriam consequerentur. Hinc Tullii, Clodii, L. Roscii, Sp. Antii, C. Fulcinii statuae visebantur, qui a Larte Tolumnio Veientum rege caesi fuerant. Et Gn. Octavio, qui functus ad Antiochum legatione a quodam Leptinae est interfectus, reddita est a maioribus statua pro vita. At Christo, qui tanquam legatus ad mortales tuendos conservandosque, non ut ad hostes, sed ut amicos missus fuit..., pro statua, quae debebatur, crucem posuerunt » (A, II, ff. 5*r-v*). Coincidenze del genere significano probabilmente che in questo filone di oratoria vi erano dei luoghi comuni che si perpetuavano da un oratore all'altro e confermano indirettamente la testimonianza di Erasmo. Che però l'oratoria sacra nella Roma rinascimentale non fosse tutta del tipo biasimato da Erasmo e illustrato dal Casali viene brillantemente dimostrato da J. W. O' MALLEY S. J., *Preaching for the Popes (Roman and High Renaissance Theology)*, in corso di pubblicazione nel volume *The Pursuit of Holiness*, ed. C. Trinkaus. Ringrazio il P. O' Malley per avermi messo generosamente a disposizione il suo manoscritto non ancora stampato.
170. *Invectiva* cit., f. 84*r*.

in questione e segna il tramonto di quel primato filologico e letterario di cui gli italiani si fregiano con tanto orgoglio. Di contro l'accusa di empietà e di eresia è formulata in modo da risultare piuttosto l'appiglio per una tirata retorica («num haec infantis sunt?» chiede il Romano alla fine dell'arringa all'avversario presumibilmente annientato), che un atteggiamento fondato e motivato teologicamente. Certo la personalità dello Zúñiga e i suoi libelli non erano passati senza suscitare attenzione in questi circoli: l'*Invectiva in Erasmum* ne riecheggia singoli spunti polemici [171] e appare nel suo insieme come un'opera composita, nella quale confluiscono da un lato il risentimento letterario degli accademici romani e dall'altro almeno un'eco dell'argomentazione teologica del dotto spagnolo [172]. Tuttavia il Casali non sembra in grado di riprendere e utilizzare nella seconda parte del suo attacco il ricco materiale offertogli dallo Zúñiga sul piano teologico, ecclesiologico e disciplinare, come invece dà qualche volta l'impressione di fare, poco più tardi, l'autore del *Racha* [173].

---

171. Anche lo Zúñiga rivendica lungamente le glorie e i meriti letterari della sua patria contro un preteso oltraggio di Erasmo; anch'egli si serve della parola «barbaro» e «Batavo» come di un insulto (cfr. M. BATAILLON, *op. cit.*, vol. I, pp. 108-10); anch'egli ironizza sull'epiteto di «sol et decus Germaniae» attribuito a Erasmo (ALLEN, IV, p. 630; per lo stesso motivo nel Casali cfr. sopra nota 145).

172. L'ipotesi di un influsso di Aleandro sul Casali sembra invece da escludere, per quanto fra i due i rapporti fossero abbastanza stretti (il codice ambrosiano conserva una lettera del Casali all'Aleandro, A, I, ff. 102*r-v*), per l'assenza di ogni allusione alla corresponsabilità di Erasmo nell'affare luterano.

173. Mi sembra di riscontrare fra il *Racha* e gli argomenti addotti dallo spagnolo contro Erasmo delle convergenze che potrebbero non essere casuali. Lo Zúñiga accusa Erasmo di essere non luterano, ma «portastendardo e principe dei luterani» (*Erasmi Roterodami blasphemiae et impietates*, Romae, 1522, f. Aij*v*) e di condividere le opinioni degli Ussiti (ALLEN, IV, p. 630); nel *Racha* si trovano affermazioni come questa: «ex huius hominis [Erasmi] scriptis... Saxonie Germanieque hereticos adversus Romanam sedem armatos veluti ex equo Troiano prodiisse» (Parigi, Bibliothèque Nationale, lat. 3461, f. 6*r*), «primus omnium post Iohannem Hus maria diu tranquillissima ab imo turbavit, primos fluctus commovit, tempestatem excivit, Carolostadios, Melanctones et id genus monstra peperit» (ivi, f. 18*r*). Lo Zúñiga accusa Erasmo di negare l'eguaglianza delle persone della Trinità e di attentare con Ario alla divinità di Cristo (M. BATAILLON, *op. cit.*, vol. I, p. 111; cfr. anche ALLEN, IV, p. 630); nel *Racha* si trovano frasi del genere: «At quae in Arrii defensionem impiissimam adversus verbum dei et Christi divinitatem evomit, non modo primus sed et solus est ausus» (Parigi, Bibliothèque Nationale, lat. 3461, f. 18*v*). Che la storia degli attacchi dello Zúñiga si intrecci con episodi dell'antierasmismo romano e curiale si ricava anche dal seguente passo di una lettera dello spagnolo al Vergara, scritta da Roma il 9 gennaio 1522: «Por ende podeis le [Erasmo] bien auisar que desde agora se proua, por

All'*Invectiva* del Casali si possono associare altre testimonianze di diffidenza o ostilità antierasmiana provenienti dagli ambienti dell'Accademia. Il palermitano Giano Vitale (morto nel 1560 c.), che fra l'altro è uno dei più illustri poeti di questo gruppo [174], in un epitaffio inserito nei suoi *Epigrammata* [175] e pubblicato per la prima volta dal Giovio [176], riconosce a Erasmo nobiltà d'ingegno e ricchezza di dolci frutti e lo chiama « Varrone del nostro tempo » e « lucida stella sorta dal cuore della barbarie », ma gli rimprovera l'intelligenza lubrica ed eccessivamente spinosa: « O te fortunato se la tua vigna feconda non avesse prodotto, misti alle dolci uve, aspri vitigni selvatici » [177].

que no soy yo solo el que le concita estas tragedias, saluo muchos: entre los quales es vn señor desta corte ecclesiastico y letrado Italiano, el qual leyo todas quantas obras a hecho Erasmo, no a otro fin sino a espulgarle las impiedades, et vt quasi de foueis proiiceret serpentes. Y anoto, segun he sabido, mas de çien lugares, y puestos en escrito, los presento al Papa Leon, y el Papa los dio a vn çierto letrado desta corte, que yo no he podido saber quien es, y le mando que escriuiesse contra ellos » ALLEN, IV, p. 626. Chi era l'ecclesiastico e letterato italiano della corte pontificia che aveva trovato più di cento passi empi nelle opere di Erasmo; e chi era l'altro letterato incaricato da Leone X di scrivere contro quelle empietà?

174. Su Giano Vitale cfr. A. MONGITORE, *Bibliotheca sicula*, Palermo, 1708-14, vol. I, pp. 305-6 e vol. II, p. 42; G. MIRA, *Bibliografia siciliana*, Palermo, 1884, vol. II, pp. 470-1; M. E. COSENZA, *Biographical and Bibliographical Dictionary of the Italian Humanists*, Boston, 1962, vol. III, p. 3702.

175. Milano, Biblioteca Ambrosiana, Y 27 sup., f. 11*r*. (Cfr. KRISTELLER, *Iter*, I, p. 344). Nel manoscritto l'epitaffio presenta alcune divergenze rispetto alla versione a stampa da me riprodotta. Le principali sono le seguenti: al v. 4 « avia » invece di « prodiga », al v. 5 « nunc clarum » invece di « praeclarum ». Il titolo, che desumo dal manoscritto, manca nella versione a stampa.

176. PAULI IOVII, *Elogia virorum literis illustrium*, Basileae, 1577, p. 176. L'epigramma è ristampato in *Deliciae CC. Italorum poetarum huius superiorisque aevi illustrium*, collectore Ranutio Ghero, vol. II, s. l., 1608, p. 1440, e in IANI FRANCISCI VITALIS RUBIMONTII PANORMITANI, *Opera*, Panormi, 1816, a cura di Gregorio Speciale, p. 259 (cfr. G. TUMMINELLO, *Giano Vitale umanista del sec. XVI*, « Archivio storico siciliano », nuova serie, VIII, 1883, p. 63).

177. *Desiderii Erasmi Roterodami Epitaphium*: Lubrica si tibi mens fuit, et spinosior aequo, / ingenium certe nobile Erasme fuit. / Felix si mistas labruscas dulcibus uvis / prodiga desisset vinea ferre tua. / Barbarie e media praeclarum sidus haberent, / et te Varronem tempora nostra suum. / Hanc tamen inscriptam his titulis posuere columnam: / iactura hic laudum publica facta fuit. Per la traduzione contemporanea, che però appiattisce l'originale, cfr. *Le iscrittioni poste sotto le vere imagini de gli huomini famosi, le quali a Como nel Museo del Giovio si veggiono*. Tradotte di latino in volgare da Hippolito Orio Ferrarese, Firenze, 1552, pp. 182-3: Erasmo, anchor c'havesti animo infermo, / e più spinoso che non convenia, / nobile ingegno in te però fioria. / Felice te se la tua vigna schermo / da lambrusche insoavi / fatt'havesse e

Più stretta affinità con l'atteggiamento assunto dal Casali nella seconda parte dell'*Invectiva* testimonia un distico composto da un altro notissimo poeta dell'Accademia, il comasco Marcantonio Casanova [178]: il distico (che nel titolo reca le tracce di un contatto diretto o indiretto con Erasmo) bolla la *Follia* come un attacco eversivo contro la religione e la Chiesa e definisce la posizione di Erasmo in termini analoghi a quelli che in questi ambienti si usavano per descrivere l'attività di Lutero [179]:

In Erasmum parvulae staturae qui Christo insaniam dedit

In superos fera bella geris: modo dictus eras mus [180],
   Factus es e parvo tam cito mure gigas [181].

In ambienti vicini all'Accademia o all'interno dell'Accademia stessa però non mancano ad Erasmo nemmeno fautori e risoluti difensori. Fra questi, oltre agli autorevolissimi Sadoleto e Hans Goritz, oltre a Pietro Alcionio [182], bisogna annoverare anche il letterato e storico napoletano Girolamo Borgia (1475-1550 c.) [183], come risulta

---

prodotte uve soavi. / Ch'avrieno i nostri tempi / stella più chiara havuta e 'l lor Varrone / nato fra i barbari empi. / Ei sacran nondimeno oggi al tuo nome / la colonna con questa iscrittione: / qui di pubblica lode è spento il lume.

178. Su Marcantonio Casanova cfr. G. B. GIOVIO, *Gli uomini della comasca diocesi antichi e moderni nelle arti e nelle lettere illustri*, Modena, 1784, pp. 46-8; M. E. COSENZA, *op. cit.*, vol. I, p. 913; F. UBALDINI, *op. cit.*, pp. 52-3, nota 71. L'amicizia fra il Casanova e il Colocci era strettissima e anche il legame fra il Casanova e il Casali sembra essere stato molto vivo, se è da identificare col Casanova il Marco Antonio cui è diretta la lettera del Casali trascritta in A, I, ff. 182v-183r.

179. A proposito dei termini con i quali negli ambienti dell'Accademia Romana nel 1524 si descriveva l'attività di Lutero, cfr. ad esempio la poesia di Pietro Mellini in *Coryciana* cit., Riiijr: «Erexit superos dextra linguaque Corytus, / Evertit superos ore manuque Luther. / O quam diversos peperit Germania mores... »; o l'elegia di Fabio Vigile ivi, IIiiijv: «In coeli aurea templa / Impia nescio quis conci[t]at arma Luther».

180. Questo giuoco di parole sul nome di Erasmo ebbe una lunga fortuna. Lo si ritrova contaminato con l'altro Erasmus-Errasmus (che circolava anch'esso negli ambienti dell'Accademia, cfr. ALLEN, V, lettera n. 1482, linee 46-7), nel Filelfo (F. SCHALK, *op. cit.*, p. 448, nota 12) e, più tardi, nel Curione (D. CANTIMORI, *Note su Erasmo e la vita morale* cit., p. 108).

181. *Nugae Casanovae*, Biblioteca Vaticana, Vat. lat. 5227, parte I, f. 46v (cfr. KRISTELLER, *Iter*, II, p. 373). Sugli stretti rapporti di amicizia che legavano il Casanova al Colocci e a Pietro Corsi ci sono molte testimonianze in questo manoscritto, per esempio f. 51r, f. 52v, f. 88v.

182. ALLEN, V, lettera 1479, p. 520.

183. Su Girolamo Borgia e i suoi rapporti col Colocci e con l'Accademia cfr. l'accurata e seria biografia di G. BALLISTRERI in *Dizionario Biografico degli*

da un passo malevolo dei *Dialoghi piacevoli* di Nicolò Franco [184] e specialmente da un epigramma dello stesso Borgia [185], che equivale a una battagliera professione di fede erasmiana:

Ad Erasmum

Qui tua Erasme (nefas) monumenta tot aurea carpunt
    Vel legêre nihil, docta vel illa latent.
At qui legerunt, fas est fateantur Erasmum
    Unum complecti terque quaterque legi [186].

Il profilo tracciato dal Giovio nei suoi *Elogi degli uomini dotti* rappresenta un tentativo di coordinare in un giudizio equilibrato le

Italiani, Roma, 1970, vol. XII, pp. 721-4 e la bibliografia ivi citata. Cfr. anche F. UBALDINI, *op. cit.*, p. 12, nota 20 e G. BALLISTRERI, *Due umanisti della Roma colocciana: il Britonio e il Borgia*, in *Atti del convegno di studi su Angelo Colocci* cit., pp. 169-76.

184. *Dialoghi piacevoli* cit., Dialogo secondo, f. XLIX*r*: il Borgia, arrivato nell'Inferno, dopo aver pronunciato la sua orazione a Plutone, vuole andare a « trovare Luciano, per che sempre gli volsi bene, gli darò mille basci e farò seco un'amicitia eterna. Il simile farò con Erasmo, al quale farò intendere che gli erasmici tuttavia regnano al dispetto de i ciceroniani ». Anche l'associazione dei nomi di Luciano e di Erasmo merita di essere sottolineata.

185. HIERONYMI BORGII, *Epigrammatum liber primus*, Biblioteca Vaticana, Barb. lat. 1903, f. 68*r* (cfr. KRISTELLER, *Iter*, II, p. 461). Non ho potuto consultare il volume HIERONYMI BORGIAE MASSAE LUBRENSIS EPISCOPI, *Carmina lyrica et heroica*, Venetiis, 1666, e quindi non so se l'epigramma erasmiano vi sia compreso. Nel codice vaticano però l'epigramma è cancellato con un frego e accompagnato dall'annotazione marginale « non ».

186. Nel codice vaticano menzionato nella nota precedente l'epigramma dedicato ad Erasmo è preceduto da quattro componimenti diretti contro il cardinale Egidio da Viterbo. L'ultimo dei quattro componimenti – quello che precede immediatamente l'epigramma erasmiano – suona così: *Ad Trinitatem de eodem* [Aegidio]: Numina quae coelum super uno numine trina / incolitis, tuto vos iuvet esse loco: / nanque unum e vobis una dum moeret ademptum / impius intentat tres tribus iste cruces. (Biblioteca vaticana, Barb. lat. 1903, f. 68*r*). Oltre all'allusione alle tre croci, che costituivano lo stemma del cardinale (cfr. A. CIACONIUS - A. OLDOINUS, *Vitae et res gestae pontificum romanorum et S.R.E. cardinalium*, Romae, 1677, vol. III, col. 395), il tetrastico contiene un preciso riferimento al risentimento di Egidio per un attentato contro una delle persone della Trinità. Il riferimento non sembra immediatamente ricollegabile con un momento a noi noto del pensiero teologico del cardinale (cfr. J. W. O' MALLEY S. J., *Giles of Viterbo on Church and Reform*, Leiden, 1968), ma potrebbe essere spiegato benissimo come un riferimento al *Racha*, dove appunto una delle accuse principali rivolte ad Erasmo è quella di aver privato Cristo della sua divinità (cfr. E. MASSA, *op. cit.*, pp. 442-3). Così si spiegherebbe anche l'accostamento degli epigrammi contro il cardinale Egidio all'epigramma erasmiano.

ambivalenti valutazioni che circolavano negli ambienti romani[187].
Il profilo è caratterizzato da un contrappunto di ammirazione e di
riserva, di lode e di sospetto: ammirazione per la vastità della dottrina, la padronanza del greco e del latino, il vigore d'ingegno e l'ine-
sauribile ribollente vitalità intellettuale d'Erasmo; riserve per la
novità del suo vocabolario e l'eterodossia della sua sintassi, restia a
piegarsi alla disciplinata imitazione dei « fondatori della lingua latina »;
elogi per la graffiante felicità inventiva della *Follia* e per le numerose
stoccate ivi sapientemente messe a segno; sospetto per quell'ironia
tagliente e quello scherno corrosivo che non arretrano neanche davanti alle cose sacre.

Fra l'elogio del Giovio e l'invettiva del Casali vi è, nonostante
la diversità del tono, una concordanza di contenuti, che conferma
l'unitarietà del gruppo al quale questi atteggiamenti risalgono. Significativa è, fra l'altro, l'accentuazione comune a tutte e due queste
testimonianze dell'eterodossia stilistica di Erasmo[188] e anche l'inter-

---

187. *Elogia doctorum virorum ab avorum memoria publicatis ingenii monumentis illustrium*, Anversa, 1557, pp. 208-9: « Erasmus Roterodamus ex insula
Batavorum, perpetuis eruditae laudis honoribus extollendus videtur, postquam
aetatis nostrae scriptorum prope omnium decus ingenii fertilitate superarit.
Is ab adolescentia, pio religiosi animi decreto, ad cucullatos sacerdotes se
contulit, tanquam humana despiceret. Sed non multo post, pertaesus intempestivae servitutis votique temere suscepti, ea sacrati ordinis septa transiliit,
ut, ad excolendum ingenium plane liber, per omnia Europae gymnasia vaga-
retur. Contendebat enim cura ingenti ad summae gloriae fastigium, ad quod
literarum omnium cognitione perveniri posse intelligebat, quum iam ad arcana
cuiusque doctrinae infinita lectione inusitataque memoria penetrasset. Edidit *Moriam* atque inde primam nominis famam longissime protulit, imitatione
Luciani satyrae pungentes aculeos passim relinquens, omnium scilicet sectarum
actionibus ad insaniam revocatis. Opus quidem salsa aspergine periucundum
vel gravibus et occupatis, sed sacrato viro prorsus indecorum, quum divinis
quoque rebus illusisse videretur. Sed mature demum quod eius intemperantiae
male audiendo poenas daret, sanctiores literas complexus est, tanta robu-
stissimi ingenii contentione, ut vertendo Graeca et commentarios excudendo,
plura quam quisquam alius volumina publicarit. Verum seipso haud dubie
cunctis admirabilior futurus, si Latinae linguae conditores graviter imitari,
quam fervido properantique ingenio indulgere maluisset. Quaerebat enim
peculiarem laudem ex elocutionis atque structurae novitate, quae nulla certa
veterum aemulatione pareretur, ut in *Ciceroniano* non occulti livoris plenus
ostendit. Tanta enim erat naturae foecunditas, ut plena semper ac ideo,
superfoetante alvo, varia et festinata luxuriantis ingenii prole delectatus,
novum aliquid quod statim ederetur, chalcographis, tanquam intentis obstetrici-
bus, parturiret. Obiit apud Helvetios Friburgo in pago, sive ut aliqui asse-
runt Basileae, septuagesimum excedens aetatis annum, quum Carolus Caesar in
Provinciam irrumpens, ad Aquas Sextias Francisco Galliae regi grave bellum
intulisset ». Per la traduzione contemporanea cfr. *Le iscrittioni* cit., pp. 181-3,
188. Cfr. sopra nota 155.

pretazione dell'*Elogio della Follia*. Il geniale paradosso sembra aver suscitato una straordinaria attenzione a Roma anche presso Leone X[189], ma i letterati della città rimasero impenetrabili alla sua ispirazione etico-religiosa. Non solo il Casali bolla come sacrilega la disquisizione sulla divina follia con cui l'*Elogio* si chiude, nonostante il trasparente richiamo paolino[190], ma anche il ben più acuto Giovio percepisce l'operetta come indecorosa per un ecclesiastico, come un'intemperanza che Erasmo più tardi avrebbe sentito il bisogno di riscattare dedicandosi allo studio e alla traduzione della Sacra Scrittura: la continuità d'intenti e l'identità di obiettivi che lega la *Follia* ai lavori neotestamentari d'Erasmo sembrano restare inaccessibili a questa cultura cortigiana e celebrativa.

Dei discorsi e dei giudizi che circolavano intorno a lui nei circoli dell'Accademia Romana Erasmo fu informato ben presto. Nell'estate del 1524 il suo giovane amico e discepolo Haio Hermann, che in quel periodo si trovava a Padova, ma che aveva fatto un breve soggiorno a Roma, scrisse a Erasmo una lettera particolareggiata circa quello che in Italia si pensava di lui e della sua opera[191]. In particolare si dilungava su certi critici romani, i quali accusavano Erasmo di essere un detrattore della cultura italiana, soprattutto riguardo alla conoscenza del greco. In questi gruppi si diceva che i lavori filologici di Erasmo erano molto frettolosi e precipitati, c'era chi aveva trovato migliaia di mende nell'edizione erasmiana delle *Naturales quaestiones* di Seneca[192], c'era chi passava al setaccio l'edizione di Svetonio e di Cipriano[193]. Il suo stile non incontrava favore perché era troppo lontano dai modelli classici. C'era anche chi spargeva la voce che autore di quella traduzione dell'*Ecuba* e dell'*Ifigenia*, che tanto effetto aveva fatto ai letterati italiani, non era stato Erasmo ma Agricola, di cui Erasmo aveva rubato le schede. Infine si avanzavano serie riserve sulla sua ortodossia. La lettera faceva anche dei nomi: per esempio quello di Angelo Colocci, che aveva scritto un'invettiva con-

---

189. Cfr. ALLEN, III, lettera n. 749, p. 184. Anche Girolamo Bologni dedicò una poesia all'*Elogio della Follia*: *Libellus Erasmi Roterodami de Insania*: Te quoque tam clari Roterodame nominis atra / egit in insanos scribere bilis opus. / Tene putas sanum? Non est insania maior / quam sanum quando se putat ullus homo (G. TOURNOY-THOEN, *op. cit.*, p. 239).
190. *I Cor.*, I, 23; III, 18-9.
191. ALLEN, V, lettera n. 1479.
192. Ivi, linee 89-95.
193. Ivi, linee 100-5.

8.

tro Erasmo, e quello del Casali, il quale criticava l'interpretazione
che Erasmo aveva dato di certi proverbi [194].

Il giovane Hermann era evidentemente bene informato: se si
esaminano le critiche che egli passa in rassegna, si troverà quasi
per ognuna di esse un preciso corrispondente in quel gruppo di testi
provenienti dall'Accademia che abbiamo esaminato nelle pagine precedenti, specialmente nell'invettiva del Casali. Questa corrispondenza legittima la congettura che l'invettiva, che Haio Hermann
attribuisce al Colocci, sia da identificare con quella del Casali di cui
abbiamo dato notizia. La strettissima amicizia che legava i due,
l'egemonia del Colocci nell'Accademia Romana e l'attività che il
Colocci stesso, forse in questo periodo, dispiegava come revisore e
correttore di Erasmo (nella Biblioteca Vaticana si conserva un esemplare dell'edizione erasmiana di Svetonio e degli scrittori della storia
augusta, pieno di postille, di emendamenti e di aggiunte di mano del
Colocci [195], il quale doveva parlare in giro della sua iniziativa perché
anche Haio Hermann ne era al corrente [196]) valgono a spiegare l'e-
quivoco.

A queste notizie Erasmo reagì in modo assai vivace. Rispose
particolareggiatamente al giovane informatore geloso della sua buona
fama, affrontando e respingendo le accuse una per una. Dell'accusa
che egli sarebbe stato maldisposto verso gli Italiani e poco ricono-
scente dei loro meriti letterari non capiva l'origine: « Durante il mio
soggiorno in Italia ho venerato tutti i dotti e non ne ho disprezzato
nessuno » [197]. Non prendeva le critiche filologiche dei Romani troppo
sul serio perché, scriveva, è molto più facile criticare che fare. Riven-
dicava il diritto di commettere errori e di correggerli poi nelle edizioni successive alla prima, di supplire con congetture alle lacune e
alle oscurità dei testi, come avevano fatto tanti illustri Italiani della
generazione precedente. Invocava a propria giustificazione la mancanza di codici e di strumenti di lavoro filologico ed erudito, l'incuria
degli editori, l'incompetenza e la pigrizia (o l'inattendibilità e la mala-
fede) dei collaboratori. Ma in ogni caso si attribuiva il merito di
lavorare per « la pubblica utilità degli studi », di fungere in molti
casi da stimolo per indurre anche altri al lavoro e di aver contribuito
affinché certi testi, certe conoscenze, diventassero patrimonio di tutti.

194. Ivi, linee 28-32.
195. Cfr. L. MICHELINI TOCCI, Dei libri a stampa appartenuti al Colocci, in:
Atti del convegno di studi su Angelo Colocci cit., p. 88.
196. Cfr. sopra nota 193.
197. ALLEN, V, lettera n. 1479, linee 26-28.

Alla fine dichiarava di accettare pienamente la regola della vita scientifica e di sottomettersi alla legge che ne governa lo svolgimento – che gli scolari correggono i maestri – anzi di considerare come il frutto e il coronamento più ambito delle proprie fatiche il fatto di essere superato dai più giovani.

Ancora più interessante di questa professione di fede nel progresso del sapere è la risposta di Erasmo alle critiche mosse da Roma al suo stile, all'accusa di volgarizzare il sapere e all'accusa di eterodossia. A chi gli rinfaccia di non seguire i modelli classici della prosa latina (il nome di Cicerone non è fatto, ma sottinteso) egli replica che non si può pretendere da uno scrittore l'adozione di un determinato stile latino a preferenza di ogni altro, quando anche gli scrittori latini variano tanto fra di loro: « Che ha in comune Seneca con Quintiliano? Che ha in comune Quintiliano con Cicerone? E Valerio Massimo con Sallustio? E Livio con Quinto Curzio? E Ovidio con Orazio? »[198]. Il gusto in fatto di lingua è soggettivo come in fatto di cibi: a chi piace l'uno a chi l'altro; che ciascuno faccia dunque liberamente la sua scelta. All'assillante preoccupazione della forma che travaglia i letterati romani, Erasmo contrappone la propria concezione della lingua non come fine ma come strumento di comunicazione, al servizio di contenuti che vanno oltre la parola e mirano a mutare le cose: « Lo stile non è mai stato per me oggetto di cure superstiziose e tormentose: mi basta di scrivere pulitamente e di farmi intendere da tutti »[199]. L'accusa di eterodossia stilistica contro Erasmo si salda nei circoli romani con l'altra di volgarizzare il sapere e metterlo alla portata di tutti: la puntigliosa imitazione di un certo modello formale ha il proprio risvolto in una concezione esclusiva ed esoterica della cultura. Di contro in Erasmo la concezione libera e strumentale della lingua fluisce da una concezione della cultura come fatto almeno tendenzialmente aperto e sociale[200].

198. Ivi, linee 113-6.
199. Ivi, linee 110-11.
200. Ivi, linee 71-3. Colui che muove a Erasmo l'accusa di «spargere [il sapere] nel volgo» e renderlo accessibile a tutti è un « senex » che Erasmo aveva conosciuto 25 anni prima e che è autore anche di critiche di natura filologica al Nuovo Testamento: la sua identificazione mette in imbarazzo P. S. Allen, che propende fondatamente a ritenerlo Egmondanus, ma con riserva, perché dal contesto si capisce che doveva trattarsi di un italiano, (cfr. ivi, p. 516, nota 37). Le scoperte del prof. Massa inducono a chiedersi se non potrebbe trattarsi di Egidio da Viterbo, che Erasmo aveva effettivamente conosciuto a Roma nel 1509.

Reagendo infine all'accusa di eterodossia, che lo punge sul vivo, Erasmo ritorce l'arma contro i suoi stessi accusatori. Non è eterodossia, sostiene, muovere qualche critica a vescovi e sacerdoti; che gli accusatori definiscano per cominciare che cosa è ortodosso e si sottomettano anch'essi a un esame di ortodossia: si vedrà allora che il loro amore per le lettere pagane li ottenebra completamente e che « essi posseggono meno cristianesimo di quegli autori pagani su cui si consumano ». Gli vengono opposti il Pontano e Marullo; ma nel Pontano egli non trova degno d'ammirazione che la grazia dello stile e la sonorità della parola, e « Marullo mi sembra non suoni che di paganesimo »: in realtà « costoro odiano il nome di Cristo » [201].

Così l'autodifesa di Erasmo contro le accuse mossegli dai « Romanenses » [202] contiene in nuce i due motivi principali del Ciceroniano: l'insistenza sull'impossibilità di eleggere un determinato stile latino a esclusione di tutti gli altri, da una parte, e dall'altra l'accusa di paganesimo, rivolta contro i cultori dell'antichità e di Cicerone a ogni costo, come ritorsione dell'accusa di eterodossia e filoluteranesimo, mossagli da persone legate agli ambienti dell'Accademia. E certamente non è da dubitare che – anche se l'invettiva del Casali non venne mai direttamente sotto gli occhi di Erasmo – l'eco di essa che gliene giunse, tenuta viva dalle amarezze che gli procurarono gli attacchi di Alberto Pio e il Racha, costituisca una delle premesse del Ciceroniano: questa origine controversistica dovrà essere tenuta maggiormente presente nella valutazione del dialogo.

IV.

Aonio Paleario

Nei circoli dell'Accademia Romana mosse i suoi primi passi di retore e di poeta, proprio nel terzo decennio del secolo, il verulano Antonio Pagliai o, come si chiamò umanisticamente, Aonio Paleario (1503-1570). Se per la sua educazione formale il Paleario si allineò con i membri dell'Accademia, ne condivise gli interessi e ne adottò i modelli – dal ciceronianesimo alla poesia d'occasione –, la sua sensibilità morale e la sua religiosità lo indussero a legarsi ai circoli

201. ALLEN, V, lettera n. 1479, linee 116-21.
202. ALLEN, V, lettera n. 1489, linee 20-4. Per la reazione di Erasmo alla lettera di Haio Hermann cfr. anche ALLEN, V, lettere n. 1482, n. 1488, n. 1489.

degli Italiani più vicini alle posizioni riformate e a imboccare una linea e un atteggiamento che dovevano infine portarlo al rogo [203]. Che fra le componenti del pensiero religioso del Paleario, accanto alle letture di Lutero, di Zwingli, di Butzer e di Calvino, ci fosse anche una componente erasmiana lo si poteva arguire da diversi indizi: per esempio dall'accusa che gli fu rivolta fin dal tempo della prima denuncia, di « sentire cum Germanis », cioè di condividere le opinioni di « Ecolampadio, Erasmo da Rotterdam, Melantone, Lutero, Pomerano » e altri teologhi sospetti: un'accusa di cui egli, nel clima ancora relativamente tollerante degli anni intorno al 1540, si fece un vanto [204]. Ancora più eloquente, dal punto di vista della dipendenza del Paleario da Erasmo, è una lunga cripto-citazione in un passo chiave dell'*Actio in pontifices romanos*. Nel capitolo VII il Verulano polemizza contro la consuetudine invalsa nei canonisti e nei teologi di corrodere e vanificare la forza vincolante della parola

203. Sul Paleario cfr. G. MORPURGO, *Un umanista martire, Aonio Paleario e la riforma teorica italiana*, Città di Castello, 1912 e bibliografia ivi citata. Il Morpurgo è debitore, specialmente per la raccolta del materiale, al lavoro preparatorio per un'edizione che non vide la luce compiuto da A. M. BANDINI, conservato a Firenze nella Biblioteca Marucelliana, Ms. B.I.11: AONI PALEARI VERULANI, *Orationes et epistolae quotquot reperiri potuerunt. Accedunt in hac absolutissima editione praeter auctoris vitam carmina latina et italica, curante Ang. Mar. Bandinio I. V. D. Reg. Med. Biblioth. Praefecto ad usum studiosae italicae iuventutis*, 1778. Per l'ulteriore bibliografia cfr. M. E. COSENZA, *op. cit.*, vol. III, pp. 2546-9.
204. AONI PALEARI VERULANI, *Oratio III, Pro se ipso, ad Patres conscriptos Reip. Senensis*, in: *Orationes et epistole* cit. Firenze, Biblioteca Marucelliana, B. I. 11, f. 344: « Si sentire me cum Germanis theologis vis dicere [il Paleario si indirizza al suo accusatore], istuc quoque perplexum est. Nimirum in Germania theologi nobilissimi sunt multi, neque vero est provincia altera, in qua tam variae et in omnem partem sententiae diffusae sint; quam ob rem, cum dicis me cum Germanis sentire, nihil prope dicis. At tua maledicta, cum plenissima sint omnium ineptiarum, habent tamen aculeum, et quia abs te profecta sunt, venenum aspersum. Germanos vocas Oecolampadium, Rothero-damum, Melancthonem, Lutherum, Pomeranum, Bucerum, et ceteros, qui in suspicionem vocati sunt? Ego vero ex theologis nostris tam stupidum arbitror esse neminem, qui non intelligat et fateatur, permulta esse in his, quae ab illis scripta sunt, digna prorsus omni laude; sunt enim graviter, accurate et sincere scripta..., repetita vel ex patribus illis primis, qui praecepta nobis salutaria reliquerunt, vel ex commentationibus Graecorum... In his quae sunt ex commentationibus sumpta, qui Germanos accusant, Origenem, Chrysostomum, Cyrillum, Irenaeum, Hilarium, Augustinum, Hieronymum accusant; quos si ego mihi ad imitandum proposui, quid obtundis? quid garris, quod cum Germanis sentiam? In quibus igitur suspicio subest, in his, in quibus firmos autores non habent, sibique ipsis nituntur, in his ego neque Germanos sequor neque eos probo, qui sequuntur: id seu Galli seu Itali faciunt non sunt ferendi ».

evangelica attraverso la sempre ricorrente distinzione fra consiglio e precetto [205]: « Agirono con grande perversità quegli uomini che i precetti di Cristo chiamarono consigli, acciò sembrasse che la loro osservanza non obbligasse assolutamente; mentre chiamarono precetti le pontificie ordinanze. Al contrario, quelle ordinanze dovean chiamarsi consigli, anzi umane invenzioni; e la parola di Dio, ad osservare la quale siamo obbligati, doveva chiamarsi precetto » [206]. La distinzione fra consiglio e precetto [207] rientra nel processo di snaturazione e corruzione della dottrina evangelica, che il Paleario si propone di denunciare; un processo arrivato ormai a tal punto che non suona più come la voce di un singolo teologo, ma come « la voce stessa della intera Chiesa piangente », quella che protesta in termini del genere:

« Cristo vieta il giuramento, e lo vieta assolutamente e ripetutamente; e noi per tre dramme sovente giuriamo, scusandoci col dire che basta non giurare temerariamente. Cristo vieta adirarci, e noi aggiungiamo: senza ragione. Cristo vieta dire ingiurie, e noi diamo schiaffi, e perfino uccidiamo, scusandoci dicendo che non facciamo per far male, ma per punire. Cristo vieta di offrire il dono prima di

---

205. AONII PALEARII VERULANI, *Actio in pontifices romanos et eorum asseclas*, in: *Opuscoli e lettere di riformatori italiani del Cinquecento*, a cura di G. Paladino, Bari, 1927, vol. II, p. 72.

206. Cito l'*Actio* nella traduzione di L. Desanctis: *Atto di accusa contro i papi di Roma e i loro seguaci*, Roma-Firenze, 1873, pp. 95-6.

207. La celebre distinzione fra « consiglio » e « precetto » si trova per esempio nel commento biblico di Niccolò da Lira. Qui il versetto di *Matteo*, V, 39, che era uno dei testi capitali addotti contro il diritto dei cristiani di fare la guerra (« non resistere malo »), viene commentato così: « Istud "non resistere" in aliquo casu est praeceptum, et in aliquo consilium... et aliquando non resistere esset malum, quando scilicet per hoc daretur audacia malis hominibus simplices opprimendi » (*Biblia*, comm. Nicolaus de Lyra, Guillelmus Brito, Paulus de Sancta Maria, Mathias Doering, Venetiis, 1489, parte IV, f. B1*r*). La stessa argomentazione ritorna in calce al versetto paolino di *Rom.*, XII, 19, anch'esso addotto sempre contro lo *ius belli* (« non vosmetipsos defendentes charissimi, sed date locum irae; scriptum est enim " mihi vindicta et ego retribuam, dicit Dominus " »), che viene commentato come segue: « Sciendum... quod illa quae dicuntur hic "non vosmetipsos etc." non sunt praecepta sed consilia » (ivi, f. O5*v*). Contro questa distinzione e le conseguenze che essa porta con sé protesta anche Francisco de Vitoria: dopo un elenco dei passi evangelici che dimostrano che la guerra è proibita ai cristiani egli aggiunge: « Neque satis videtur responderi quod omnia haec non sunt in praecepto sed in consilio; satis enim magnum inconveniens esset, si bella omnia, quae suscipiuntur, sunt contra consilium domini ». Cfr. *De Indis et de iure belli relectiones*, ed. E. Nys (*The Classics of International Law*), Washington, 1917, p. 272.

esserci riconciliati col fratello; e noi ci scusiamo col dire che non ci ha domandato ancora perdono, e non ci ha dato soddisfazione. Cristo vieta di andare dai giudici per un credito, ci ordina di transigere cogli avversarii; e noi per sei soldi cacceremo il nostro prossimo in prigione, e diciamo di usare del nostro diritto, anzi sosteniamo esser peccato e negligenza non cercare riavere il suo per questa via. Cristo vieta rendere oltraggio per oltraggio, male per male anche giuridicamente (imperciocché ne' tempi antichi, se non m'inganno, anche la pena del taglione era data in giudizio); e noi per pochi soldi che ci sono stati tolti portiamo l'uomo fin sotto il patibolo; e ci scusiamo dicendo, che noi non cerchiamo la vendetta, ma la giustizia. Cristo ci vieta di resistere al male; noi diciamo che quello è un consiglio, e non un precetto; e perciò esserci lecito di respingere la forza con la forza. E, per non continuare più a lungo, egli ci comanda di amare i nemici, di far bene a chi ci fa male, e pregare per coloro che ci perseguono e ci calunniano; e noi ci scusiamo dicendo di aver perdonato, di desiderare il bene de' nostri nemici, ma di non essere obbligati a dargli segni di amicizia. Finalmente la scusa comune distrugge tutto: si dice che tali cose sono comandate ai perfetti; e siccome niuno dei tanti, che dicono aspirare alla perfezione, vi è ancora giunto, così queste cose sono state inutilmente dette da Cristo» [208].

Il teologo, di cui il Paleario fa il portavoce della Chiesa piangente, è Erasmo: la citazione è tratta letteralmente dalle annotazioni sulla prima lettera ai Corinzi [209].

Il documento che pubblichiamo in appendice, una lettera del Paleario a Erasmo del dicembre 1534 [210], consente di fare un discorso più preciso sul peso che la figura e la teologia dell'olandese assunsero in un determinato momento della formazione del Paleario. L'occasione immediata in cui la lettera fu scritta è la lettura che il Paleario aveva fatto della risposta di Erasmo alle censure della Sorbona [211]; ma più in generale la lettera si colloca nell'atmosfera di speranze

---

208. *Actio* cit., p. 83. Mi servo della traduzione del Desanctis cit., pp. 108-9.
209. *Ad Corinthios I*, cap. VII, LB, VI, coll. 697F-698B.
210. Cfr. *Appendice 2*, Biblioteca del Seminario di Padova, cod. 71: *Lettere latine de diversi homini illustri*, ff. 36v-41r. Cfr. KRISTELLER, *Iter*, II, p. 8. La frequenza con cui in questa raccolta padovana ricorre il nome di Benedetto Ramberti fa pensare che il copialettere provenga da circoli vicini a questo personaggio. Fra il 1531 e il 1535 il Paleario fece a Padova due soggiorni di circa un anno l'uno (G. MORPURGO, *op. cit.*, pp. 49-65).
211. *Declarationes ad censuras Lutetiae vulgatas sub nomine facultatis theologiae parisiensis*, LB, IX, coll. 813-954.

suscitate dalle dichiarazioni di Paolo III sulla necessità di convocare il concilio[212]. L'attesa che l'atteggiamento del nuovo papa aveva provocato in uomini come il Paleario, già allora costretti a muoversi e ad operare in una semi-clandestinità (la prima accusa di eresia è di pochi anni più tardi, del 1540[213]), si esprime in questo caldo appello rivolto a Erasmo, contrapposto e motivatamente preferito a Lutero. La contrapposizione di Erasmo a Lutero, in quanto esponente di un modo diverso di concepire e di vivere il rinnovamento della vita religiosa, illustra con chiarezza l'atteggiamento degli evangelici italiani nel decennio 1530-40. A Lutero viene riconosciuta una funzione di risveglio, che ha suscitato attesa, amore, speranza attorno al suo nome; ma l'intemperanza verbale e lo stesso rigore dottrinale rendono i suoi scritti difficili da recepire in Italia. Erasmo invece, con il suo tono più misurato e cortese, con la sua flessibilità e accortezza diplomatica, con la sua pieghevolezza di comportamento e la sua abilità anguillesca di sfuggire alle strette e agli aut-aut degli avversari, di parare e rispondere e condurre una schermaglia senza venire a rotture, appare a questi uomini il modello a cui rifarsi e la massima autorità a cui appellarsi[214]. Un atteggiamento rigido e intransigente come quello di Lutero non può portare che a un inasprimento dei contrasti e fatalmente spinge gli avversari ad atti precipitosi e a chiusure irreparabili. Bisogna invece adottare una linea di condotta duttile e conciliante. L'unica esigenza fissa e incontrattabile è quella di un ritorno al Vangelo e al cristianesimo primitivo: su questo punto non si può non essere intransigenti. Ma nella misura in cui la tradizione ecclesiastica e i decreti conciliari e pontificali non ostacolano questo ritorno o non sono in aperto e palese conflitto con i princìpi e le istituzioni evangeliche, possono essere accettati e ammessi. Neanche l'istituzione episcopale è da condannare in sé, ma solo nella misura in cui i vescovi tradiscono i loro modelli apostolici[215].

Nel corso della lettera l'aspirazione al ritorno a un cristianesimo primitivo è precisata e articolata in una piattaforma programmatica, che secondo il Paleario costituisce il punto dove tutti i rap-

212. Paolo III, appena eletto, aveva dichiarato urgente il concilio in due concistori del 17 ottobre e del 31 novembre 1534. Cfr. L. PASTOR, *op. cit*, vol. V, p. 29.
213. G. MORPURGO, *op. cit.*, pp. 82-5.
214. Lettera di Aonio Paleario ad Erasmo, *Appendice 2*, linee 38-40: « Esse hominis Christiani irruentes in se sustinere potius et dextra comprehensos humaniter amovere, quam praecipites agere et hostiliter deturbare ».
215. Ivi, linee 103-104: « Episcopos... imprimis colo si boni si eruditi viri si Christiani denique fuerint ».

presentanti delle diverse correnti del movimento riformatore possono e devono incontrarsi e accordarsi, nell'interesse della «respublica christiana». La parte negativa di questo programma minimo consiste nell'impegno a respingere e rifiutare certe istituzioni che, introdotte nella Chiesa nel corso dei secoli da uomini ignoranti, contrastano «con Dio e con la natura» (qui il Paleario pensa probabilmente al celibato, ai digiuni e alle vigilie), e nell'impegno a lottare contro la forza temibile e paralizzante della consuetudine. La parte positiva del programma si articola in due punti. Prima di tutto occorre rimettere al centro dell'esperienza religiosa il corpo della Santa Scrittura [216]; e poi, per quanto riguarda le istituzioni e le cerimonie, occorre limitarsi a mantenere in vita quegli istituti e quei precetti che risalgono all'età apostolica, perché essi sono veramente vincolanti e probanti.

Tale è il programma che i riformatori devono cercare d'imporre al concilio; ma il Paleario si rende conto che portare alla vittoria questo programma è compito estremamente arduo e tale che richiede la mobilitazione e la più stretta solidarietà di tutte le forze innovatrici, che altrimenti resteranno sconfitte. Per il suo credito e la sua autorità, per la sua saggezza e abilità, Erasmo gli appare come l'uomo adatto ad appianare i contrasti che dividono il campo degli innovatori e ad ottenere che essi, per amore della causa evangelica, si presentino al concilio come un fronte unitario, che si preparino con la meditazione e l'approfondimento delle posizioni che vogliono far trionfare. Occorre ottenere che essi accantonino e mettano a tacere ogni stimolo meno che nobile, ogni forma di odio e di ostilità, ogni cupidigia umana, ogni vanità scientifica o letteraria, ogni rancore disciplinare, perché qualsiasi debolezza dottrinaria o morale diventerà un'arma formidabile nelle mani dei loro oculatissimi avversari. Invece lo spettacolo della loro saggezza, della loro fraterna concordia, la loro testimonianza di verità trascinerà probabilmente dalla loro parte molti degli Italiani.

I teologi tedeschi e la loro azione conciliare guidata e coordinata da Erasmo appaiono già in questo momento al Paleario come l'unica speranza per gli evangelici italiani. Egli non crede che dal pontificato possa partire l'iniziativa di una riforma, che davvero muti il modo di vivere degli uomini. Da parte della Francia c'è ben poco da attendersi, perché i Francesi sono troppo imbevuti di dottrine scola-

---

216. Ivi, linee 64-6: «Monimenta divinarum rerum, a patribus primis illis scripta divinitus, sanctissime consecrata, integra incorrupta inviolata sacra solemnia perpetua maneant».

stiche, troppo amanti della disputa e troppo radicalmente ostili ai Tedeschi per poter diventare alleati nell'iniziativa di riforma: anzi, il moto riformatore sorto in Germania li ha spinti ad arroccarsi, proprio come molti Italiani, in una ostinata e aspra difesa non solo delle istituzioni pontificie, ma anche delle superstizioni. Tra gli alleati della causa riformatrice, pronti a rivelarsi tali non appena vi sarà libertà di esprimersi senza troppi rischi, il Paleario annovera, in quanto profondamente imbevuto di paolinismo, il Sadoleto (il cui nome fornisce un indizio abbastanza chiaro dei gruppi con i quali il Paleario si identificava e si sentiva legato). Nella chiusa della lettera anche il Bembo viene citato in un contesto che suggerisce un atteggiamento di complicità.

Con l'aiuto di queste forze favorevoli all'interno della gerarchia romana, con l'appoggio di quegli Italiani che, grazie alla loro concordia, saggezza e pietà, i Tedeschi convertiranno alla loro causa, il programma di ritorno alle fonti e alle origini della vita cristiana trionferà. Occorre però – e questo è il presupposto e insieme il coronamento di tutta l'opera riformatrice – ripristinare il concetto di Chiesa come comunione degli uomini santi e assemblea dei buoni che vivono una vita cristiana (« sanctorum hominum communionem coetumque bonorum vitam christiane degentium »[217]) e l'annesso corollario che solo la Chiesa così intesa – e non la gerarchia romana – è depositaria del potere di verificare e ratificare i decreti dei concili. Questo concetto, sul quale in teoria tutti sono d'accordo, ma che in pratica viene continuamente violato, diventa nel periodo conciliare la chiave di volta di tutto il programma riformatore, perché – essendo così santo che neanche gli avversari oseranno attaccarlo – è atto a fornire il criterio selettivo e determinante per la composizione del concilio e la pietra di paragone della sua validità o della sua falsità e pervertimento. Infatti se si adotta il concetto di Chiesa come comunione dei fedeli e dei santi con a capo Cristo, allora i partecipanti al concilio e le voci che in esso si faranno sentire devono essere scelti non in base alle dignità ecclesiastiche che ricoprono, ma in base a un principio di moralità, di dottrina e di vita cristiana ispirata al modello apostolico, indipendentemente dal fatto che siano celibi o ammogliati, che siano persone pubbliche o private. Se invece quel concetto di Chiesa non si imporrà come criterio selettivo dei partecipanti, allora l'assemblea conciliare si ridurrà a un assembra-

217. Ivi, linee 110-1.

mento di vescovi, abati, patriarchi e rappresentanti dei principi e delle autorità temporali, privi di dottrina e di integrità, distinti solo per ricchezza e ambizione, prigionieri delle lusinghe della curia, tutti protesi a tutelare la loro posizione e a preservare i censi, le fonti di guadagno e i regni che, sotto pretesto dell'interesse della Chiesa, hanno usurpato a proprio vantaggio e a vantaggio delle proprie meretrici e concubine, di parenti e discendenti. Qui il tono del Paleario si fa particolarmente aspro: egli non si limita a condannare l'abuso, ma dubita della recuperabilità dell'istituzione stessa: « Guardati dal credere, o mio Erasmo, che degli uomini immersi tanto a lungo nel fango e nelle sozzure di Satana ne possano mai emergere, a meno di uno straordinario intervento divino » [218]. Un concilio composto da uomini del genere sarebbe un falso concilio, perché i partecipanti si erigerebbero a giudici nella propria causa e trasformerebbero il concilio in una sorgente di malattie dell'anima, perpetuando all'infinito corruzione, calamità e rovina.

Il problema della composizione del concilio viene affrontato in un poscritto, come se fosse un'idea che si è affacciata all'improvviso alla mente dello scrivente; in realtà essa costituisce l'epicentro della lettera, come si vede dall'altro più lungo e articolato scritto rimastoci del Paleario sul concilio [219]. È chiaro che il Paleario aspirava e riteneva ancora possibile rientrare egli stesso nel novero di quei privati di retta vita e di buona dottrina, che conducevano una vita cristiana, spontaneamente celibi o castamente ammogliati [220], i quali avrebbero avuto il diritto di far risuonare la loro voce nel concilio: questa speranza, qui espressa per la prima volta, lo accompagnò a lungo e produsse l'*Actio in pontifices romanos*, cioè il testo dell'intervento che il Paleario avrebbe voluto fare.

A parte il carattere patetico di questo caldo appello rivolto a un vecchio stanco, la vibrante incitazione ad agire senza ambagi e ad impegnarsi senza risparmio di sé per l'unità dei protestanti è un indizio di quanto imprecisa fosse l'immagine che di Erasmo si aveva in Italia. Se il giudizio del Paleario sulla posizione del Sadoleto è un errore di valutazione comprensibilissimo in questo primo periodo dell'evangelismo italiano [221], la convinzione che Erasmo nel 1534 volesse e

218. Ivi, linee 132-4.
219. *De concilio universali et libero epistola*, ed. Ch. F. Illgen, s. l. a. [ma Lipsia. 1832].
220. Lettera di Aonio Paleario a Erasmo, *Appendice* 2, linee 114-5.
221. Cfr. la periodizzazione di D. CANTIMORI, *Prospettive* cit., p. 28.

potesse farsi promotore dell'unificazione delle varie correnti teologiche in campo riformatore, associandosi ai rappresentanti di esse per studiare il sistema di far trionfare il programma minimo degli evangelici, dà prova di una informazione gravemente arretrata e lacunosa. Tuttavia la lettera è importante non solo perché è il primo documento esplicito dell'atteggiamento religioso del Paleario, ma anche perché dimostra che nella sua formazione religiosa Erasmo aveva avuto una parte importante.

Se alla luce di questa lettera si ripercorre l'*Actio in pontifices Romanos* si individua in essa – in particolare nei capitoli IV-VII – un nucleo di posizioni che derivano dalla lettura diretta di Erasmo, in particolare delle annotazioni e delle parafrasi dei Vangeli e delle lettere paoline. Oltre alla già menzionata citazione sulla distinzione fra consigli e precetti, si possono fecondamente accostare a posizioni erasmiane: il riferimento al versetto di Matteo « il mio giogo è soave, il mio peso è lieve » [222] contro l'infiltrarsi moltiplicarsi e pullulare all'interno della Chiesa di cerimonie istituzioni dogmi e precetti contingenti e storicamente condizionati, che nulla hanno a che vedere con la semplice e soave parola di Cristo [223]; l'interpretazione del passo di Matteo: « Tu sei Pietro e sopra questa pietra edificherò la mia Chiesa » [224] in un senso antigerarchico e antipontificio [225]; la pole-

---

222. *Matt.*, XI, 30.
223. *Actio* cit., cap. IV, p. 54: « Tentaverunt pontifices romani Deum, cum pro suavissima gratia Domini nostri Iesu Christi... imposuerunt onus grave innumerabilium praeceptorum... Consequens erat... ex tanta aemulatione legalium, ceremoniarum, traditionum, ut durissimum iugum imponeretur cervicibus fidelium gentium et nationum; quas ut a iugo legis liberaret Christus... mori potuit et voluit ». Per la corrispondente posizione erasmiana cfr. l'annotazione al citato versetto di Matteo in LB, VI, 63: « Vere blandum est iugum Christi, et levis sarcina, si praeter id, quod ille nobis imposuit, nihil imponeretur ab humanis constitutiunculis... Sed quemadmodum apud Iudaeos legem per se molestam aggravabant hominum constitutiones, ita cavendum est etiam atque etiam, ne Christi legem per se blandam ac levem, gravem et asperam reddant humanarum constitutionum ac dogmatum accessiones ». Sia in Erasmo che nel Paleario si trova l'osservazione che la violazione di tali umani precetti veniva considerata peccato mortale. Per l'importanza dell'annotazione sul versetto « Iugum meum suave » nella teologia di Erasmo cfr. M. BATAILLON, *op. cit.*, vol. I, p. 84, nota 2.
224. *Matt.*, XVI, 18.
225. *Actio* cit., cap. XVII, pp. 142-3. Per l'esegesi che Erasmo dà dello stesso passo cfr. LB, VI, 88. Ma ancora più reciso in proposito è Erasmo negli scoli della lettera di Girolamo a Marcella contro Montano, cfr. *Opus epistolarum divi Hieronymi... una cum scholiis Des. Erasmi,... denuo per illum... correctum ac locupletatum...*, Basileae, 1524, vol. II, p. 130 D: « Neque enim Petrus est fundamentum ecclesiae, cum Paulus dicat: '' Fundamentum aliud nemo potest

mica contro le eccessive sontuose costruzioni di templi, mentre gli uomini, « i vivi templi di Dio », muoiono di fame [226]; la polemica contro i digiuni e le vigilie [227] e contro l'abbandono monastico della famiglia d'origine [228]; la condanna del giuramento [229]. Sebbene molte

ponere, praeter id quod positum est, quod est Iesus Christus ''. Nam quod in evangelio dictum est: '' et super hanc petram fundabo ecclesiam meam '' ego, salvo aliorum iudicio, intelligo '' super istam de me confessionem, quam Petrus afflatus a Patre pronunciarat: — Tu es Christus filius Dei vivi — '' per quam Petrus erat solidus, et non arundo, vulgarium opinionum ventis agitata ».

226. *Actio* cit., cap. III, p. 34: « Indignum item fuit, cum apostolus Paulus docuisset, nos verissime esse templa Spiritus sancti, in quibus Christi spiritus inhabitat..., tam magnis sumptibus tanto numero ubique exaedificari templa, in ea magnificentia absumi omnem pecuniam, cum valde saepe acciderit, ut in iisdem urbibus manufacta templa surgerent, et Spiritus sancti templa caderent fame et rerum omnium inopia ». Per la stessa posizione in Erasmo cfr. tra l'altro *Colloquia familiaria*, LB, I, 784-5: « Mihi nonnunquam serio venit in mentem, quo colore possint excusari a crimine, qui tantum opum insumunt templis exstruendis, ornandis, locupletandis, ut nullus omnino sit modus..., cum interim fratres et sorores nostrae, vivaque Christi templa siti fameque contabescant ». Lo stesso concetto ricorre con grande insistenza e incisività negli scoli alle lettere di Girolamo.

227. Cfr. *Actio* cit., cap. IV, p. 56: « '' Surge, occide '', dictum est Petro, et '' manduca ''; non est ea vox licentiae, sed libertatis; neque enim iubet, ut uno tempore ad gulam pisces, aves, feras et pecus occidat, ut ingurgitet, sed ut libertatem ostendat, non minus his quam illis, non plus hodie, quam cras et perendie vesci licere, sobrie tamen et moderate, '' cum gratiarum actione '', inquit Paulus... Modestum ciborum usum admittunt et probant, gratiarum actionem inculcant apostoli, quod sabbatum et caeteros dies et caetera omnia crearit Deus, mundarit Christus, ut homini christiano serviant ». Per la corrispondente posizione in Erasmo cfr. la lettera dedicatoria della parafrasi delle lettere paoline ai Corinzi, LB, VII, pp. 851-2: « Mihi purioris Christianismi videtur, magisque consentaneum evangelicae et apostolicae doctrinae, si nulli certum cibi genus praescribatur, sed admoneantur omnes, ut quisque pro corporis habitu vescatur quae maxime conducunt bonae valetudini, non ad luxum sed ad sobrietatem, cum actione gratiarum ac studio bonae mentis ». Cfr. anche la *Paraphrasis in epistolam Pauli ad Corinthios I*, cap. VIII, LB, VII, col. 887: « Approbo quod dicis: '' Esca non commendat nos Deo ''. Cum enim Deus universa creaverit ad usus humanos, neque quicquam a nobis exigat praeter vitae pietatem, quid illius refert, piscium an quadrupedum an volatilium carnibus vescamur? Nihil enim horum pietati quicquam vel addit vel adimit: horum delectus superstitiosum facere potest, pium nequaquam. Christus nullum horum discrimen docuit. Proinde temeritatis sit, si quis homunculus conetur quenquam huiusmodi constitutionibus onerare. Pro suo quisque corporis affectu vescatur quibus velit, modo sobrie parceque, super omnibus gratias agens Deo ». Queste affermazioni di Erasmo sono riferite e discusse nelle *Declarationes ad censuras Lutetiae* cit.

228. *Actio*, cap. VI, pp. 67-9. Per la corrispondente posizione erasmiana cfr. ad esempio *Colloquia familiaria*, LB, I, col. 699D-F: « Christi caussa pium est alicubi negligere patrem et matrem: neque enim pie faciat, qui Christianus patrem ethnicum, cuius omne vitae praesidium pendeat a filio, deserat sinatque perire fame. Si nondum esses professa Christum in baptismo et

di queste posizioni – specialmente la polemica contro il giudaismo delle cerimonie e delle regole e l'esegesi del versetto « tu es Petrus » – non fossero più tipicamente erasmiane, ma fossero entrate nel patrimonio comune della teologia protestante, tuttavia nel loro insieme esse individuano una certa linea della riforma italiana tipica per « il suo fondamento più etico-politico che religioso e dottrinale » e per il suo « anticlericalismo volto contro clero regolare e clero secolare »[230] e confermano che la lettura di Erasmo aveva avuto una incidenza notevole nella formazione e nell'orientamento dei suoi rappresentanti.

Se però sulla base di questa lettera del Paleario si cerca di definire quale Erasmo egli avesse presente, si deve concludere che non si tratta dell'Erasmo che mira a un'intesa fra le due forze in contrasto, dell'elaboratore del programma-base per una riunificazione della Chiesa e per il risanamento dello scisma (l'Erasmo del *De sarcienda Ecclesiae concordia*, che aveva fornito alla politica della conciliazione il suo patrimonio ideologico[231]), ma di un Erasmo che appartiene senza possibilità di dubbio al campo dei novatori, anzi è uno dei corifei del movimento e si distingue dagli altri solo perché investito di una maggiore autorità e dotato di una più grande abilità diplomatica. L'Erasmo che continua a operare e a fermentare gli intelletti dei riformatori italiani è dunque rimasto fermo, con il suo sviluppo teologico e dottrinale, agli anni intorno al 1520 o 1522 (dell'ultimo Erasmo, dei suoi ripensamenti o ripentimenti, attenuazioni e sconfessioni, o non si prende atto o lo si considera come un simulatore). A Erasmo il Paleario affida sì un compito di mediazione e conciliazione, ma non fra cattolici e protestanti, bensì fra i diversi gruppi del campo protestante: si vuol farne uno strumento per arrivare alla unificazione dei novatori, alla sconfitta in sede conciliare dei conservatori e alla liberazione anche dell'Italia (ai cui problemi e conflitti

---

parentes vetarent te baptizari, pie faceres, si Christum praeferres impiis parentibus. Aut si nunc parentes adigerent ad impietatem aut turpitudinem, contemnenda esset illorum auctoritas. Sed quid hoc ad collegium? Et domi Chistum habes. Natura dictat, Deus approbat, Paulus hortatur, leges humanae sanciunt, ut filii obediant parentibus ».

229. *Actio* cit., cap. VII, pp. 73-82. Per la corrispondente posizione erasmiana cfr. *Paraphrasis in Evangelium Matthaei*, cap. V, LB, VII, col. 33, e *Declarationes* cit., LB, IX, coll. 834-40.

230. D. CANTIMORI, *Eretici italiani del Cinquecento. Ricerche storiche*, Firenze, 1939, p. 24.

231. H. JEDIN, *Geschichte* cit., vol. I, pp. 294-7.

Erasmo viene supposto più aperto e sensibile che Lutero) dal giogo del giudaismo e della consuetudine.

Lo stretto legame – anzi in interi brani la coincidenza testuale – di questa lettera ad Erasmo con l'altra ai capi del movimento riformatore pubblicata con il titolo « de concilio universali et libero » [232] e il legame, meno stretto ma anch'esso forte, che lega ambedue le lettere all'*Actio* [233], colloca il testo che pubblichiamo fra i documenti principali del pensiero religioso del verulano. Anche se già nell'*Epistola de concilio* e ancora di più nell'*Actio* il tono del Paleario e il suo atteggiamento nei confronti della Chiesa di Roma diventano più aspri e intransigenti, anche se agli argomenti di carattere etico-politico e alla polemica contro la disciplina giudaizzante delle cerimonie si affianca una serie di argomenti religiosi e dottrinali nel senso della giustificazione per la sola fede, anche se il nome di Erasmo scompare, tuttavia sembra di poter concludere che il sentimento religioso del Paleario si risvegliò sotto lo stimolo di Erasmo. La lettera che qui si pubblica appare come il primo anello di una catena, che si sviluppò successivamente in una lettera ora perduta ai riformatori

---

232. *De concilio universali et libero epistola* cit., p. 14: «... in tanta moltitudine imperitorum et cupidorum hominum [si parla dei vescovi convocati a Trento], quorum adulteria, incesta, corruptelae, superbiae, dominatus, saevitiae, cupiditates inexplebiles et maxima non Christiani animi indicia perspectissima sunt. Ego quidem non video, si pontificis et episcoporum iudicio standum sit, alias nos habituros sanctiones, quam eas ipsas, quas illi semper probaverunt» (cfr. lettera del Paleario a Erasmo, appendice 2, linee 121-4, 105-7). Nella stessa *Epistola de concilio* a p. 16 si legge: «... neminem in re sua iudicare aequum esse. Qua in re imitari... debemus Cassianos iudices, quaerentes cui bono sit. Annon videmus, quam grandem iis institutionibus pecuniam, quos census, quem quaestum, quae regna ad saevitiem, immanitatem, luxuriam sibi, meretricibus, concubinis, propinquis posterisque eorum... compararint?» (cfr. appendice 2, linee 127-32). Anche l'appello alla concordia fra i riformati, che si legge nella *Epistola* alle pp. 20-1, è consono a quello che il Paleario rivolge a Erasmo (appendice 2, linee 54-61, 90-7).
233. Mi limito qui a notare alcune analogie testuali fra la lettera del Paleario a Erasmo e l'*Actio in pontifices Romanos*. *Actio* cit., pp. 15-6: «Cum tot tantasque abominationes... invexerint pontifices romani..., in iis ipsis diiudicandis pontifices Romani... iudices esse non debent. Quis enim nesciat, si eorum iudicio standum sit..., tales nos habituros sanctiones, quales illi semper probaverunt?... Homines ardentes cupiditate et Satanae coeno obvolutos experti toties, nescimus quid ferant nebulae istae turbinibus exagitatae?» (cfr. appendice 2, linee 105-7, 132-4 e sopra, nota 232). *Actio* cit., p. 84: «Sacra solemnia perpetua esse praecepta filii Dei, quibus verissime omnes simus adstricti» (cfr. appendice 2, linee 64-70). *Actio* cit., pp. 148-9: «Qui [episcopi] si boni, si pii fuerint, dignissimi sunt ut eos colamus et observemus; at si mali, si impii, norint sese ad Christi petram nihil plus attinere quam Iudam» (cfr. appendice 2, linee 103-7).

d'oltralpe[234], nella lettera già citata « de concilio universali et libero »[235] sempre agli stessi riformatori, e infine nell'*Actio in pontifices Romanos*: una serie di meditazioni e di scritti sul concilio e al concilio, che segnano le tappe fondamentali del pensiero etico-religioso del Paleario, tale quale esso ci è noto.

234. Cfr. *De concilio universali et libero epistola* cit., pp. 16, 17.
235. Cito l'*Epistola de concilio* nell'edizione Illgen, comparsa in occasione dei festeggiamenti per l'insediamento di W. A. Haase nel rettorato dell'Università di Lipsia. Il titolo completo dell'opuscolo è: *Rector Universitatis Lipsiensis D. Carolus Klien ad memoriam Ecclesiae Christianae instauratae et solemnem inaugurationem successoris in magistratu academico D. Guilelmi Andreae Haase D. XXXI. M. Oct. A. Dom. MDCCCXXXII Hor. XI in Aede Paulina celebrandas invitat, interprete Christiano Friderico Illgen ord. theol. H. Decano. Inest Aonii Palearii de concilio universali et libero epistola emendatius edita atque praefatione adnotationibusque illustrata*, s.l.a.

APPENDICE

1.

BATTISTA CASALI A ERASMO DA ROTTERDAM
(Roma, primavera 1522)

Erasmo.

Tuus mihi puer tuo nomine simul et litteras et libellum super Matheum abs te nuper editum reddidit, munus et te dignum et mihi optatissimum, cum quia abs te proficiscitur cuius semper exosculatus sum doctrinam simul

137v et ingenium | quod semper aliquid bone frugis boneque eruditionis partu-
5 rit, tum quia oblatam mihi eam occasionem intelligo, quam antehac semper optaveram, ut quando ego essem rerum tuarum studiosus, tu item mihi esses amore coniunctissimus. Namque scribis esse qui tibi ut Lutherano negocium facessant et te paratis libellis tamquam tormentis petant, nihil mea quidem sententia quod verearis. Satis enim ampliter vel tua vita vel mores
10 vel scripta, tuam causam dicent, quae amplissimum omnibus testimonium erunt, quantum a Luthero absis.

Quod vero ad ipsum attinet Lutherum, cum quo mitius agendum censes ne maius fortasse sic incendium excitetur, semper ego eorum improbavi consilium, qui pluris Lutherum fecerunt quam eius improbitas
15 exigeret, adversus quem nullum esse et maius et salubrius propugnaculum duxi quam silentium. Ea enim huius gerende rei ratio prestat, ut totum facile negocium confici possit, si neminem habeat cum quo digladietur, sed ipse sibi sit et hostis et gladius quo pereat.

Quod bonorum principum operam exigis adversus eos qui te uti trans-
138r fugam Lutheranumque insimulant, ita tibi persuadeas | velim me acerrimum semper fore Erasmi defensorem, ut antehac in pleno senatu Lutheranam abs te calumniam que tibi impingebatur constanter amovi, et quantum opera studio diligentia fieri poterit prestabo tibi audacter omnia, cui votum vel maximum erit Erasmum demereri.

---

4 frugis: frugi *ms.*   6 optaveram: octaveram *ms.*   17 digladietur: diglandietur *ms.*
19 principum: principium *ms.*   22 impingebatur, impignebatur *ms.*

---

1. Milano, Biblioteca Ambrosiana, G. 33 inf., parte I, ff. 137r-138r. La datazione è desunta dall'accenno alla recente edizione della *Paraphrasis in Evangelium Matthaei* (cfr. sopra nota 121) e ai tentativi di Erasmo di assicurarsi il patrocinio di un principe contro chi lo accusava di filoluteranesimo (cfr. sopra nota 126).

2.

AONIO PALEARIO A ERASMO DA ROTTERDAM
(Siena, 5 dicembre 1536)

Aonius Palearius Verulanus Desiderio Erasmo Roterodamo.

Cum semper me scripta tua magnopere delectassent et proximis diebus in manus incidissent *Declarationes*, quas tu in ieiunas et sane frigidas censuras Sorbonicas multos abhinc (ut puto) annos edideras [1], legi eas perquam libenter, ut soleo tua omnia, quae mihi vel maxime iucunda sunt,
5 quod subtilitatem habent non commentitiam aut fictam, sed recto animi sensu ac ratione ortam cum veritate coniunctam. Quam ob rem te, ut antehac feci, observo et colo: vix enim alterum in Germania habeo, in quo talem Christianae pietatis imaginem possim agnoscere.

Nam et Lutherum et suos imprimis laudo quod, ut aiunt, hebetiores
10 nostrorum aures vellerit et dormientes excitarit. Audio tamen non tam religione, quam invidia quadam et odio inveterato iratum Pontificibus Romanis, multa cogitare atque etiam loqui. Nam quid illud est, quod in scriptis suis mortuos etiam contumeliis onerat, Italos omnes nulla honoris causa nominat et meo iudicio non sat christiane? Vellem ego
15 illum pro et expectatione, quam suis paradoxis concitavit, et amore, quo quidem iam amo illum, in verbis et omni doctrina temperatiorem. Nam etsi praeclare ab ipso multa, non ex cucullatorum ineptissimis disciplinis, qui contentionis cupidiores quam veritatis semper fuerunt, sed ex sanctissimorum hominum monimentis sunt repetita, non tamen con-
20 temnenda erat modestia quedam, quae loquendi etiam libertas dicitur. Quota enim quaeque pagella eius est, in qua, ut nostri conqueruntur, porcos aut canes non appellat antiquos quosdam, bonos fortasse viros, sed non satis peritos? Verecundia hac video te mirifice delectatum in declarandis censuris; quarum ego cum aliquas legerem, ut cum tu iura-
25 tos [2] pungis, cum a bello [3] ab ineptis cantilenis [4] ab institutis quibusdam prope Iudaicis [5] ad Christianam sapientiam integritatemque homines revocare nitereris, illi te aut fallacem aut sectatorem aut denique non
37v | bonum virum dolo malo omnia facere conclamarent, moriar si poteram me continere, quin totus rumperer. Hem, mi Erasme, te unum omnium
30 doctissimum et sapientissimum virum illis nomenclationibus tam turpiter

---

2. Padova, Biblioteca del Seminario, cod. 71, *Lettere latine de huomini illustri*, ff. 36v-41r. La datazione è desunta dall'accenno alla recente dichiarazione dell'urgenza del concilio (cfr. sopra nota 212).

1. *Declarationes ad censuras Lutetiae vulgates sub nomine Facultatis theologiae Parisiensis*, Basileae, M.D.XXXII, ristampato in LB, IX, coll. 813-954.
2. Ivi, pp. 50-60.
3. Ivi, pp. 60-65.
4. Ivi, pp. 205-224.
5. Ivi, pp. 181-204, 250, 320, 370 e *passim*.

fuisse appellatum? Quibus tu cum perhumaniter responderis, observo ego
modestiam istam egregiam totoque animo amplector humanitatem et sapientiam tuam. Nam cum in ea tempora inciderimus, quibus miserius nihil
esse potest, sic agendum fuit, ut primo quoque tempore comprimeres potius,
35 si potuisses, improborum hominum invidiam, quam maledictis augeres,
doceresque scire te continere tuis cancellis, quod illi nesciunt, mone-
resque eos tam temere in agro alieno non sine multa macula potuisse
vagari, esseque hominis Christiani irruentes in se sustinere potius et
dextra comprehensos humaniter amovere, quam praecipites agere et hosti-
38r liter deturbare. Quod cum tu saepe facis, | in extrema libelli parte pul-
cherrime quidem, ita ut quid tua scripta, quid illorum nugae supersti-
tiones prae se ferant, boni omnes intelligant, amentque te ob tale ingenium non mediocriter, petantque iam a te in aetatis maturitate ut, cuius
a puero amantissimus fuisti reipublicae Christianae, tam necessario tem-
45 pore deesse nolis.

Quid enim unquam viri boni magis desideraverunt, quam imperitorum
quorundam institutis cum Deo et natura pugnantibus posse reclamare et
consuetudini, quae incredibilem vim obtinet, resistere, viamque simplicem
directam certissimam a Deo ipso nobis monstratam, multos iam annos
50 sepribus obstructam, aperire, coetusque hominum, quibus Deo nihil est
acceptius, a vulgari consuetudine subito convertere et ad rectas vitae
rationes traducere? Quod cum difficile factu sit atque haud scio an
de humanis operibus difficillimum, in eo tibi, mi Erasme, obnixe elaborandum est. Nunc concilio indicto in te et Germanos tuos vide omnium
55 ora oculosque conversos: conveniendi tibi sunt isti sapientissimi viri,
38v adhibendi in consilium, non supersedendum | tibi putes ullo labore iti-
neris aut scriptionis, ora, commone, obsecra ut simultates, si quas habent,
Christiana pietate deponant, nullaque res tanta existat, ut aut veritatem
in profundo abstrudant aut abstrusam sinant turpiter iacere, cogitentque
60 oculatissimos homines in speculis esse, qui, si falsum quicquam aut vanum
aut fictum aspexerint, continuo conclamabunt. Sin, ut decet et optant boni
omnes, eorum actio plena prudentiae fuerit, plena fraterni amoris, plena
veritatis, sperandum est nonnullos ex nostris Italis ituros in eam sententiam, quam ego semper optimam iudicavi, ut monimenta divinarum rerum,
65 a patribus primis illis scripta divinitus, sanctissime consecrata, integra
incorrupta inviolata sacra solemnia perpetua maneant – in hac re eorum
omnium, qui aliter senserint, profiteor me esse inimicum –, deinde ut
quam maxime fieri potest stet res Christiana eorum patrum institutis
39r praeceptisque servandis, qui eo tempore floruerunt, quo | iacta sunt
70 fundamenta salutis nostrae, quod iis verissime simus astricti. Post haec
conciliorum declarationes, pontificum decreta, sanctiones coeterae sint
mihi velut scitae commentationes aut explanationes quaedam, quae si
me a mandatis illis salutaribus non avocent, neque aliam omnino vitae
speciem afferant, satis probantur.

75   In hoc postremo est theologorum omnis concertatio. Nam ex nostris
Italis vix paucos reperias, qui dent pontificias sanctiones aliam vivendi
formam potuisse inducere. De Gallis pudet me loqui. Nam mihi persua-
sissimum est nunquam eos recte sensuros: tum quod pervicaci animo sint,
disciplinamque contortam quandam, barbaram et contentionum cupidis-
80 simam, imbiberint, tantosque sibi spiritus sumpserint in eam facultatem,
ut nunquam remissuri videantur; tum quod sunt Germanorum hostes
sempiterni, quibuscum continenter avent pugnare, putantque, ut ex nostris
etiam nonnulli, sapienter facere si ne pontificiarum quidem institutionum
solum, sed etiam superstitionum omnium acerrimos defensores se fore
ostendant.

85   Cum his Iacobum Sadoletum singulari sapientia virum sentire non
39v arbitror. | Nam etsi in Gallia est et Carpenctoratis episcopus, ita Pauli
tamen doctrina est imbutus, ut, cum quisque minimo periculo possit dicere,
quid afferat sit expectandum. Budaeum omni eruditione ornatissimum
90 quis ambigat cum bonis et doctis viris esse sensurum? Tu itaque Germanos
tuos confirma, coniunge te cum ipsis, mone fidenter, ut quae in omni
coetu concilioque proferenda sunt cogitent, expectationemque sustineant;
quam facile superabunt, si nullis odiis nulla invidia nulla rerum humanarum cupiditate vel doctrinae ostentatione vel litterarum gloria vel
95 disciplinarum contentionibus a Christo abducantur, amentque nos amore
mutuo, et germano, fraterneque cupiant cum omnium salute nostram esse
coniunctam. Vale. Senis, Non. Dec.

Cum litteras essem obsignaturus, non praeter Christi rem facere visus
sum si schedulam adderem, qua significarem in hoc tibi coeterisque
100 viris istis doctissimis esse elaborandum ne concilium hoc confletur ex
coetu impurissimorum hominum, neve stari in eo oporteat, quod ab iis
iudicetur, quos neque ob doctrinam neque ob vitae integritatem quisquam
40r bonus aestimet. Nam | episcopos ego quidem imprimis colo, si boni si
eruditi viri si Christiani denique fuerint; at si mali sint si ineruditi si
105 impii, ad Christi petram nihil quicquam arbitror attinere. Quis enim nesciat,
si huiusmodi hominum iudicio standum sit, tales nos sanctiones habituros, quales ipsi semper probaverunt? Quibus ut repugnemus, in arce
illa veritatis munitissima nobis consistendum est, quam ipsi hostes turpe
putant oppugnare. Fatentur enim omnes sanctam Ecclesiam, quam
110 vocamus, nihil aliud esse quam sanctorum hominum communionem coetumque bonorum vitam christiane degentium, concilia ab huiusmodi
Ecclesia debere celebrari, decreta conciliorum sine huiusce Ecclesiae iudicio firma et sancta esse non posse. Quod si omnes tam constanter affir-
mant, quid est quod privati homines, docti quidem et qui in primis
115 christiane vivant, vel ultro coelibes vel uxore una contenti, suffragia
non ferant? Scilicet quod cardinales non sint neque episcopi neque pa-
triarchae neque abbates, quod vocant, neque legati regum neque ora-

tores Caesaris. Quasi vero boni homunculi et eruditi et qui christiane
40v aetatem agant, quos cum video Christi discipulos videre | videor, in concilio
120 admittendi non sint, quod mitra careant, quod paliati non incedant, quod
curiae illecebris, quod forensi ambitione non delectentur, deligendique
sint potius collegae pecuniosi, locupletes, quorum adulteria, incesta,
corruptelae, superbi dominatus, saevitiae inexpletae et maxima non Christiani animi indicia perspectissima sunt. Ecclesiam igitur sanctorum
125 hominum communionem esse non modo nostris temporibus, sed multis abhinc saeculis verbo quidem certe confessi sunt homines, re firmissime
negaverunt. Huc illud accedit, quod neminem in re sua iudicare aequum
est, imitarique nos debere cassianos iudices [6], quaerentes cui bono esset.
Vel non videmus, quam grandem iis institutionibus pecuniam, quos census,
130 qualem quaestum, quae regna ad saevitiam immanitatem luxuriam sibi,
meretricibus, concubinis, propinquis posterisque eorum Ecclesiae nomine compararunt? Cave putes, mi Erasme, homines tam diu in Sathanae
41r coeno et sordibus mersos posse unquam | emergere, nisi divina et singulari
quadam ope, quam illis Deus ferat. Itaque ne e schedula altera fiat
135 epistola, si a rerum divinarum bene peritis et in primis christiane
vitam degentibus suffragia ferantur, praeclare actum iri puta; sin minus
sic habeto, ad perpetuos animorum morbos, ad labem, ad calamitatem,
ad perniciem denique sempiternam concilia ista spectare. Schedula haec [7]
apud te sit, ne in vulgus exeat; tu vero si quid ad me, litteras tuas
140 curato perferri ad Petrum Bembum: is ubi ubi ero eas ad me mittet. Vale.

---

6. « Judex cassianus » è sinonimo di « iudex severus » (Cic., 3 *Verr.*, 60, 137), che giudica secondo il detto del questore L. Cassio « cui bono » (Cic., *Mil.*, 12, 23).
7. A questo punto il copista annota in margine: « mala schedula ».

Carlo Ginzburg - Adriano Prosperi

LE DUE REDAZIONI
DEL «BENEFICIO DI CRISTO»

LE DUE REDAZIONI DEL « BENEFICIO DI CRISTO » *

a Auguste Dupin

Il *Beneficio di Cristo* sembra essere, per gli storici, un pozzo senza fondo. Prima, un testo irreperibile se non in traduzione. Trovato fortunosamente l'originale, si è posto il problema dell'identificazione del suo autore (o meglio autori). Identificati gli autori, resta da interpretare in maniera soddisfacente il testo. Non si può dire infatti che su questo punto si sia giunti a un accordo tra gli studiosi. Il Bozza, trascinato dalla sua scoperta di brani del *Beneficio* tradotti letteralmente dall'*Institutio* di Calvino, parlò (1961) di « un sunto, un sommario della *Istituzione della religione cristiana* di Giovanni Calvino, per molte pagine la traduzione letterale », affermando che in tal modo veniva a cadere « la favola... che il *Beneficio* sia nato dall'ambiente valdesiano »[1]. Due anni dopo il giudizio del Bozza era meno drastico. « In quanto alla conoscenza degli scritti di Valdés da parte di don Benedetto, prima che componesse il *Beneficio* » egli scriveva « io non l'escludo affatto ». Il *Beneficio*, pertanto, era definito « il sommario, e spesso la traduzione letterale dell'opera calviniana, con infiltrazioni di altri scritti della Riforma e valdesiani »[2]. Ancora tre anni, e le « infiltrazioni valdesiane di brani e di parole » diventavano « evi-

* La prima parte di questo saggio rielabora i risultati di un seminario svoltosi, sotto la guida di chi scrive, presso l'università di Bologna nell'anno 1971-72: ringraziamo tutti i partecipanti per il loro contributo (in maniera particolare la dott. Carla Faralli). Questa parte è stata inoltre presentata e discussa al « XII convegno di studi sulla Riforma e i movimenti religiosi in Italia » (Torre Pellice, 29-31 agosto 1972): ringraziamo gli organizzatori del convegno e quanti hanno preso parte alla discussione sulla nostra relazione.
1. T. BOZZA, *Il « Beneficio di Cristo » e la « Istituzione della religione cristiana » di Calvino*, Roma, 1961 (editore l'autore), p. 3.
2. T. BOZZA, *Introduzione al « Beneficio di Cristo »*, Roma, 1963 (editore l'autore), pp. 17, 25.

denti » e « vistose », anche se veniva ribadito che un « abisso... divide il *Beneficio* da Valdés, Valdés dalla Riforma »[3]. Recentemente, infine, nel dare alle stampe una versione parzialmente rielaborata delle sue ricerche, il Bozza ha cercato di comporre in un giudizio organico questi elementi disparati, distinguendo nettamente tra la « stupenda compilazione » calviniana di don Benedetto da Mantova (altrimenti detta, a distanza di quattro pagine, « rozzo centone »: il lettore è libero di scegliere) e la rielaborazione compiuta a Viterbo dal Flaminio. « Non Catania, ma Viterbo è la patria del *Beneficio* ». La stessa portata della primitiva scoperta viene di molto attenuata: « La presenza o derivazione dal Riformatore di Ginevra sarebbe in definitiva di scarso rilievo se il *Beneficio* fosse stato soltanto frutto della meditazione di un monaco solitario e tale fosse rimasto. Il *Beneficio di Cristo* fu anche e soprattutto la dottrina di una comunità di fedeli a capo della quale stava un cardinale, e il cardinale si chiamava Reginaldo Polo »[4].

Lasciamo stare come si concilino la « stupenda compilazione », il « rozzo centone » e la « meditazione di un monaco solitario ». Quel che è certo è che dietro le oscillazioni di giudizio del Bozza vi sono due problemi reali. In primo luogo, il peso rispettivo dell'intervento dei due « autori »; in secondo luogo, il significato complessivo del testo di cui disponiamo. È chiaro che i due problemi sono connessi, nel senso che una soluzione del primo può darci elementi decisivi per affrontare il secondo. La recentissima, importante edizione del *Beneficio di Cristo* preparata dal Caponetto ci fornisce uno strumento insostituibile per queste ricerche. Il ricchissimo apparato di note in cui il Caponetto ha messo a frutto le ricerche proprie e quelle degli studiosi precedenti (in particolare della Prelowski) testimonia la densità dei riferimenti contenuti in questo « libretto ». D'altra parte, la proposta interpretativa avanzata dal Caponetto non appare del tutto soddisfacente. Secondo questo studioso, « la dottrina valdesiana costituisce il nòcciolo e il substrato dell'opera »; una dottrina, viene precisato, non accettata « nella sua forma più originale ed estrema », influenzata dall'*alumbradismo*. « Nel deciso distacco da questo punto terminale del pensiero valdesiano » conclude il Caponetto « e nell'approfondimento della dottrina della giustificazione è da ravvisare la

---

3. T. Bozza, *Marco Antonio Flaminio e il « Beneficio di Cristo »*, Roma, 1966 (editore l'autore), p. 9; Id., *Calvino in Italia*, Roma, 1966 (editore l'autore), p. 22.
4. T. Bozza, *La Riforma cattolica. Il Beneficio di Cristo*, Roma, 1972, pp. 128, 132, 22, 167.

maggiore influenza del pensiero dei riformatori»[5]. Ora, la presenza di temi e termini valdesiani nel *Beneficio* è innegabile. Tuttavia, il rinvio a Valdés pone più problemi di quanti non ne risolva. Su Valdés non mancano certo studi importanti; ma il significato della sua presenza nel panorama religioso italiano del '500 rimane largamente oscuro. Si può tranquillamente affermare che il termine « valdesiano » anziché essere una definizione caratterizzante rischia di diventare una cifra della nostra ignoranza.

La stessa edizione del Caponetto, nella misura in cui dà un quadro ricco e analitico delle « fonti » del *Beneficio*, ripropone implicitamente l'esigenza di un'interpretazione complessiva del testo. È ciò che cercheremo di fare, partendo da alcuni dati sulla sua stesura e sulla sua prima circolazione.

I.

1. Cominciamo dalla data di composizione. Sulla sua importanza in sede interpretativa è inutile soffermarsi: siamo negli anni della prima diffusione dell'*Institutio* di Calvino in Italia, negli anni dei colloqui di Ratisbona e della fuga dell'Ochino. È necessario, come diceva il Febvre, « datare con finezza ». Ebbene, proprio nel documento più noto e più citato su queste figure e questi ambienti, l'estratto del processo di Pietro Carnesecchi, e precisamente nella sentenza, si trova la notizia che il *Beneficio* era letto (insieme agli scritti del Valdès) a Napoli nel 1540: « Et prima dal 1540 in Napoli, instituito dalli *quondam* Giovanni Valdés spagnolo, Marc'Antonio Flaminio et Bernardino Occhino da Siena, et conversando con loro, et con Pietro Martire, et con Galeazzo Caracciolo, et con molti altri heretici et sospetti di heresia, leggendo il libro del *Beneficio di Christo*, et scritti del detto Valdés»[6]. Esisteva cioè nel 1540 un'opera ben definita,

5. BENEDETTO DA MANTOVA, *Il « Beneficio di Cristo » con le versioni del secolo XVI, documenti e testimonianze*, a cura di S. Caponetto, Firenze-Chicago, 1972 (« Corpus Reformatorum Italicorum »), p. 478. (D'ora in poi, i rinvii tra parentesi nel testo vanno riferiti, ove manchino altre indicazioni, a quest'opera).

6. Cfr. G. MANZONI, *Estratto del processo di Pietro Carnesecchi*, «Miscellanea di storia italiana », X, 1870, pp. 552-3. Questa testimonianza non era sfuggita al Boehmer, seguito dall'Amabile (cfr. T. BOZZA, *La Riforma cattolica* cit., pp. 57, 59): non sembra però che gli studiosi più recenti ne abbiano tenuto il debito conto. Ma vedi ora G. FRAGNITO, *Gli «spirituali» e la fuga di Bernardino Ochino*, « Rivista storica italiana », LXXXIV, 1972, p. 787 nota. Va inoltre tenuto presente un accenno, purtroppo non databile precisamente, contenuto nella

intitolata *Il Beneficio di Cristo*, che gli inquisitori accomunavano agli scritti del Valdés. È un peccato che l'estratto del processo non conservi i costituti sulla base dei quali fu redatta questa parte della sentenza. Comunque, di fronte a questo documento ci possiamo porre alcune domande: l'opera che il Carnesecchi legge a Napoli nel 1540 è a stampa o manoscritta? è possibile ricostruire i tempi e l'entità degli interventi anteriori all'edizione veneziana del 1543?

È noto che tra lo scritto di don Benedetto da Mantova e l'edizione a stampa si è inserita l'opera di revisione del testo da parte del Flaminio. Varie testimonianze contemporanee la menzionano in termini che è bene aver presenti. Sia il Cervini che il Beccadelli distinguono l'attività di un « autore » da quella di un « abbreviatore » (si noti che mentre il primo ignora che l'« abbreviatore » è il Flaminio, il secondo dichiara di conoscerlo ma non lo nomina [pp. 434, 435]). Anche un teste al processo del Morone distingue fra l'« autore » e il Flaminio che « l'haveva riveduto e rassettato a suo modo, e dato alla stampa », mentre il Morone stesso menziona come unico « autore » don Benedetto (pp. 453, 455)[7]. Quest'ultima testimonianza è ricalcata ovviamente da quanti hanno come fonte d'informazione il processo del Morone (pp. 456, 464). Termini lievemente diversi usa invece il Vergerio: « Sono due persone, le quali vi hanno posto mano, una l'ha cominciato, l'altra finito et espolito » (p. 445). Tutte queste testimonianze parlano dell'intervento di due persone (con l'eccezione del Morone, nonché del cardinal Santori [p. 459] che menzionano come unico « autore » don Benedetto). Con la sola esclusione di quella del Vergerio, esse attribuiscono al Flaminio un'opera di revisione esclusivamente formale *di un testo già compiuto*. Nello stesso senso va anche la testimonianza più ampia, quella del Carnesecchi: « il primo autore di questo libro fu un monaco negro di san Benedetto

---

sentenza (1567) contro un seguace di Valdés, il nobile napoletano Mario Galeota (Trinity College Library, Dublin, ms. 1224, s. II, vol. 1, c. 156*r*): « Et per havere tu letto un libro chiamato *Il beneficio de Christo*, resperso di heresie, et per haverlo laudato anchora con Marc'Antonio Flaminio, con Galeazzo Caracciolo, quale se n'è poi fuggito in Genevra, con Gio. Francesco Caserta, quale poi è stato abrugiato per heretico, et con altri ». È probabile che l'incontro a cui accenna la sentenza avvenisse prima del maggio 1541, data in cui Flaminio lascia Napoli per Viterbo: ma non si può escludere con certezza una data successiva, in quanto gli spostamenti del Flaminio in questi anni sono tutt'altro che chiari.

7. Archivio Gallarati Scotti, ms. E, XLI, n. 5, Processo Morone, c. 81*r*, costituto del 28 luglio 1555. Il Morone identificò in margine l'anonimo teste in G. B. Scotto.

chiamato don Benedetto da Mantova, il quale disse averlo composto mentre stette nel monastero della sua religione in Sicilia presso il monte Etna; il quale don Benedetto, essendo amico di messer Marcantonio Flaminio, li comunicò il detto libro, pregandolo che lo volesse polire e illustrare col suo bello stile, acciò fusse tanto più legibile e dilettevole; e così il Flaminio, servando integro il suggietto, lo reformò secondo parse a lui, *dal quale io prima che da nissun altro l'ebbi*, e come io l'approvai e tenni per buono, così ne detti anco copia a qualche amico » (p. 460; il corsivo è nostro). Accostando questa testimonianza al testo della sentenza contro il Carnesecchi, risulta che quest'ultimo leggeva a Napoli nel 1540 *un testo che era già passato attraverso una revisione di tipo prevalentemente formale* («polire e illustrare... legibile e dilettevole») del Flaminio. D'altra parte, nel processo al cardinal Giovanni Morone, tenutosi sotto il pontificato di Paolo IV, si trova un costituto anonimo, in data 7 luglio 1555, in cui si afferma: « Appresso me ricordo ch'el R.mo cardinal Morone mi dette doi libretti del *Beneficio de Christo*: gli ne volsi rendero (!) uno et mi disse: " Datelo ad un compagno ". Et questo fu in Roma, in palazzo suo, del 1543, del mese di gennaro » [8]. Il teste tuttavia ricordava male, giacché nel gennaio 1543 il Morone si trovava ancora a Trento e non a Roma, dove ritornò soltanto nell'estate. In questo periodo egli dovette ricevere i « doi libretti » che, come risulta da un'altra sua deposizione, erano a stampa [9]. Nell'estate del '43 il *Beneficio* probabilmente era stato appena stampato, giacché il 28 ottobre Scipione Bianchini scriveva da Venezia al Beccadelli: « Ho ritrovato il *Beneficio di Cristo* stampato già la seconda volta... » [10]. Questa datazione è confermata da un'altra testimonianza conservata nel fascicolo processuale del Morone, anch'essa anonima ma facilmente attribuibile al domenicano Reginaldo de' Nerli, datata 29 marzo 1558: « Io viddi il libro del *Beneficio di Christo* inanti che fusse stampato, che fu mandato scritto

---

8. Archivio Gallarati Scotti, ms. XLI, E, n. 5, Processo Morone, c. 12r.
9. Ivi, c. 534r-v: « El medesimo anno (1543) de poi venne io in Roma et visitai Sua Signoria a Roma... et all'hora me recordo me dette doi libretti *de iustificatione sine nomine authoris*, quali mi dette uno per me et uno che ne dessi ad un mio compagno; quali libretti sono intitulati *El beneficio di Christo*, et in quel tempo, poi che Sua Signoria Reverendissima me hebbe dati li detti doi libretti, andai ad un libraro di Roma domandandoli per comperare el medesimo libro per portarli ad N. dove io andavo a predicare, per poterli donare a quelli che non sapevano: ma el libraro me disse che non si potevano tenere perché erano prohibiti ».
10. Cfr. T. Bozza, *La Riforma cattolica* cit., p. 109 (la testimonianza non è compresa nell'edizione cit. del Caponetto).

a mano, non so da chi, a un canonico veronese de' Pellegrini, quale
lo diede a Monsignor Vescovo N. [si tratta evidentemente del Giberti]
sopradetto. Il vescovo, stimando che fosse cosa buona, subito che io
hebbi letto dissi a Sua Signoria che hera heretico; et doppo qualche
mese, essendo el Vescovo infermo, non molto lontano dalla morte,
lo viddi stampato, et con molto mio dispiacere lo dissi al Vescovo:
et egli impose a me ch'io cavassi l'heresie et li scrivessi. Poi lo diedi
a misser N., se ben me ricordo, hora Cardinal N., ed un canonico
regolare, et a Messer N. Et tutti separatamente, doppo l'un l'altro,
scrivessemo in un medesimo modo, perché il Vescovo lo condannò
per tutta la sua diocese » [11].

Integrando queste testimonianze con la documentazione già nota,
possiamo arrivare alle seguenti conclusioni:

a) la redazione del *Beneficio* da parte di don Benedetto risale al
1540 o a poco prima (sentenza Carnesecchi);

b) il testo del 1540 era già stato rivisto formalmente dal Flaminio (costituto Carnesecchi; si noti che anche il Beccadelli, scrivendo al Cervini il 29 gennaio 1544, afferma di aver visto il « libretto...
già tre anni sono » e di averlo approvato per « l'autorità della persona che lo abbreviò » [p. 435]; se i ricordi del Beccadelli erano esatti,
egli avrebbe visto il *Beneficio* « abbreviato » prima della fine del
gennaio '41, data della sua partenza per Ratisbona) [12];

c) questo testo circolò ampiamente in forma manoscritta in
tutti gli ambienti di quello che si è soliti definire « evangelismo italiano »: dai valdesiani napoletani al circolo di Viterbo, dall'ambiente
romano del Contarini e del Morone (il quale, come si rileva da una
testimonianza del Gadaldino del 30 giugno 1557, ne aveva avuto
tra le mani « uno in penna scritto a mano » prima della pubblicazione) [13] all'ambiente veronese del Giberti (testimonianza del Nerli);

d) una copia della redazione manoscritta di don Benedetto
rivista formalmente dal Flaminio giunse nelle mani del domenicano
Ambrogio Catarino Politi, il quale ne stese una prima confutazione
che circolò manoscritta. Questo dato sorprendente emerge dalla lettera di Alvise Priuli al Beccadelli, datata Viterbo 1° maggio 1542,
dove si accenna ad un « loco » di san Bernardo segnalato dal Contarini al Flaminio, il quale « ha pensato di inserirlo nel suo libretto.

11. Archivio Gallarati-Scotti, ms. XLI, E, n. 5, Processo Morone, cc. 605*v* -
606*r*.
12. Ha inteso giustamente l'importanza di questo punto G. FRAGNITO, *Gli
« spirituali »*... cit., p. 787, nota.
13. Archivio Gallarati-Scotti, ms. XLI, E, n. 5, Processo Morone, c. 563*v*.

Questo sol loco doveria bastar per risposta a questo padre Polito »[14]. Il Bozza ha identificato in questo testo una traccia del lavoro di revisione del *Beneficio* ad opera del Flaminio, senza però giungere all'ovvia conclusione che nella primavera del '42 circolava non solo il manoscritto del *Beneficio* ma anche il manoscritto della confutazione del Catarino. Si noti che quest'ultimo fin dal 1539 era attento lettore di tutto quanto usciva dall'ambiente degli « spirituali » e in particolare da quello del Contarini, delle cui posizioni a Ratisbona era stato tra i primi a essere informato, reagendo in maniera molto critica[15]. La confutazione manoscritta del Catarino indusse evidentemente il Flaminio a rielaborare ulteriormente il testo del *Beneficio*, compiendo un intervento più massiccio e sostanziale (cfr. sopra, punto *b*);

e) nel corso del '42 un testo manoscritto del *Beneficio* arriva a Verona nelle mani del Nerli, consigliere domenicano del Giberti dopo la decisione di quest'ultimo di « lassare la... compagnia » degli « spirituali » in seguito alla morte del Contarini e alla fuga dell'Ochino[16]. Il Nerli avrebbe ravvisato subito elementi ereticali nel testo;

f) il *Beneficio*, dopo essere passato attraverso le varie fasi della revisione del Flaminio, viene dato alle stampe, probabilmente nell'estate del 1543;

g) la stampa provoca l'iniziativa del Giberti, sempre più deciso a prendere le distanze dagli « spirituali » e a segnalarne gli errori: questa iniziativa è eseguita dal domenicano Nerli, da un canonico regolare e da altri due anonimi (uno dei quali cardinale nel 1558) i quali separatamente arrivano alle stesse conclusioni. Tali conclusioni erano state redatte quando il Giberti era ormai vicino alla morte, vale a dire verso la fine del '43. Ad esse allude chiaramente il Catarino in una « aggiunta al proemio » della sua confutazione del *Beneficio*: « Era questa nostra operetta già perfetta e quasi data ne le mani de lo stampatore, quando, non so d'onde né da chi, mi furon presentate censure di quattro, credo, dottori [il Nerli lo era certamente], che similmente hanno veduto la perniziosa dottrina di questo trattato del *Benefizio di Cristo* » (p. 350);

14. Cfr. G. FRAGNITO, *Ancora sul «Beneficio di Cristo»*, «Studi urbinati», XL, 1971-72, p. 8.
15. Cfr. J. SADOLETO, *Opera*, Veronae, 1738, vol. II, pp. 80-81 (lettera al Catarino, non datata, da Carpentras; è collocata immediatamente dopo un'altra lettera allo stesso Catarino, datata giugno '41).
16. Cfr. A. PROSPERI, *Tra evangelismo e Controriforma: G. M. Giberti (1495-1543)*, Roma, 1969, pp. 313 segg.

h) questa complessa circolazione manoscritta di testi si chiude con la stampa della confutazione del Catarino (marzo '44).

2. Questa ricostruzione potrà forse apparire inverosimile anche a chi abbia familiarità con questi ambienti e con l'intricata circolazione di lettere e di testi manoscritti che li caratterizza. È chiaro che essa presenta un punto di minor resistenza, il punto *d*, che abbiamo provvisoriamente appoggiato sulla sola lettera del Priuli. Da essa eravamo giunti a due conclusioni: il Catarino redige la sua confutazione tenendo presente un testo del *Beneficio* diverso da quello a stampa; il Flaminio, sotto lo stimolo delle accuse del Catarino ritorna sul testo del *Beneficio* dandogli la forma definitiva. Esiste però un altro documento, ben più probante della lettera del Priuli: il *Compendio d'errori, et inganni luterani, contenuti in un libretto, senza nome de l'Autore, intitolato, Trattato utilissimo del Benefitio di Christo crucifisso* di Ambrogio Catarino Politi.

Non è stato notato finora che il testo puntigliosamente chiosato e confutato dal Catarino presenta discordanze sostanziali rispetto all'edizione a stampa del *Beneficio*. Prima di esaminare analiticamente tali discordanze, va tenuto presente che il Catarino è estremamente scrupoloso nel citare i testi con cui polemizza [17]. Ogni volta che la citazione è introdotta dalla parola « dice... », il testo confutato è citato letteralmente. Tanto più significative risultano quindi le diversità tra le citazioni del *Compendio* e i passi corrispondenti del *Beneficio*.

Cominciamo da una divergenza minima, anche se non trascurabile.

BENEFICIO	CATARINO
« Avendoci il nostro Cristo liberati... dalla tirannide del peccato e della morte... Questo è quel felicissimo seme, che ha percosso il capo al velenoso serpente... » (pp. 25-26).	« E però tutto quello che costui dice in laude di Cristo con più longhe parole, cioè che per lui siam liberati de la tirannide del peccato e de la morte e che lui è quel seme che ha percosso, *anzi contrito* il capo del velenoso serpente, e altre simili cose ha operato per noi... » (pp. 372-73).

---

17. Si veda, per un controllo, il *Rimedio a la pestilente dottrina de frate Bernardino Ochino*, stampato dal Catarino con la confutazione del *Beneficio*.

Quella del Catarino non vuol essere una citazione testuale (in questo caso, come abbiamo detto, sarebbe stata introdotta dalla formula « dice... »). Tuttavia va rilevata, da un lato, l'aderenza alle espressioni del *Beneficio*, dall'altra l'inserzione di un « anzi contrito » che non figura in quest'ultimo. È la familiarità del Catarino col testo biblico che lo spinge a correggere il « percosso » in « contrito », più aderente a *Gen.*, III, 15 (« ipsa *conteret* caput tuum ») o si tratta invece di un poco elegante calco scritturale della prima redazione del *Beneficio*, cancellato poi dal Flaminio nell'ultima revisione per la stampa? È chiaro che se le divergenze tra i rinvii del Catarino e il *Beneficio* fossero tutte di questo tipo, non varrebbe la pena di porre il problema. Ma passiamo a confronti più rilevanti. Scrive il Catarino:

« Certamente sono parole quelle che costui sempre ingannando soggiogne e dice: " Anzi, l'uomo che arà per certo esser tanto amato da Dio, allora si sforzarà fare ogni bene per renderli debite grazie " ecc. » (p. 409).

Ora, di questo passo nel *Beneficio* non c'è traccia. I rinvii contenuti nell'edizione Caponetto risultano non pertinenti. Evidentemente esso faceva parte di una redazione del *Beneficio* che non è quella conservataci.

Veniamo ora ad una vera e propria divergenza. Nella sua puntuale confutazione del testo, distinta secondo i capitoli del *Beneficio*, il Catarino affronta il quinto capitolo in questi termini:

« Il quinto capitolo è pieno del medesimo veneno, perché replica e' medesimi errori già notati, e spezialmente dove tratta de la giustizia nostra e vuole che noi siamo giusti non per la giustizia che sia in noi, ma per quella che fu in Cristo, né per opere nostre, ma per quelle di Cristo, il che è cosa stoltissima e perniziosissima » (p. 399).

Anche in questo caso il rinvio dell'edizione Caponetto alle pp. 52-53 del *Beneficio* (inizio del cap. V) non sembra pertinente, in quanto esse vertono esclusivamente sul tema di « come il cristiano si vesta di Cristo ». Il passo che si avvicina di più a quello confutato dal Catarino si trova invece nel cap. VI:

« Ma, se io risguardo nelle promesse e nel patto di Dio, il qual mi promette per il sangue di Cristo la remissione de' peccati, tanto sono certissimo di averla impetrata e di avere la grazia sua, quanto son sicurissimo e certo che Colui, che ha promesso e fatto il patto, non può mentire né ingannare. E per questa constante fede io divento giusto, e questa è la giustizia di Cristo, per la quale io son salvo e la mia coscienza si tranquilla » (p. 63).

Ma il brano decisivo del *Compendio*, che dimostra come nel testo che aveva sott'occhio il Catarino una parte dell'attuale cap. VI si trovasse in realtà nel cap. V, è quello immediatamente successivo:

« Erra e inganna trattando la materia del sacramento de l'altare e prima non esplicando molte cose che sono controverse per gli eretici, dandoci certo segno che lui non è vero catolico, come non è attestare al sacrificio e solamente considerare l'eucaristia come sacramento e segno del patto o ver testamento, e ancor non esprimer bene se in quel sacramento è il vero corpo e il vero sangue di Cristo, e senza il pane e vino. Dipoi, volendo che lo effetto di quel sacramento sia torre e' peccati nostri, intendendo de' peccati mortali, è falsissimo, perché a voler ricever degnamente tanto sacramento, bisogna avere avuta la remissione de' peccati prima per la confessione, come sempre ha costumato la Chiesa, sì che non facendo costui alcuna menzione de la confessione, ci dichiara lo spirito che parla in lui » (pp. 399-400).

Giustamente l'edizione Caponetto rinvia a questo punto alle pp. 60-62 del *Beneficio*. Esse tuttavia si trovano nel cap. VI; nel cap. V non vi è *alcuna menzione* dell'eucarestia. Riassumendo, il cap. V del testo confutato dal Catarino concordava con il testo dato alle stampe soltanto nell'ultima parte: per il resto era composto da passi che nell'edizione veneziana del '43 compaiono nel cap. VI. La maggior parte dell'attuale cap. V appare quindi frutto di un intervento successivo alla lettura del Catarino. Di ciò esiste una prova lampante. Il cap. IV dell'edizione veneziana termina così:

« Adunque cessi ormai la prudenza umana dall'oppugnare la giustizia *della santissima fede*, e diamo tutta la gloria della nostra giustificazione ai meriti di Cristo, *del qual ci vestiamo per la fede* » (p. 49).

Si vedano ora gli inizi dei capp. V e VI del *Beneficio*:

Cap. V: « E benché, per le cose dette di sopra, si possa assai chiaramente intendere come il cristiano *si veste di Cristo*, nondimeno ne vogliamo parlare alquanto, sapendo che 'l ragionar di Cristo e delli doni suoi al pio cristiano non può mai parer né lungo né molesto, quantunque fosse replicato mille volte » (p. 52).

Cap. VI: « Ma perché il demonio e la prudenza umana sempremai cercano *di spogliarci di questa santissima fede*, per la qual crediamo che in Cristo siano stati castigati tutti gli nostri peccati e che per lo suo preciosissimo sangue siamo reconciliati con Dio, bisogna che 'l cristiano abbia sempre apparecchiate l'armi di difendersi di questa pessima tentazione... » (p. 59).

Come si vede, esiste un doppio legame tra la fine del cap. IV e gli inizi del cap. V e del cap. VI. Dei due, tuttavia, è con ogni evidenza più forte quello che unisce la fine del cap. IV con l'inizio del cap. VI. Da un lato, infatti, l'inizio del cap. V si presenta esplicitamente come una divagazione sull'*immagine* del « vestirsi di Cristo » accennata alla fine del cap. IV – divagazione di cui in qualche modo si chiede scusa al lettore. Dall'altro, l'inizio del cap. VI non presenta alcuna soluzione di continuità con la fine del cap. IV (« santissima fede... Cristo, del qual ci vestiamo per la fede » – « spogliarci di questa santissima fede ») mentre, rispetto alla fine del cap. V, lo stacco è nettissimo:

Fine del cap. V: « Ma perché tante parole? Assai ci deve bastare di sapere che li veri cristiani per le tribulazioni si vestono della imagine di Cristo crocifisso. La qual se porteremo volentieri, ci vestiremo poi della imagine di Cristo glorioso; percioché, sì come abondano le passioni di Cristo, così per Cristo abondarà ancora la consolazione nostra e, se sopportiamo, insieme regnaremo » (p. 58).

L'interrogazione retorica conclude la divagazione e introduce la ripresa dell'immagine del « vestirsi di Cristo », su cui è imperniato l'intero cap. V, e che costituisce nello stesso tempo il collegamento necessario con la fine del cap. IV.

3. I capp. V e VI dell'edizione a stampa del *Beneficio* sono stati dunque profondamente rielaborati rispetto alla redazione precedente. Questa conclusione è rilevante anche sul piano interpretativo. La stragrande maggioranza delle citazioni da Calvino è concentrata (coincidenza perlomeno sospetta) in questi due capitoli. Ciò non significa che nel testo che il Catarino aveva sott'occhio le citazioni da Calvino fossero del tutto assenti, dato che il *Compendio* ne confuta due (pp. 404, 419). Tuttavia sembra lecito ipotizzare che la maggior parte delle derivazioni calviniane siano state introdotte dopo la stesura del *Compendio*. È estremamente probabile che esse debbano essere attribuite al Flaminio. Che il Flaminio intervenisse *per*

la seconda volta sul testo del *Beneficio* proprio nella primavera del '42, è un'ipotesi che si basa esclusivamente sulla già citata lettera del Priuli. È un'ipotesi discutibile, nel senso che l'accenno al « libretto » del Flaminio potrebbe essere attribuito alla perduta *Apologia* del *Beneficio*[18]. Tuttavia, chi, se non il Flaminio, può aver colmato lo scarto esistente tra il testo confutato dal Catarino e quello dato alle stampe? Non abbiamo notizia di altri interventi oltre a quelli del Flaminio. Abbiamo inoltre la testimonianza al processo del Morone, secondo la quale il Flaminio « l'haveva [il *Beneficio*] riveduto e rassettato a suo modo, e *dato alla stampa*» (p. 453; il corsivo è nostro). In generale, si può notare che tutte le testimonianze sulla diffusione del *Beneficio* rinviano immediatamente al Flaminio, ignorando o relegando in secondo piano la figura di don Benedetto, pur menzionato come « autore ». Nel momento in cui inizia la sua circolazione manoscritta, il testo appare affidato al solo Flaminio. A questo punto, le concordanze tra alcuni passi dei capp. V e VI del *Beneficio* e brani di lettere del Flaminio del 1542, pur non avendo valore assoluto di prova (è chiaro che l'argomento è reversibile, e che il Flaminio poté ispirarsi al *Beneficio* e non viceversa) tendono a confermare l'interpretazione che abbiamo dato della lettera del Priuli[19].

Ci siamo serviti della confutazione del Catarino come di un solvente per riportare alla luce uno strato del testo anteriore all'ultima rielaborazione del Flaminio. Ciò che intravediamo è il testo che circolò tra Napoli e Viterbo nel '40-'41: un testo, va sottolineato, già

---

18. Questa ipotesi avanzata dalla FRAGNITO, *Gli «spirituali»* cit., p. 787, nota, e ora sviluppata ulteriormente in *Ancora sul «Beneficio di Cristo»*, cit., pp. 8-11 dell'estratto, potrebbe chiarire l'accenno, contenuto nella lettera del Priuli, a un « loco » di san Bernardo che il Flaminio intendeva inserire nel «suo libretto». Nel testo a stampa ricorrono due citazioni da san Bernardo (pp. 37, 80): e a due passi non meglio precisati di san Bernardo risponde il Catarino nel suo *Compendio* (pp. 388, 417).

19. Per le concordanze con le lettere del Flaminio, cfr. l'edizione cit. del Caponetto, pp. 57, nota 9; 70, nota 23. Si aggiunga che il passo « E se in noi regnerà un continuo desiderio di crescere in fede, speranza e carità, di continuo oraremo come ci ordina san Paulo» (p. 59) è richeggiato nella lettera alla Sauli (cfr. *Opuscoli e lettere di riformatori italiani del Cinquecento*, a cura di G. Paladino, Bari, 1913, vol. I, p. 68); anche l'espressione «continova allegrezza» (p. 69) ricorre nella stessa lettera (*Opuscoli* cit., p. 69); la distinzione tra timore « penale » e timore « filiale » è presente, insieme all'esortazione a leggere l'*Imitazione di Cristo*, nella lettera a Carlo Gualteruzzi (cfr. *Opuscoli* cit., pp. 72-73): cfr. *Beneficio*, pp. 77 segg., soprattutto pp. 78-79 (dove però si parla di timore « servile » e non « penale »). Alcune concordanze tra le lettere del Flaminio e il *Beneficio* erano state rilevate da A. Casadei, in un saggio rimasto inedito, conservato presso la Biblioteca D. Cantimori, Pisa.

« abbreviato » dal Flaminio (si vedano le testimonianze riportate dal processo del Carnesecchi e dalla lettera del Beccadelli al Cervini). È possibile risalire a uno strato anteriore, e cioè alla redazione originaria di don Benedetto?

Possiamo farlo solo in parte, e per via di ipotesi. Abbiamo già notato che i prestiti da Calvino sono concentrati nei capp. V e VI, e cioè quelli profondamente rimaneggiati poco prima della stampa. C'è tuttavia un'importante eccezione: il Catarino nella sezione dedicata al cap. IV del *Beneficio* respinge l'interpretazione in esso proposta di un passo di sant'Ambrogio (p. 389). Ora, il brano confutato non è altro che una citazione da Calvino, seguita a poca distanza da un'altra, introdotta da alcuni passi scritturali (pp. 38-39). Ciò significa che il testo che aveva sott'occhio il Catarino non era esente da derivazioni calviniane. Tuttavia, a una lettura attenta queste due citazioni da Calvino hanno un sapore fortemente parentetico. Si veda il modo in cui la prima è introdotta (« Ma per non esser molto lungo, farò fine alle allegazioni, quando prima averò detto una bellissima sentenza di sant'Ambrogio ») e le parole che seguono alla seconda (« Ma ritornando al nostro proposito... ») (pp. 38-39). Queste formule di raccordo sono tanto più strane dal punto di vista del contenuto, in quanto le due citazioni non spezzano il filo dell'argomentazione, tutta incentrata sulla giustificazione per fede.

Segue quasi immediatamente un altro prestito letterale da Calvino: « Bisogna adunque prima purificare il cuore, se vogliamo che le nostre opere piacciano a Dio; e la purificazione consiste nella fede, come afferma lo Spirito santo per bocca di san Paulo » (*recte*: Pietro, p. 40). Anch'essa sembra però una zeppa, per due motivi. Anzitutto, per la ripetizione a poche pagine di distanza della stessa citazione scritturale, *Act.*, XV, 9 (cfr. p. 30). In secondo luogo, perché la frase successiva ribadisce senza alcuna giustificazione lo stesso concetto in termini pressoché analoghi: « Non bisogna adunque dire che l'uomo ingiusto e peccatore per le opere sue diventa giusto e buono e grato a Dio; ma bisogna dire che la fede purifica li nostri cuori da tutti i peccati, ci fa buoni e giusti e grati a Dio » (p. 40).

Se prescindiamo da questi passi, che abbiamo attribuito a interpolazioni seriori, che cosa resta di letteralmente calviniano nei primi quattro capitoli del *Beneficio*? Ben poco: un passo di tre righe a p. 40, che non abbiamo nessun motivo per considerare interpolato [20].

---

20. La derivazione da Calvino non è registrata dal Caponetto: cfr. però T. Bozza, *Il « Beneficio di Cristo »* cit., p. 5.

A questo punto possiamo riassumere la nostra argomentazione. Siamo arrivati a una conclusione *certa*: il testo con cui polemizzava il Catarino era diverso da quello a stampa. Abbiamo poi formulato un'ipotesi che ci sembra fortemente *probabile*: nella redazione originaria del *Beneficio* ad opera di don Benedetto i prestiti letterali dall'*Institutio* di Calvino erano verosimilmente trascurabili. È chiaro che la retrodatazione rispetto all'opinione corrente della redazione originaria del *Beneficio* (1540, o poco prima) tende a confermare quest'ipotesi. Infatti, la testimonianza più antica della circolazione in Italia dell'*Institutio* del '39 (e cioè dell'edizione utilizzata nel *Beneficio*) risale all'agosto 1540 [21].

Non si vuole con questo arrivare a sostenere che nella redazione originaria mancasse qualsiasi eco della letteratura riformata – se non altro per l'ovvia ragione che non disponiamo del testo redatto da don Benedetto da Mantova. Cade però la « favola » del « rozzo centone » calviniano di don Benedetto [22]. Sgombrato questo equivoco, ci troviamo ancora una volta di fronte – anche se in termini un po' diversi – al problema dell'interpretazione del *Beneficio*.

II.

1. La chiave di lettura del *Beneficio* è stata cercata dagli interpreti più recenti nell'individuazione delle fonti. Questa strada si è rivelata indubbiamente utile, ma non risolutiva. Il motivo è evidente. La scoperta di « fonti » così disparate – da Lutero a Valdés, da Melantone a Calvino – ha portato a una sorta di *impasse* interpretativa, che è stata risolta di volta in volta privilegiando una « fonte » rispetto alle altre. Abbiamo avuto così, per limitarci alle interpretazioni principali, un *Beneficio* valdesiano (Boehmer, Croce...), luterano (Miegge), calvinista (Bozza). La recente definizione di Caponetto esprime l'insoddisfazione nei confronti di queste letture unilaterali, e cerca di superarle con una giustapposizione che è anche una smorzatura: « In realtà, Benedetto Fontanini e il suo collaboratore Marco Antonio Flaminio non intesero diffondere il "luteranesimo" o il "calvinismo", e neppure il valdesianismo nella sua forma più originale ed estrema,

---

21. Si tratta della lettera del Cortese al Contarini, che il Bozza adopera come termine *post quem* della redazione di don Benedetto da Mantova (cfr. *La Riforma cattolica* cit., pp. 113, 133).
22. Cfr. ivi, p. 132.

ma annunciare la "santa dottrina" della giustificazione, riservata da Dio agli eletti e predestinati... ». Il punto d'arrivo, probabilmente inevitabile, di cent'anni di lavoro sulle « fonti », sembra essere questo: il *Beneficio* non è che un mosaico di citazioni scelte con « disinvolto eclettismo » per comporre un disegno in cui si esprime unicamente un distacco di tipo mistico dalle lotte religiose del tempo (p. 479).

Perché questo punto d'arrivo ci sembra pressoché inevitabile? Per due motivi: anzitutto, perché « fonti » così disparate tendono ovviamente ad elidersi; in secondo luogo, perché questa ricerca si è orientata finora esclusivamente verso figure di primo piano, dando luogo a una distorsione di prospettiva facilmente esemplificabile. Prendiamo il titolo stesso del « libretto »: *Trattato utilissimo del beneficio di Giesu Cristo crocifisso verso i cristiani*. Per l'espressione « beneficio di Cristo » è stata ricostruita un'illustre genealogia: Erasmo-Melantone-Valdés (pp. 471-74). Altri ha segnalato l'importanza del precedente costituito da un trattatello di Tommaso da Kempis, *De vita et beneficio Salvatoris Jesu Christi* [23]. Si tratta di indicazioni importanti, delle quali si dovrà tenere il debito conto: e tuttavia, colpisce trovare in un testo come l'*Operetta nova spirituale* di fra Gerolamo da Bologna (Venezia, 1515) un passo che suona: « Como el salvatore Christo Jesu benedetto per la sancta passione t'ha recomperato, per la sua sancta passione, la quale te priegho che tu con tua mente l'abbi inanti al conspecto tuo, e non sia ingrato de tanto grandissimo beneficio che lui te ha voluto comperare per lo sangue suo; questo è quello che dice: *Redemisti me domine deus veritatis* » [24]. Scritti di pietà religiosa come questo – e allora ne circolarono per l'Italia a centinaia – costituiscono la foresta, ancora inesplorata, di cui il *Beneficio* è un albero. Lo straordinario successo di pubblico e l'ostinata persecuzione inquisitoriale hanno selezionato quest'albero agli occhi dei contem-

---

23. Cfr. G. Penco, *Sull'origine dell'espressione « beneficio di Cristo »*, « Benedictina », XIX, 1972, pp. 99-102.

24. Cfr. C. Ginzburg, « Folklore, magia, religione », in: *Storia d'Italia*, vol. I: *I caratteri originali*, Torino, 1972, pp. 640-641. Cfr. anche *Libro da compagnie della confraternita di battudi, nuovamente stampato et diligentemente corretto...*, Venezia, per Nicolò de Aristotile detto Zoppino, 1535, c. iiiiv: « Dulcissimi patri et humanissimi in Christo Jesu dilecti frategli, voi haveti udito il nostro fratello con quanto cordiale amore ce ha ricordato la passione che volse senza comparatione aspramente portare sopra la croce confitto il nostro salvatore per noi miseri peccatori redimere e salvare: per la qual cosa, humanissimi fratelli, non vogliamo a tanto immenso beneficio esser ingrati ». Un accenno a Alessandro VI come pontefice regnante contenuto in un brano di poco successivo, permette di retrodatare di alcuni decenni la prima edizione del *Libro*.

poranei prima, e ai nostri occhi poi. E tuttavia, ciò non deve farci dimenticare che per il taglio, per il linguaggio e per la destinazione il *Beneficio* appartiene alla letteratura di pietà in volgare [25].

2. È stupefacente constatare come, nel caso del *Beneficio*, alle divergenze d'interpretazione degli storici si contrapponga una lettura convergente dei contemporanei. È una convergenza che abbraccia tanto i detrattori come il Catarino quanto gli entusiastici difensori come il Vergerio. « Or a qual uomo di carne non piacerà questa *dolce* dottrina di libertà e di predestinazione? », esclamava il Catarino (p. 351). « E che differenza è condannar quel istesso benefizio [di Cristo] o condannar un *dolce* libriccino, che ci mostra e ci insegna a conoscer quel benefizio? », replicava dal canto suo il Vergerio (p. 444). Con intenti opposti si insiste sulla « dolcezza » del libro. È una notazione densa di implicazioni, che troviamo esposte in maniera analitica e con animo preoccupato dal Cervini: « Gli ho data una occhiata [al *Beneficio*], e trovatovi come di molte cose buone, così di molte non buone... *Item* non pare che tenga necessaria la penitenza e la satisfazione, e per consequente che ci sia il purgatorio. Ma ch'egli voglia mandare tutti quelli in paradiso calzati e vestiti, che aranno quella fede sua e se caderanno fra via in peccato mortale quante volte si vogli, dicendo che il Signore ha pagato per noi non solo la colpa ma la pena, non solo una volta, cioè quando l'omo si batteza e viene alla fede, ma di poi ancora universalmente. Ultimo, quella sua certeza d'essere predestinato non ci mettendo condizione alcuna, non credo a senso comune che sia secondo la terminazione della Chiesa. Né voglio che a' miei populi si predichi così, ma più presto così: sperate tutti e tenete certo ch'el Signor nostro, essendo giustissimo e pientissimo, non mandarà alcuno all'inferno che non lo meriti... » (pp. 432-33). Una testimonianza più concisa, ma sostanzialmente convergente, è quella che ci resta dell'intervento di Galeazzo Florimonte

---

25. Questa netta distinzione di livelli (che non erano solo linguistici) non è tenuta presente nel saggio, peraltro acuto, di M. ROSA, *In margine al « Trattato del Beneficio di Cristo »*, « Quaderni storici », n. 22, genn.-apr. 1973, pp. 284-288, in cui si suppone che il *Beneficio* sia nato come risposta, ispirata dal Contarini, a un trattato teologico come il *De perfecta iustificatione a fide et operibus* del Catarino. D'altra parte, un'indagine sistematica sulla letteratura religiosa in volgare di questi anni è ancora da fare. Non sappiamo niente, per esempio, su uno scritto come quello del cappuccino FRA ANTONIO DA PINEROLO, *Dyalogo del maestro e del discepolo*, Firenze, 1543 (non siamo riusciti a rintracciare la prima edizione, apparsa a Genova nel 1539) che pure presenta, come mostreremo, singolari affinità col *Beneficio*.

a Trento (1546): « Deinde confutavit libellum *De beneficio Christi*, in quo in summa continetur, quod pro peccatis nulla debetur poena temporalis » (p. 439).

Ciò che è comune a queste reazioni non è la denuncia, ricorrente nella controversistica cattolica di questo periodo, dei rischi di immoralità impliciti nella dottrina luterana della giustificazione per sola fede: il discorso è più specifico e verte sulla facilità della via alla salvezza. È questa la « dolce dottrina di libertà e di predestinazione » condannata dal Catarino, che esponendola sinteticamente polemizzava contro « quello spirito di libertà che lor predicano, quella predestinatione de li eletti, che son loro, et tutti quelli che li credono, quel lor Christo tanto dolce che s'accolla ogni lor debito pur che lo credino... Costor dicono: crede d'esser de li eletti, et sarai di quelli, credi d'esser assoluto, et sarai assoluto, crede che Christo habbi satisfatto per te in tutto... et così sarà. Et questo è il gran beneficio di Christo che costor propongono » [26].

Questo era dunque il *Beneficio di Cristo* per i contemporanei. Per ricostruire il modo in cui essi lo lessero bisogna inserirlo nel fitto dibattito di quegli anni sulla predestinazione.

3. Nella lettera del Contarini sulla predestinazione, inviata a Lattanzio Tolomei tra la fine del 1537 e il principio del 1538, veniva tracciato questo quadro delle accese discussioni allora in corso su tali problemi: « Ma per incominciare dalla radice di tutta questa materia, devemo advertire che la astutia del adversario nostro ha posto hora nella chiesia di Dio due parti, le quale ambe per atendere più al honore loro, et ad essere superiore del compagno, che al honore di Dio et il bene del proximo, si hanno opposto l'una a l'altra et ambe

---

26. A. CATARINO, *Rimedio a la pestilente dottrina de frate Bernardino Ochino*, Roma, 1544, cc. 36v-37r. Quest'affermazione del Catarino avrebbe potuto colpire anche il *Dyalogo* di fra Antonio da Pinerolo, dove si trovano passi come questi: « Perché è cosa certissima che il vivacemente credere esser diventato figliuolo di Dio per la passione di Christo Dio per noi fatto huomo, con la buona volontà di servire et amare esso Christo, ci fa diventare et essere figliuoli di Dio: et di ciò più sotto nel *Pater nostro* ne diremo. Ma intanto di tanto benefitio esultando in spirito laudiamo et ringratiamo il buono Iesu... » (cc. VII v-VIII r); « Et ognuno, pure che habbia buona volontà et habbia fatto ferma deliberatione di vivere a Christo, et servirli sempre, pentito della vita passata, se fermamente crederà (come è obligato) essere fatto figliuolo di Dio per vertù di Iesu, subito, anchora che per avanti fosse stato un demonio et che sempre havesse crocifisso Christo, subito (et siane certo ognuno) questo diventa figliuolo di Dio per questa fede, et con filiale confidentia in Dio può dire: Padre nostro etc. » (c. d III v).

due conducono l'homo il quale non le advertisse bene in precipitio. La prima è di questi nostri li quali fanno professione di catholici et oppositi a' luterani; et questi per difendere il libero arbitrio, non sene acorgendo, molto derogano alla gratia di Christo et tandem per studio di contradire a' lutherani contradicono alli precipui dotori della Chiesa et, da la verità catholica declinando, si accostano alla heresia di Pellagio. Questi altri al incontro, dapoi che hanno letto un poco di sancto Augustino et sono un poco tenti dalle parole di quello sanctissimo homo, facti molto lontani dalla humiltà et carità di Augustino, montano sopra li pulpiti et propongono alli populi questione et doctrine difficilime, male intese da loro et explicate poi cum sententie paradoxe; talmente che di buono seme... corrotto per la loro superbia et ignorantia del populo, ne nasce non furmento, ma infelice lolio et avene sterili »[27].

Chi fossero gli « agostiniani » a cui alludeva il Contarini, oggi, dopo gli studi di Jedin, ci è noto[28]. Del tutto in ombra sono rimasti invece i « pelagiani »[29]. È una sfortuna che si spiega facilmente, tenendo conto dell'attrazione esercitata sugli storici dai gruppi più o meno toccati dai temi della Riforma. È noto infatti che dopo la diffusione degli scritti e delle idee di Lutero si fece ricorso al nome di sant'Agostino per introdurre posizioni di tipo protestante. Molto più difficile da ricostruire è l'effettiva fisionomia storica dei « pelagiani »: se non altro per l'ovvio motivo che mentre molti si dichiaravano « agostiniani » era ben difficile che qualcuno fosse disposto a dichiararsi « pelagiano », e cioè seguace di un eresiarca. E tuttavia, è legittimo cercare di identificare i gruppi e le posizioni colpiti da questa sommaria e polemica definizione. Questi gruppi, queste posizioni ebbero una consistenza reale: le note che seguono intendono fornire una prima traccia di ricerca su un settore ancora sconosciuto.

Per il Contarini, i « pelagiani » erano il prodotto della polemica antiluterana. Intervenendo in difesa del benedettino don Marco da Cremona, scriveva al Giberti denunciando coloro « li quali, perché Lutero ha detto cose diverse *de gratia Dei et libero arbitrio*, si hanno

---

27. Cfr. A. STELLA, *La lettera del cardinale Contarini sulla predestinazione*, « Rivista di storia della Chiesa in Italia », XV, 1961, p. 422.
28. Cfr. H. JEDIN, *Ein Streit um den Augustinismus vor dem Tridentinum (1537-1543)*, « Römische Quartalschrift », XXXV, 1927, pp. 351-368.
29. Cfr. A. STELLA, *Anabattismo e antitrinitarismo in Italia nel XVI secolo. Nuove ricerche storiche*, Padova, 1969, p. 16, nota 4, che propone a titolo esemplificativo i nomi di due francescani, Dionigi Zanettini detto il Grechetto e Cornelio Musso.

posto contra ogni uno il quale predica et insegna la grandezza della gratia et la infirmità humana; et credendo questi tali contradire a Lutero, contradicono a santo Augustino, Ambrosio, Bernardo, san Thomaso; et *breviter*, mossi da buon zelo ma *cum* qualche vehementia et ardore di animo non se ne acorgendo, in queste contradictioni loro deviano dalla verità catholica et si acostano alla heresia pellagiana e pongono tumulti nel popolo »[30]. In un caso concreto come questo, risulta evidente che il Contarini non si pone in una posizione intermedia tra « agostiniani » e « pelagiani » (anche se in seguito, di fronte agli sviluppi dell'« agostinismo », assumerà posizioni più caute[31]): erronee in senso stretto sono solo le tesi dei « pelagiani ». Per altri, invece, la diffusione delle dottrine della Riforma aveva semplicemente rivelato l'esistenza di un « pelagianesimo » diffuso: nel processo del Morone si riferisce che il maestro di casa del cardinale, un anonimo sacerdote modenese, avrebbe chiesto ad un predicatore di spiegargli « che differenza è tra pellagiani et catholici; accenandomi », continua il testimone, « per qualche sua parola, che senza questo novo lume de' Lutherani, difficilmente si fuggiva la doctrina de' pellagiani »[32]. Nelle parole di questo anonimo si avverte l'eco di un'ovvia accusa di pelagianesimo rivolta ai cattolici da parte luterana: ma la testimonianza è interessante perché rivela la diffusione del termine e delle discussioni ad esso legate.

A questo punto ci si potrà chiedere che cosa c'entrino i « pelagiani » con il *Beneficio*. Ma è proprio il Catarino (la cui perspicacia di controversista è stata giustamente sottolineata) ad applicare questo termine a una tesi del *Beneficio*. Elencando gli errori del terzo capitolo egli scrive: « Erra nel principio dove esortando dice: " E conoscendo noi che sotto al cielo non è dato altro nome agli uomini nel quale ci possiamo salvare fuor che il nome di Giesu Cristo, corriamo con gli passi de la viva fede a lui ne le braccia, il quale c'invita gridando: « Venite a me tutti voi che sete affannati e aggravati, e io vi recrearò". L'error sta in questo, che trattando lui e' principii de lo entrare in

---

30. Ivi.
31. Cfr. F. DITTRICH, *Gasparo Contarini (1483-1542). Eine Monographie*, Braunsberg, 1885. Una punta polemica contro i « pelagiani » si trova anche nel cit. *Dyalogo* di Antonio da Pinerolo: « non è mai stato né sarà persona humana tanto perfetta che col lume solo naturale et forze del libero arbitrio habbi osservato e' dieci comandamenti in quel modo che è grato et accetto a Dio, né possa osservare; et chi tenesse l'opposito sarebbe heretico pelagiano » (cc. III*v*). Tuttavia, nel contesto del *Dyalogo* (cfr. sopra, nota 23) questo passo ha un suono nettamente difensivo.
32. Archivio Gallarati-Scotti, ms. XLI, E, n. 5, Processo Morone, c. 28*r*.

Cristo, mostra che basti accorrere a lui. La notizia del nostro male è de la medicina, il che è error pelagiano» (p. 356). Non si tratta di una tesi marginale, ma del nocciolo stesso del *Beneficio* – quella «dolcezza» che gli veniva unanimemente riconosciuta, e che lo stesso Catarino identificava polemicamente in questi termini: «Costor dicono: crede d'esser de li eletti, et sarai di quelli, credi d'esser assoluto, et sarai assoluto, crede che Christo habbi satisfatto per te in tutto... et così sarà»[33].

4. Quest'accusa di «pelagianesimo» è una nota stridente in un contesto polemico volto a sottolineare i debiti del *Beneficio* nei confronti di «Lutero, Bucero, Melantone, Calvino e altri nuovi maestri degli uomini curiosi, volubili e vaghi, che si volgano a ogni vento di dottrina» (p. 371). Il punto specifico in cui si coglie la «dolcezza» del *Beneficio* non è ricondotto dal Catarino alle posizioni della Riforma: al contrario. Riteniamo che la contraddizione in cui si trova impigliato suo malgrado il controversista sia una spia di una contraddizione più profonda tra le varie stratificazioni del testo.

A questo punto ci sembra indispensabile abbandonare la via tradizionalmente battuta del *Beneficio* come «capolavoro della letteratura della Riforma italiana» (p. 476). Non solo il titolo, ma gli stessi temi fondamentali di questo testo s'inseriscono in un filone ben preciso della pietà e delle idee religiose italiane tra '400 e '500.

In questo periodo temi tradizionali, testi risalenti magari a due secoli prima, acquistavano un sapore nuovo. Nel *Trattato della pazienza* del Cavalca (citiamo dalla stampa veneziana del 1494) si leggeva: «Dico adunque che la disperatione della misericordia di Dio è lo magiore peccato che sia e quello che a Dio più dispiace et l'hom più noce. La disperatione si è peccare in Spirito sancto, el quale non si perdona qui né per lo vegnire», citando, tra le altre autorità, questo passo: «Onde dice sancto Bernardo, parlando in persona del peccatore: "Poniamo ch'io agio comesso grande peccato, non mi turbarò tanto che io mi disperi, però che io ripenso le ferite del mio Signore che fu morto per li mei peccati"»[34].

Lo stesso tema ricorre con frequenza soprattutto nella letteratura, in quegli anni così diffusa, di preparazione alla morte. Il *Ricordo di fare il transito felice de la morte* che conclude il confessionale del minorita

---

33. A. CATARINO, *Rimedio* cit., cc. 36v-37r.
34. Colophon: Venexia, per Chrystoforo de Pensis de Mandello... MCCCCXCIIII adì XXV de zugno, cc. non numerate.

milanese Francesco da Mozzanica (1510) va nella stessa direzione:
« El diavolo, quando lo infermo sarà in angonia, tuti li peccati ge
representa e porta lì davanti, maxime quelli che non haverà confes-
sati, aciò per questo modo il conduca a desperatione. E nondimeno,
nullo per questo si desperi per la misericordia de Dio, etiamdio se
lo havesse ben comesso più latrocinii, furti e homicidii e altri gran-
dissimi e laydi peccati che non sono le gozze de l'aqua del mare e li
granelli de l'arena, etiamdio se in vita sua non havesse facto peni-
tentia, né se ne fusse confessato, né etiamdio morendo non se ne potesse confessare, nondimeno non se debe desperare... Solo il peccato
de la desperatione he quello che non se po' medicare... E se caso fusse
ch'el fusse certo e chiaro de essere nel numero de li damnati, nondimeno per questo non se debe desperare ». Anche qui il rimedio alla
disperazione è la meditazione di Cristo crocifisso [35]. Ma un testo come
il *Libro devotissimo della misericordia de Dio* (1521) va ancora più
in là, asserendo che lo stesso peccato tradizionalmente considerato
irremissibile – il peccato contro lo Spirito santo – verrà perdonato:
« Retorna adoncha, anima illaqueata e ligata da molti peccati, a
Giesù Christo misericordioso, benegno e pietoso, el quale è apparec-
chiato a remettere e perdonarte tutte le tue iniquitate e sceleritade,
se bene etiamdio havesse peccato in Spirito santo, del qual se dice
che non se remette né in questo mondo né in l'altro. Ma io te dico
così, che se tu havesse le migliara de millioni de peccati in Spirito
santo, e tu te voglie convertire a Dio, ello si è tanto benigno, carita-
tivo e misericordioso che tutti te li remetterà e perdonerà, se veramente ne serai bene contritto... » [36].

Questa concorde insistenza sull'ampiezza della misericordia di
Dio rispondeva a un'inquietudine diffusa. Nella crisi delle istituzioni
ecclesiastiche il problema della salvezza individuale balzava in primo
piano, con una tonalità drammatica nuova. È su questo sfondo che
s'inserisce, a un livello colto, il dibattito sulla predestinazione e il
libero arbitrio suscitato dal Pomponazzi.

Si sa che l'opera del Pomponazzi (*Libri quinque de fato, de libero
arbitrio et de praedestinatione*) ultimata nel novembre 1520, rimase
inedita fino al 1567, pur circolando largamente manoscritta [37]. È
stato rilevato che questo ritardo è da attribuire verosimilmente all'in-
sorgere di poco successivo della polemica tra Erasmo e Lutero sugli

35. Cfr. C. GINZBURG, « *Folklore, magia* » cit., p. 635.
36. Ivi, p. 636.
37. Cfr.. l'edizione critica del *De fato* a cura di R. Lemay, Lugano, 1957.

stessi temi [38]. È vero che Pomponazzi dichiarò a più riprese di atte-
nersi « autoritati canonicae Scripturae »: ma non rinunciò a sottolineare che determinate affermazioni suonavano come « deliramenta »
alle orecchie dei filosofi [39]. I dubbi e le questioni così sollevate in una
materia tanto delicata ebbero una larga eco, testimoniata dagli interventi di Ambrogio Fiandino e di Crisostomo Javelli. Va notato che
la posizione di quest'ultimo è stata definita semi-pelagiana [40].

Il nesso tra queste discussioni specificamente filosofiche e il dibattito religioso contemporaneo è ancora da chiarire. Va notato che questo
nesso è in molti casi vera e propria coincidenza biografica: Contarini,
Fiandino, Florimonte, Flaminio e così via. Naturalmente non si vogliono confondere livelli diversi: e tuttavia è significativo che di predestinazione si parli in questi anni non solo in un ambito filosofico
tecnico, ma anche in testi volgari di carattere letterario o addirittura edificante.

Prendiamo uno scritto come *L'heremita, overo della predestinatione*
di Marco Mantova Benavides. Apparso per la prima volta nel 1521 –
non si può non rilevare la vicinanza al *De fato* del Pomponazzi –
esso ebbe un notevole successo, testimoniato da tre edizioni nel giro
di quattro anni [41]. All'ultima edizione era premessa una dedica di
Lucio Paolo Roselli (che tra l'altro ancora nel '49 osava consigliare la
lettura del *Beneficio*) [42]. Il Benavides, illustre professore di diritto all'u-
niversità di Padova, immaginava di incontrare, nella cornice petrarche-
sca dei Colli Euganei, un romito pisano, Girolamo degli Anselmini, e di
discutere con lui il problema della predestinazione. Più delle risposte
del romito sono interessanti i dubbi formulati dal Benavides: « Padre,
voi diceste che tutto che molti gli chiamati da Dio siano, gli eletti
però pochi saranno; questo non mi pare havere colore alcuno in sé
di verità, anzi istimo di largo, se maggior ragione non mi viene ad-
dutta, che tutti quanti quegli che bagnati saranno dell'acqua del santo
battesimo a salvezza condurre s'habbiano, overo se non tutti, più e'
salvi almeno dover essere de gli perduti, però che da Dio già è questo

---

38. Cfr. ivi, *Prolegomena*, p. IX.
39. Cfr. ivi, p. 451.
40. Cfr. la voce « Javelli » redatta da M.-D. CHENU, in *Dictionnaire de théologie catholique.*
41. Venezia, Georgio Rusconi, 1521; Milano, J. A. Scinzenzeler, 1523; Venezia,
Giovanni Antonio e fratelli da Sabbio, 1525. Qui si cita da quest'ultima.
42. Cfr. su di lui L. PERINI, *Ancora sul libraio-tipografo Pietro Perna e su
alcune figure di eretici italiani in rapporto con lui negli anni 1549-1555*, « Nuova
rivista storica », LI, 1967, pp. 365 segg., soprattutto p. 367, nota 25.

predestinato ». Alle obiezioni del romito il Benavides incalza: « Ecco, io vi dico che gli è bisogno confessare circa questa predestinatione, così chiamata dalla scola de gli vostri theologhi, che Idio, sì come prima cagione et primiero motore del tutto, o nessuno havere predestinato, o vero tutti gli huomini del mondo, o solamente una parte. Che nessuno habbia egli predestinato non è da credere, anzi saremmo in manifesto errore tal oppenione tenere per certa, conciosia cosa che le carte ne siano piene di essere predestinati nella adottione de e' figliuoli di Dio, per il che la prima oppenione è falsa. Se volemo dire che tutti, segue che ciascuno s'habbia a salvare, altrimenti diremmo Dio essere inconstantissimo et mutabile, che non è da dire per verummodo: perché quello che gli è piacciuto una volta di fare non è da credere che ammendare se ne voglia. Et finalmente, se diciamo che una parte sola, verrimo un altro inconvenevole ad inferire, che fra gli huomini qual huomo Iddio partesano ne sia, che non si deve affermare perciò che la Scrittura in ogni luogo ce 'l veta: non ha egli di tutti ugualmente cura et pensero? non consente egli che così per gli pessimi et tristi huomini, quali pegli buoni et santi nasca ogni giorno il sole? et che tutti habbino et ricevino una mercede appo lui? dunque per questo resta che, non essendo se non ugualmente distributore di bene a tutti, che anchora tutti ci habbia predestinati » [43]. Ma di fronte all'autorità del teologo il Benavides finisce col darsi vinto, accettando la tesi del piccolo numero degli eletti. Riesce però a strappare all'interlocutore un'importante ammissione, sia pur velata di cautele. « " Vorrei saper da voi " » chiede il Benavides « quel che sarà di coloro che naturalmente vivono bene et secondo la ragione, ma privi sono della cognitione di questa nostra fede christiana, et del battesimo ". Et egli: " Sappi, figliuolo, che la Scrittura non promette la salvezza se non a quegli gli quali saranno renasciuti dell'acqua et del Spirito santo; pure non si può fallire ad essere huomini et non bestie, moralmente vivendo secondo l'ordine naturale de e' buoni costumi, conciosia cosa che e' secreti di Dio sapere o intendere non si possano " ». L'esempio dantesco che segue immediatamente – Traiano salvato dalle preghiere di papa Gregorio – non stona certo in bocca a un romito raffigurato come autore di sonetti petrarcheggianti e difensore dei poeti contro la condanna di Platone [44].

---

43. *L'heremita* cit., cc. XLVIII*v*-LI*r*.
44. Ivi, cc. LIX*r-v*; cfr. anche cc. XXV*r*-XXIX*r*.

Se passiamo da questo linguaggio e da queste preoccupazioni umanistiche in tema di predestinazione a un testo come *Uno libretto volgare con la dechiaratione de li dieci comandamenti, del Credo, del Pater Noster, con una breve annotatione del vivere christiano...* (1525), avvertiamo uno stacco nettissimo: «Ma tra tutte le tentationi questa non è la minima, che 'l diavolo assalta l'huomo mettendo in fantasia la predestinatione, tal che l'huomo cade in dubio, angustia et timore se lui sia ordinato da Dio a la beatitudine, o vero predestinato. Qui bisogna andare cautamente, che niuno huomo christiano habbia per dubbio, anzi per certo che ciascuno che sarà battizato et chiamato da Dio nel admirabil lume de la fede, tal che esso protesti esser christiano, che tale ha in sé certissimo indicio della divina predestinatione. Come non sarà colui predestinato a chi Dio ha donato et concesso lo dono de la fede, mediante lo quale l'habbi Dio per unico suo conservatore et salvatore, et se confida in esso solo?... L'ha in sé certissimo segno de predestinatione essa fede»[45]. L'insistenza sulla predestinazione come sinonimo di elezione avviene in un contesto ben più drammatico di quello del dialogo del Benavides. La fede come «certissimo segno de predestinatione» è la risposta pacificante al «dubio, angustia et timore» dell'anima assaltata dal diavolo.

5. A questa data – 1525 – sono già in circolazione i testi fondamentali di Erasmo e Lutero, che costituiranno lo sfondo implicito o esplicito del dibattito successivo. Il termine «pelagiani» ha cessato di alludere esclusivamente a eretici sepolti da secoli: si parla ormai di «novi pelagiani» e il bersaglio principale della polemica è Erasmo. Non si trattava di un mero abuso polemico: nelle sue annotazioni al Nuovo Testamento (1516), commentando *Rom.*, V, 14, Erasmo aveva discusso lungamente la negazione pelagiana del peccato originale, con una simpatia («Illud videndum ne plus satis oderimus Pelagianos») mascherata sotto un linguaggio ironicamente distaccato[46]. Allorché scoppia il contrasto con Lutero, la difesa del libero arbitrio da parte di Erasmo gli attira l'ovvio epiteto ingiurioso di «pelagiano». Non sembra che Erasmo se ne risentisse particolarmente; alcuni anni dopo (1527) scrivendo a Pirckheimer affermava: «Quantum

---

45. C. g III*r*. Di quest'operetta si ebbe, un trentennio dopo, una ristampa senza modifiche.
46. Cfr. *Erasmi opera*, VI, Lugduni Batavorum, 1705, coll. 585 segg. Per le polemiche contro i «novi Pelagiani» cfr. i rinvii a Ecolampadio in ALLEN, V, 596, e VI, 5.

apud alios valeat autoritas Ecclesiae nescio: certe apud me tantum valet ut cum Arianis et Pelagianis sentire possim, si probasset Ecclesia quod illi docuerunt »[47]. Certo, né il riferimento agli ariani né quello ai pelagiani erano casuali.

Gli echi di queste posizioni erasmiane arrivavano in Italia in un ambiente in cui era largamente diffusa a vari livelli, come abbiamo visto, la tendenza a privare la predestinazione di ogni connotato minaccioso o inquietante. Da quest'incontro nacque la tendenza « pelagiana » di cui fu accusato tra gli altri il Sadoleto (sul legame di questi con Erasmo è inutile insistere). L'opera incriminata in questo senso da « agostiniani » come il Badia fu il commento all'epistola ai Romani (1535); ma già nel 1525 il Sadoleto aveva pubblicato una *Interpretatio in Psalmum Miserere mei* nella quale l'insistenza sul tema già noto dell'amplissima misericordia di Dio si accompagnava a un riconoscimento della capacità umana di meritarla: « Hac subiectione animi et in ipsum Deum omnipotentem amore, nulla est tanta iniquitas peccati, nulla sceleris enormitas, quae non continuo aboleatur »[48]. Ciò che cancella le colpe di Davide è l'umiltà con cui egli le riconosce, implorando perdono.

Nel commento all'epistola ai Romani il Sadoleto affrontò il testo che costituiva il punto di riferimento decisivo di tutte queste discussioni. Sulle orme di Erasmo egli insisté fortemente sull'esaltazione del libero arbitrio; ma con caratteristica prudenza cercò di prevenire possibili accuse attaccando contemporaneamente Pelagio: « Ac mihi quidem saepius jam reverso ad consyderanda ea, quae in utramque dicuntur partem, et rationum momenta perpendenti liquere adhuc non potuit, nisi quod Pelagianam impietatem sine ulla dubitatione detestor, qui tantum meritis nostris honoris tribuit, ut divinae gratiae liberalitatem conetur extinguere... Sed ex altera quoque parte, etsi ab ea stat doctor omnium maximus, idemque gravissimus, et sanctissimus vir [Agostino], tamen durum admodum mihi videtur, quodque illabi non facile queat ad sensus nostros, si omnino a nobis nihil sit quod valeat ab obtinendam gratiam, in pari conditione cunctorum ita quosdam a Deo eligi, ut ceteri in calamitate et damno destituantur »[49]. Tipicamente, il Sadoleto mostra una certa insoffe-

---

47. Cfr. ALLEN, VII, 216 (e vedi anche IV, 562, 574; V, 16). Nella lettera al Pirckheimer cit., la Chiesa è definita « totius populi Christiani consensum ».
48. Romae, 1525, c. III*v*.
49. J. SADOLETO, *In Pauli epistolam ad Romanos commentariorum libri tres*, Lugduni, 1535, p. 130.

renza per il termine predestinazione, e cerca di servirsi il più possibile del termine « praediffinitio », meno carico di implicazioni negative nei confronti del libero arbitrio, e comunque inteso in accezione esclusivamente positiva: « Praediffinivit ergo Deus quos praenoverat, ut conformes essent imaginis Filii sui » [50]. In ciò Sadoleto seguiva l'esempio di Erasmo, che tanto nella traduzione del Nuovo Testamento che nella polemica con Lutero aveva sempre evitato il termine « praedestinatio », il cui etimo pregiudicava già in partenza la posizione che intendeva sostenere [51].

Si ricorderà che il Contarini aveva attribuito le posizioni « pelagiane » a un eccesso di polemica antiluterana. Il caso del Sadoleto sembra fatto apposta per smentirlo. Questo cardinale amico di Melantone e noto per le sue tendenze ireniche, si serve in realtà occasionalmente e in maniera pretestuosa della polemica antiluterana per introdurre il discorso positivo che gli sta a cuore: l'accentuazione dell'importanza del libero arbitrio. La negazione di quest'ultimo « his recentibus haereticis occasionem praebuit, ut de servo jam, non amplius de libero arbitrio audere conscribere. Impie illi hoc quidem, ut pleraque alia, nec veterum in eo doctorum pietatem et sanctitatem, sed sua tantum religionis omnis evertendae studia insequentes... Ego iniquum confiteor esse, et refragari scripturae testimonio, et negare omnia attribui Deo bona oportere: et tamen idem ego hoc dico, devitata hac iniquitate, nonnihil quoque libertati nostri arbitrii loci, ac muneris reliquum esse » [52].

All'accusa di pelagianesimo suscitata da passi come questi, il Sadoleto replicò rivendicando la legittimità delle proprie posizioni, e dissociandosi unicamente dalle tesi *condannate* di Pelagio. « De caetero Pelagianum esse non puto, si in initiis aliquid retineamus, quod sit nostrum », scriveva infatti al Contarini; e in una lettera di poco successiva ribadiva: « Nec tamen, si non consentio cum Augustino, iccirco ab Ecclesia Catholica dissentio: quae tribus tantum Pelagii capitibus improbatis, caetera libera ingeniis et disputationi-

---

50. Ivi, p. 129.
51. Erasmo traduce « declaratus » anziché « praedestinatus » in *Rom.*, I, 5 (*Opera*, VI, cit., coll. 554-555, discutendo lungamente la questione terminologica) e « praefinivit » anziché « praedestinavit » in *Rom.*, VIII, 40 (ivi, col. 606). A proposito di quest'ultimo passo accenna con distacco agli interventi sulla predestinazione di Origene, Agostino, Tommaso e gli scolastici in genere: « quorum ego industriam non improbo ».
52. J. SADOLETO, *In Pauli epistolam...* cit., p. 132.

bus reliquit » [53]. Gli avversari lo tacciavano d'ignoranza in fatto di teologia (un'accusa ripresa anche in sede storiografica): « La quale ignorantia », egli ribatteva, « io non la disdico in me, sol dico che, se quelli che vanno a Parigi a studiare in teologia in sei anni si addottorano, io che l'ho studiata otto anni continui in Carpentras, non doverei essere dalla natura sì mal dotato, che io non ne havessi preso qualche parte. Et sebben non ho studiato Durandi, Capreolo, Ochan, ho studiato la Bibbia, san Paolo, Agostino, Ambrogio, Crisostomo e quei degnissimi dottori che sono le colonne della vera scientia » [54]. In questa serie di autorità, particolare rilievo era dato ai padri greci: « De initiis bonarum voluntatum, et de eiusmodi genere, toto secutus equidem sum Graecos auctores libentius, praesertim cum Augustinus non satis se explicare mihi videatur » — e soprattutto a Crisostomo (« cui ego palmam in intelligendis, ac enucleandis scripturis sanctis sine ulla dubitatione tribuo ») [55]. L'« ignoranza » teologica era in realtà un consapevole rifiuto della scolastica.

Il Sadoleto non è una figura isolata. Dal suo epistolario emerge una serie di contatti che vanno da Erasmo al Catarino, all'Ottoni, al Chiari, a Crisostomo Calvini. Si tratta di contatti che implicavano una convergenza reale. La presenza del Catarino in questa serie è solo apparentemente eterogenea, come mostreremo più avanti. Fin d'ora comunque possiamo rilevare nell'*Epistola ad Senatum populumque Genevensem* del Sadoleto (1539) la presenza del termine « beneficio di Cristo », in un'accezione che ritroveremo: « [Cristo] omne denique genus humanum a peccato et peccati morte et a potestate huius mundi tenebrarum, ad caelestem appetendam atque sperandam et cognationem et lucem excitavit, demersosque in luto terrae hominum animos erexit ad coelum atque extulit. Atque hoc maximum Jesu Christi erga nos beneficium... » [56].

6. Particolarmente notevole appare il legame che unisce il Sadoleto a personaggi autorevoli della congregazione cassinese dell'ordine benedettino, come (oltre a Gregorio Cortese) i già ricordati Luciano degli Ottoni, Isidoro Chiari e Crisostomo Calvini. Si tratta di uomini

---

53. Cfr. S. RITTER, *Un umanista teologo: Jacopo Sadoleto (1477-1547)*, Roma, 1912, p. 69, nota 1 e 2.
54. Ivi, pp. 41-42 (lettera al Bini del 20 agosto 1535).
55. Ivi, p. 69, nota 1, p. 42, nota 5.
56. J. SADOLETO, *Opera*, II, Verona, 1738, p. 175.

variamente legati alla biografia di don Benedetto da Mantova e alla fortuna del *Beneficio* [57].

Tra essi spicca la figura dell'Ottoni. Nel 1538 egli pubblicò una traduzione ampiamente commentata delle omelie di Crisostomo alla epistola ai Romani [58]. Il testo greco dell'opera di Crisostomo era stato pubblicato a Verona dal Giberti, e il Sadoleto ne aveva accolto calorosamente l'invio: « Quid enim mihi accidere potuit optatius, et rationibus meis magis accomodatum, quam cum in eadem me exerceam palaestra in qua tantus vir tantopere insudavit, habere me eum et monitorem et magistrum, cuius doctrinae et auctoritatis neminem possit poenitere? » [59]. Per le stesse vie esso giunse all'Ottoni, al quale anzi il Giberti trasmise un manoscritto da collazionare con la stampa [60].

L'Ottoni, che sappiamo legato al Sadoleto, ne loda per l'appunto il commento all'epistola ai Romani [61], che ricalca in più punti, anche se con molta minor cautela. Erasmianamente, si serve del termine « definitus » anziché « praedestinatus », motivando la sua scelta così:

---

57. Cfr. H. O. EVENNETT, *Three Benedectine Abbots at the Council of Trent (1545-1547)*, in « Studia monastica », I, 1959, pp. 343 segg. Su Isidoro Cucchi da Chiari, cfr. B. ULIANICH, *Scrittura e azione pastorale nelle prime omilie episcopali di Isidoro Chiari*, in: *Reformata reformanda. Festgabe für H. Jedin*, a cura di E. Iserloh e K. Repgen, I, Münster i. W., 1965, pp. 610-634. Sull'Ottoni vedi A. ROTONDÒ, *Per la storia dell'eresia a Bologna nel secolo XVI*, in « Rinascimento », XIII, 1962, pp. 141-43, 153-54; C. GINZBURG, *Due note sul profetismo cinquecentesco*, « Rivista storica italiana », LXXVIII, 1966, pp. 191 segg. Una tesi di laurea sull'Ottoni è stata discussa presso l'università di Bologna nel 1972, relatori gli autori di questo saggio, dalla dott. Carla Faralli, che sta preparando uno studio sull'argomento.

58. *Divi Ioannis Chrysostomi in apostoli Pauli epistolam ad Romanos commentaria, Luciano Mantuano divi Benedicti monacho interprete, et in eos, qui eundem Chrysostomum divinam extenuasse gratiam, arbitriique libertatem supra modum extulisse suspicantur, et accusant, defensore*, Brixiae, 1538. L'opera, successivamente posta all'Indice, è assai rara: se ne conoscono solo quattro esemplari, conservati rispettivamente presso la Biblioteca Apostolica Vaticana, la Biblioteca Casanatense, la Biblioteca Comunale di Mantova e la Bibliothèque Mazarine (quest'ultimo è stato rintracciato dalla dott. Carla Faralli). Una testimonianza del pervicace interesse per l'opera dell'Ottoni si trova nell'Archivio Storico Diocesano di Napoli, *Sant'Uffizio*, fasc. 71B, in un processo contro i librai Marc'Antonio Passaro e Marco Romano (luglio 1574): tra i libri confiscati al Passaro c'erano due esemplari del commento di Crisostomo all'epistola ai Romani, tradotto e commentato dall'Ottoni.

59. Cfr. S. RITTER, *Un umanista* cit., p. 42, nota 5.

60. *Divi Ioannis Chrysostomi...* cit., dedicatoria. Il volume è preceduto da un indirizzo al lettore di G. B. Folengo, che curò anche l'edizione, e da un epigramma di Teofilo Folengo in lode dell'Ottoni.

61. Ivi, c. 3v.

« Praedestinationis autem nomen raro ponit Chrysostomus: quod non tantum ipse tribuit et quantum solent nostri doctores, qui caput rerum ipsam fecerunt, ac nostrae salutis fontem, et causam singularem et unicam. Verum Chrysostomus saepius nominat electionem, quod electionis nomen aptius sit et magis idoneum ad arbitrium nostrum una cum gratia Dei servandum, et quod apud Deum idem sit eligere ac praeeligere seu praedestinare, cum ibi nullum tempus futurum intelligatur, et quod electio praedestinationem praecedit, et illius quodammodo causa est » [62]. Nella sua aspra polemica contro i « nostri doctores, praesertim recentiores », l'Ottoni coinvolge Agostino, Pietro Lombardo, Tommaso e Scoto; e come nel Sadoleto, l'attacco a Lutero serve a introdurre l'esaltazione del libero arbitrio: « Adde quod Martinus Luterus, hac ipsa potissimum nixus arbitraria praedestinatione, funditus tollit hominis libertatem... sed aut tollendum humanum arbitrium aut praedestinationem, non arbitrariam tantum, sed ex praenotione quoque ponendam » [63]. Si tratta della negazione teologica più netta che sia dato incontrare in questi anni riguardo alla predestinazione. L'Ottoni, intriso di neoplatonismo, riprende il tema umanistico della « dignitas hominis »: il libero arbitrio è ciò che segna la superiorità dell'uomo sulle bestie, è una « vim quandam ad finem adipiscendum » [64]. Questo fine è « felicitatem... quae et finis hominis, et beatitudo vocatur ». L'Ottoni rifiuta nettamente la distinzione tra due specie di felicità, una naturale e l'altra soprannaturale, perché in tal modo si troverebbe costretto a postulare la necessità di un intervento speciale della grazia: « Ex quibus rursus consequitur gratiam iustificantem omnibus esse paratam... quae gratia nihil est aliud quam lumen quoddam divinum, atque subsidium ad ea vitanda seu gerenda quae necessaria sunt pro consequenda felicitate. Hinc etiam patet liberam humani arbitrii facultatem ad eam felicitatem referri debere quam Deus promisit electis, quamque in illa die restituet: non ad naturalem quandam falsam atque confictam (immo eandem ipsam esse veram et naturalem felicitatem ad quam omnes conditi sumus, tam boni quam mali); non supernaturalem, ut quidam asseruerunt, adeo ut in ipsam, secundum eos, nos nihil possimus » [65]. Anche l'Ottoni naturalmente prende le distanze da Pelagio: ma è significativo che la sua difesa del libero

---

62. Ivi, cc. 74*v*-75*r*.
63. Ivi, cc. 3*v*, 20*r*.
64. Ivi, cc. 20*v*, 22*v*.
65. Ivi, c. 20*r*.

arbitrio lo porti fino alle soglie della tesi dell'impeccabilità. L'eredità del peccato originale è, sulle tracce di Crisostomo, attenuata fin quasi a scomparire: « Notandum quod hoc loco Chrysostomus peccatum originis in nobis non culpam, ut nostri doctores, sed poenam asserit esse: tanquam absurdum existimans si ex unius peccato alii peccatores efficiantur, qui, ut ait, neque poenas mereri reperientur » [66]. Tra l'uomo che viveva sotto la legge e l'uomo che vive sotto la grazia c'è una radicale contrapposizione: « Homo damnatus tum erat, et exsul a Deo, et parum vel nihil ad futura respiciebat, sed praesentia tantum spectabat et sequebatur: et non satis ope divina neque gratia sublevabatur, et quicquid caro peccabat letale ac damnabile erat. Nunc autem mens praevalet, quod et Deo sumus reconciliati, et futura tantum attendimus, aut certe imprimis attendimus (modo reipsa, non nomine tantum, Christiani esse velimus) et divino favore atque praesidio copiosissime fruimur. Et demum, si quid caro delinquit, non iam damnabile est, sed aut omnino non imputatur, aut facilis venia patet » [67]. Netta distinzione tra età della legge e età della grazia, insistenza sulla facilità del perdono concesso da Dio a tutti i cristiani: sono temi che ritroveremo nel *Beneficio*.

7. Si tratta, possiamo aggiungere, di temi particolarmente diffusi in questo periodo nella congregazione cassinese dell'ordine benedettino. Alla predestinazione e al libero arbitrio sono dedicati scritti dell'Ottoni, del Chiari, di Gregorio Cortese, di Angelo Sangrino, di Onorato Fascitelli, di Ilarione da Genova, quasi tutti mai pubblicati e non pervenutici [68]. Questa circolazione manoscritta – non sappiamo se spontanea oppure frutto di un'imposizione – avvenne in un ambiente monastico in cui i motivi della libertà e dell'impeccabilità, trasposti su un piano mistico, erano largamente presenti, come mostrano i testi pubblicati dal Leccisotti [69].

66. Ivi, c. 42*r*.
67. Ivi, c. 52*v*.
68. Sul *Dialogo della libertà del volere* dell'Ottoni cfr. la cit. edizione del *Beneficio* a cura del Caponetto, p. 493; per il *De libertate hominum et praedestinatione* del Chiari e il *De libero arbitrio* del Cortese, cfr. le rispettive voci di M. ARMELLINI, *Bibliotheca benedectino-casinensis*, Assisi, 1931; sul Fascitelli, cfr. il capitolo dedicatogli da G. MINOZZI, *Montecassino nella storia del Rinascimento*, Roma 1925. L'« orazione » XII del *De amore erga Deum* di Ilarione da Genova (Brescia, 1572) è dedicata al problema del libero arbitrio.
69. Cfr. T. LECCISOTTI, *Tracce di correnti mistiche cinquecentesche nel codice cassinese 584*, « Archivio italiano per la storia della pietà », IV, 1965, pp. 50 segg.

L'ipotesi di una circolazione manoscritta imposta da censure o difficoltà esterne sembra confermata dalle complicate vicende che portarono alla stampa del *De libero hominis arbitrio* del benedettino bresciano Gregorio Bornato. Ultimato certamente nell'aprile 1537, allorché fu letto dal vescovo di Belluno, Giovanni Barozzi, il libro fu sottoposto due anni dopo all'esame di due domenicani da parte del patriarca Girolamo Querini. I due domenicani non ebbero nulla da obiettare; ma le peripezie dell'opera non erano ancora finite. Nel 1548 il Barozzi scriveva al Bornato chiedendo sue notizie e invitandolo a recarsi a Roma. Da questa data cessano le notizie sul libro e sul suo autore, finché, nel 1571, si arrivò inopinatamente alla stampa, a cura di un confratello del Bornato. Nella dedica a Crisostomo Calvini si avvertiva che l'opera era stata rimaneggiata (« nonnulla addidi, pleraque detraxi ») [70].

Del Bornato non sappiamo praticamente niente. Nella già citata dedicatoria si fanno i nomi dei personaggi a cui era stato legato: Pole, Cervini, Contarini, Giberti, Lippomano, Beccadelli. Sono nomi eloquenti, che confermano la posizione particolare della congregazione cassinese nella prima metà del '500. La secolare estraneità dei benedettini alla teologia delle scuole li rende nello stesso tempo invisi a domenicani e francescani, e ben accetti agli ambienti umanistici più sensibili ai problemi religiosi.

Il Bornato ricorda i colloqui che avrebbe avuti sull'argomento con il nipote Annibale (a cui l'opera è dedicata) nel 1526, a Venezia. Tali colloqui erano stati stimolati dalla volontà di confutare quanti negavano il libero arbitrio o per leggerezza o perché « falsa ac simulata pietatis imagine delusi » [71]. Il Bornato, richiamandosi a uomini santi e apostolici e ai professori di filosofia naturale, sostiene invece « liberum arbitrium, quantum ad ipsius realem essentiam, vimque et ingenitam innatamque potentiam » è tale che « nullo prorsus modo vel extingui aut amitti queat, sic hominum unicuique, ab ipsis propriae naturae crepundiis, primordiis et formatione congenerari » [72]. Dalla negazione del libero arbitrio discendono conseguenze assurde, che abbracciano tanto la vita religiosa che quella civile e politica:

---

70. G. BORNATO, *De libero hominis arbitrio...*, Brixiae, 1571. Del Bornato si sa pochissimo. Dai repertori (Armellini, Mazzuchelli ecc.) si ricava che era un gentiluomo bresciano, professo nel 1508 nel monastero di sant'Eufemia. La data della sua morte è incerta (non è comunque il 1539, come è stato scritto). Non si conoscono altre opere oltre quella citata.

71. Ivi, dedicatoria.

72. Ivi, cc. 14*r-v*.

« Et in primis quidem hominem ipsum, divinum alioqui animal, et qui intellectus et rationis, ut divinioris cuiusdam naturae participatione, Deo propius similitudinis excellentia quadam et aemulatione accedat, aut falso talis dici naturae, et per consequens nec hominem iure appellari posse, aut ipsam tametsi praestantissimam naturam, una cum suis illis ingenitis et absolutis prorsusque (ut sic loquar) divinis operationibus perfectionibusque, nihil tamen omnino huiusmodi egregio animali conferre posse: cum ad pietatem virtutemque et bonos mores, tum nec ad civilem politicamque conversationem quidem, nec ad aliud quodvis vivendi genus qualequale illud tamen sit » [73]. A questo punto s'inserisce il tema dell'impeccabilità, sia pure formulato in termini meno netti di quelli adoperati dall'Ottoni. Il Bornato distingue tre forme di peccato, delle quali soltanto la seconda è veramente tale: il peccato per volontà altrui, quello per volontà propria, e quello attribuibile in parte alla volontà propria e in parte alla volontà altrui. Il primo è il peccato originale, nei confronti del quale il Bornato prende chiaramente le distanze (« peccato, quod trito vocabulo originale dicitur ») [74]. Il peccato è sempre e soltanto volontario: « Apparet peccatum adeo voluntarium esse, ut nullatenus peccatum dici vere possit nisi fuerit voluntarium ». Tale non è sempre quello cosiddetto (« vulgo ») veniale, il peccato cioè di terzo tipo: « Nunc sequi videtur, ut inquiramus quomodo tales corporei sensus, affectus et motus, praeter rationis consensum, ipsum hominem perturbantes vel invadentes, iure dici possint voluntarii vel ipsi homini ad culpam adscribi, praesertim quum appareat ipsum ex talibus motibus non amplius iure culpari posse quam caeterae quaeque animantium speties: quibus cum sit cum ipso homine communis ipsa corporei sensus vis, nulla tamen peccati ratione vel taxari vel condemnari posse probentur, quum rectae rationi omnino repugnare videatur ut tales affectus vel motus cuipiam ad culpam adscribi debeant, in cuius potestate non fuerit ulla prorsus diligentia illos extinguere vel comprimere penitus ne insurgant, quales sunt huiusce corporeae sensualitatis tales motus... Peccatum veniale non semper iure dici posse voluntarium simpliciter vel pleno iure ex voluntate propria peccantis » [75].

La definizione dell'uomo come « animal divinum » si riallacciava al filone della « dignitas hominis » che abbiamo visto presente anche

73. Ivi, c. 15*r*.
74. Ivi, c. 34*v*.
75. Ivi, cc. 35*v*, 37*r*.

nell'Ottoni. Su di esso s'innesta il tema della trasformazione dell'uomo in Cristo mediante la comunicazione dei meriti di quest'ultimo. Ora, nel *Beneficio* si legge: «...le opere di Cristo sono opere del cristiano... veramente si può dire che il cristiano è stato fisso in croce, è sepolto, è resuscitato, è asceso in cielo, è fatto figliuolo di Dio, è fatto partecipe della divina natura. Dall'altro lato tutte le opere, che fa il cristiano, sono opere di Cristo, percioché le vuole come cose sue; e, perché sono imperfette et egli è perfetto e non vuol cosa imperfetta alcuna, con la sua virtù le fa perfette...» (pp. 28-29). Il Bornato si esprime in termini molto simili, esortando «ut divinam nobis (ipsius gratiae interventu) conciliemus clementiam, ipsius propitiam nobis reddamus bonitatem: qua tandem mediante, Christi Jesu Dei et hominum mediatoris nobis communicato merito, ipsiusque participes effecti familiaritatis, optata postremo beata praemia sydereasque mansiones, aequivalenti, iusto atque condigno praetio mercari, consequique possimus: in ipsum interim dominum servatorem transformati, per verum sincerae charitatis affectum, condignamque ipsius passionis, mortis atque vitae totius imitationem...» [76]. È evidente che qui non è possibile parlare di «fonti» del *Beneficio*, non foss'altro per la difficoltà costituita dalle vicende del testo del Bornato. Si vuole soltanto rilevare la presenza nella congregazione cassinese dell'ordine benedettino di temi che ritornano nel *Beneficio*, e che gli interpreti di quest'ultimo sono soliti ricondurre al misticismo valdesiano. Il Caponetto, ad esempio, a proposito del passo precedentemente citato rinvia ad alcuni brani delle *Considerazioni* di Valdés [77]. In essi è effettivamente possibile rintracciare espressioni vicine o identiche a quelle del *Beneficio*, inserite però in un discorso di sapore diverso. Valdés insiste infatti sulla necessità di una «propria e particolar rivelazione di Dio», contrapponendo aristocraticamente quanti – e sono i più – si contentano di «pigliar di Cristo quella parte che già è onorevole, cioè il nome e la professione», e i pochi che «piglia*no* quello che è ignominioso, cioè il morir al mondo»; quanto ai primi «non tocca a loro quello che dice san Paolo, perché né sono morti con Cristo né sono risuscitati con Cristo, conciossiacosaché non risusciterà se non chi more» [78]. Questa preoccupazione di ricondurre sempre il discorso a un'esperienza di rigenerazione individuale è assente nel passo del *Beneficio*.

76. Ivi, c. 75*r*.
77. *Cons.* VIII, IX, CIX (citiamo da J. DE VALDÉS, *Le cento e dieci divine considerazioni*, a cura di E. Cione, Milano, 1944).
78. Ivi, p. 71.

Il ricorso unilaterale agli scritti di Valdés come chiave per l'interpretazione del *Beneficio* maschera probabilmente un problema più ampio e irrisolto: quello dei rapporti tra Valdés e il mondo religioso italiano. Questi rapporti sono stati visti finora in maniera eccessivamente semplificata. La parola e gli scritti di Valdés ebbero tanta fortuna in Italia perché trovarono un ambiente, un terreno di coltura predisposto e favorevole. Anziché parlare a ogni pié sospinto di idee valdesiane, sarà più opportuno vedere in Valdés il catalizzatore di sentimenti, inquietudini, atteggiamenti già diffusi anche se in forma non sempre precisata.

Tutto ciò può tornare utile anche nel caso del Bornato. Le pagine conclusive della sua opera sono dedicate al problema dei riti e delle cerimonie ecclesiastiche. La posizione del Bornato è complessa. In primo luogo egli afferma che l'uomo può « ex propria et ingenita virtute... circunscripta omni alia gratuita Dei ope » arrivare a conoscere « animas rationales oportere esse perpetuas atque immortales, aliamque post hanc esse vitam, Deumque praeterea necessario oportere esse, summe sapientem, summe iustum, summeque omnipotentem, cuius infallibili providentia humanorum operum iusta recompensatio et remuneratio ». Prova di ciò è il fatto che moltissimi (« quamplurimos ») pagani, come Socrate, Platone e Pitagora, « tali sibi naturae lumine mediante », lasciarono ai posteri un modello di vita esemplare. A questo punto, dice il Bornato, se qualcuno affermasse che questo « cognoscendi et intelligendi modus », proprio della natura umana, è stato voluto dalla divina provvidenza affinché « ipsa divinorum sacramentorum sacra mysteria rerumque sanctificationes ac Deo debitus latriae cultus, et in veteri quidem Haebreorum synagoga, et in recentiori nostrorum ecclesia, sub diversis rerum sensibilium et corporearum typis, formis ac ritibus, ceremoniisque ab ipsis mortalibus ipsi Deo persolveretur », costui « meo quidem iudicio a recta rei extimatione non aberraverit ». Il Bornato rinvia qui a un passo di Dionigi l'Areopagita (si può notare che l'Ottoni inserisce nella sua opera una lunga esaltazione della teologia negativa): « Impossibile est divinum illud radium aliter nobis relucere posse, nisi sub varietate velaminum sacrorum circumvelatum ». Esso gli permette anzitutto di porre sullo stesso piano delle cerimonie cristiane non solo quelle ebraiche, ma addirittura quelle romane, di cui è sottolineata la finalità politica (un'eco di Machiavelli?); inoltre, di ribadire la funzione esclusivamente pratica dei riti e delle cerimonie cristiane: « Qua ratione subsequenter ostenditur et in sacriis oratoriis et delubris et praecipue publicis non indecenter, nec absque probato consilio

ab universitate fidelium, et sancta matre Ecclesia concedi usum organorum, et aliorum instrumentorum musicorum in divinis laudibus:
concedi et cantus, et orationes vocales, prostrationes et huiusmodi
multa corporea et sensibilia, quando quidem non eo intuitu et scopo
fiant, ut ipsa divinitas quasi rerum ignara nostris orationibus instruatur, aut quae dormiat nostris vocibus excitetur... Quibus argumentis
subinde infertur et illud non alienum a recta ratione esse (tametsi
id a nonnullis ex recentioribus novarum rerum cupidioribus impugnari
videatur) quod veteri et approbato modo et in publicis quidem et
in privatis basilicis et oratoriis, Christi Dei Servatoris, atque Deiparae virginis, et aliorum sanctorum insculpantur et depingantur
imagines, simulque venerentur et colentur: quandoquidem id fieri
non obscurum sit, non eo quidem intuitu vel intentione, quod plus
colendae divinitatis, quam in coeteris rebus in illis esse credatur, sed
verius, ut et per eas Christi ipsius et aliorum sanctorum intemerata
recteque dum hic degerent transacta vita, laudabiles et sancti actus,
fortiaque facta ad mortalium et rudium praecipue sensus revocata,
quibus, veluti quibusdam instrumentis moveantur ad illorum aemulandas virtutes, fidem ac pietatem, quos sub talibus formis et typis
cognoverint representari. Nam et hoc antiquitus apud ethnicos,
praesertim Romanos, observatum fuisse ex ipsorum monumentis
facile comprehendi datur, tametsi longe alio scopo. Dum vellent
atque iuberent eos, qui probatae virtutis alicuius inventi fuissent,
et eorum partim fortia gesta, praeclaras virtutes ac laudes publice
decantari, atque aliqua simul praeclara statua in rei perpetuam
memoriam in loco aliquo conspicuo coelebrari, ut vel sic ingenuae
nobilitatis et praeclari ingenii iuniores aemulatione praeclarae et
beatae virtutis et gloriae, ad illorum sectanda vestigia accenderentur
ac veluti aestro excitarentur, quos tantis favoribus et honoribus a
principibus et magistratibus atque universo populo prosequutos viderent. Ad haec [Deus] intellexerit et ipsa vota nostra et preces sanctis
offerri, non quidem sic ut ab ipsis tanquam primariis et efficientibus
causis exaudiantur, vel adimpleantur, sed verius, ut ipsis tanquam
mediatoribus et intercessoribus, quibus communione, naturaeque
participatione ac iure afficimur, et quos divina providentia talibus
obsequiis et muneribus venerari voluit a nobis, ut facilius exaudiantur et adimpleantur eadem ipsa nostra vota » [79].

79. G. BORNATO, *De libero hominis arbitrio* cit., cc. 76r segg. Un'analoga eco
dei *Discorsi* di Machiavelli è rintracciabile nell'opuscolo di un collaboratore
del Giberti, Tullio Crispoldi (*Alcune ragioni del perdonare*, Venezia, 1537,

In questa svalutazione (e rivalutazione in chiave politica) delle cerimonie ecclesiastiche, delle immagini, del culto dei santi e della Madonna, non va vista un'eco della Riforma, e nemmeno del misticismo valdesiano. Essa non è che l'altra faccia del richiamo a Dionigi e alla teologia negativa, quella teologia che l'Ottoni giudicava « tutior atque munitior adversus philosophos, Iudaeos, Turcas et haereticos omnes: namque omnem de Deo tollit curiosam disceptationem » [80]. In un ambiente come questo, in cui influssi umanistici e teologia negativa convergevano nell'adombrare una religione indifferente ai dogmi e alle cerimonie, un altro benedettino, Giorgio Siculo, arriverà a conclusioni francamente ereticali.

8. La vivacità di queste discussioni nell'ambiente benedettino è testimoniata dal commento ai salmi di Giambattista Folengo, pubblicato per la prima volta parzialmente a Basilea nel 1540 [81]. Il Folengo era legato non solo all'Ottoni – della cui opera curò la stampa – ma anche all'autore del *Beneficio*, don Benedetto da Mantova, al secolo Benedetto Fontanini. La presenza di quest'ultimo si può forse intravedere in uno degli interlocutori dei *Pomiliones* del Folengo, « Fontanus », che nel corso del dialogo si tramuta in « Lucianus » (certamente l'Ottoni) [82]. Non che il Folengo condividesse le opinioni estreme dei suoi due confratelli. Nel commento ai salmi egli accenna più volte ai dibattiti in corso sul libero arbitrio e la predestinazione, assumendo un atteggiamento distaccato e prudente, incline tutt'al più a manifestare una propensione nei confronti dei fautori dell'intervento decisivo della grazia: « ...Cum enim uterque eorum exercitus munitissimus sit, atque ad se defendendum paratissimus, quis me vetat, modo huius, modo illius, tanquam liberum spectatorem mirari virtutem? Quod si tamen illorum alteri magis, quae est spectatorum natura et conditio, interdum favere videor, gratiae pars ea est, ni fallor. Quod si error est, malo quidem cum fiducia illa quam mihi

---

cc. 29v segg.). Su queste testimonianze ci proponiamo di tornare in un'altra ricerca.
80. *Divi Joannis Chrisostomi* cit., c. 6v.
81. J. B. FOLENGO, *In Psalmos commentaria...*, Basileae, 1540.
82. *Ioannis Batistae Chrysogoni Folengii Mantuani Anachoritae Dialogi quos Pomiliones vocat...*, in promontorio Minervae, 1533. La proposta d'identificazione del « Fontanus » col Fontanini risale a E. MENEGAZZO, *Contributo alla biografia di Teofilo Folengo (1512-1520)*, in « Italia medioevale e umanistica », II, 1959, p. 379, nota 3.

gratiae favor conciliat, errare, quam cum periculo nimiae de me meoque arbitrio confidentiae partem alteram superare » [83].

Una posizione mediatrice viene assunta negli stessi anni dall'abate benedettino Isidoro Chiari, nella sua irenica *Adhortatio ad concordiam*, composta nel 1536, ma stampata solo nel 1540. Il Chiari, rivolgendosi a Melantone, cerca di smussare i problemi su cui maggiore era il contrasto con i protestanti, richiamandosi all'esempio di san Paolo, che nella sua predica agli Ateniesi aveva voluto vedere nel culto reso al dio ignoto un barlume della verità cristiana. Analogamente, il Chiari esorta a evitare l'asprezza della controversia, e si mostra disposto a fare concessioni anche su temi importanti come quello del numero dei sacramenti: « Quid enim, obsecro, damni est in hac parte, si maioribus nostris visum fuit novae Legis sacramenta eo complecti numero qui admodum sacris literis sit familiaris, praesertim cum non eandem neque vim, neque necessitatem aeque omnibus tribuant? » [84]. Non c'è dubbio che in questa gerarchia dei sacramenti adombrata dal Chiari l'eucarestia dovesse avere un posto di primo piano. Tuttavia, in una lettera di vari anni prima ad un Vitale da Modena, il Chiari alludeva alla messa e all'eucarestia in termini a dir poco singolari: « Significatum mihi est te Divae Iustinae natalitio die auspicaturum esse Divinum illud sacrificium, cuius memoriam sic repeti voluit et frequentius celebrari Dominus et Rex noster Jesus Christus, Dei maximus filius, uti ne hominum intercideret aut aliqua oblivione inobscuraretur tanta Dei in nostrum genus beneficentia » [85]. Anche se togliamo il velo della terminologia umanistica, rimane la netta affermazione che la messa non è che un ricordo del sacrificio di Cristo. Con questo non si vuole ovviamente attribuire al Chiari una posizione di tipo calvinista. Certo, il passo del *Beneficio* sull'eucarestia come « memoria della passione del Signore » è tratto di peso dall'*Institutio*: ma come, e perché, veniva letto Calvino? Ancora una volta, la trama intricatissima della vita religiosa italiana del '500 vanifica ogni meccanica individuazione di « fonti ».

Ancora al *Beneficio* ci riporta l'accenno alla « facilità » della via verso la salvezza: « An forte », si chiede retoricamente il Chiari, « satis non erat credidisse benignitatem Dei facilem ad salutem comparandam viam excogitavisse, ut qui crederet ac baptizaretur salutem

---

83. J. B. FOLENGO, *In Psalmos commentaria* cit., c. 93v.
84. Citiamo dall'edizione settecentesca delle opere del Chiari (*Isidori Clarii, ex monacho Parmensis monasterii episcopi Fulginatis, epistolae ad amicos*, Mutinae, 1705, p. 179).
85. Ivi, pp. 11-12.

adipisceretur » [86]. Questa facilità è legata al permanere, nella natura umana vulnerata dal peccato, del libero arbitrio, almeno in una certa misura: « Docuere doctissimi viri et sanctissimi homines libertatis aliquid in nobis superesse ad quaerendam salutem, quae tamen semper divinae opis egeat » [87]. L'affermazione della necessità della grazia pone il Chiari più vicino (almeno in questo scritto) alla posizione di un Giambattista Folengo che a quella, che abbiamo visto orientata in senso ben più nettamente « pelagiano », di un Bornato. A questo punto non stupisce che il Chiari intraveda nella « praescientia », sulla base di Crisostomo, la possibilità di conciliare grazia e libero arbitrio, evitando la predestinazione.

9. Il tentativo di delineare un filone benedettino nell'ambito delle discussioni sulla grazia e il libero arbitrio non deve far dimenticare che a questa data – 1540 – esse coinvolgono ambienti molto più ampi. Uno degli autori più prolifici al riguardo è proprio Ambrogio Catarino Politi, il quale, alla vigilia della confutazione del *Beneficio*, pubblica a Lione una serie di opuscoli (*De praescientia et providentia Dei, De praedestinatione Dei, De eximia praedestinatione Christi, De lapsu hominis et peccato originali*) [88]. In essi confluiscono vari temi – la polemica con la Riforma, le controversie interne all'ordine domenicano sull'interpretazione di san Tommaso – che il Catarino riprenderà e accentuerà variamente negli anni successivi. Qui ci limiteremo a delineare sommariamente la posizione del Catarino a questa data. Nel trattato *De praescientia ac providentia Dei quod rerum contingentiam non tollat*, e precisamente nella dedica al cardinale Rodolfo Pio da Carpi, il Catarino dichiara di essere stato indotto a occuparsi dell'argomento dal cardinale di Siena, in seguito allo scalpore suscitato in quelle città dalle prediche di Agostino Museo, quelle stesse prediche che avevano dato lo spunto alla lettera del Contarini *de praedestinatione*. In questo scritto il Catarino si propone di « ostendere Dei gratiam et misericordiam non tam paucis, ut isti [cioè i « predestinatori »] volunt, sed cunctis hominibus esse paratam, his duntaxat exceptis qui se illa

86. Ivi, p. 180.
87. Ivi, p. 173.
88. Si veda la ristampa anastatica (Ridgewood, New Jersey, 1964) degli *Opuscula* apparsi a Lione nel 1542. Sul Catarino, oltre a J. SCHWEIZER, *Ambrosius Catharinus Politi, sein Leben und seine Schriften*, Münster i. W., 1910, si veda L. SCARINCI o.s.b., *Giustizia primitiva e peccato originale secondo Ambrogio Catarino o.p.*, « Studia Anselmiana XVII », Città del Vaticano, 1947.

indignos propriis constituere delictis » [89]. A questo intento rispondono
gli altri trattati. Nel *De praedestinatione Dei* egli ribadisce che se
fosse vera la tesi secondo cui « ita se habere Dei praedestinationem,
ut ab initio nullis inspectis vel meritis vel demeritis cuiusquam propriis, partem modicam quandam humani generis ordinarit ad vitam,
partem vero, et incomparabiliter numerosiorem, in massa perditionis
dereliquerit », risulterebbe invalidata, di fatto, l'intera Scrittura
« quae miserationes Dei Patris super omnia opera eius extollit, quem
et misericordiarum patrem, et Deum totius consolationis praedicat...
et quod omnium miseretur et parcit omnibus, et neminem vult perire,
sed omnes salvos fieri... » [90]. Ma il Catarino non si limita a un'esaltazione della misericordia di Dio. Il suo abito mentale di teologo lo
porta a ridefinire rigorosamente i termini della questione. Anzitutto,
il termine « praedestinatio ». Dopo averne analizzato la pregnanza
etimologica, il Catarino afferma esplicitamente: « Nec tamen me latet
Augustinum et alios quosdam hoc abusos esse vocabulo, ut etiam
ad poenam dicerent praedestinationem Dei. Nos autem, secundum
quod plures nunc iam accipiunt, hac utemur voce, videlicet ad signi-
ficandum praedestinationem, quae est ad aeternam vitam » [91]. La
predestinazione intesa in questo senso riguarda un numero ristretto:
Cristo, la Madonna e così via. Alla « praedestinatio » si contrappone
la « reprobatio ». Ma i « reprobati » sono tali non per un giudizio imperscrutabile di Dio, bensì in conseguenza delle loro azioni. Ciò vale
perfino nel caso di Giuda: « Nemo igitur haec eius vitia antiquo peccato et antiquae Dei reprobationi ascribat, ut et ad hoc electus
fuerit ab ipso Christo (quod horresco vel cogitare) ut hoc tam insigne
facinus perpetraret. Quod vero de illo idem Augustinus scribit, quod
esset damnatus ante quam natus, nec lego in scripturis neque recipio:
non est haec aequa opinio, non pia, non vera, neque verisimilis... » [92].
Di fatto, i « reprobati » confluiscono nei « praesciti » – termine ampio
con cui il Catarino designa tutta l'umanità – con la sola esclusione
dei predestinati alla salvezza: « capio autem hic praescitum, ut capi
oporteret, non restringendo ad eum qui damnatur tantum, sed com-
muniter, ut vox ipsa non minus significat, etiam ad eos qui salvan-
tur ».

89. A. Catarino Politi, *Opuscola* cit., p. 7.
90. Ivi, p. 83.
91. Ivi, p. 30.
92. Ivi, p. 100.

Lo scopo di questo complicato gioco di ridefinizioni concettuali e terminologiche è quello di salvare il libero arbitrio. La sostituzione di « praescientia » a « praedestinatio » postula un Dio spettatore *ab aeterno* delle libere azioni umane anziché un Dio che distingue in maniera imperscrutabile dall'inizio dei tempi eletti e reprobi: « Nam praedestinatio quae importat certam ordinationem salutis, causam includit necessariam ad necessarium effectum. At praescientia nullam causam includit: non enim ideo quis salvatur, quia praescitus sit salvari, sicut praedestinatus ideo salvatur quia praedestinatus est. In praescito autem potius contra est, nam ideo praescitur salvari quia in oculis Dei ambientis omne tempus aeternitate sua, iam salvus est » [93].

Tutto ciò ci porta vicino a posizioni già note: e tuttavia sarebbe semplicistico inserire senz'altro il Catarino tra i « pelagiani ». Contro questi ultimi, e contro il loro difensore, Erasmo, il Catarino polemizza duramente [94]. D'altra parte, non c'è dubbio che il suo bersaglio polemico principale è costituito dagli « agostiniani », e in primo luogo dal Contarini, per le posizioni assunte a Ratisbona (1541). Da questa stessa data s'intensificano i rapporti col Sadoleto, che sottopone al giudizio del Catarino le proprie opere ancora manoscritte [95].

A questo punto ci si può chiedere quale sia il rapporto tra queste posizioni di Catarino e il tipo di lettura ch'egli fa del *Beneficio*. Abbiamo visto che l'accusa di « pelagianesimo » ricorre una sola volta nella sua confutazione, anche se riferita a un passo a nostro avviso d'importanza centrale. Il discorso polemico di Catarino trova il suo centro altrove, nel rapporto fede-opere. Nel modo in cui questo tema viene affrontato nel *Beneficio* egli avverte e denuncia – orientando così di fatto i lettori successivi – il pericoloso influsso delle idee della Riforma. Si trattava, come cercheremo di mostrare, di una lettura fortemente unilaterale e al limite deformata. Ma è una deformazione che si spiega tenendo conto di due elementi. In primo luogo, come risulta dalla ricostruzione da noi compiuta, il Catarino compose e fece circolare manoscritta la sua confutazione dopo i colloqui di Ratisbona, e la diede alle stampe dopo la fuga dell'Ochino. A questa data, tutto ciò che usciva dall'ambiente degli « spirituali » appariva ormai so-

93. Ivi, p. 112.
94. Ivi, pp. 163 segg.
95. Nel marzo 1539, scrivendo al Contarini da Carpentras, il Sadoleto si riprometteva di inviare il primo libro del *De extructione catholicae ecclesiae* al Catarino e al maestro del Sacro Palazzo, perché lo correggessero (Biblioteca Palatina, Parma, ms. Beccadelli 1019).

spetto di eresia « luterana ». In secondo luogo, la vicinanza stessa del Catarino alle posizioni di tipo « pelagiano » gli impediva di considerarle erronee, salvo là dove l'insistenza sulla « facilità » della salvezza poteva implicare una svalutazione delle opere.

10. Con gli opuscoli del Catarino siamo ormai arrivati a ridosso dell'apparizione del *Beneficio*. A che cosa mirasse la serie di testi che abbiamo giustapposto, è chiaro: da un lato sottrarre il *Beneficio* a paternità artificiose quanto nobili (Lutero, Valdés, Calvino); dall'altro, segnalare la presenza nel pensiero religioso italiano del '500 di un consistente filone benedettino (ma non esclusivamente benedettino) contrassegnato da temi come l'esaltazione del libero arbitrio, il rifiuto della predestinazione, l'insistenza sull'ampiezza del numero degli eletti. Non c'è bisogno di ricordare a questo punto i legami tra don Benedetto Fontanini e personaggi dello stesso ordine come don Luciano degli Ottoni e don Giorgio Rioli (*alias* Giorgio Siculo) per non parlar d'altri [96].

Ora, la ricostruzione delle vicende del *Beneficio* ci ha permesso di stabilire l'esistenza di una complessa stratificazione testuale. In particolare, il ricorso al *Compendio* del Catarino ci ha consentito di intravedere, sia pure in maniera frammentaria, la prima redazione del *Beneficio*, quella di mano di don Benedetto. Di questo testo – certo materialmente inesistente, almeno fino ad oggi – ci proponiamo di dare una lettura.

Non potrà però trattarsi di un commento puntuale, in quanto è impossibile distinguere sempre, nel testo che ci è pervenuto, le varie stratificazioni. Siamo riusciti a identificare alcuni fra gli interventi seriori, che abbiamo attribuito al Flaminio: la rielaborazione dei capitoli V e VI, e la quasi totalità dei prestiti da Calvino. Questo non significa però che tutto il resto sia attribuibile con certezza alla mano di don Benedetto. Proviamo allora a tentare una lettura tematica del *Beneficio* per verificare se questo testo sia veramente (come vuole la tradizione) unitario e omogeneo, o se invece alla pluralità delle mani corrisponda una divergenza sul piano del contenuto.

Abbiamo già accennato alla concorde reazione (positiva o negativa) dei contemporanei, volta a sottolineare la « dolcezza » del *Beneficio*: « dolcezza » che abbiamo visto corrispondere alla facilità della via verso la salvezza. Di questa « dolcezza » il testo fornisce innume-

---

96. Si veda per tutto ciò la citata edizione del *Beneficio* a cura del Caponetto.

revoli esempi. Anzitutto, insistendo sull'ampiezza della misericordia di Dio: « Iddio, per la sua infinita bontà e misericordia » (p. 16); Cristo « medico benignissimo » (p. 20); « di qui si conosce in quanto errore siano quelli che per alcuni peccati gravi si diffidano della *benivolenza di Dio*, giudicando ch'egli non sia per *rimettere, coprire e perdonare ogni grandissimo peccato*, avendo già esso castigato nell'unigenito suo Figliuolo tutte le nostre colpe, tutte le nostre iniquità, e per conseguente fatto *un perdon generale* a tutta l'umana generazione... » (pp. 21-22); « immensa benignità di Dio » (p. 22); « diamo tutta la gloria della nostra giustificazione alla misericordia di Dio e agli meriti del suo Figliuolo » (p. 25); « Dio, padre delle misericordie » (p. 26); « oh immensa bontà di Dio ! » (p. 29); « constante fiducia della misericordia di Dio verso di noi... ferma e animosa fiducia della misericordia di Dio » (p. 32); « benignissimo padre Dio, il quale per Cristo ci ha arricchiti di così abondante grazia e benevolenza » (p. 33); « [Dio] come padre misericordioso e non come severo giudice »; « per la sua misericordia, per la qual ci ha eletti » (p. 40).

Questa serie di passi insiste su un tema che abbiamo visto largamente diffuso nella letteratura contemporanea di pietà, e non facilmente riconducibile a una posizione religiosa ben definita. Di fatto, esso ritorna abbondantemente anche nei capitoli che sappiamo rielaborati dal Flaminio. Tuttavia, in uno dei passi che abbiamo riportato non ci si limita a parlare genericamente della misericordia divina, ma si menziona un « perdon generale a tutta l'umana generazione ». Questa espressione ritorna altre volte, e anzitutto nella famosa parabola del bando: « ...poniamo un caso: che un re buono e santo faccia pubblicare un bando, che tutti i ribelli securamente ritornino nel suo regno, percioché egli per i meriti di un loro consanguineo ha perdonato a tutti. Certamente niuno delli ribelli doverebbe dubitar di non avere impetrato veramente il perdono della sua ribellione, ma dovrebbe securamente ritornare a casa sua per vivere sotto all'ombra di quel santo re; e, se non vi ritornasse, ne porterebbe la pena, percioché per la incredulità sua morirebbe in esilio e disgrazia del suo re. Questo santo re è il Signor del cielo e della terra, il quale, per la ubbidienza e merito di Cristo, nostro consanguineo, ci ha perdonato tutte le nostre ribellioni e, com'abbiamo detto di sopra, ha fatto fare un bando per tutto il mondo, che securamente tutti ritorniamo al regno suo. Chiunque adunque crede a questo bando, ritorna al regno di Dio, dal qual fummo scacciati per la colpa de' nostri primi parenti, et è governato felicemente dallo Spirito di Dio. Chi non dà fede a questo bando non gode di questo perdono generale... » (pp.

31-32). E ancora: « E perciò, quando san Paulo e gli dottori dicono che la fede sola giustifica senza le opere, intendono ch'ella sola ci fa godere del perdono generale e ci fa ricever Cristo... » (p. 41); « questa santissima fede, facendoci godere del perdon generale che publica lo Evangelio, e ci introduce nel regno di Dio, e ci pacifica le conscienze e mantiene in una perpetua allegrezza spirituale e santa » (pp. 42-43).

La parabola del bando e l'espressione « perdono generale » sono, com'è noto, di derivazione valdesiana. Ma proprio qui si misura lo scarto tra la meditazione religiosa di Valdés e il *Beneficio di Cristo*. Il Valdés delle *Considerazioni* insiste sul fatto che il « perdono generale » è « fra le cose, che ci obbliga a credere la pietà Cristiana... quella che con maggior difficoltà si crede » (*Cons.* XIV). Già nell'esposizione della parabola del bando egli insiste lungamente sulle molteplici reazioni negative che il bando stesso incontra tra gli uomini: « alcuni... non vollero accettare il perdono... Altri... non vollero dar credito al bando... Similmente alcuni altri... non... osavano ritornar al regno » (*Cons.* XIII). La « difficoltà » del credere è un filo nero che corre attraverso tutte le *Considerazioni*. Basterà citare qualche titolo: « La difficultà che è nell'entrar nel regno di Dio, come s'entra, e in che consiste » (*Cons.* V); « In che maniera è miglior stato quello della persona Cristiana che crede con difficultà, che di quella che crede con facilità » (*Cons.* X); « Che il creder con difficultà è segno di vocazione » (*Cons.* XXIX); « Donde procede che gli impii non ponno credere, che li superstiziosi credono con facilità e che li pii credono con difficultà » (*Cons.* CI). Siamo ben lontani dalla « dolcezza » del *Beneficio*, che al Cervini sembrava voler « mandare tutti quelli in paradiso calzati e vestiti, che aranno quella fede sua » (p. 433). L'ardua esperienza di introspezione religiosa, il « morire al mondo » (di cui non v'è traccia nel *Beneficio*) sono proposti dal Valdés ai « soli rigenerati per lo Spirito santo » (*Cons.* LXVII), i quali sono peraltro « pochi » [97]. In questo senso, il « perdono generale » ha una connotazione aristocratica del tutto assente nel *Beneficio*.

Ma c'è un altro testo in cui Valdés ricorre alla parabola del bando: il commento all'epistola ai Romani. Qui lo stacco rispetto al *Beneficio* è ancora più forte. Il « perdono » non è rivolto a tutti gli uomini, ma soltanto ai predestinati, distinti dai reprobi: « Como si un Principe aquien generalmente se vuiessen rebelado sus vassallos, y como

97. Cfr. J. DE VALDÉS, *Le cento e dieci divine considerazioni* cit.

rebeldes vuiessen huydo del reyno, sin tener respecto a meritos, ni a demeritos, perdonasse y aceptasse a unos y dexasse en la rebelion a otros, moviendosse a lo uno y a lo otro por sola su voluntad. Esto es lo que entiende San Paulo en estas palabras, y lo mesmo pienso que entienden en ellas, y aun sin ellas, todas las personas aquien toca la elecion de Dios: las otras aquien no toca no las quieren entender, ni las quieren sentir. Adonde entiendo, que es señal de animo pio y de predestinacion sentir que hay predestinacion y holgarsse en ella, y que es señal de animo impio y de reprobacion no querer admitir predestinacion y pesarle con ella » [98]. Questa distinzione tra « eletti » e « reprobi » sembra isolata nell'opera di Valdés, anche se l'insistenza sull'illuminazione interiore dei « pii » ad opera dello Spirito santo, che ricorre così frequentemente nelle Considerazioni, sembra andare nella stessa direzione [99].

Ma di un'illuminazione privilegiata non si parla nel Beneficio se non per svalutarla: «...san Paulo chiarissimamente parla non di rivelazione alcuna speciale, ma della testimonianza, che fa lo Spirito santo communamente a tutti quelli che accettano la grazia dello Evangelio» (p. 73). Si potrà obiettare tuttavia che nel Beneficio si parla a più riprese di predestinati e di predestinazione. Sì: ma in che senso? La predestinazione è sempre e soltanto «dolcissima predestinazione», sinonimo di « elezione a vita eterna », « ottimo remedio contro alla diffidenza e timore » (p. 69). Abbiamo visto che in tutta una corrente della religiosità italiana l'ostilità verso il concetto agostiniano di predestinazione (inteso a designare tanto gli eletti che i reprobi) portava o a rifiutare il termine stesso, sostituito da « praescientia », « praediffinitio », o identificarlo con l'elezione universale. È chiaro che la mera presenza di un discorso sulla « predestinazione » non basta ad attribuire al Beneficio un accento agostiniano o riformato. Riteniamo al contrario che l'uso del termine « predestinazione » come sinonimo di « elezione a vita eterna » sia un indizio di quell'« error pelagiano » che il Catarino aveva fiutato tra le pagine del Beneficio.

98. J. DE VALDÉS, Comentario, ó declaración breve, y compendiosa sobre la epístola de s. Paulo Apóstol à los Romanos, muy saludable para todo christiano, en Venecia, en casa de Juan Philadelpho (in realtà Ginevra, Jean Crespin), 1556, p. 186.
99. J. C. NIETO, Juan de Valdés and the Origins of the Spanish and Italian Reformation, Genève, 1970, p. 325, nota 117, sottolinea l'eccezionalità di questo passo sulla duplice predestinazione nell'opera di Valdés, sostenendo che qui egli è stato « forced » dal testo paolino. In realtà questa osservazione, scarsamente plausibile in generale, è smentita qui dal Valdés stesso, dove dice che « aun sin ellas » (cioè le parole di san Paolo) è possibile arrivare a queste conclusioni.

Ma come si può parlare di « pelagianesimo » per un testo che fin dalla prima pagina, dopo aver affermato che « questa nostra natura per lo peccato di Adamo tutta si corruppe », ribadisce: « questa privazione di giustizia e questa inclinazione e prontezza ad ogni iniustizia e impietà si chiama peccato originale, il quale portiamo con noi dal ventre della madre, nascendo figliuoli dell'ira » (p. 14)? La risposta a questa domanda si trova nel terzo capitolo. In esso si presenta la venuta di Cristo sulla terra come voluta da Dio « accioché esso ci liberi dalla maledizion della Legge, e riconcilii con lo nostro Dio, e *faccia abile la nostra volontà alle buone opere, sanando il libero arbitrio,* e ci restituisca quella divina imagine, che perduta abbiamo per la colpa de' nostri primi parenti » (p. 19). Questo concetto è ripreso poco dopo: « [Cristo] ci libera dal grave giogo della Legge..., *sanando tutte le nostre infirmità, riformando il libero arbitrio, ritornandoci nella pristina innocenza* e instaurando in noi la imagine di Dio: perciohé, secondo san Paulo, sì come per Adamo tutti moriamo, così per Cristo *tutti siamo vivificati...* » (p. 20). Con un drammatico contrasto, dalla totale corruzione della natura umana si passa alla restaurazione integrale della stessa. È l'affermazione che il libero arbitrio dell'uomo è stato « sanato » che consente a don Benedetto un'esortazione come questa: « corriamo con li passi della viva fede a lui nelle braccia, il quale ci invita gridando: " Venite a me tutti voi che siete affannati e aggravati e io vi recrearò " » (p. 19). « L'error sta in questo » chiosava puntualmente, come abbiamo visto, il Catarino « che trattando lui e' principii de lo entrare in Cristo, mostra che basti acorrere a lui. La notitia del nostro male è de la medicina, il che è error pelagiano » (p. 356).

Ancora una volta, è possibile ritrovare in Valdés un'analoga contrapposizione: « Che tutte le creature furono guaste nella depravazione dell'uomo e che saranno restaurate nella riparazione dell'uomo » (*Cons.* LXXXVII). Ma una volta di più il senso del discorso di Valdés è diverso. La « riparazione dell'uomo » è un evento che si compirà alla fine dei tempi: prima di allora sono solo gli illuminati dallo Spirito santo che possono avviare questo processo, attraverso una faticosa ascesi personale. « Io parlo di quello, che sarà nella risurrezione di giusti... e quanto più mi ricordo di ciò, tanto abborrisco ogni maniera di inubbidienza a Dio e tanto più mi abbraccio con ogni maniera di ubbidienza a Dio e sento che, secondo ché mi vo applicando a questo, così va mancando in me la immagine di Adam e si va riformando la immagine di Cristo... »[100].

---

100. J. DE VALDÉS, *Le cento e dieci divine considerazioni* cit., pp. 376-377.

A questo punto non vorremmo che le distinzioni che abbiamo cercato di tracciare tra il *Beneficio* e il pensiero religioso di Valdés facessero nascere un equivoco. È indubbio che il *Beneficio* è nutrito di immagini, termini, concetti valdesiani. Non si tratta mai di citazioni testuali, come nel caso degli inserti calviniani, ma di un'assimilazione ben più profonda e sostanziale. Eppure il nocciolo del *Beneficio* non è riconducibile alla meditazione di Valdés. Non si tratta semplicemente della traduzione di un pensiero aristocratico riservato a pochi eletti nel linguaggio di un libriccino di pietà destinato a un pubblico più vasto e socialmente meno selezionato. I temi che sono emersi dalla nostra lettura del *Beneficio* – l'ampiezza della misericordia di Dio, la predestinazione come sinonimo almeno tendenziale di elezione universale, il libero arbitrio «sanato» – anziché a Valdés ci riconducono all'ambiente dell'ordine religioso di cui don Benedetto da Mantova faceva parte.

Ma se fin qui abbiamo cercato di delineare la fisionomia della redazione originaria del *Beneficio*, dobbiamo chiederci: qual è stato il contributo specifico del Flaminio? E nel caso che questo contributo risulti eterogeneo rispetto al testo di don Benedetto, come è stata possibile la collaborazione tra questi due uomini?

Cominciamo col rispondere alla prima domanda. Abbiamo visto che al Flaminio va attribuita la quasi totalità delle citazioni da Calvino. Va subito detto che queste citazioni non modificano il senso generale del *Beneficio* che abbiamo precedentemente identificato. Quanto poco Calvino fosse riconoscibile nel *Beneficio* è testimoniato dalla reazione di un lettore non del tutto sprovveduto come il benedettino Gregorio Cortese. Costui era stato il primo lettore dell'*Institutio* in Italia di cui abbiamo notizia, e ne aveva dato questo giudizio: «Mi è poi capitata alle mani un'altr'opera fatta per un giovine Calvino luterano..., di molta e mala erudizione... al giudizio mio sino al presente non è fatta opera alcuna luterana più atta ad infettare le menti, tanto il buono è mescolato con quel suo veneno »[101]. È lo stesso Cortese che di lì a qualche anno avrebbe detto al Morone: «Quando la mattina mi metto il giuppone, io non mi so vestire di altro che di questo *Beneficio di Cristo*» (p. 454).

Passiamo ora al contributo originale del Flaminio, che, come abbiamo visto, risulta concentrato particolarmente nei capitoli V e VI. Il capitolo V è in sostanza un'amplificazione retorica di un motivo

---

101. *Regesten und Briefe des Cardinals Gasparo Contarini.* (*1483-1542*), hsg. von F. Dittrich, Braunsberg, 1881, p. 133.

appena accennato nel testo di don Benedetto. Più complesso il discorso da fare sul capitolo VI. Qui il Catarino ci aiuta ancora una volta a identificare una consistente aggiunta alla redazione originaria del *Beneficio*. Scrive il Catarino: « Erra finalmente e inganna *concludendo il libretto* ne la posizione luterana, che vuole che l'uomo sia obligato a creder certamente e particolarmente che gli sieno remessi e' suoi peccati, a voler che in verità gli sieno rimessi, altrimenti farebbe Iddio bugiardo ne la sua promessa » (p. 420).

Giustamente il Caponetto rinvia qui alla pagina 81 della sua edizione del *Beneficio*. Il passo confutato dal Catarino è il seguente: « Adunque, seguendo il santo consiglio di san Bernardo, non creder solamente in generale la remissione de' peccati, ma applica questo credere al tuo particolare, credendo indubitatamente che per Cristo ti sono perdonate tutte le tue iniquità; e in questo modo darai gloria a Dio, confessandolo misericordioso e verace, e diventerai giusto e santo nel conspetto di Dio, essendoti communicata, per questa fede e confessione, la giustizia e la santità di Iesù Cristo ». Qui finiva dunque, con la sola aggiunta della clausola finale ("Noi siamo giunti al fine di questi nostri ragionamenti..."), il testo che il Catarino aveva sott'occhio. Ma il testo a stampa non finisce qui. Esso continua ancora per tre carte, malamente ricucite con una di quelle poco eleganti formule di passaggio che già conosciamo: « Ora, tornando al ragionamento della predestinazione... ».

In queste pagine cogliamo finalmente la voce più autentica del Flaminio. Esse costituiscono il suo contributo più originale al *Beneficio* e imprimono una brusca svolta al discorso di don Benedetto. Per la prima volta compaiono i « reprobi », con i loro « argumenti diabolici ». Per la prima volta compare la coppia « reprobati-predestinati », inammissibile per don Benedetto, che identificava tendenzialmente predestinazione e elezione universale. Ma chi erano questi « falsi cristiani » – l'espressione compare altre due volte nel *Beneficio*, una delle quali in un capitolo sicuramente rimaneggiato dal Flaminio, il V (p. 57) – contro cui si scagliava in queste pagine il Flaminio? Sono coloro che traggono dalla certezza di essere predestinati la convinzione dell'inutilità delle buone opere: « Io non voglio operare bene, perché, s'io son predestinato, senza che io mi affatichi, sarò salvo » (p. 82). Potrebbe trattarsi di una polemica indiretta, volta a parare le obiezioni del Catarino, obiezioni che, come sappiamo, il Flaminio conosceva già nel maggio del '42. Nella sua confutazione, infatti, il Catarino sostiene che la certezza della predestinazione proclamata dal *Beneficio* porta alla rilassatezza morale: « Questa dunque opinione e persuasione degli uomini particolari, che credeno per la dottrina di questi predicatori che chiunque ha ricevuto l'evangelio e la grazia sua sia nel numero de' predestinati e che per ogni modo sarà salvo, oltra che è contra ogni umana prudenza, come abbiamo pruovato, è ancora piena di estremo pericolo, perché quel uomo che si pensarà esser tale, in che peccato non si precipitarà, pensando esser securo? E a qual tentazione farà resistenza, incitandolo sempre il demonio e la voluttà de la carne e le lusinghe del mondo? Et essendo proclive l'uomo a succumbere a ogni peccato, qual dottrina gli basta a ritenerlo? Certamente sono parole quelle che costui sempre ingannando soggiogne e dice: " Anzi, l'uomo che arà per certo esser tanto amato da Dio, allora si sforzarà fare ogni bene per renderli debite grazie " ecc.» (p. 409). Il fatto che, come abbiamo già visto, quest'ultima citazione dal *Beneficio* sia irreperibile nel testo a stampa, conferma l'ipotesi che il Flaminio tra la primavera del '42 e l'estate del '43 abbia rimaneggiato questa parte dello scritto di don Benedetto per rispondere agli argomenti del Catarino. È possibile ricostruire questa sequenza cronologica: *a*) nel testo di don Benedetto si sostiene la tesi che la certezza della predestinazione è uno stimolo alle buone opere; *b*) il Catarino rovescia polemicamente quest'impostazione, affermando che, al contrario, la certezza della predestinazione è un incentivo al peccato; *c*) il Flaminio, sulla base della confutazione manoscritta del Catarino, sopprime il passo di don Benedetto e introduce un dialogo con un interlocutore di comodo, in cui la tesi del Catarino è presentata in forma addolcita (la certezza della predestinazione porta all'inerzia morale) e quella di don Benedetto è sostanzialmente snaturata attraverso l'accenno ai « falsi cristiani», per i quali la certezza della predestinazione « non pare che la possa nuocere, perché, quantunque questi così fatti uomini si sforzassero di darsi a credere di essere nel numero dei predestinati, non lo potrebbono mai persuadere alla loro conscienza, la quale sempre riclamerebbe» (pp. 81-82). Perché il Flaminio sente il bisogno di intervenire proprio su questo punto, e con affermazioni così lontane dalle posizioni di don Benedetto?

Il problema della predestinazione era stato al centro di un fitto dibattito epistolare tra Flaminio e Tullio Crispoldi da un lato, Gasparo Contarini e Girolamo Seripando dall'altro, negli anni 1538-39 [102]. È solo apparentemente paradossale che in questa controversia gli

---

102. Cfr. H. JEDIN, *Ein Streit* cit., e G. FRACASTORO, *Scritti inediti*, a cura di F. Pellegrini, Verona, 1955, pp. 73 segg., specialmente pp. 195-96.

« agostiniani » Contarini e Seripando difendessero il libero arbitrio dagli attacchi del Flaminio e soprattutto del Crispoldi. *Mais on est toujours l'augustinien de quelqu'un.* La posizione del Flaminio naturalmente c'interessa in maniera particolare. « Et veramente », scriveva al Contarini, « considerando la mia durezza e resistentia che io fo continuamente a questa santa gratia, vengo in questa ferma risolutione che s'el Signore dicesse alla humana generatione, vuoi tu ch'io ti offerisca la mia gratia, con patto che coloro solamente si salvino che l'accetteranno con la mera virtù del lor arbitrio, o pur vuoi rimetterti alla mia discretione et contentarti che solamente coloro siano salvi, alli quali io per mia misericordia porgerò aiuto disponendo soavemente le loro volontà a ricevere questo mio dono? Dico che se Dio benedetto proponesse agli huomini questa eletione, io per me risponderei: Signore, io so che tu hai detto che è maledetto l'huomo che se confida in sé stesso. So che chiami beati coloro che mettono tutta la sua speranza nella tua infinita misericordia, so che io sono amicissimo del mio male et nemico mortale del mio bene, so che la natura mia perversa fugge la luce et si diletta delle tenebre... Adonque Signor mio clementissimo non consentire che mi venga questo pernitioso desiderio di voler che lo acettare et possedere la tua gratia dipenda totalmente dal mio libero arbitrio, perciò che egli è troppo libero et potente a seguire il male, ma pigrissimo et impotente a seguire il bene, se non è sovvenuto et fortificato dalla tua immensa benignità ». Siamo ben lontani dai temi fondamentali del *Beneficio*, ben lontani soprattutto dal « libero arbitrio sanato » di don Benedetto. In questa visione pessimistica della natura umana la distinzione tra eletti e reprobi è centrale: « Et nel vero si vede per la Scrittura et per la continua esperientia che Dio benedetto chiama, eshorta e invita ognuno, ma in ciò è questa differentia, che queste vocationi et inviti sonno alli predestinati salute, alli reprobati a testimonianza, come dice lo Evangelio »[103]. In termini non dissimili il Flaminio si esprimeva, di lì a pochi anni, nelle pagine aggiunte a conclusione del *Beneficio*: « la certezza della predestinazione alli veri cristiani non nuoce, ma giova sommamente... la dottrina della predestinazione più tosto giova che noccia alli falsi cristiani; perché discopre la loro ipocrisia, la quale, mentre sta nascosta sotto il manto delle opere esteriori, non si può sanare » (pp. 81-82).

---

103. Ivi, pp. 195-196.

Ma una volta accertate queste divergenze tra don Benedetto e il Flaminio, dobbiamo dare una risposta alla seconda delle due domande che avevamo formulato: come è stata possibile la collaborazione tra questi due uomini? Non possiamo evidentemente limitarci a ricordare circostanze di carattere biografico, come legami esistenti tra il Flaminio e l'ambiente benedettino [104]. L'incontro avviene sul terreno della misericordia di Dio e della giustificazione per fede, espresse in un linguaggio comune: quello valdesiano. Eppure questa risposta non ci soddisfa pienamente. Non si capisce perché il Flaminio sia intervenuto sul testo di don Benedetto usando (diremmo in termini moderni) più la colla che le forbici, più le interpolazioni che le censure. È, questo, un problema che rimane aperto.

Comunque, l'intervento del Flaminio lasciò sostanzialmente immutata la fisionomia originaria del *Beneficio*. Esso fu letto come un « dolce libro » che proponeva un messaggio di conforto e consolazione. È un peccato che le innumerevoli notizie di lettura del *Beneficio* che ricorrono per decenni nei processi inquisitoriali [105] non siano accompagnate da osservazioni o commenti. Tanto più eccezionale risulta una lettera, non datata e non firmata, inserita nell'incartamento processuale del Morone. Essa narra diffusamente le circostanze della morte di una non meglio identificata « domina Helisabetta » di Venezia. « Et quel che con la lingua non poteva », scrive l'anonimo, « con altri gesti la santità del cuor suo gli dimonstrava, anzi Iddio per lei come rendeva testimonio, et quello che sopratutto dire voleva in commendatione del libretto *Del beneficio de Christo*, del quale io circa un messe et mezzo inanti la sua morte per recordo vostro le ne haveva letto et dechiarato parte... La maestra delle figlie... dubitandosi che per la vehementia del gran mal declinasse della dritta via del Signore, che disse: "Madonna mia, adesso è il tempo de guadagno et de reportare la honorevol vittoria del inimico, quale adesso più che mai ne apparechiàrà le insidie sue; apparechiatevi a virilmente combatere ". Rispose lei: "O Adriana, sorella, veris-

---

104. Cfr. per esempio E. CUCCOLI, *M. A. Flaminio*, Bologna, 1897, p. 73, per i rapporti col Fascitelli.

105. Da un costituto di un processo inquisitoriale modenese del 1597 risulta che l'inquisito, Niccolò Vendramin, aveva tra i suoi libri un *Trattato utilissimo del beneficio del sangue di Giesù Christo* (Archivio di Stato di Modena, *Inquisizione*, b. 8b). In quest'opera dal titolo alterato si può probabilmente riconoscere una delle edizioni modenesi del *Beneficio* stampate dal Gadaldino: il Vendramin dichiara di ignorare che il libro è proibito, e di averlo probabilmente ricevuto in dono.

simo è quel che dici, et ben me 'l penso che esso me metterà denanzi a l'occhi tutti li miei peccati, negligentie et ingratitudine per farmi manchare de animo et venire in desperatione... ma io ve l'ò ben proposto un facil modo de vincerlo et confonderlo ". " In che modo, chara madonna? " disse la maestra. E lei: " Quando lui verrà a me per tentarmi... io m'ho pigliato per fermo scudo questa sol risposta: va', messer Satanasso, io non ho punto da fare con lo tuo, né tu hai più ragione nessuna contro di me col avocato mio Christo Jesu per amor mio crucifixo... anzi dirò cha vada a lui che me ne giustificarà, perché già me ha fatta sua figliola et me ha a sé stesso presa et incorporata " ». La malata si aggrava e le viene portato l'olio santo: « diceva: " O oglio santo benditto, sia sempre laudato el mio dolce Signore... " ». L'anonimo chiude la lettera presentando al destinatario – forse il Morone – l'edificante morte di madonna Elisabetta come « provva de quella santa doctrina che, dalla penna del Spirito santo imparata, me le faceste a tempo replicare » [106]. Il *Beneficio* viene dunque letto come un'*Arte del ben morire*, in grado di sottrarre i morenti alla tentazione diabolica della disperazione, quella disperazione che veniva tradizionalmente presentata come il peccato contro lo Spirito santo.

11. La « dolce dottrina... di predestinazione », rinfacciata dal Catarino al *Beneficio*, consolava la morte di madonna Elisabetta; la « dottrina... che lui haveva già imparato dalli predestinatori » faceva negli stessi anni morire disperato Francesco Spiera. Da questa morte l'ex benedettino Giorgio Rioli, *alias* Giorgio Siculo, trasse lo spunto per l'unica opera che riuscì a dare alle stampe: l'*Epistola... alli cittadini di Riva di Trento contra il mendatio di Francesco Spiera, et falsa dottrina di Protestanti* (1550) [107]. Il Siculo visse a fianco di don Benedetto da Mantova nel monastero catanese di san Nicolò l'Arena per circa tre anni, dal 1537 al 1540. Attorno al 1550 li troviamo di nuovo insieme, tra Bologna e Ferrara [108]. Accanto a loro è Luciano degli Ottoni. Secondo una testimonianza tarda di un se-

---

106. Archivio Gallarati Scotti, ms. E, XLI, n. 5, Processo Morone, cc. 303*r*-308*r*. Questa lettera viene mostrata il 20 settembre 1557 al Morone, che riconosce la rubrica come di propria mano, ma dichiara di non ricordare come la lettera gli sia pervenuta e di non conoscere la « domina Helisabetta » di cui si parla (ivi, c. 338*rv*).

107. *Epistola* cit., Bologna, 1550, c. 3*v*. Per l'importanza del caso dello Spiera, cfr. D. CANTIMORI, *Eretici italiani del Cinquecento. Ricerche storiche*, Firenze, 1939, pp. 57 segg.

108. Cfr. l'edizione del *Beneficio* curata dal Caponetto, pp. 484-485.

guace del Siculo, l'umanista ferrarese Nascimbene Nascimbeni, don Benedetto da Mantova « approbava la dottrina e visione di Giorgio e aspettava il spirito di Dio in terra, promesso da quello ». A questa data l'antico confratello del Siculo era diventato suo discepolo, e ne aveva tradotto i libri « dalla lingua siciliana in buona lingua italiana » (p. 463).

Quest'adesione è stata messa in dubbio, in quanto essa implicherebbe un rinnegamento della dottrina del « beneficio di Cristo », nettamente respinta nell'*Epistola* del Siculo [109]. Ma che cosa significava per il Siculo « beneficio di Cristo »? « Dicono pur costoro », scrive il Siculo parlando dei protestanti, « che gli è stato tanto grande il benefitio di Christo a salvarci, che se noi pensassimo che le nostre opere fussero necessarie a poter conseguire la sua iustificatione, verrebbono a mancare de fede, et vilipendere il sangue di Christo, allegando l'Apostolo il qual dice: " Si per legem iustitia, ergo Christus gratis mortuus est (*Gal.*, II) ". Dicono pur costoro, che doppoi che noi credemo in Christo, non ci sono più imputati gli nostri peccati che facciamo. Dicono pur costoro, che noi per Christo siamo avanti il suo eterno padre giusti, et senza macula di peccato per imputatione, cioè che Dio ci ha per giusti et santi avanti il suo conspetto quantunque noi siamo in terra peccatori et pieni di concupiscientie et corruttioni. Dicono puranchor costoro che Christo dona a noi la fede particolare, acciò possiamo credere al suo santo Evangelio. Dicono pur costoro che noi non havemo niente di libero arbitrio, di potere obedire al suo santo Evangelio, né fare cosa alcuna che sia grata a sua divina maiestà, ma ogni cosa ci fa operare Christo. Dicono pur costoro che Christo ci ha talmente liberati da ogni suggettione et peso della legge che quello, il quale non mangia carne il venere et il sabbato, non è anchora perfetto christiano. Dicono pur loro, che Christo ha voluto, per gratia particolare, elegere noi et salvarci, et gli altri li ha lassato perire nelli fuochi infernali, non gli volendo come noi predestinare né redimere, né donargli la sua gratia né misericordia, immo gli ha indurati et cecati, accioché non si potessero più salvare. Dicono pur anchor loro, che noi altri eletti et predestinati non potremo mai più perire, perché, essendo stati eletti et predestinati, forza è che ci salviamo, etiam che facessimo de molte trasgressioni et mortali peccati. Et per il contrario dicono che quelli i quali non sono stati come noi predestinati, forza è che si dannano

109. G. SICULO, *Epistola* cit., c. 49v.

nelle pene infernali... Questa dottrina, fratelli dilettissimi, non è nata né proviene da quel Christo il quale per ogn'uno è crucifisso et morto, ma questi maestri et dottori falsamente annontiano quella a noi nel nome di Christo »[110]. Che cosa, in sostanza, il Siculo trova riprovevole nelle posizioni dei protestanti? È il fatto che « costoro con la falsa dottrina lor de predestinattione nega*no* espressamente essa divina misericordia, essa divina clemenza et pietà, essa divina bontà et charità paterna verso qual si voglia impio et peccatore, purché tornare voglia alla cordial penitenza et obedienza del suo santo Evangelio. Negano la divina gratia non essere generale. Negano la christiana redentione non essere stata da esso divino padre ordinata et proposta in salute di tutto il mondo... »[111].

Esaltazione della misericordia di Dio, difesa del libero arbitrio, rifiuto della distinzione tra eletti e reprobi, elezione universale alla salvezza: sono queste le posizioni di don Benedetto da Mantova, che abbiamo visto affiorare nel *Beneficio* al di là delle aggiunte tardive ed eterogenee del Flaminio. A questo punto non ci appare più paradossale l'incontro tra Benedetto Fontanini e Giorgio Siculo, tra il sostenitore della predestinazione come rimedio della « diffidenza » e l'impetuoso avversario dei « predestinatori » protestanti. Gran parte dell'*Epistola* del Siculo appare a questo punto come una penetrante lettura « benedettina » del *Beneficio di Cristo*.

Questa nostra insistenza su un unitario e specifico filone benedettino sembrerà forse eccessivamente unilaterale. Ma ogni dubbio residuo cadrà di fronte a un'impressionante concordanza. L'ex benedettino Giorgio Siculo, imprigionato come eretico, muore impiccato a Ferrara nel 1551. La sua *Epistola* viene ricercata e distrutta come « pestillentissimo libro » ancora dopo dieci anni[112]. Nel 1566 esce a Venezia un libro dell'abate benedettino Isidoro Cucchi da Chiari, pio vescovo di Foligno, già principale rappresentante della congregazione cassinese al concilio di Trento, morto qualche anno prima. Si trattava di una raccolta di prediche: *In sermonem Domini in monte habitum secundum Matthaeum, orationes sexaginta novem ad populum. In quibus, praecipue dominicam orationem accurate admodum exponit, Fulginensem clerum instituit, ac perversas praedestinantium opiniones redarguit*[113]. Nella dedicatoria premessa al volume precedente di

---

110. *Ivi*, cc. 49*v*-50*v*.
111. Ivi, c. 51*r*.
112. Cfr. D. CANTIMORI, *Eretici italiani* cit., p. 59.
113. Venetiis, 1556.

omelie del Chiari, il monaco Benedetto Guidi, in risposta alle accuse contro l'ordine benedettino, aveva fornito questo caratteristico elenco di illustri confratelli contemporanei: « Cortesios, Lucianos, Marcos, Innocentios, Theophilos, Honoratos, Chrysostomos, Benedictos » [114]. C'erano tutti: il Cortese, l'Ottoni, Marco da Brescia, Teofilo Folengo, il Fascitelli, il Calvini, Benedetto (Fontanini?). Mancavano nell'elenco i « Georgios »: ma solo nell'elenco. Nella raccolta di prediche contro le « opinioni dei predestinatori » (come già nel volume precedente) il Chiari ebbe l'audacia di traslitterare intere pagine dell'*Epistola* del Siculo. Si confronti la citazione che abbiamo fatto da quest'ultima con la predica LXV del Chiari, dedicata alla predestinazione:

« Dicunt tam ingens fuisse Christi Servatoris beneficium ad parandam salutem nostram quod, si existimaremus facta nostra esse ad comparandam iustificationem necessaria, hoc esset in fide deficere et vilesceret sanguis Christi, citantque Apostoli locum dicentis: " Si per legem iustitia, ergo Christus gratis mortuus est " (*Gal.*, II). Dicunt, posteaquam in Christum credidimus, non imputari nobis quicquid peccamus. Dicunt nos per Christum apud coelestem patrem esse iustos ac sine peccato propterea quod imputat nobis iustitiam habetque nos pro iustis coram se, quamvis interea simus peccatores et pleni concupiscentiis ac corrupta vita. Dicunt donari nobis a Christo peculiarem fidem, ut credere possimus eius Evangelio. Dicunt nos libero destitutos arbitrio quo eius Evangelio obedire possimus, aut quicquam agere quod Deo gratum futurum sit, sed Christum efficere ut omnia operemur. Dicunt Christum ita nos liberos ab omni legis servitute atque onere fecisse, ut quicumque sexta feria atque sabbato carnibus non vescitur is nondum perfecte in Christum crediderit. Dicunt Christum voluisse privato ac peculiari munere eligere nos ac servare, reliquos vero aeterno igni cruciandos relinquere, neque redimere eos voluisse ac suam eis largiri gratiam et misericordiam, quin potius obdurasse et excaecasse ne servari unquam possint... » [115].

Inutile continuare. Tranne brevissime interpolazioni qua e là, la predica del Chiari continua ricalcando pedissequamente pagine e pagine dell'*Epistola* del Siculo. Né si tratta di un prestito occasionale: tutto il gruppo delle prediche sulla predestinazione è infarcito di

---

114. *Isidori Clarii episcopi Fulginatis, In Evangelium secundum Lucam orationes quinquaginta quatuor*, Venetiis, 1565, c. a 3v.
115. *Isidori Clarii in sermonem Domini* cit., cc. 261r-v. Sulla presenza di temi e testi del Siculo negli scritti del Chiari, rinviamo a un saggio di prossima pubblicazione.

passi del Siculo. Il Chiari, quest'illustre esponente della presunta riforma cattolica [116], non indietreggia nemmeno di fronte alle affermazioni più radicalmente « pelagiane » del Siculo:

SICULO	CHIARI
« Le charità vostre sappiano che doppo il peccato del nostro primo padre Adamo non è stato perso il libero arbitrio né le divine potentie dell'anima nostra, da esso divino padre donate et concesse all'anima nostra, immo esso peccato ci acquistò la scienza del bene et del male, con la quale potiamo eleggere il bene et lassare il male. Sì come haverebbe fatto il nostro patre Adamo doppoi il suo peccato, se lui non fosse stato espulso dal terrestre paradiso, perho che vedendosi lui mortale per il suo peccato, haverebbe pigliato del legno della vita per farse immortale, se Dio non gli havesse provisto et l'havesse scacciato del Paradiso, dal quale non fu già egli scacciato per il peccato, ma ben doventò per quello, secondo la scrittura, mortale, et suggetto alle corruttioni et imperio infernale. Ma dice la divina scrittura: Ecce Adam factus est quasi unus ex nobis sciens bonum et malum, nunc ergo, ne forte mittat manum suam et sumat etiam de ligno vitae et comedat et vivat in aeternum (Gen., III). Et più, acciò che non ritornasse a	« Vos vero observate quo se res pacto habeat. Post peccatum primi parentis Adae non est amissa arbitrii libertas, neque animi vires divinitus a coelesti patre nobis ingeneratae, quia potius videtur ipsum peccatum nobis acquisivisse scientiam boni et mali, qua eligere bonum posset ac malum reiicere. Atque hoc mihi videtur summae bonitatis opus quae ne peccantem quidem deseruerit, neque sine viribus reliquerit, quibus resurgere ab errore aliquando posset. Quod nisi expulsus Adam a Paradiso fuisset, ea facultate quam fuerat adeptus agnoscendi boni ac mali usus proculdubio fuisset. Cum enim cerneret se mortalem ob peccatum effectum, accessisset ad lignum vitae ut immortalitatem recuperaret. Quare ob eam ipsam causam, videlicet ne vesceretur ligno vitae, pulsus Paradiso fuit, non ob peccatum, sed mortalis quidem ob peccatum evaserat, ut scriptura Geneseos memorat, obnoxiusque corruptioni atque aeternae morti factus. Observentur enim divinae scripturae verba; sic enim scriptum est: Ecce Adam factus est quasi unus

---

116. Va notato a questo punto che il Billanovich per primo aveva inserito il *Beneficio* in una tradizione benedettina, caratterizzata tra l'altro dalla presenza di temi «quietistici» (*Tra don Teofilo Folengo e Merlin Cocaio*, Napoli, 1948, p. 197, nota). Sulle sue orme, E. Menegazzo ha da un lato strettamente (e giustamente) legato il *Beneficio* all'ambiente di s. Benedetto Po, dall'altro ha ricondotto entrambi al filone della «riforma cattolica tra i benedettini» (*Contributo alla biografia di Teofilo Folengo* [*1512-1520*], in « Italia medioevale e umanistica », II, 1959, pp. 378-79). Ma basterebbe il caso del Chiari a mostrare l'insostenibilità di questa definizione.

pigliare il legno della vita, Iddio pose un suo armato capitanio a defendere et custodire la via per la quale si poteva andare ad essa vita, accioché l'huomo non potesse più per sé farse immortale et liberarse dalla corruttione: ut verbum domini maneret, quia cinis es, et in cinerem reverteris (*ibidem*). Talmente che Adam, secondo ci testifica la divina scrittura, haverebbe tolto del arbore della vita, il quale è summum bonum, per la scienza che lui hebbe del bene et del male, se Dio non l'havesse espulso dal Paradiso, et gli havesse tolto la strada, acciò non più gli potesse tornare. Hor adoncha se Adam senza altro invito per la scienza del bene et del male haverebbe pigliato del legno della vita in sua immortalità, se egli non fusse presto stato espulso, quanto maggiormente noi potiamo accettare in nostra redentione et vita, quando che essa verità et propria vita ci invita et grandemente ci prega a pigliare del arbore della vita, il quale è esso Christo vera vita et redentione de l'humana natura, senza dubio alcuno potiamo et doviamo accettarlo maggiormente che non haverebbe fatto Adamo nascostamente, s'el non gli fusse stato prohibito... » [117].

ex nobis, sciens bonum et malum (*Gen.*, III). Nunc ergo ne forte mittat manum suam et sumat de ligno vitae et comedat et vivat in aeternum (*ibidem*). Et ne rediret Adam ad accipiendum ex eo ligno, collocavit ante Paradisum cherubim et flammeum gladium atque versatilem, ad custodiendam viam ligni vitae, itaque nisi accessus ad illum lignum interclusus fuisset, accepisset ex ea arbore vitae quod maximum bonum est, ex scientia quam adeptus fuerat boni ac mali. Quod si hoc potuit Adam, quanto nos magis accedere ad lignum vitae possumus, dominum Iesum Christum in redemptionem et salutem aeternam, a quo tantum abest ut prohibeamur ut etiam maximis adhortationibus et minis etiam nisi id praestemus, invitemur ut accedamus? » [118].

Il Chiari muore nel 1555, quattro anni dopo l'ignominiosa fine del Siculo. L'ipotesi che sia stato il Siculo a tradurre dal manoscritto originale del Chiari è senz'altro da scartare. Il Siculo viene concordemente presentato come ignorantissimo, e il latino del Chiari gli sarebbe riuscito ostico. Inoltre, dal confronto dei due testi emerge chiaramente che il Chiari impoverisce la ridondanza mistica del

117. G. SICULO. *Epistola* cit., cc. 68*r* - 69*r*.
118. *Isidori Clarii in sermonem Domini* cit., c. 282*v* - 283*r*.

Siculo: basta vedere come l'intreccio metaforico che conclude il passo citato (« legno della vita », « redentione et vita », « verità et propria vita », « arbore della vita », « Christo vera vita et redentione ») scompaia nella pagina del Chiari. Infine – e questo elemento è decisivo – una frase di commento assente nel testo del Siculo, risulta aggiunta posteriormente in margine nel manoscritto originale delle prediche del Chiari [119].

Il caso stupefacente di questa cripto-ristampa dell'*Epistola* del Siculo, testimonia il prolungarsi di questa tradizione « pelagiana », assunta nella sua formulazione più radicale, all'interno dell'ordine benedettino. I processi che cominciano nel 1568 contro i benedettini adepti della « setta giorgiana » ne rappresentano lo sbocco [120]. Ma quel che importa sottolineare qui è l'adesione alle dottrine del Siculo da parte di Isidoro Chiari, che nella sua *Adhortatio* (1540) si era mostrato convinto sostenitore della giustificazione per fede. Il suo caso appare quindi analogo a quello del Fontanini. Abbiamo visto che tra l'*Epistola* del Siculo e il *Beneficio di Cristo* esisteva una concordanza sotterranea, imperniata sui temi della misericordia divina e dell'elezione universale (formulata dal Fontanini con l'espressione, più attenuata ma sostanzialmente equivalente, di « perdon generale »). Per accettare le posizioni del Siculo, di cui traduceva gli scritti « dalla lingua siciliana in buona lingua italiana », il Fontanini non doveva certo passare attraverso una conversione radicale. Resta però, nell'*Epistola*, l'aspra polemica contro i sostenitori della giustificazione per fede: come conciliarla con le tesi, ben diverse, del *Beneficio*?

12. Il Siculo è noto per aver formulato per primo in Italia una difesa esplicita della simulazione religiosa. E in verità, il Siculo è un perfetto nicodemita. Bisogna distinguere in lui una dottrina essoterica ed una esoterica: la prima, testimoniata dall'*Epistola*, la seconda, documentata dalla tardiva abiura pronunciata da un suo discepolo, il benedettino don Antonio da Bozzolo [121]. Tra le due for-

---

119. Si tratta di una frase che segue immediatamente la prima delle due citazioni dalle prediche del Chiari: « ... ne servari unquam possint. Opinor, ut hinc agnoscatur eius in electos benignitas ac misericordia, quos aeque destituere potuisset » (Biblioteca Comunale di Empoli, ms. 35. H. 4, carte non numerate).
120. Cfr. D. Maselli, *Per la storia religiosa dello Stato di Milano durante il dominio di Filippo II: l'eresia e la sua repressione dal 1555 al 1584*, « Nuova rivista storica », LIV, 1970, pp. 348-350.
121. Cfr. C. Ginzburg, *Due note* cit., pp. 212-217.

mulazioni, lo scarto è netto. Per limitarci al problema che c'interessa, al rifiuto della giustificazione per fede contenuto nell'*Epistola* si contrappongono, nell'abiura di don Antonio da Bozzolo, affermazioni come queste: « Et che l'opere nostre non son d'alcun merito appresso a Dio, essendo noi a quelle obligati per divino precetto. Et che l'opere nostre non ci giustificano in alcun modo, ma la sola fede ci giustifica, et l'opere sono solamente un segno della nostra giustificazione et non causa di quella, et quelli che tengono l'opposito sono in grande errore » [122]. Si può ricordare a questo punto che un prete seguace del Siculo, l'umanista ferrarese Nascimbene Nascimbeni (che limitava il suo consenso alla prima delle due proposizioni citate) dichiarò di aver celebrato la messa senza credere nella presenza reale avendo « in memoria il beneficio della passion di Christo » [123] e cioè la dottrina confutata dal Siculo nell'*Epistola*.

A questa dicotomia corrispondeva una differenza di livelli sociali. Altre le cose di cui si può discutere in un ambiente ristretto di dotti o illuminati, altre quelle da predicare al gregge dei fedeli. La dottrina della giustificazione per fede si prestava a essere intesa dai « semplici » come un incoraggiamento alla licenza, alla « libertà carnale ». A costoro bisognava predicare anzitutto la penitenza, l'amore cristiano: « Veramente », esclamava il Siculo, « gli protestanti hanno grandissimamente errato a predicare la giustificattione senza l'osservanza et obedienza del santo Evangelio. Prima dovevano, come cosa necessaria et di grande importanza, predicare la necessaria penitenza et obedienza del santo Evangelio » [124]. In un'età in cui i conflitti religiosi coinvolgevano di fatto, attraverso la stampa e la predicazione, non solo i teologi e la gerarchia ecclesiastica, ma masse popolari sempre più vaste, l'esigenza di delimitare anche socialmente la discussione era avvertita negli ambienti più diversi. E diversa era naturalmente la risposta: non si possono mettere sullo stesso piano l'atteggiamento di un Giorgio Siculo e quello di un Contarini (per non parlare dei gesuiti) [125].

Ma a quale livello avvenne l'adesione di don Benedetto da Mantova alle dottrine del Siculo: a quello esoterico o a quello essoterico? Un gruppo di documenti mantovani, che riportiamo in appendice,

---

122. Ivi, p. 216.
123. Ivi, p. 201.
124. G. SICULO, *Epistola* cit., c. 79*v*.
125. Per il Contarini, cfr. H. JEDIN, *Ein Streit* cit., p. 368 (e vedi anche il «Modus concionandi » in *Regesten* cit., pp. 305-309). Ma su questo problema intendiamo tornare in altra sede.

ci fornisce una prima risposta. Da un lato, essi confermano che il Fontanini fu realmente legatissimo al Siculo, al punto da essere subito coinvolto nella sua disgrazia. Dall'altro, ce lo mostrano partecipe del nucleo più segreto della dottrina dell'ex benedettino siciliano.

In breve, la successione degli avvenimenti è questa. Il 16 maggio 1550 Luciano degli Ottoni scrive al suo protettore, il cardinale Ercole Gonzaga, perché intervenga in sua difesa. Egli è stato deposto e allontanato in tutta fretta dal monastero di san Benedetto Po. Accusato di aver lasciato circolare « libri » non meglio precisati e di aver tollerato « desordeni... come è di mangiar carne senza licentia e altre cose peggiori », l'Ottoni si difende negando gli addebiti. Pochissimi giorni dopo, arriva al Gonzaga un'altra lettera di un gruppo di monaci di san Benedetto Po, che lo invitano a tollerare l'affronto fattogli nella persona del suo protetto, lasciando capire che la questione è molto più grave. Alla fine di giugno il Gonzaga si muove, scrivendo al vescovo d'Aquino, Galeazzo Florimonte, e al cardinale Pole, protettore della congregazione cassinese. Il Gonzaga sembra soprattutto toccato nel suo orgoglio di principe temporale: « come s'io fossi un plebeio et non havessi seco che fare et questo loro monastero fosse fuori del mondo ». Ciò che gli preme è di poter uscire « con... honore et riputation » dalla faccenda, attraverso l'intervento del Pole. Che cosa abbia risposto il Pole non sappiamo. Quel che è certo, è che al principio di dicembre l'Ottoni, divenuto abate del monastero di Cesena (titolo che doveva perdere di lì a poco) scrive al Gonzaga una lunga lettera in cui compare per la prima volta il nome del Fontanini. Paradossalmente, questo nome rimasto così evanescente nella documentazione finora nota, acquista qui per la prima volta uno spessore umano attraverso le recriminazioni dell'Ottoni: « Ma che peggio è, ho inteso che li patri nostri hanno trovato a don Benedetto Fontanino una copia di quello libro che andavan cercando, di quello don Georgio Siculo... don Benedetto in vero si è portato malissimo, prima a tener quel libro, poi almanco a no 'l brusare, quando sentite il rumore di don Georgio: hora non se li po far altro ». Il Fontanini era stato dunque trovato in possesso di un « libro » del Siculo, e per questo imprigionato a Verona [126]. Qual era questo libro così compromet-

---

126. Questa incarcerazione a Verona del Fontanini era finora ignota. Si sapeva invece che nel 1549 un don Benedetto da Mantova (probabilmente identificabile con l'autore del *Beneficio*) era prigioniero a Padova: si veda la citata edizione del *Beneficio* a cura del Caponetto, p. 442.

tente? Si può escludere che fosse l'*Epistola*, regolarmente stampata a Bologna nello stesso anno. D'altra parte, l'Ottoni stesso ci fornisce alcuni elementi per identificare il misterioso « libro »: « avanti quel libro trovato, credo che sia una lettera de don Georgio, secundo che mandava il detto libro a me a Trento... ma il libro è intitulato a tutto il concilio: se pur è quello, che io no 'l so certo ». Ora, si sa che il Siculo intendeva comunicare ai padri conciliari riuniti a Trento la sostanza delle rivelazioni avute da Cristo che gli era apparso « in propria persona » [127]. Queste rivelazioni ci sono note attraverso due testimonianze, indipendenti ma concordi: una cronaca ferrarese contemporanea e l'abiura di don Antonio da Bozzolo [128]. Dalla cronaca ferrarese sappiamo che il Siculo aveva esposto le sue visioni in uno scritto indicato come « libro maggiore ». A questo punto si è fortemente tentati di identificare il « libro » sequestrato al Fontanini per l'appunto con il « libro maggiore ».

Pochi giorni dopo l'Ottoni scriveva ancora al Gonzaga pregandolo di intervenire in suo favore presso il Pole. La situazione aveva preso una piega tale che l'Ottoni temeva « che *gli* facessero qualche scorno maggiore del primo ». Ciò si verificò puntualmente. Nel gennaio 1551 l'Ottoni dovette lasciare la carica di abate del monastero di Cesena [129]. Quanto al Gonzaga, il timore di rimanere compromesso in una vicenda che appariva sempre più grave, lo indusse nell'aprile dello stesso anno a rivolgersi al cugino Ercole II d'Este consigliandogli addirittura di infierire nella repressione contro i seguaci del Siculo [130].

Tra essi, il primo a essere colpito era stato, come abbiamo visto, don Benedetto Fontanini. Certo, non sappiamo in qual misura e per quali vie egli aderisse alle dottrine esoteriche del Siculo, che emergono dall'abiura di don Antonio da Bozzolo: rifiuto dei sacramenti come « inventioni d'huomini »; negazione dell'autorità papale; antitrinitarismo e così via. Ma sulla sua adesione non ci possono essere dubbi. Non si trattò del resto di un fatto isolato, come dimostra la successiva incriminazione, avvenuta nel 1568, del presidente stesso della congregazione cassinese, don Andrea da Asolo, e di altri ragguardevoli personaggi, in quanto adepti dell'« eresia giorgiana » [131]. Dell'atteggiamento dell'Ottoni e del Chiari si è già detto. Tutto ciò

127. Cfr. C. GINZBURG, *Due note* cit., p. 212.
128. Ivi, pp. 185, 212 segg.
129. Ivi, p. 191, nota 26.
130. Cfr. D. CANTIMORI, *Eretici italiani* cit., p. 59.
131. Cfr. D. MASELLI, *Per la storia religiosa* cit., pp. 348-350.

conferma lo stretto legame tra le idee religiose del Siculo e il filone benedettino che abbiamo cercato di ricostruire. Certo, tra le dottrine essoteriche e quelle esoteriche del Siculo c'è uno scarto che la documentazione finora nota non ci consente di colmare. Lo stesso scarto esiste tra il Fontanini autore del *Beneficio* e il Fontanini depositario del « libro maggiore » di Giorgio Siculo. La figura di don Benedetto da Mantova ci appare così fino all'ultimo, nonostante tutto, elusiva e ambigua.

APPENDICE

1.

LUCIANO DEGLI OTTONI A ERCOLE GONZAGA
(Praglia, 16 maggio 1550)

Reverendissimo et illustrissimo Monsignore, signor e patron mio servantissimo, ogne male vol giunta. Io voleva venir verso Mantua e san Benedetto per satisfar prima a Vostra Signoria illustrissima de le false calumnie datemi, e poi pigliare le robe mie e libri: ma questi patri mi hanno prohibito, cioè il presidente col consilio de soi adhaerenti; per che causa, Vostra illustrissima Signoria la po pensare. La qual è, aciò che io non parla cum Lei, e per informarLa prima loro che mi. Però non cerco né desidero altro da Lei, se non che La riserva una orechia per me quando piacerà a Dio che Li possa parlare, overo che più brammarei che La facia che io sia presente ad expurgarmi se mi incolparanno de cosa alcuna apresso di Essa: come son certo farano, benché loro mi prometteno di non farlo. Io li ho pregati che mi mandino cum l'abbate novo di san Benedetto, cum dire che se esso abbate satisfarà a Vostra Signoria illustrissima senza carico mio, che io non solo non contradirò, ma che lo aiutarò quanto potrò in tutto il suo volere: ma non hanno voluto. Et a quello che io vedo, aspettano di sapere come Vostra illustrissima Signoria si move per la mia mutatione. A esso abbate non credo venga, per fina che non habbia qualche aviso de là, come passano le cose: et a questo effetto, credo che | già habbia mandato qualcheduno sotto a Vostra illustrissima Signoria per satisfarli cum carico mio. Pur, la verità stia al loco suo. Loro stanno pur in quello che io sapeva de quelli libri et altri desordeni, et che tolerava il tutto, come è di mangiar carne senza licentia e altre cose peggiori, e che lassava fare ognuno a suo modo. Ma Dio mi è testimonio che non seppi mai de quelli libri, né altri desordini non tolerandi: e se Vostra illustrissima Signoria cercarà bene, trovarà che più presto era troppo severo cha troppo largo, et ho levato tanti disordini quanti havesse potuto levare un altro prelato: ma il tutto, né mi né hom del mundo po sapere né provedere, massimamente in uno monastero. In conclusione, io dirò come ho detto ne l'altra, che pur che Vostra illustrissima Signoria resti satisfatta di me, che io non mi curo di mutatione né d'altro, perché mi facio più conto de la Soa satisfatione cha de tutte le abbatie del mundo, e se non li andasse l'honor Suo, io non ne haverei

---

1. Mantova, Archivio di Stato, Archivio Gonzaga, busta 1920, Esterni.

fatto una minima parola, se bene mi havessen deposto contra ogni rag-
gione e iustitia. Et a la bona gratia de Vostra illustrissima Signoria di
continuo m'aricomando e cum reverentia li baso la mano. Da Praia a
li XVI de maggio MDL. De Vostra illustrissima Signoria devotissimo
servitor

DON LUCIANO.

2.

ALCUNI MONACI DI SAN BENEDETTO PO A ERCOLE GONZAGA
(S. Benedetto Po, 19 maggio 1550)

Reverendissimo et illustrissimo signor et patron nostro etc., senza
dubbio alcuno in questa causa sopra la quale Vostra Signoria reverendissima ni ha imposto pensarge et avisarLa di quanto haremo tra noi
definito, havemo da cercare *ante omnia* lo honore Suo et reputatione,
come Suoi servitori. Et così havemo deliberato responderGli in questo
modo, che havendo noi per la pratica longa della religione previsto
quello che potria intervenire, le gran difficultà, li disturbi, le raccoman-
dationi fattogli e che li saranno fatte non solamente dal reverendissimo
protettore et altri reverendissimi cardinali, ma *etiam* da Sua Beatitudine,
colla quale lo abbate novo fa professione esserLi molto famigliare, per
le quale indubitatamente Vostra Signoria illustrissima saria constretto
retirarsi, per il che il padre don Luciano rimaneria al tutto notato a
dedo, che altramente sarà per Suo rispetto lassato in quiete. Considerata
etiam la rovina che apertamente connoscemo dovere cascare a questo
monasterio, si siamo resoluti di pregare Vostra Signoria reverendissima a
dissimulare questa iniuria, ma lassarla aggravare a noi cum gli padri nostri,
et farli toccare cum mano la imprudentia loro, et la, come la appella Vostra Signoria illustrissima, impudentia et pocco rispetto havuto ad Essa.
Si vedrà nientedimeno de dare campo al predetto padre amplo de giustificarsi nella congregatione, benché ge vedemo mal ordine, attento che
un solo non vedemo, né qui né altrove, che sia per lui; et se pure ve ne
sono, spaventati dalli moltissimi capi che li sono opposti, et eruditi
da simili successi passati, stanno taciti, | tenendo certissimo che questa
mossa cascaria al fine come sono cascate altre simile, dico ancora con
qualche controversia col summo pontefice, perché gli padri della religione
o per una via o per una altra, e opportuna e importuna, al fine restano
circa simile cause superiori, et poi guai a chi se ne è impacciato. Vor-
ressimo volentieri che a contento di Vostra Signoria reverendissima le
cose fusseno successe altramente di quello che e' non sono successe. *Leve
fit patientia quicquid corrigere est nefas*. Verrano forse megliori tempi,

---

2. Mantova, Archivio di Stato, Archivio Gonzaga, busta 1920, Esterni.

che sarano senza dubio quando Quella (!) per qualunche occorrentia quantunque dispiacevole non cessarà dal suo solito favore et protectione verso questo monasterio. Et così basandoli la mano pregamo Dio la conserva nella sua gratia.

De san Benedetto, il decimo nono di maggio del '50, di Vostra Signoria illustrissima obsequentissimi servitori.

3.

ERCOLE GONZAGA A GALEAZZO FLORIMONTE
(Mantova, 29 giugno 1550)

Molto reverendo Monsignor vescovo, ho ricevuta la piacevole et a me gratissima lettera di Vostra Signoria et holla letta volentieri et gustata in tutte le parti, come quella che in tutte le parti è piena et della solita gentilezza et della natural bontà di Lei, piacendomi sopra modo l'honorata dimostratione fattaLe da Nostro Signore et la maniera con che Vostra Signoria la piglia. Et perché quanto a questo non è necessario | ch'io mi stenda con Lei più oltra, sapendo con cui parlo, entrerò nel particolare dell'abbate di san Benedetto per cui s'è mossa hora principalmente a scrivermi. Et presupponendo ch'Ella sia informato della cagione del giusto sdegno mio per la ingiuria fattami da quei padri di levarmi quell'abbate che m'havevano concesso, così all'improvviso senza alcuna probabile ragione, o almeno senza farne a me un minimo motto, come s'io fossi un plebeio et non havessi seco che fare et questo loro monastero fosse fuori del mondo, lascierò di dire qui molte cose che potrieno dirsi da chi havesse altro animo che non ho io, et parlasse con persona manco religiosa et manco discreta di Lei. Et venendo all'abbate nuovo, confesso ingenuamente d'haver sentita in me et di sentir tuttavia quella pugna che in altri suole molte volte avenire dello spirito et della carne, persoadendomi l'uno, che come christiano et cardinale io non potessi mancare di vedere volentieri et accarezzare quel padre, non solo tanto da bene et virtuoso ma tanto amico mio et da me amato, et ritrahendomi l'altra con mostrarmi che s'io 'l facessi ci metterei dell'honor mio et accrescerei ai detti padri l'ardire di stimarmi ogni dì meno et di farmi degli altri affronti qualvolta ne venisse loro voglia. Et fin hora ha potuto | più la carne che lo spirito, che se ben non gli ho vietato l'andare a san Benedetto, non ho però voluto che venga a me, et hogli fatto intendere che come don Giovanni Evangelista lo vederò sempre et abbraccierò con tutto l'animo per la bontà et virtù sue, ma come abbate di san Benedetto non volevo havere che fare con lui; et con tutto ch'egli m'habbia fatto pregare

3. Mantova, Archivio di Stato, Archivio Gonzaga, busta 1945: *Copialettere di Ercole Gonzaga*, 1550-1561, cc. 16v-17v.

più volte et da diverse persone, non ho potuto per ancora movermi da questa formalità di scotto. Tuttavia io mi vo a poco a poco disponendo di contentarlo, solo ch'io veggia di poterlo fare con riputatione mia, della quale è pur honesto ch'io tenga conto, et so che Vostra Signoria non mi consiglierebbe mai ch'io il facessi d'altra maniera: ma fin adesso non ci ho veduto verso di sodisfattione per me. Se non che hora mi vien in mente che per rasserenare ben l'animo mio non sarebbe cosa più a proposito di questa, cioè che Monsignor reverendissimo Polo, come protettore, intendesse sommariamente le oppositioni fatte a don Luciano, et parimente le giustificationi di lui, et poi senza rendermene altro conto (perché non mi curo in verità di saperle) mi scrivesse [1] che i diffinitori havessero havuto ragion di rimoverlo, al che resterei cheto, overo che se ben don Luciano non meritava di essere rimosso, essendo nondimeno parso così alli suoi superiori per alcun loro rispetto ragionevole, o pur [2] | mi esshortasse per quiete della [3] congregatione ad acquetarmi, et non guardare alla mala creanza di coloro che hanno fatto questa risolutione senza saputa mia, perché per l'autorità che ha sopra di me Sua Signoria reverendissima potrei condescendervi con più honore et riputation mia che senza tal mezo. Hora che Vostra Signoria vede a che mi riduco, et di qui può conoscere l'effetto della lettera sua, faccia quel che le pare, et iscusi questa mia sensualità che non mi lascia al primo sodisfarle compiutamente, tenendo certo che da me è amata come cordial fratello. Et non volendo essere più lungo me le offero con tutto l'animo et raccomando.

Di Mantova il 29 di giugno del L.

4.

ERCOLE GONZAGA AL CARDINALE POLE
(Mantova, 30 giugno 1550)

Reverendissimo et illustrissimo signor mio osservantissimo, ho d'havere obligatione al nostro fra Pietro Indiano, poiché è stato cagione ch'io habbia inteso dell'essere di Vostra Signoria reverendissima, colla quale m'allegro che quel suo poco di male sia terminato in bene, et ch'Ella se ne stia hora in quel luogo fuor de gli strepiti ad attendere alli suoi santi studii. Io parimente sto bene, Dio gratia, et più che mai al servitio di Vostra Signoria reverendissima, et la priego che si degni tenere memoria di me in quel modo appunto ch'Ella sa ch'io disidero più d'ogni altro.

1. *Ms.* mi scrivesse mi scrivesse.
2. *Ms.* per.
3. Nel Ms. segue la parola « religione », cancellata.
4. Mantova, Archivio di Stato, Archivio Gonzaga, busta 1945: *Copialettere di Ercole Gonzaga*, 1550-1561, cc. 17v-18r.

Quanto a quel che Vostra Signoria reverendissima mi tocca di sua mano intorno a gli abbati di san Benedetto, è occorso alcuna cosa | in questo capitolo passato fra gli diffinitori et me che m'ha dato cagione di mala sodisfattione; et havendo io sopra di questo come provocato dallui scritto lungamente a Monsignor d'Acquino, priegoLa che si faccia mandare dallui la lettera mia, che da quella vederà qual sia la mia intentione et l'osservanza ch'io porto al nome di Vostra Signoria reverendissima ch'è loro protettore. Et baciando le mani con tutto l'animo, mi raccomando humilissimamente in sua bona gratia.

Di Mantova il dì ultimo di giugno del MDL.

5.

LUCIANO DEGLI OTTONI A ERCOLE GONZAGA
(Cesena, 6 dicembre 1550)

Reverendissimo et illustrissimo Monsignor, signor e patron mio osservantissimo, quel giotto che portete a me quella lettera falsa ducale ha fatto il medesimo col cellerario de santa Giustina de Padoa, portandoli una lettera finta de Vostra Signoria illustrissima e sottoscritta da me, come che io li facesse fede del tutto, cum li sigilli similmente o falsati o robati, di sorte che li ha cavato da le mani 22 scuti cum essa lettera e chiachiare infinite che li ha saputo giungere come fece anco cum meco, che in vero le chiachiare soe furno quelle che mi inganorno più che le lettere, tante ne seppe fingere. Hora la cosa mia non si sa, né manco vorrei si sapesse, perché appresso del male haverei ancora le beffe: ma quella del cellerario predetto, l'abbate istesso de santa Giustina me l'ha scritta et è vulgata per tutto fra noi.

Ma che peggio è, ho inteso che li patri nostri hanno trovato a don Benedetto Fontanino una copia di quello libro che andavan cercando, di quello don Georgio Siculo, de qual libro io parlai a Vostra Signoria illustrissima, et hanno incarcerato esso don Benedetto in Verona. De la qual cosa io ne ho havuto et ho grandissima pena et cordoglio: prima per lui, poi ancor più perché li adversarii si faranno cavalieri di haverlo giustamente mutato, e tiraranno poi la consequentia ancora in me, come facevan di don Valeriano. Però che questo è tutto il suo desegno, cioè di monstrare che quello che hanno fatto contra di me, giustamente sia stà fatto, e ch'el sia vero. Quando pensavan di giungermi per via de don Valeriano, cercavano per mar e per terra di prenderla, | ma poi che hanno veduto non potermi giungere per quella via, lo hanno potuto haver ne le mani e non l'hanno voliuto; ma si sono voltati a don Georgio a

5. Mantova, Archivio di Stato, Archivio Gonzaga, busta 1920, Esterni.

quel solo medesimo fine. E tutto è nato da quella mia benedetta abbatia
di san Benedetto, dove non potevano tolerare che io vi stessi (et così
non vi fossi mai stato) [1]. Don Benedetto in vero si è portato malissimo,
prima a tener quel libro, poi almanco a no 'l brusare, quando sentite il
rumore di don Georgio [2]: hora non se li po far altro. So ben che apresso
di me no 'l trovaranno perché non [3] vi è. Intendo che dicono che io ho
detto che mi bastarebbe lo animo di mantenere ciò che dice don Georgio. Questa è una grande bugia, però che non ho detto così, ma ho detto
che mi bastarebbe l'animo di defendere quello che dice nel *Trattato de
iustificatione*, ma che lassava il carico a lui che lo haveva composto;
et è quello trattato el qual io feci latino, el quale è quasi tutto contra
de' Luterani; né mai dissi altramente, né mai trovaranno che io habbia
detto né fatto cosa che sia contra la Chiesa. Hora per tornar a don Benedetto, quando paresse a Vostra Signoria illustrissima di dire al abbate
de san Benedetto che non vogliano caciarli il coltello perfina al manico
etc. non sarebbe se non bene: quando ancho li para altramente, facia Lei,
e questo sia detto solo per recordarli.

Avanti quel libro [4] trovato, credo che sia una lettera de don Georgio, secundo che mandava il detto libro a me a Trento, sotto la fede che
io li haveva dato di no 'l monstrare e di restituirlilo. Ma il libro è intitulato a tutto il concilio: se pur è quello, che io no 'l so certo. Et a la
bona gratia de Vostra illustrissima Signoria di continuo mi raccomando.
Da Cesena a li VI de decembre MDL.

Di Vostra reverendissima et illustrissima Signoria servo perpetuo

DON LUCIANO. |

Intendo che è stato detto a Vostra illustrissima Signoria che don Georgio era dotto al seculo, et che si è finto ignorante. Sarebbe stato uno
bel fingere, da dece in quindeci anni, e poi tra frati. Signor mio illustrissimo, è troppo vero che lui è stato et è ignorante de lettere humane, e se
fosse così vero il resto come questo è vero, non accaderebbe far altro se
non credere ciò che dice e seguitarlo in tutto. Iterum basio la mano a
Vostra Signoria illustrissima.

---

1. Le parole tra parentesi sono aggiunte sopra il rigo.
2. Le parole « di don Georgio » sono aggiunte in margine.
3. La parola « non » è aggiunta sopra il rigo, per correggere un *lapsus* che non è difficile interpretare.
4. Nel Ms. seguono le parole « credo che », cancellate.

6.

LUCIANO DEGLI OTTONI A ERCOLE GONZAGA
(Cesena, 8 dicembre 1550)

Reverendissimo et illustrissimo Monsignor, signor e patron mio singularissimo, Vostra illustrissima Signoria mi perdona se io li sono molesto, perché così ricercan li tempi. Dopoi scrissi a Vostra illustrissima Signoria, che sono doi giorni, sono avisato che 'l presidente nostro con soi adherenti dicono et minatiano di farmi peggio che mai: *ita* che molti dubitan del caso mio. Et benché io no 'l creda, *tamen* perché io li vedo tanto passionati, non vorrei che mi facessero qualche scorno maggiore del primo, il qual fatto, poi non si potesse levare. Però prego Vostra Signoria illustrissima che se l'ama l'honor mio, che La voglia fare che così come il favor Suo me gli ha irritati e *quodamodo* incagnati adosso, così anco il favor Suo facia che mi habbian rispetto e non mi faciano torto, come saria in questo modo, cioè che Vostra illustrissima Signoria facia intendere al abbate de san Benedetto ch'el advertisca che né lui né li altri procedano contra di me, se prima non dicono le raggioni soe a Vostra illustrissima Signoria, e facian ancora che le mie sian aldite a la presentia soa; altramente, che Vostra illustrissima Signoria reputarà che il tutto si facia per suo dispetto. Overo, se questo non piace a Vostra illustrissima Signoria, che La scriva al reverendissimo Polo protettor nostro che così come Sua Signoria reverendissima è stata quella che ha placato Vostra illustrissima Signoria cum san Benedetto, che La voglia anco essere quella che facia che questi padri cessano da le persecutioni, e se hanno niente contra di me, che essa vol esser il giudice che iudica questa causa, che io restarò sicuro e contentissimo: però che io non desidero altro se non che Vostra illustrissima Signoria mi sia giudice, overo il reverendissimo protettore, overo tutti doi insieme, e se haverò fallito, sono molto contento che mi puniscano al beneplacito | loro e secundo li errori commissi; se anco non haverò fallito (come non ho) [1] che questi mi lassino stare. Ma non vorrei già certo haver questi giudici, che sono come cani arrabiati e procedono temerariamente et ignorantemente, da tali quali sono. Io li temo perché hanno la potentia passionata e senza ragione, et io ho la ragione senza potentia: però mi ricorro a la potentia de Vostra illustrissima Signoria perché so che tiene cum seco ragione. Et a la bona gratia de Vostra illustrissima Signoria mi raccomando, basiandoli la sacra mano. Da Cesena a li VIII de decembre MDL.

De Vostra illustrissima Signoria perpetuo servo

DON LUCIANO.

---

6. Mantova, Archivio di Stato, Archivio Gonzaga, busta 1920, Esterni.
1. Nel Ms. segue la parola « credo », cancellata.

Aldo Stella

L'ECCLESIOLOGIA DEGLI ANABATTISTI PROCESSATI A TRIESTE NEL 1540

L'ECCLESIOLOGIA DEGLI ANABATTISTI
PROCESSATI A TRIESTE NEL 1540

Il 7 febbraio 1540 a Trieste « in Consilio ex improviso congregato »
fu presentata dal capitano, ossia governatore della città Leandro
Nogarola, e dal giudice Giuseppe Pellegrini una lettera del re Ferdinando d'Asburgo, che raccomandava di « custodire diligenter » i
centotrenta anabattisti condotti lì prigionieri per essere imbarcati
come galeotti al servizio di Andrea Doria [1]. Il tono della lettera era
perentorio e non doveva certo riuscire gradito ai nostalgici fautori
dell'autonomia repubblicana, che già lamentavano e temevano ulteriori restrizioni ai privilegi della città [2]. In quella seduta straordinaria
non fu presa alcuna decisione, sebbene sei consiglieri avessero pro-

---

1. Trieste, Biblioteca Civica, *Archivio diplomatico, Libri Consiliorum*, IV,
fol. 303*r*: « Die sabbati 7 mensis februarii, Tergesti (...) proposuerunt unas
litteras Sacrae Regiae Maiestatis eiusdem tenoris in quibus S. Maiestas notificat
in praesenti mittere ad illustrissimum dominum Andream Doria 130 Anaba-
tistas et quod haec civitas habeat eos tenere, acceptare et diligenter custodire usque quo praefatus dominus Andreas mittet pro eis quod in brevi mis-
surus est, et interim eis providere de victu, quem S. Maiestas clementer
procurabit resarcire; et consultari debet ubi hospitari debeant et custodire (...)
et denique quid super hoc sit scribendum ».
2. Erano stati ufficialmente confermati dall'imperatore Massimiliano I nel 1500
(la domenica dopo la festa di san Michele, come si legge nel diploma originale
in tedesco, redatto ad Innsbruck e conservato nella Biblioteca civica di Trieste,
Archivio diplomatico, 5 F 1/26). Quando poi nel 1546 morì il vescovo Pietro
Bonomo, « autorevolissimo fautore dell'autonomia repubblicana » della sua
città mentre ancora teneva importanti uffici alla corte asburghese e tanto più
dal 5 aprile 1502 assurto alla cattedra episcopale di san Giusto, il nuovo
capitano Giovanni de Hoyos ne approfittò per insidiare e misconoscere i privilegi di Trieste. Cfr. A. TAMARO, *Assolutismo e municipalismo a Trieste. Il governo del capitano Hoyos, 1546-1558*, « Archeografo triestino », ser. III,
vol. XVIII, 1933, pp. 12-190; P. PASCHINI, *Eresia e riforma cattolica al confine orientale d'Italia* (« Lateranum », n. ser., XVII), Roma, 1951, p. 29;
A. PITASSIO, *Diffusione e tramonto della Riforma in Istria: la diocesi di Pola
nel '500*, « Annali della Facoltà di Scienze politiche dell'Università di Perugia »,
n. ser., X, 1968-70, p. 31.

posto genericamente «quod litteris S. Maiestatis Regiae debita reverentia prestetur». Due giorni dopo, il 9 febbraio, nel Consiglio dei Quaranta «more solito congregato», alla presenza del vescovo Pietro Bonomo e del governatore, fu riproposta la questione e si discusse su altre lettere del re Ferdinando: «circa 81 Anabaptistas hic conductos, quibus prestandus est victus ut plenius in ipsis litteris continetur ut consultari debeat quod sit faciendum cargo nostro». Si decise allora di dare «nuntio qui conduxit istos homines» le «litterae de receptione istorum hominum», ma si fece rilevare che ciò avrebbe comportato un gravissimo danno («cum maximo nostro danno et interesse») [3].

L'estrema laconicità, forse a ragion veduta, dei verbali consiliari sul trasferimento da Lubiana e sulla fuga dalle carceri triestine di una cinquantina dei prigionieri anabattisti non precisa come si siano svolti i fatti. Il Consiglio sembra più preoccupato di salvaguardare l'autonomia della città che di ricercare i fuggitivi. Probabilmente l'evasione fu favorita da confratelli o filoanabattisti locali [4]; certo è che le autorità cittadine si trovarono piuttosto a disagio nel giustificare la loro estraneità all'accaduto e volutamente lasciarono trascorrere parecchio tempo prima d'informarne re Ferdinando. Il 7 marzo si discusse nel Consiglio «si esset bonum notificare S. R. Maiestati de rebaptizatis, qui fractis carceribus fugierunt ex civitate Tergesti et eius districtu»; infine, fu deciso di comunicare «successum fugae illorum in bona forma» [5] e, per evitare l'intromissione e l'ispezione

3. Nei cit. *Libri Consiliorum*, IV, fol. 303v, si soggiunge e si precisa: «Domini electi ad utilia (D. Petrus Bachinus, ser Hieronimus Peregrinus, ser Prosperus Thodeschinus, ser Hermacoras Barbus, ser Bernardus Petacius, ser Lazarus de Min) consuluerunt quo ad cathenas dictorum hominum dentur etiam litterae quod postquam isti homines erunt expediti quod illi mittentur ad Luybanum; et quod de praesenti mittatur unus nuntius ad S. R. Maiestatem sive ad eius excelsum Consilium, cum litteris et supplicantionibus in bona et amplissima forma cum conventione omnium necessariorum in hac materia. Quanto ad victum praestandum istis hominibus consuluerunt quod spectabiles domini iudices elligant sex prudentes viros qui una cum ipsis dominis ad utilia habeant providere cum diligentia circa dictum victum et quicquid ipsi fecerint sit ratum et firmum ut si per ipsum Consilium actum et factum foret».
4. Come avvenne poi in diverse altre occasioni, ad esempio, quando l'anabattista Baldassare Ciccio (o Chicchio) fuggì con i suoi compagni di fede dalle prigioni di Trieste, il 5 maggio 1559, e osò anzi ritornare poco dopo in città e discutere coi magistrati sulla pubblica piazza dinanzi a una folla di popolo attonito e curioso (A. TAMARO, *Capitoli del Cinquecento triestino, 1558-1600*, «Archeografo triestino», ser. IV, vol. VII, 1944, pp. 7, 18).
5. *Libri Consiliorum* cit., IV, fol. 305v. Non trova riscontro nei documenti l'ipotesi di F. CUSIN (*Venti secoli di bora sul Carso e sul golfo*, Trieste,

di delegati asburgici, si sottolineò che « non era a temersi di alcun danno in oggetto di religione, essendo il paese del tutto espurgato dai medesimi ». In realtà, non pochi fuggiaschi devono essersi rifugiati nelle località istriane più impervie ed è anzi presumibile che la propaganda del loro comunismo evangelico sia stata ben accolta non solo dai contadini tiranneggiati dai nobili e travagliati da un'eccezionale carestia [6], ma anche dai ceti medi amareggiati dalla decadenza economica e scandalizzati dalla vita dissoluta del clero [7]; altrimenti non si spiegherebbe il pullulare negli anni successivi di fermenti anabattistici, particolarmente ai confini del territorio triestino e nell'Istria fra Pola, Pirano e la contea di Cosiliacco [8].

Nel frattempo, ancora il 18 febbraio, era giunta a Trieste una nave genovese [9] e aveva prelevato la maggior parte degli anabattisti rimasti in prigione, ma prima della loro partenza furono processati e condannati severamente, anche per ammonire gli altri destinati a servire come galeotti, alcuni dei capi ritenuti più fanatici. Il processo si svolse in riva al mare (« an dem Mör ») [10] e invano si prodigarono il giudice e influenti triestini per distoglierli dalle loro convinzioni religiose, mentre dovevano pure gli inquisitori ammirare o almeno riconoscere la loro costanza d'animo e l'inequivocabile fermezza dei loro propositi, quando rifiutavano ad ogni costo di abiurare e concludevano senza rancore: « Caro giudice e voi tutti che vi siete

---

1952, p. 434) che i detenuti fossero stati liberati dal Comune stesso con il pretesto di non poterli mantenere.

6. In quegli anni vi fu « gran carestia di pan in Carso », anche per il flagello gravissimo delle locuste (Trieste, Biblioteca Civica, Ms. 12 A 6/2: *Cronica di Trieste, 1445-1544*). Sulle misere condizioni dei contadini sloveni e istriani, cfr. F. CUSIN, *Il confine orientale d'Italia nella politica europea del XIV e XV secolo*, Milano, 1937, vol. II, pp. 307, 309; ID., *Venti secoli* cit., pp. 310, 313; A. PITASSIO, *op. cit.*, p. 10.

7. A. TAMARO, *Storia di Trieste*, Roma, 1924, II, pp. 60-8, 93-4; ID., *Assolutismo* cit., p. 190; P. S. LEICHT, *Operai, artigiani, agricoltori in Italia dal secolo VI al XVI*, Milano, 1959, p. 198; P. PASCHINI, *op. cit.*, pp. 24-9.

8. Cfr. A. STELLA, *Anabattismo e antitrinitarismo in Italia nel XVI secolo. Nuove ricerche storiche*, Padova, 1969, pp. 81-95, 301-5; A. PITASSIO, *op. cit.*, pp. 43-5; C. GINZBURG, *I costituti di don Pietro Manelfi* (Biblioteca del « Corpus reformatorum Italicorum »), Firenze-Chicago, 1970, pp. 52-4, 79-81.

9. I rettori della città dovettero fornirla di 140 staia di grano (A. TAMARO, *Documenti inediti di storia triestina, 1298-1544*, « Archeografo triestino », ser. III, vol. XVI, 1931, p. 327), premurandosi tuttavia di sollecitare il risarcimento da parte del re Ferdinando come si era fatto analogamente due anni prima « circa hanc materiam de galeotis (...) pro exequendis mandatis S. R. Maiestatis » (*Libri Consiliorum* cit., V, fol. 10v, in data 11 marzo 1540).

10. Brno, Archivio di Stato, *Becková Sbírka*, ff. 186r-222r: *Rechenschafft der Brueder zu Trüest*.

presa briga di noi e avete pensato di toglierci la fede nella nostra
santissima religione, noi siamo comparsi quattro volte davanti a
voi e, come vogliamo assumerci le nostre responsabilità dinanzi a
Dio, così pure lo abbiamo fatto rispondendo alle vostre domande (...).
Saremo sempre al cospetto del giusto giudice Gesù Cristo e aspet-
tiamo in quel giorno di godere la nostra fede e la nostra vita, perché
ognuno deve portare il proprio peso [cioè, la croce]; e quanto meno
voi volete distaccarvi dalla prostituta babilonese, cioè dal Papa e
dal suo seguito, tanto meno noi ci lasceremo allontanare da Cristo
nostro signore » [11].

Fratelli hutteriti [12] si chiamavano quegli anabattisti e provenivano dai gruppi dispersi e perseguitati dei seguaci di Jakob Huter [13],
che dall'agosto 1533 alla primavera del 1535 aveva organizzato a
Staupitz, in Moravia, una singolare comunità cristiana di tipo appunto anabattistico, ma secondo una nuova concezione più radicale
e decisamente rigoristica. Vi si era realizzato un comunismo, di produzione oltre che di consumo, evangelicamente inteso e finalizzato,
perché la comunanza dei beni (*Gütergemeinschaft*) era considerata il
necessario presupposto per potersi liberare da ogni forma di egoismo
personale e di costrizione mondana o statuale, e quindi per fare coin-
cidere chiesa e comunità fraternamente, avendo come fondamento
dottrinario l'unità di Cristo con il Padre e l'unione conseguente dei

11. Ivi, fol. 186*v*: « Lieber Richter und alle die ir euch umb uns habt agnomen,
und uns gedenckht unserm aller heilligesten Christlichen glauben ab zue weisen
wir sindt nun viermal vor euch erschinen und euch mit wag (?) wie wirs vor
Got verantworten wöllen, eur frag und beg (?) verantwort (...). Den wir werden
für uns selbs steen vor dem gerechten Richter Jesu Christo und erwarten an
jenem tag den gnuss unsers glaubens und lebens, dan jeder sein burdt selb
tragen wirt; und so wenig ir euch von der Babilonischen Huern, das ist dem
Babst und seim anhang wöllent lassen abweisen, so wenig werden wir uns
von Cristo, unserm Herren, lassen abfüeren ». La lettura del manoscritto è
tutt'altro che facile; ringrazio il prof. Antonio Zieger di avermi aiutato
a decifrare e a tradurre un documento così importante per la storia dell'anabattismo.
12. Cfr. R. FRIEDMANN, *Hutterite Studies*, Goshen, 1961; G. H. WILLIAMS,
The Radical Reformation, Philadelphia, 1962, pp. 417-34; U. GASTALDI, *Storia dell'anabattismo dalle origini a Münster* (*1525-1535*), Torino, 1972, pp. 369-76.
13. H. FISCHER, *Jakob Huter: Leben, Frömmigkeit, Briefe* (Mennonite Histo-
rical Series, 4), Newton Kansas, 1956. Sulle origini, e in particolare sugli aspetti
economici e sociali, dell'anabattismo hutterita, mi permetto di rinviare a *Ecclesiologia degli anabattisti hutteriti veneti* (*1540-1563*), «Bollettino della Società
di Studi Valdesi», XCIV, 1973, n. 134, pp. 5-12.

veri cristiani nel loro capo mistico [14]. La persecuzione infuriò subito dopo che nella dieta di Znaim (Znojmo) anche i nobili di Moravia furono indotti dal re Ferdinando d'Asburgo a cacciare gli anabattisti dalle terre del marchesato e a partecipare alla reazione suscitata nel giugno 1535 dall'intemperanza anarcoide dei rivoluzionari di Münster. A nulla valsero le proteste di Huter, che scrisse una lettera alle autorità morave per assicurarle delle intenzioni pacifiche dei suoi confratelli. Le comunità anabattistiche dovettero disperdersi e poterono considerarsi fortunate quelle che cercarono temporaneamente rifugio in Polonia e in altri paesi fuori dei confini imperiali. Jakob Huter invece ritornò fra i suoi monti del Tirolo, credendo di ravvisare in « quell'orribile tiranno e nemico della fede in Dio, Ferdinando » [15], l'incarnazione dell'Anticristo e indicando ai confratelli i segni apocalittici della prossima fine del mondo: « il diabolico e furioso Dragone ha spalancato le sue fauci (...) per inghiottire la donna rivestita di sole, che è la promessa sposa del nostro signore Gesù Cristo »; gli eletti avrebbero dunque dovuto sopportare con animo fermo le atrocità dell'Anticristo e attendere con grande fede l'imminente venuta di Cristo trionfante sul Maligno [16].

14. Cfr. J. LOSERTH, *Der Kommunismus der mährischen Wiedertäufer im 16. und 17. Jahrhundert,* « Archiv für österreichische Geschichte », LXXXI, 1894, pp. 135-322; G. H. WILLIAMS, *op. cit.,* pp. 429-34; U. GASTALDI, *op. cit.,* pp. 364-71. A differenza dei seguaci di Balthasar Hubmaier (detti *Schwertler,* cioè « quelli della spada »), che erano disposti ad un compromesso con le autorità civili, riconoscendone per esempio il diritto di esigere da tutti il pagamento delle tasse per la guerra contro i Turchi, gli *Stäbler* (« quelli del bastone », come si chiamavano i seguaci di Hans Hut alludendo al simbolo pacifista già adottato dagli anabattisti dissidenti della *Unitas fratrum,* che avevano costituito la *Unitas minor*) avevano rifiutato qualsiasi rapporto della loro chiesa-comunità con i pubblici poteri, disdegnando perfino la protezione del compiacente signore di Nikolsburg, Leonardo di Lichtenstein. Gli *Stäbler* preferirono andarsene senz'altro dal sicuro rifugio di Nikolsburg e, trasferitisi ad Austerlitz, realizzarono la comunanza dei beni che anche Hubmaier aveva riconosciuto caratteristica ideale della comunità cristiana, ma che fino allora era rimasta quasi soltanto teorica. *Brüderhof* (fattoria fraterna) si chiamò quel primo esperimento di comunismo evangelico, ma non parve abbastanza radicale a coloro che si dissero poi hutteriti e che in pieno inverno, l'8 gennaio 1531, decisero di trasferirsi ad Auspitz per non compromettere la purezza evangelica del loro impegno di vita comunitaria. Cfr. L. MÜLLER, *Der Kommunismus der mährischen Wiedertäufer* (Schriften des Vereins für Reformationsgeschichte, 45), Leipzig, 1927, pp. 46-63; G. H. WILLIAMS, *Popularized German mysticism as a factor in the rise of Anabaptist communism,* in: *Glaube, Geist, Geschichte.* Festschrift fur E. Benz, Leiden, 1967, pp. 290-312.

15. R. FRIEDMANN, *Hutterite Studies* cit., pp. 203-13.

16. H. FISCHER, *op. cit.,* pp. 62-3. Evidentemente, secondo Huter, l'apocalittica raffigurazione della donna che fugge nel deserto si addiceva ai suoi confratelli perseguitati (cfr. U. GASTALDI, *op. cit.,* p. 374).

Profeta degli ultimi tempi, Huter come tanti suoi seguaci non poté vedere che questo segno del Dragone infuriato[17]. Catturato nella notte del 19 novembre 1535, sopportò le torture più disumane per non aver voluto rivelare dove si fossero nascosti i suoi compagni di fede e, quando già le sue carni erano tutte ustionate e lacerate, per espressa volontà di Ferdinando d'Asburgo[18] fu arso pubblicamente sul rogo ad Innsbruck il 25 febbraio 1536.

La tragica sorte del maestro non scoraggiò tuttavia i Fratelli hutteriti, che pur dispersi e perseguitati non disperarono mai nel prossimo avvento del Regno di Dio e, nel frattempo, si confortavano a vicenda e avevano il coraggio di ricominciare sempre da capo, nel tentativo di ricostituire la comunità santa, interpretando e applicando alle proprie sventure le promesse del Signore nell'*Apocalisse*: « Io, quelli che amo, li rimprovero e li castigo. Rinfervórati quindi e ravvediti! Ecco sto alla porta e busso; se qualcuno ascolta la mia voce e apre la porta, entrerò presso di lui e cenerò con lui e lui con me. A colui che vince, gli darò da sedere con me nel mio trono, così come anch'io ho vinto e mi sono seduto con il Padre mio nel suo trono. Chi ha orecchie ascolti ciò che lo Spirito dice alle chiese »[19].

Jakob Huter nella sua attività missionaria era stato più uomo d'azione che di pensiero. Sarebbe difficile dedurre dalle sue lettere ai confratelli rimasti in Moravia, con a capo Giovanni Amon, un discorso ecclesiologico, perché quei messaggi angosciosi sono piuttosto la « testimonianza d'uno stato di estrema tensione e di esaltazione in cui i fatti e le situazioni vengono trasfigurati in una drammatica prospettiva escatologica »[20].

Nei primi processi che, subito dopo la morte di Huter, furono intentati contro gli anabattisti rastrellati nel Tirolo meridionale non si riscontra, altrettanto, una formulazione dottrinaria men che generica: da una parte, il disprezzo per ogni interpretazione diversa dalla loro del messaggio evangelico, sia in chiave cattolica che lute-

17. U. GASTALDI, *Storia dell'anabattismo* cit., p. 376.
18. Anche perché il *Vorsteher* degli anabattisti nelle sue prediche aveva inveito contro il malgoverno sia religioso che politico: « Der Hueter hab auch in seiner predig antzaigt, kaiser, könig und herren lassen si, die cristen, darumben verfolgen, das si sorg haben, wen man si, die cristen, also beleiben liesse, so wurden ire herrligkhaiten kleiner und geringer ». Su queste ed altre testimonianze a carico di Jakob Huter, cfr. H. AMMANN, *Die Wiedertäufer in Michelsburg im Pusterthale und deren Urgichten (1534-1571)*, in: *XLVII. Programm des K. K. Gymnasiums zu Brixen*, Brixen, 1897, pp. 53-85.
19. *Apoc.*, III, 19-22.
20. U. GASTALDI, *op. cit.*, p. 374.

rana o zuingliana, che consideravano opera demoniaca [21]; d'altra parte, l'esaltazione di Jakob Huter come vero interprete e continuatore della missione apostolica, alla pari di san Paolo, perché Dio stesso parlava per bocca del suo prediletto e quindi la sua parola vigorosa (*kräfftig*) era tutta opera dello Spirito Santo e non della carne mortale («God red aus in und nit er aus seinem vleisch»). Conseguentemente, per la comunità fraterna (*Bruederschaft*) hutterita, nulla contavano né imperatore né re né altre autorità civili, ossia la chiesa-comunità doveva mantenersi nettamente separata da qualsiasi organizzazione statuale [22].

Erano ancora affermazioni troppo generiche e categoriche, espressione di un atteggiamento quasi esasperato e anelante all'azione, rifiuto radicale di una società ritenuta ingiusta e tirannica. La prassi superava e condizionava la teoresi. Era una concezione settaria che utopisticamente, nella sua tensione escatologica, si proiettava con entusiasmo nel futuro senza considerare né proporsi la progressiva trasformazione di tutta la società, bensì chiudendosi nell'isolamento della propria piccola comunità dei «santi», come se gli altri uomini non esistessero o fossero tutti destinati a perire quale irrecuperabile possesso demoniaco.

La caratterizzazione dottrinale dei Fratelli hutteriti andò a poco a poco sviluppandosi e consolidandosi durante gli anni tragici dell'esodo dalla Moravia e delle persecuzioni. Ogni gruppo disperso ebbe la sua storia e anche in parte un diverso indirizzo dottrinario. Inoltre, siccome dalla propaganda dei missionari (*Sendboten*) e dal proselitismo degli stessi confratelli imprigionati derivarono nuove comunità in paesi disparati, per esempio ai confini orientali d'Italia, è opportuno considerare l'ecclesiologia hutterita non tanto astrattamente, ma dinamicamente nei differenti contesti storici e sociali delle conventicole disperse, confrontandone le analogie e anche le ulteriori

---

21. Come risulta dagli atti processuali: «Es sei auch Lutter, Zwynngl und babst ain ding, si lernen nur menschen satzungen und es sei alles vom teufl» (Bressanone, Archivio diocesano, *Archivio aulico*, Reg. XII, 347; cfr. H. AMMANN, *Die Wiedertäufer in Michelsburg im Pusterthale und deren Urgichten*, in: *XLVI. Programm des K. K. Gymnasiums zu Brixen*, Brixen, 1896, p. 12).
22. «Sant Pauls des Zwelliffboten und Jacoben Hueters ires vorsteers ler sei gleich ain ding. Er [Hueter] hallt von dem sacrament des altars nicht, es sei nicht dann ain brot, und was die briester darinnen brauchen, sei alles ain nichtigkait; aber die wort Jacobn Hueters seien kräfftig, dann Got red aus in und nit er aus seinem vleisch (...). Es sei auch Lutters, Zwynngls und des bapstes leer und schreiben ain nichtigkait. Item es seien auch kaiser, kunig und alle die, so sich nit bekern noch in irer bruederschafft sein, recht haiden» (ivi, pp. 12-16).

differenziazioni rispetto alla comunità principale che più tardi poté ricostituirsi in Moravia, dove alla fine dovettero cercare nuovamente rifugio i gruppi sopravvissuti della diaspora [23].

Gli anabattisti hutteriti condotti prigionieri a Trieste, nel febbraio 1540, provenivano in gran parte da Steinabrunn [24] e da altre località dell'Austria inferiore, dove si erano rifugiati o più esattamente erano ritornati ancora nel 1537 da Staupitz nei loro paesi d'origine, seguendo l'esempio di Huter. Durante la prigionia a Steinabrunn e anche a Trieste mantennero corrispondenza epistolare con Giovanni Amon, successore di Huter nella comunità di Moravia [25], e con lo slesiano Pietro Riedemann che pure mandò loro lettere di conforto [26]. Poiché Riedemann era un dinamico missionario hutterita (ritornato a Staupitz subito dopo l'arresto dei confratelli di Steinabrunn, ripartì per visitare gruppi di anabattisti sparsi per l'Austria e nel Tirolo) e nello stesso anno 1540 scrisse la sua più importante opera dottrinale, in cui si possono riscontrare notevoli analogie con la lettera teologica (*Rechenschafft und Zeuckhnus des Glaubens*) degli anabattisti processati a Trieste, è necessario qui accennare almeno alla sua professione di fede (*Rechenschaft unserer Religion, Lehr und Glaubens*) [27] prima di rilevarne appunto le analogie.

Fino allora Peter Riedemann non aveva assunto una posizione rigidamente settaria fra le diverse correnti dell'anabattismo in Moravia, anzi si era mantenuto piuttosto estraneo al proliferare e allo scontro delle fazioni; forse anche per questo suo atteggiamento riuscì meglio di altri a enucleare e a sviluppare abbastanza organicamente i disparati motivi dei Fratelli hutteriti, mettendone in risalto la sostanziale ispirazione e bontà evangelica. Il titolo della sua opera, come pure dello scritto dei confratelli triestini (*Rechenschaft*, cioè resoconto), è da intendersi nel contesto e nello spirito della prima let-

---

23. Cfr. G. H. WILLIAMS, *op. cit.*, pp. 426-34; A. STELLA, *Dall'anabattismo al socinianesimo nel Cinquecento veneto. Ricerche storiche*, Padova, 1967, pp. 104-19, 127-34; ID., *Anabattismo e antitrinitarismo* cit., pp. 142, 152-215.

24. A. MAIS, *Der Ueberfall von Steinabrunn im Jahre 1539 (Beitrag zur Kenntnis der Wiedertäuferverfolgungen in Niederösterreich und ihrer Quellen)*, in: *Festschrift zum hunterjährigen Bestand des Vereins für Landeskunde von Niederösterreich und Wien*, a cura di K. Lechner, Wien, 1964, vol. I, pp. 295-310.

25. G. H. WILLIAMS, *op. cit.*, p. 426.

26. Ivi, p. 427.

27. G. H. WILLIAMS (*op. cit.*, p. 428) la riassume brevemente, servendosi della traduzione inglese a cura di KATHLEEN HASENBERG: *Account of our Religion, Doctrine, and Faith given by Peter Rideman of the Brothers whom men call Hutterians*, London, 1950.

tera di san Pietro, donde è tratto: « ... essere sempre pronti a rispondere, ma con dolcezza e rispetto, a chiunque vi chiede conto della speranza che è nei vostri cuori »[28]. Nella prima parte del resoconto, Riedemann fissa dodici punti fondamentali della fede, che riecheggiano i *Dodici articoli* scritti a Zurigo dal più importante teorico dell'anabattismo, Balthasar Hubmaier, e pubblicati a Nikolsburg nel 1527: la creazione, il peccato originale, legge e spirito, battesimo, autorità civile e problemi concernenti la partecipazione o meno dei veri cristiani alla società statuale, la guerra, le tasse, il culto, il bando o scomunica, i costumi e anche il modo di vestire di un vero cristiano[29]. In particolare, più incisivamente di Hubmaier, Riedemann sottolinea che quello che conta non è tanto la giustificazione per la fede, quanto invece lo spirito divino di Cristo che agisce e si manifesta in colui che si è veramente convertito e perciò è rinato. Questa rinascita spirituale sembrerebbe collegarsi a motivi cari agli spiritualisti radicali, ma in realtà il presupposto hutterita di lasciarsi completamente trasformare dalla grazia divina rigeneratrice non si riduce a un passivo abbandono[30] o ad un quietismo nell'ambito della comunità dei « santi »[31], bensì deve tradursi in un dinamismo missionario per trasformare il mondo, e quindi la società, sul modello evangelico[32]. In tal modo, dalla concezione settaria (più o meno caratteristica precedentemente delle comunità anabattistiche) si tende a passare ad un impegno apostolico di promozione e rigenerazione spirituale con afflato ecumenico, senza più fanatismi e tanto meno violenza o intolleranza.

Questa nuova tendenza degli anabattisti hutteriti a mutare importanti motivi della dottrina di Hubmaier e, d'altra parte, a impegnarsi in un'attività missionaria con spirito per così dire ecumenicamente fraterno, senza i residui di fanatismo e di ribellione violenta avvertibili ancora in Huter, si ritrova più esplicita nella professione di fede dei loro confratelli di Steinabrunn durante il processo di Trieste. Alle reiterate insistenze, alle insinuanti promesse e infine alle minacce del tribunale perché accondiscendessero all'abiura, essi opposero un fermo e dignitoso rifiuto, senza trascendere insolentemente, pur non esitando a tentare di convincere i loro stessi inquisitori dell'innocenza e genuinità evangelica dei nuovi valori religiosi che annunciavano

28. *I Petr.*, III, 15.
29. Cfr. G. H. WILLIAMS, *op. cit.*, pp. 218-24, 428.
30. *Gelassenheit* (cfr. G. H. WILLIAMS, *op. cit.*, pp. 422, 428).
31. *Gemain der Heiligen* (cfr. A. STELLA, *Dall'anabattismo* cit., p. 106).
32. G. H. WILLIAMS, *op. cit.*, p. 428.

e professavano: « Et perché voi », soggiunsero testualmente [33], « non vi affanniate di più e non vi macchiate nel sangue innocente dei santi, noi vogliamo darvi conto per iscritto con brevi, ma veraci parole. E qui voi potrete sentire ed esaminare, se voi volete prendere in considerazione altrimenti la verità (anders die Warheit), la nostra innocenza e la vostra misera vita. Se una buona volta voleste convincervi di quello che è necessario per una vita cristiana e timorata di Dio e così salvarvi, l'onnipotente Iddio vi dia (...) la sua grazia mediante Gesù Cristo, come voi desiderate ».

La verità, quella che i Fratelli hutteriti credevano l'autentica verità evangelica, contrapposta all'altra depravata dei persecutori e dei mondani, è chiaramente e insieme con appassionato fervore spiegata dagli anabattisti processati a Trieste di fronte ai loro inquisitori, come risulta dal resoconto (Rechenschafft) che poterono far pervenire ai confratelli di Moravia e che fu religiosamente tramandato e meditato nelle comunità hutterite come sublime attestazione della fede (Zeuckhnus des Glaubens) e anche come documento dottrinario. Copia, molto probabilmente coeva all'originale, si conserva (intitolata Rechenschafft der Brueder zu Trüest) nella raccolta Beck (Becková Sbírka) dell'Archivio di Stato di Brno ed è l'esemplare che stiamo qui esaminando, rimasto finora sconosciuto a quasi tutti gli studiosi di storia ereticale ai confini orientali d'Italia [34].

Il documento, secondo la testimonianza dei confratelli nel cenno introduttivo [35], fu steso per iscritto dagli anabattisti « nelle loro

---

33. Rechenschafft cit., fol. 187r: « Damit ir euch aber nit weiter vertiefft und besudlet in dem unschuldigen bluet der Heilligen, so wöllen wir euch mit kurtzen warhafftigen worten rechenschafft thuen, schrifftlichen; das ir darinen prüeffen und vernemen mögt. Sovil ir anders die Warheit ansehen wölt, unser unschuldt unnd euer ellendts leben. Ob ir euch dermal, ains auch bekeren möchtent was der welt, zu einem Christlichen und Gotfürchtigem Leben, und sällig wurdt, Got der Allmechtig geb euch (...) Gnadt so irs von hertzen begeert, durch Jesum Christum ».

34. Státní Archiv v Brně, Becková Sbírka, fol. 186r-222r (vecchia segnatura: 198r-234r). Lo segnalai nel vol. Anabattismo e antitrinitarismo cit., p. 162, e spero di poter presto pubblicarlo integralmente, insieme con altri documenti e anche fonti narrative inedite, che non solo illuminano qualche aspetto, ma possono servire per un più adeguato approfondimento storico delle infiltrazioni eterodosse radicali al di qua delle Alpi. Mi è caro ringraziare, in particolare, l'amico prof. Domenico Caccamo che generosamente mi aiutò nelle ricerche in archivi cecoslovacchi e ungheresi.

35. Ivi, fol. 186r: « Rechenschafft und Zeucknus des Glaubens von unsern lieben Brüedern ». Per una comparazione con altre lettere analoghe cfr. R. FRIEDMANN, Die Briefe der österreichischen Täufer, « Archiv für Reformationsgeschichte », XXIII, 1934, pp. 30-80; ID., The Epistles of the Hutterian Brethren,

catene e prigioni nell'anno 1540 a Trieste e precisamente sul mare»
(«...in iren banden und gfenckhnus im 1540 Jars zu Trüest wol am
dem Mör schrifftlich gethon») e fu anche oralmente (*auch mündtlich*)
espresso e confermato, dopo di che quei martiri «sono morti cavallerescamente» («...und darauff *ritterlich* gestorben sindt»). Quest'ultima annotazione ricorre spesso nel martirologio degli anabattisti hutteriti [36] e, siccome in altri documenti contemporanei non è
rimasta traccia della condanna a morte degli inquisiti triestini, si
potrebbe sospettare che sia stata aggiunta dagli apologeti moravi
per consacrare, con il suggello del martirio, un'attestazione della loro
fede che tanto si prestava ad assurgere ad esempio di edificazione
religiosa. Mancando tuttavia documentazioni storiche per poter aval-
lare queste ed altre supposizioni, non possiamo non accogliere la
tradizione hutterita sulla tragica fine dei loro confratelli processati
a Trieste. In ogni caso va rilevato qui, come si è già detto più sopra
e si riscontrerà in seguito e si potrebbe dimostrare con innumerevoli
esempi di altri martiri anabattisti, che appare piuttosto strana e
preconcetta la tesi di chi vorrebbe far risalire proprio agli anabattisti
la genesi del nicodemismo, cioè della simulazione e dissimulazione
religiosa nel Cinquecento, sia nella pratica che nella teoria [37]. Tale
equivoco è sorto dall'aver confuso gli anabattisti, così schietti e spesso
ingenui nella professione della fede di fronte agli stessi inquisitori,
e gli spiritualisti che non avevano un preciso credo religioso da professare e nemmeno una Chiesa organizzata e istituzionalizzata cui
dover rendere conto ed anzi, svalutando l'importanza del battesimo
e della comunione, approdavano ad una concezione individualistica
della vita religiosa [38], senza dogmi e senza vincoli chiesastici di alcuna
sorta. Sarebbe fuori luogo diffonderci su questo argomento; si deve
invece qui sottolineare ancora l'annotazione «sono morti cavallerescamente», perché può essere interpretata come indice o preannunzio
dell'impronta nobiliare o aristocratica che ebbe poi lo sviluppo del-

«Mennonite Quarterly Review», XX, 1946, pp. 147 segg.; L. MÜLLER, *Glaubens-
zeugnisse oberdeutscher Taufgesinnter* («Quellen und Forschungen zur Reformationsgeschichte», XX), Leipzig, 1938, pp. 190-205.
36. U. GASTALDI, *Storia dell'anabattismo* cit. p. 363.
37. C. GINZBURG, *Il nicodemismo. Simulazione e dissimulazione religiosa nel-
l'Europa del '500*, Torino, 1970, p. XIV e *passim*; cfr. A. STELLA, *L'Inquisizione romana e i movimenti ereticali al tempo di san Pio V*, in: *San Pio V e
la problematica del suo tempo*, Alessandria, 1972, pp. 69-73, 78, nota 21.
38. D. CACCAMO, *Eretici italiani in Moravia, Polonia, Transilvania (1558-1611).
Studi e documenti* (Biblioteca del «Corpus reformatorum Italicorum»), Firenze-
Chicago, 1970, p. 38.

l'anabattismo soprattutto nell'unitarismo o antitrinitarismo transil-
vano [39]. Ed è pure significativo, a questo proposito, che nella *Rechenschafft* dei Fratelli hutteriti di Trieste manchi uno dei tipici motivi
della protesta popolare che fu allora il giosefismo, e quindi la dottrina
della semplice e pura umanità di Cristo, oltre al millenarismo [40].

Dopo aver fraternamente augurato la grazia e l'eterna misericordia dall'onnipotente Iddio (*von dem allmechtigen Got*) e il vero volto
della loro vita (*ware gesicht ires lebens*), cioè autenticità evangelica
di vita sull'esempio e per mezzo di Gesù Cristo (*unsern lieben Herren*),
a tutti quelli che desiderano di cuore (*von hertzen*) la verità divina
(*götlichen Warheit*) per la quale appunto sono in catene prigionieri,
gli anabattisti inquisiti ribadiscono di fronte al tribunale di Trieste
la professione della loro fede nell'unico Dio (*alleinigen... ainig Got*) e,
sull'esempio del biblicismo intransigente che era stato caratteristico
del profetismo di Huter, identificano l'ateismo (inteso come aberrazione o infedeltà ovvero rinnegamento del vero Dio) con l'idolatria:

Anzitutto crediamo in un Dio eterno e unico (*in den einen ewigen
und alleinigen Got*) che ha fatto il cielo, la terra e gli uomini e quello che
c'è dentro e sopra, secondo la testimonianza della sacra Scrittura in molti
passi [41]; e poiché Egli è il solo unico (*ainig*) Dio ed eterno, vuole che lo si
adori, lo si onori e si apprezzi Lui solo e si sia grati soltanto a Lui, secondo
la testimonianza della sacra Scrittura [42]: "Io sono il Dio tuo, che ti ha
liberato dalla terra d'Egitto e dalla schiavitù; tu non devi avere altri
Dei all'infuori di me, non devi farti nessuna immagine [cioè, idolo] né
di quello che è su nel cielo, né di quello che è sulla terra o nell'acqua o
sotto la terra, non onorarli, non invocarli e non servirli, perché io sono
il Signore tuo Dio, sono un forte vendicatore che persegue le colpe dei
padri nei discendenti fino alla terza e quarta generazione di quelli che
mi odiano, e uso invece molta misericordia a quelli che mi amano e
osservano i miei comandamenti. Tu devi adorare Dio tuo Signore e servire
soltanto Lui". E l'apostolo Giovanni [43] dice: "Questo è il vero (*war-
hafftig*) Dio e la vita eterna (*ewige leben*); guardatevi, figliuoli, dall'adorare le immagini" [44]. "Così salverete le vostre anime – dice Mosè [45] –
poiché non avete visto nulla simile e paragonabile a Lui". (...) Dio **vuole**

---

39. Ivi, p. 29; cfr. anche C. GINZBURG, *Il nicodemismo* cit., p. 150.
40. A. STELLA, *Dall'anabattismo* cit., pp. 77-79; D. CACCAMO, *op. cit.*, p. 30;
K. MANNHEIM, *Ideologia e utopia*, trad. ital., Bologna, 1965², pp. 205-21.
41. *Gen.*, I; *Exod.*, 20; *Act.*, 14 (*Rechenschafft* cit., fol. 187v).
42. *Exod.*, 20; *Deut.*, 5.
43. *I Ioh.*, V, 21.
44. *Rechenschafft* cit., fol. 188r: «Kinder, hietent euch vor eer der Bilderen».
45. *Deut.*, 4.

così, perché Egli è l'unico (*ainig*) Dio e vuole che si onori, si adori e si serva soltanto Lui.

L'insistenza nel sottolineare e ribadire l'unità e unicità di Dio sembrerebbe quasi preludere ai successivi sviluppi dottrinari in senso antitrinitario degli anabattisti veneti [46]; ma sarebbe preconcetto forzare il significato di affermazioni e considerazioni che piuttosto devono essere interpretate nel contesto generale, non equivocabile, della professione di fede dei Fratelli hutteriti processati a Trieste. Come si è già detto, la nota fondamentale è anzitutto quella di un biblicismo intransigente che si esalta, sull'esempio di Huter, in profetiche attese della prossima instaurazione del Regno di Dio. La ripetuta condanna di ogni idolatria e, quindi, la ricerca e la riscoperta dell'autentico messaggio evangelico (*purioris religionis*) sono preminenti perché soltanto sulla base del loro radicalismo dottrinario gli anabattisti hutteriti ritengono possibile costruire la vera Chiesa-comunità, ossia la nuova società dei veri cristiani:

I veri adoratori (*warhafftigen anbeter*) adoreranno soltanto Dio nello spirito e nella verità (*im geist und in der warheit*), coloro invece che trasgrediranno questo comando e ordine di Dio e avranno seguìto e servito Dei stranieri sono severamente puniti da Dio e vengono eliminati (...). Nell'antico Testamento, Dio non parla così forte di nessun male quanto contro l'idolatria, perché è il principio di ogni nefandezza e distacco da Dio (*alles huerens und abtretens von Got*) [47].

È questo un concetto basilare dell'ecclesiologia hutterita: chi indulge ad aberrazioni idolatriche, inevitabilmente cade nel peccato e diventa ateo:

Perciò l'uomo viene sospinto ad ogni leggerezza e a dimostrare altri sentimenti di fronte a Dio e invano s'illude che gli venga perdonato se va soltanto un'ora nella casa degli idoli e li invochi. Quando i falsi Israeliti si consolarono assai in questa idolatria, furono tosto gravemente puniti da Dio, per dare un esempio che Egli avrebbe ancora punito in futuro quelli che avessero commesso un atto simile e fossero diventati atei (*gotloss*) [48].

---

46. Cfr. A. STELLA, *Dall'anabattismo* cit., pp. 67-79, 98-119.
47. *Rechenschafft* cit., fol. 189v.
48. Ivi: « Daraus der mensch zu aller leichtvertigkeit wiert bewegt, auch alle andre gevüel vor Got zu thuen, und vermaint wen er danach nur ein stundt oder etwo ein Zeit in solchs Hauss der Götzen gee, und sie anrüef, so werdt

Qui sembrerebbe trapelare ancora la concezione medievale scolastica che distingueva nettamente la coscienza retta da quella erronea, secondo la conoscenza o meno, e quindi l'adeguamento della volontà alla verità divina rivelata. Tuttavia, quella vecchia dottrina è interpretata con intendimenti nuovi, che sempre più insistono sull'aspetto etico anziché su quello gnoseologico e, perciò, preludono alla concezione moderna di coscienza come imprescindibile coerenza di vita e non tanto come consapevolezza o conoscenza di una verità oggettiva, esterna al soggetto [49].

Segue, da parte dei Fratelli hutteriti processati a Trieste, la professione di fede in Gesù Cristo « figlio di Dio dal seno del Padre onnipotente in cielo, mandato per la redenzione del genere umano, che ha preso forma di uomo nel corpo verginale (*junckhfreülichen leib*) di Maria e che ha ricevuto il seme umano dallo Spirito santo » [50]. Va sottolineata questa dichiarazione inequivocabilmente antigiosefita, cioè contraria (come si è già accennato) a quel tipico motivo della protesta popolare che fu il giosefismo, diffuso fra altri anabattisti e che sarà più tardi sancito dagli anabattisti veneti nel sinodo antitrinitario di Venezia del 1550 [51].

Pensiero e azione sono inscindibilmente legati, la parola di Dio non può rimanere sterile in chi si sia veramente convertito, l'uomo nuovo non può non modellarsi sullo *specimen* di Cristo, anzi i veri cristiani sono quelli che « si sono vestiti di Cristo » (*haben Christum anzogen*) [52]. Di fronte ai giudici triestini gli Hutteriti proclamano con intima convinzione: « Ciò che Cristo ha ordinato, insegnato e promesso, ciò noi accettiamo con le parole e con le opere per la divina verità che resterà in eterno [53] (...); ormai l'ascia è vicina alle radici dell'albero, e perciò chi non porta buoni frutti sarà tagliato e gettato

es im verzigen. Als sich den die valschen Israeliten auch auff solche abgöterei vil vertrösten, aber greülich von Got gestrafft worden sindt (*2 Petr.*, II, 1-9). Zu einem exempel daz er diese künfftig sich also vergreiffen wurden, und gotloss sein, auch noch strafen werde ».

49. Cfr. R. H. BAINTON, *La lotta per la libertà religiosa*, trad. ital., Bologna, 1963, p. 112.

50. *Rechenschafft* cit., fol. 190r: « Maria, die hat in durch den heilligen Geisten mänlichen samen empfangen ».

51. A. STELLA, *Dall'anabattismo* cit., pp. 77-9; ID., *Anabattismo e antitrinitarismo* cit., pp. 52-74; cfr. C. GINZBURG, *I costituti* cit., pp. 34, 66.

52. *Rechenschafft* cit., fol. 193v.

53. Ivi, fol. 190r: « Was uns Christus geboten, gleernt und verhaissen hat, das bekommen wir mit worten und mit that für die gotlich ewig bleibende Warheit ».

nel fuoco; (...) noi dobbiamo compiere ogni giustizia » [54]. Sono affermazioni che fondono assieme in un unico afflato il profetismo escatologico entusiasta di Huter e l'ecclesiologia razionalizzante di Hubmaier che, in antitesi al solafideismo luterano, aveva energicamente sostenuto che l'opera redentrice di Gesù Cristo risanò l'anima umana dalle gravi menomazioni inferte dal peccato originale, rinnovandola e ridonandole la capacità di distinguere il bene dal male e anche di operare il bene. Dio, secondo Hubmaier, avrebbe certo potuto usare la sua potenza, ma usandoci piuttosto misericordia ha voluto salvaguardare e rispettare il nostro libero arbitrio: « ... e quindi», concludeva con l'ottimismo di un umanista, « la questione è se noi vogliamo o non vogliamo »; Dio (*voluntas revelata*) « non vuole indurare, accecare e dannare nessuno, salvo coloro che per propria scelta vogliono essere indurati, accecati e dannati, e questi sono coloro ai quali Cristo viene come ai suoi ed essi non lo ricevono » [55].

Anche la lunga e talvolta appassionata polemica, nonché apologia, degli anabattisti processati a Trieste si svolge con argomentazioni strettamente legate o conseguenti alla dottrina di Balthasar Hubmaier sulla libertà del volere umano, riscattato e ripristinato dai meriti di Gesù Cristo. È noto che Hubmaier, ancora nel 1527 alle origini del movimento anabattista, aveva approfondito con la sensibilità e concezione religiosa di un umanista cristiano uno dei presupposti più o meno comuni alle diverse correnti anabattistiche, in contrasto con la teologia protestante, cioè che dopo la caduta di Adamo la volontà dell'uomo era stata, sì, gravemente ferita e menomata nella conoscenza del bene e del male, e quindi nella capacità di fare il bene, ma che con la redenzione di Cristo la grazia divina ha rigenerato l'uomo restituendogli gran parte del libero arbitrio: l'anima « ha riacquistato la sua perduta libertà; può ora liberamente e volonterosamente essere ubbidiente allo spirito, e può scegliere e volere il bene, proprio come se fosse in Paradiso, e può respingere il male e fuggire da esso (...). Nessuno ora può più lagnarsi di Adamo ed Eva, né cercare scuse o attenuanti per il suo peccato nella caduta di Adamo, perché tutto ciò che era andato perduto ed era morto in Adamo è stato adeguatamente restaurato, guarito e completato (...). D'ora in poi ogni anima che pecca deve portare il proprio peccato. È lei che

---

54. Ivi, fol. 191*r*: « Also gebüer sichs uns alle ghrechtigkeit zu erfüllen ».
55. Cfr. U. GASTALDI, *Storia dell'anabattismo* cit., p. 350; T. HALL, *Possibilities of Erasmian influence on Denck and Hubmaier in their views on the freedom of the will*, « Mennonite Quarterly Review », XXXV, 1961, pp. 149-70.

è colpevole, non Adamo, né Eva, né la carne, né il peccato, né la
morte, né il diavolo. Perché tutte queste cose, mediante la potenza
di Dio, sono state catturate, incatenate, vinte» [56].

Gli anabattisti hutteriti durante il processo di Trieste non si
limitano a riecheggiare il pensiero teologico di Hubmaier, opponen-
dosi oltre che al solafideismo luterano al predestinazionismo calvinista, ma ne traggono le conseguenze per condannare il pedobatte-
simo e insistono anzi nel tacciare di ateismo l'aberrazione sia dei
cattolici sia dei protestanti, che battezzano appunto i bambini ancora
incoscienti:

> Essi pretendono che sussista un peccato originale e incominciano con il
> voler cacciare il diavolo dal fanciullo, il che è una tremenda bestemmia
> contro Dio. Essi vorrebbero che la innocente e buona creatura di Dio
> venisse eliminata e con il loro procedimento ateo vorrebbero farla diven-
> tare migliore di quello che l'ha creata Dio. Ma in verità come per causa
> di un uomo è venuta la condanna di tutti gli uomini – dice l'Apostolo –
> così è anche avvenuta per la giustizia di uno [Cristo] la giustificazione
> di tutti gli uomini per conseguire la vita eterna [57].

Ne consegue che i bambini non hanno alcun bisogno di essere
battezzati e, d'altra parte, i credenti per mezzo della fede e della
grazia divina rinascono a nuova vita, poiché «attraverso la vera
parola di Cristo si ha la giustificazione». Come dice san Paolo, il
battesimo è la conferma della fede [58], e «con ciò si esclude assolutamente e si respinge ogni battesimo dei bambini, sia quello dei papisti
sia quello degli antipapisti; anzi ognuno che ha intelligenza da Dio –
sostengono i Fratelli hutteriti nel processo di Trieste – deve riconoscere che esso è stato introdotto e pensato contro ogni comandamento di Dio, una piantagione che il Padre celeste non ha piantato

---

56. Cfr. *Spiritual and Anabaptists Writers. Documents illustrative of the Radical
Reformation*, a cura di G. H. WILLIAMS e A. M. MERGAL, Philadelphia, 1957,
pp. 114-35; U. GASTALDI, *op. cit.*, pp. 346-50.

57. *Rechenschafft* cit., fol. 194v: «Sie wöllent ezz hab ein erbsündt, und fahen
an, wie den teuffel aus dem kindt beschweren, weliches ein graussame Gots
lestrung ist. Das sie die unschuldig gute Creatur Gotes also ver werffen,
und mit irem gotlosen thandt erst besser und ümer machen wöllen wie es
Got geschaffen hat. Den wie durch eines menschen sündt die verdamnus über
alle menschen komen ist – sagt der Apostl (*Rom.*, V, 18) – also ist auch durch
eines rechtvertigkeit, die rechtvertigung über alle menschen kumen zum
leben».

58. *Coloss.*, I, 23; cfr. CAMILLO RENATO, *Opere* («Corpus reformatorum Italicorum»), a cura di A. ROTONDÒ, Firenze-Chicago, 1968, p. 96.

(...) perché Cristo ordina di battezzare colui che crede, mentre [essi papisti e antipapisti] battezzano i neonati senza fede che non conoscono né il bene né il male» [59]. Non per nulla Gesù Cristo ripeteva che dei bambini «è il regno dei cieli, e quando i suoi discepoli gli domandarono chi fosse il più grande fra loro Egli chiamò a sé un bambino, lo mise in mezzo a loro e disse: '' In verità, io vi dico che se voi non vi convertite del tutto e diventate come i bambini, non entrerete nel regno dei cieli ''. Quindi – proseguono ironicamente gli inquisiti triestini – se i bambini hanno il diavolo in loro, Cristo avrebbe ordinato ai suoi discepoli che bisogna diventare uguali al diavolo» [60].

Quanto poi all'analogia della perfezione dell'uomo prima del peccato originale e del rinnovamento operato da Cristo, gli anabattisti processati a Trieste corroborano la dottrina di Hubmaier con molte citazioni bibliche ed evangeliche:

Come dice il profeta [61]: «Tu eri perfetto dal giorno della tua creazione (o nascita) fino a quando in te non si trovò il peccato», e fino a quando Adamo osservò il comandamento di Dio egli fu innocente, perché Dio ha creato l'uomo immortale a Sua immagine e somiglianza (...), ed ora l'uomo è ritornato attraverso l'ubbidienza di Cristo alle sue origini; perciò dalla disubbidienza di Adamo siamo pervenuti a questo punto, come si è dimostrato chiaramente, che Cristo giustifica i fanciulli mediante la Sua grazia, senza che ci sia bisogno di battesimo ossia del segno della penitenza perché essi non capiscono niente né del bene né del male.

Battesimo e penitenza sono dai Fratelli hutteriti, come già aveva insegnato Hubmaier [62], indissolubilmente legati, nel senso che soltanto colui che si è prima pentito e convertito (con una radicale metànoia dall'egoismo e dalla perversa volontà mondana di sopraffazione e d'ingiustizia allo spirito di carità, per cooperare all'instaurazione del regno divino dell'amore e della giustizia) può essere bat-

---

59. *Rechenschafft* cit., fol. 194r: «Dan der gerecht sol seines aignen Glaubens leben (*Rom.*, I, 17; *Gal.*, III, 8; *Hebr.*, X, 10), hiemit wiert nun crefftigclich ausgeschlossen und verworffen alle bäbstische und wider bäbstliche Kindtstauff; und erkent hie ein jeder der verstandt von Got hat, das sie wider allen bevelch Gotes aufgericht und erdacht sei, ein pflantzung die der himlisch Vater nit gepflantzt hat (*Matt.*, XV, 13)..., dan Christus nur bevilcht den zu tauffen der da glaubt, so tauffen sie die jungen kindlen on glauben, die weder guets noch boss versteen».
60. Ivi, fol. 195v: «So nun die Kinder den teufl bei inen haben, so hat Christus den seinen umislich bevolhen, daz man dem teufl gleichformig sol werden».
61. *Ezechiel*, II, 8 (ivi, fol. 195v).
62. Cfr. U. GASTALDI, *op. cit.*, p. 353.

tezzato e ricevere lo Spirito santo [63]. Non basta, inoltre, essere battezzati: bisogna soprattutto dare « buoni frutti di penitenza », perché
« chi non porta buoni frutti verrà tagliato e gettato nel fuoco ». Evangelica santità dunque di vita del convertito e insieme vita energicamente impegnata per la realizzazione del regno di Dio, poiché sul-
l'esempio di Cristo « dobbiamo assolutamente compiere ogni giustizia » [64]. Qui, come in altri passi, allo spirito evangelico di umiltà si
accompagnano minacciosi spunti di profetismo biblico, anche se
piuttosto attenuato rispetto a quello tipico di Jakob Huter: « ...ormai
l'ascia è vicina alle radici dell'albero » (*Es ist die axel dem baum schon
an die wurtzl gelegt*) [65].

Il battesimo presuppone la fede in Cristo e la rinascita spirituale
e impegna per un conseguente radicale mutamento di vita, ribadiscono con puntuali citazioni e ad un tempo con esuberante entusiasmo missionario gli anabattisti di fronte al tribunale triestino:

Quando Cristo è risuscitato dai morti ha dato a tutti i suoi discepoli
un comando e ha detto: « A me è stato dato tutto il potere in cielo e in
terra; perciò andate, istruite tutti i popoli, battezzateli nel nome del
Padre, del Figlio e dello Spirito Santo, e insegnate loro tutto quello che
io vi ho comandato. Andate in tutto il mondo e predicate il vangelo ad
ogni creatura; chi crede e viene battezzato sarà salvo, invece chi non
crede sarà dannato » [66] (...). Gli apostoli hanno eseguito l'ordine di Cristo e
hanno richiesto [prima del battesimo] la fede che rende giustificati [67] (...);
di ciò si trovano molte testimonianze negli *Atti* [68] [*degli apostoli*] e
altrove, cioè che hanno predicato sempre Cristo prima e chi lo ha riconosciuto e accettato per vero, ha confessato e riconosciuto i suoi peccati
come fosse morto ad essi e risuscitato ad una nuova vita per la fede in
Cristo, è stato da loro battezzato. E Paolo [69] dice: « ...noi che siamo
stati battezzati in Gesù Cristo, che siamo stati battezzati nella sua morte
ed ora siamo sepolti con lui nella morte attraverso il battesimo, cioè che

63. *Rechenschafft* cit., fol. 190v.
64. Ivi, fol. 191r. Cfr. T. BERGSTEN, *Balthasar Hubmaier. Seine Stellung zu
Reformation und Täufertum 1521-1528*, Kassel, 1961, pp. 17, 377-82; D. CAC-
CAMO, *op. cit.*, p. 38, sulla concezione che avevano del battesimo gli spiritualisti,
diversa da quella degli anabattisti propriamente detti.
65. *Ioh.*, III, 4.
66. *Marc.*, XVI, 15-16 (*Rechenschafft* cit., fol. 191v).
67. *Rom.*, V, 1 (ivi, fol. 192r: « den Glauben, der da rechtvertig machet »).
È noto che gran parte degli anabattisti di Moravia proveniva dal luteranesimo (cfr. U. GASTALDI, *op. cit.*, p. 354) e perciò non stupiscono queste
reminiscenze fideistiche.
68. *Act.*, X, 43-8; XVI, 1-5; XVIII, 5-8; XIX, 2-6.
69. *Rom.*, VI, 3-5.

nel battesimo abbiamo rinunciato a tutti i peccati, a tutte le ingiustizie, al diavolo (...), come Cristo è risorto per la onnipotenza del Padre, così anche noi dobbiamo passare ad una nuova vita (*also wir auch in einem neuen leben wandlen sollen*), noi che siamo circoncisi in Cristo coll'abbandonare la vita peccaminosa, quella della carne[70]. Infatti con la circoncisione di Cristo, dato che siamo sepolti con lui attraverso il battesimo, siamo risorti anche noi nella fede che Dio immette in noi, nella quale opera Dio che lo ha risuscitato dai morti e che ci ha fatti vivi anche noi con lui (*hat uns auch mit im lebendig gemacht*).

Il battesimo, su cui insistono tanto gli anabattisti processati a Trieste, s'inquadra in una rigida ecclesiologia e in una severa concezione della vita come disciplina cristiana[71]. Anch'essi, come già Huter, non ammettono possibilità di salvezza al di fuori della loro Chiesa, tuttavia a differenza dei primi hutteriti (che erano per lo più gente semplice e quasi fanatica nell'attesa messianica, senza una problematica teologica che superasse l'immediatezza del raziocinio elementare) rivelano una profonda conoscenza dei testi sacri e una cultura, in parte mutuata da Hubmaier e da Riedemann. Alla generazione dei veementi ed impazienti uomini di azione sono subentrati uomini appunto di una certa cultura; i contadini e minatori tirolesi[72] hanno lasciato il posto, almeno nella guida del movimento hutterita, ad una élite d'estrazione talvolta piuttosto umanistica radicale che, senza snaturare le caratteristiche fondamentali, procede criticamente allargando gli orizzonti dell'attività missionaria e componendo in una concezione ecclesiologica unitaria i diversi spunti dottrinali.

Prassi e teoria vanno così via via armonizzandosi, recependo nel dinamismo profetico di Huter l'impostazione dottrinaria di Hubmaier, l'apologista e soprattutto il maggior pensatore del movimento anabattista alle sue origini. In realtà, se i Fratelli hutteriti continuarono a ripudiare la dottrina «liberaleggiante» di Hubmaier sui rapporti fra Chiesa e stato[73], gran parte invece della sua ecclesiologia fu da loro sempre più accolta e sviluppata.

La netta separazione della Chiesa-comunità hutterita dallo stato è confermata e ribadita inequivocabilmente, rifiutando qualsiasi giu-

---

70. *Coloss.*, II, 11 (ivi, fol. 193*r*).
71. Cfr. D. CACCAMO, *Eretici* cit., p. 38.
72. Cfr. A. STELLA, *Dall'anabattismo* cit., pp. 19-24; ID., *Ecclesiologia degli anabattisti* cit., pp. 5-18.
73. U. GASTALDI, *op. cit.*, pp. 356-63.

ramento [74] e ogni collaborazione o partecipazione nel contesto civile
dello stato, escludendo del tutto che il vero cristiano possa esercitare
le funzioni di magistrato [75] e tanto meno che possa usare la spada [76];
quindi, pacifismo ad oltranza e assoluta non-violenza [77]:

74. Ribadiscono ancora una volta il proposito di manifestare apertamente la
loro fede: « Wöllen wir doch unsern miglichen weissthuen, und nichts sparen
auf daz die Gnadt, welche uns Got gegeben hat mochte gespeüert und erkent
werden durch euch, so ir anders eure hertzen wandl neigen zum Christlichen
Verstandt » (« Noi vogliamo certo fare il nostro possibile senza compromessi,
perché la grazia che Dio ci ha data possa essere provata e riconosciuta da
voi, come voi altrimenti vi sentite spinti attraverso il vostro cuore all'intelligenza cristiana »). Chi vuole essere evangelicamente coerente non può
giurare, e tanto meno simulare: « Erstlich spricht Christus (*Matt.*, V, 33-7):
Ir habent gehört daz zu den alten gsagt ist: Du solt Got deinen aidt halten.
Ich aber (als wil er sagen: der die volkomenheit des geistlichen gsatz leerne)
sage euch, daz ir aller ding nit schweren sollent etc. (...). Eur redt aber sei
ja ja, nain nain (*Iac.*, V, 12); was drüber ist das ist vom argen » (« Anzitutto Cristo dice: Voi avete sentito che agli antichi fu detto: tu devi mantenere il tuo giuramento a Dio; io però (come se volesse dire: colui che insegna
la compiutezza della frase spirituale) vi dico che voi in tutte le cose non
dovete mai giurare, il vostro dire sia *sì sì, no no*; quel che vi è di più deriva
dal Maligno »). *Rechenschafft* cit., fol. 199*r*.
75. Ivi, fol. 206*r*: « Weitter wiert vermerckht, daz es den Christen nit zimbt
in oberkeit zu sein in den stuckhen, der oberkeit regiment ist nach dem
fleisch, den Christen regiment ist nach dem Geist » (« Inoltre si osserva che
non conviene ai cristiani essere un'autorità, il governo dell'autorità è secondo
la carne, il governo dei cristiani è secondo lo spirito »).
76. « Ir heiser und wonung ist leiblich in diser welt, so ist der Christen wonung
im himel und haben hie kein bleibende stat. Ir Burgerschafft ist in diser
welt, der Christen burgerschafft aber ist im himel. Ire streits und kriegs waffen sindt fleischlich und allein wider daz fleisch, der Christen waffen aber
sindt geistlich, wider alle beuesterung des teufls » (« La loro abitazione è
carnale in questo mondo, mentre l'abitazione dei cristiani è nel cielo ed essi
qui non hanno una residenza stabile. La loro cittadinanza è in questo mondo,
ma quella dei cristiani è nel cielo. Le loro armi di combattimento e di
guerra provengono dalla carne e sono dirette soltanto contro la carne; invece
le armi dei cristiani sono spirituali contro ogni tentazione del demonio »).
Sono citati: *Ioh.*, XIV, 12-24; *Hebr.*, XI, 1-3; XIII, 12-4; *1 Coloss.*, IV, 1-4;
Phil., III, 19-21; *Eph.*, VI, 10-8.
77. Dopo aver richiamato l'insegnamento di Cristo a non fare opposizione
al male (« nit widerstreben solt dem übl ») e a lasciare la vendetta a Dio
(« gebent Got die raach »), i Fratelli hutteriti concludono: « Solchem bevelch
Christi wöllen wir auch vom hertzen nachkomen und gehorsam sein. Hiemit
wirt ausgeschlossen alle gegen und widerstandt dem fleisch, als da ist Krüegen,
Fechten auffruer, dem bösen widersteen, Rechten vor weltlichem ghricht und
Zanckherei umb ein zeitlichs guet, daz alles gehört nit ins hauss Christi,
oder in sein reich; und diesen alles machen wir um Tailhafftig oder underthan »
(« A questo comando di Cristo noi vogliamo di cuore essere ubbidienti e seguirlo.
Con ciò viene esclusa ogni opposizione contro la carne, come sarebbero guerre,
combattimenti, ribellioni, opporsi al male, fare una causa davanti a un tri-
bunale mondano o una lite per un bene passeggero, ciò non è degno nella casa

Cristo ha ordinato una separazione dal male e dal maligno (*absünderung von dem bösen und von dem argen*), che il diavolo ha piantato nel mondo, che noi non dobbiamo avere nessuna comunanza con le opere nefande delle tenebre (...); anche il santo apostolo Paolo ha separato (*abgesünderth*) i discepoli, perché non c'è altro per ogni creatura che credere o non credere (*glaubigs und unglaubigs*) nel bene, tenebre e luce, e quelli che sono in questo mondo sono templi di Dio oppure a servizio degli idoli. Perciò dobbiamo imparare che quello che non è unito con il nostro Dio e con Cristo, non è altro che abominevole, ciò che noi dobbiamo evitare e rifuggire. Perciò, secondo la testimonianza della sacra Scrittura e il comando di Dio, dobbiamo tenerci lontani da tutte le opere sterili delle tenebre (*unfruchtbaren werckhen der finsternus*), come sono tutte le azioni papiste e le opere di questo mondo malvagio, con la loro idolatria, frequentare le chiese, osterie, balli, preti, puttane, cantare canzonacce, frequentare adunanze di cittadini e obbligarsi a non credere [78] (...), perché noi possiamo evitare ogni parvenza di cattiveria e ogni vita di finzioni, dato che tutto il mondo davanti a Dio si trova nel male, come dice espressamente l'Apostolo: « Ci siamo allontanati da tutte le loro ingiustizie e ci siamo esclusi dalla comunanza con loro (*von irer gemainschafft*) » ...Poiché Cristo insieme con l'Apostolo [79] dice che non si può servire a due padroni, l'amicizia del mondo è inimicizia contro Dio e chi vuole essere amico del mondo diventerà nemico di Dio (...). Noi battezzati, come dice Paolo [80], non possiamo essere contemporaneamente partecipi del calice del Signore e del calice del diavolo, perché non hanno comunanza le opere morte delle tenebre e la luce [81], e così pure tutti coloro che seguono il diavolo come padrone del mondo non hanno partecipazione alcuna con quelli che dipendono da Dio e sono chiamati fuori del mondo. Tutti quelli che si trovano con lo spirito maligno non hanno nessuna parte con il bene.

Qui s'innesta il motivo del discepolato, cioè dell'imitazione totale di Cristo rivissuto interiormente nella sofferenza, nell'inevitabile incomprensione e persecuzione del mondo, nell'attesa tragica del martirio. Il concetto del discepolato non è, certo, caratteristico degli

di Cristo o nel suo regno; e tutto questo noi facciamo per esserne partecipi o sudditi »). Conseguentemente « nun sindt wir und alle warhafftigen Christen gehorsam und helffen zue keinem unrechten, was zum Krüeg, mordt, widerstandt, hader oder unrainigkeit diennet » (al precetto evangelico « noi siamo tutti, veri cristiani, ubbidienti e non diamo la mano a nessuna ingiustizia, che serva alla guerra, all'assassinio, alla ribellione, alla discordia, all'impudicizia »). *Rechenschafft* cit., fol. *200r-v*.

78. Ivi, fol. *202v-3r*.
79. *Matt.*, VI, 24.
80. *I Cor.*, X, 21 (ivi, fol. *207v*).
81. *2 Cor.*, VI, 14-7. Si noti la persistenza della prospettiva dualistica, e ancora pessimistica, nel rapporto tra il Regno di Dio e il mondo.

anabattisti, perché lo si ritrova in altri movimenti radicali, [82] tuttavia per gli anabattisti ha un significato particolare, nel contesto della loro consapevolezza e tensione escatologica e, specialmente, come presupposto fondamentale della loro comunità carismatica:

Cristo ha sofferto e ci ha lasciato un esempio e noi dobbiamo seguire le sue orme [83]; l'apostolo Paolo [84] dice: «Coloro che Dio ha scelto hanno avuto da Lui l'incarico di essere simili (*gleichformig*) a Lui e all'immagine di Suo figlio» (...). Gli uomini di mondo sono armati di corazza, ma soltanto contro la carne e il sangue, mentre i cristiani sono armati con la corazza di Dio, cioè con la mitezza, giustizia, pace e fede, e con la parola di Dio. Insomma dobbiamo seguire quel che ha fatto Cristo.

A differenza dell'aristocratico individualismo degli spirituali, gli anabattisti e soprattutto i Fratelli hutteriti considerano essenziale e preminente nella concezione cristiana la vita comunitaria, donde il conseguente postulato della comunanza dei beni. Gli anabattisti processati a Trieste adducono come fondamento di tale comunità fraterna la cena eucaristica, intesa secondo Hubmaier [85] come un patto o sacrosanto impegno che si assume con Dio e si stringe con i confratelli:

Cristo dice ai suoi apostoli: «Questo è il mio corpo», e ciò non deve intendersi che il suo corpo sia nel pane, ma che Egli lo ha spezzato e lo ha offerto a loro (...). C'è un calice del Nuovo Testamento che è il patire, così come essi tutti hanno bevuto quel vino e l'hanno ricevuto dalle sue mani; essi si accostano al calice del dolore, lo prenderanno e ne berranno e ne saranno partecipi. L'apostolo Paolo [86] dice: «La bevanda del Nuovo Testamento è nel mio sangue» e non, come dicono i preti, il sangue nel vino. Perciò Cristo dice ai figli di Zebedeo: «Voi berrete il calice che io bevo e sarete battezzati col battesimo con cui io sono stato battezzato» [87].

Rompere il pane e bere il vino allo stesso calice significano impegnarsi di fronte a Dio integralmente nell'amore fraterno della Chiesa-comunità, fino all'estremo sacrificio sull'esempio di Cristo che «offrì

---

82. Cfr. U. GASTALDI, *Storia dell'anabattismo* cit., p. 32.

83. *Ioh.*, XIII, 15; *I Petr.*, IV, 12-14 (*Rechenschafft* cit., fol. 205v).

84. *Rom.*, VIII, 29.

85. Cfr. U. GASTALDI, *op. cit.*, pp. 354-5.

86. *I Cor.*, XI, 25 (*Rechenschafft* cit., fol. 210v: «tranckh des neuen Testaments ist in mein Bluet»).

87. *Marc.*, X, 39 (ivi, fol. 211r).

il suo corpo e versò il suo sangue vermiglio sulla croce» [88]. Chi partecipa alla vita comunitaria dev'essere tempio vivente dell'Altissimo (*Allerhöchst*) che «non vuole avere la sua abitazione in templi costruiti dalle mani [89], Egli non può essere curato (*gepflegt*) da mani umane, giacché è Lui che dà vita e respiro ad ognuno. Qui si deve chiaramente rilevare (*ist clerlich zu merckhen*) che Egli non è nel pane, come dicono i preti, e non è un Dio tale che si lasci trascinare intorno da simili scellerati e diabolici atei (*teufliche gotlose*), come i frati e i preti, che sono pieni di ogni puttaneria (*Huererej*), idolatria (*götzen Dienst*), di cibi, di bevande, di bestemmie e di molti altri mali».

Cristo con la sua morte amara (*bitern*) e il suo sangue ha ottenuto la salvezza per tutti coloro che credono in Lui e Lo seguono fedelmente (*treulich nachkomen*) [90]. Ritorna il concetto del discepolato di Cristo, sottolineando che nel regno di Dio (*reich Gotes*) entreranno solo quelli che coi fatti, e non a parole, faranno la volontà del Padre celeste [91]. Ma, insieme con il motivo del discepolato, è ribadito che la vita comunitaria dev'essere considerata e realizzata come fondamentale dai veri cristiani, nell'attesa escatologica e in preparazione alla seconda prossima venuta di Gesù Cristo. La concezione anabattistica della comunità, e quindi la subordinazione dell'individuo ai confratelli nella vita comunitaria [92], è fondata sulla comunione dello Spirito Santo, i cui doni sono partecipati fraternamente e operano in tutti i fedeli della vera Chiesa pur attraverso manifestazioni individuali:

Crediamo anche – dichiarano gli anabattisti nel processo di Trieste – nello Spirito Santo, che è il consolatore di tutti i cuori afflitti e mesti, e che perciò è stato mandato dal Padre mediante Gesù Cristo nel cuore di tutti i credenti eletti (*glaubigen ausserwelten*), come ha promesso. Chi non ha questo Spirito Santo non è un cristiano; chi poi si vanta dello Spirito Santo e di Cristo, ma contemporaneamente delle opere della carne, è un mentitore, come asserisce in molti passi l'Apostolo [93] e in particolare anche Cristo stesso.

88. Come aveva insegnato Hubmaier nel trattato sulla celebrazione eucaristica: *Eine Form des Nachtmahls Christi*, Nikolsburg, 1527 (tradotto in inglese da W. J. Mc Glothlin, *An Anabaptist Liturgy of the Lord's Supper*, «The Baptist Review and Expositor», III, 1906, pp. 82-97).
89. *Exod.*, 66; *Act.*, VI, 48; XVII, 24; *Rom.*, VI, 13-23 (*Rechenschafft* cit., fol. 212*r*).
90. Ivi, fol. 216*r*.
91. Ivi, fol. 214*r*.
92. Ivi, fol. 201*r-v*.
93. *Ioh.*, VIII, 42-4; *1 Ioh.*, II, 21-3; IV, 20 (ivi, fol. 217*r*).

Con fervente fede, sempre protesa escatologicamente, gli anabattisti proclamano in faccia ai giudici triestini: «Questa Chiesa cristiana è santa e senza macchia (*on mackel*)»[94]. Certo lo affermano credendo di essere stati prescelti da Dio per costituire la comunità degli ultimi tempi, che attraverso la persecuzione e il martirio si va purificando nell'attesa della prossima venuta di Cristo. Nel frattempo, dev'essere allontanato dalla Chiesa chi dà scandalo e non può essere migliorato (*gebössert*) con nessun altro mezzo, ma tutte le altre pene corporali sono state proibite da Cristo stesso: «I prìncipi e le autorità del mondo procedono con la violenza, ma voi, o miei discepoli, no!»[95].

Riprendendo il tema della non-violenza o non resistenza al male, i Fratelli hutteriti processati a Trieste precisano il loro pensiero sui rapporti tra Chiesa e stato: senza dubbio separazione inequivocabile, tuttavia non contrapposizione insofferente, aspra (alla maniera di Huter e dei primi tempi del suo movimento anabattistico). Ora si può avvertire almeno minore intransigenza nei confronti dello stato, e vi si accompagna anzi un afflato ecumenico che riscatta in parte la loro ecclesiologia dai residui di chiusura settaria:

Ubbidienti all'autorità e in proporzione a quanto dovuto, noi siamo così come Cristo ci ha insegnato, dando a Cesare quello che è di Cesare e a Dio quello che è di Dio[96]. Perciò noi diamo all'imperatore, ai re e loro reggenti, interessi, decime, rendite e imposte[97] che non servano alla guerra e alle esecuzioni capitali (*was nit krieg oder bluetghricht gehört*), come c'insegnano l'apostolo Paolo e l'apostolo Pietro[98] (...). Noi – proseguono pacifisticamente gli inquisiti triestini – desideriamo e auguriamo a ogni uomo il bene, non vogliamo e tanto meno bramiamo di fare del male ad alcuno, né al papa, né ai frati, né ai preti, né all'imperatore, né al re, né ai governanti e a nessuna creatura. Così la nostra coscienza è libera, pura, e noi non abbiamo niente da temere per motivo di vendetta[99].

---

94. *Eph.*, V, 27 (ivi, fol. 217*v*).
95. Ivi, fol. 218*r*.
96. «Der Oberkeit gehorsam und irer gebür halben sten wir also, wie uns Christus geleernt hat: gebent dem Kaiser was des Kaisers ist, und Got was Gotes ist» (*Matt.*, XXII, 21).
97. *Rom.*, XIII, 1-7.
98. *I Petr.*, II, 13-5 (*Rechenschafft* cit., fol. 218*r*).
99. «Wir wünschen jederman guets, begeeren und wöllen auch niemandt leid thuen, weder babst münichen und pfaffen, weder Kaiser, Künig, herren noch kainer Creatur. So ist auch vilfach gwisen frei, rein und ledig, daz wier khein übl hat die raach» (ivi, fol. 220*v*).

Dichiarazione sincera di rinuncia a qualsiasi forma di violenza, che completa quella precedentemente fatta di non voler fare opposizione al male: sull'esempio di Hubmaier [100], si respingono le accuse e anche i sospetti di tendere a sedizioni ed anzi si fa esplicita promessa di lealtà nei riguardi dello stato, pur mantenendone inequivocabilmente separata la Chiesa-comunità.

Sgombrato così ogni equivoco, i Fratelli hutteriti non hanno dubbi di aver dimostrato la loro innocenza e, nella consapevolezza escatologica che sofferenza e martirio sono indice di vocazione e predilezione divina, prorompono finalmente in un cantico quasi, breve come un sospiro o anelito dell'anima credente, di sovrumana speranza nata dall'evangelica accettazione d'ingiuste persecuzioni e tribolazioni:

Ma il Signore tramuta le sue catene e le sventure in grande gioia! Dunque, anche se ora la puttana babilonese ci ha accusato falsamente con le sue bugie e ci ha portati in prigione, noi tuttavia speriamo con certezza e non dubitiamo che Dio a tempo debito ce ne libererà e ci aiuterà ad uscire da questa miseria con la Sua gioia (*zu sein freüden*). Ci preme però – concludono gli anabattisti rivolgendosi ai giudici triestini – per voi, perché siamo preoccupati che voi opererete contro la pia testimonianza di Dio (*an den fromen zeugnussen Gotes*); in verità, la parola della croce di Cristo, a voi ostica (*garspüllig*), è per noi invece la forza di Dio [101] che rende beati (*seellig*). Voi avete molto zelo per Cristo e vorreste andare con lui in Paradiso, ma vi spaventa il desiderio di soffrire con lui e di scendere con lui all'Inferno; però chi non vuole mangiare la salsa amara non potrà assaggiare eternamente l'agnello pasquale [102]. Dunque, noi vogliamo metterci sotto la protezione e l'egida dell'Altissimo, che ci aiuti a bere il calice del dolore (*kelch des leidens*). Amen [103].

---

100. Cfr. U. GASTALDI, *op. cit.*, p. 357.

101. *I Cor.*, I, 18 (*Rechenschafft* cit., fol. 221v).

102. « Ir eiffert wol umb Christum und wolt gern mit im geen himel faren, aber der eiffer mit im zu leiden, und mit im zur Hellen zu faren wil euch ie nit schrecken (*Eph.*, IV, 9-13). Nun aber wer nit biter salsen wil essen (*Exod.*, 12), der wiert auch daz osterlamb nit versuechen ewigclich ».

103. Il resoconto dei Fratelli hutteriti si chiude con due postille (ivi, fol. 222r): « Beschriben in unserm elendt und gfenckhnus umb des Evangelii und göttlicher Warheit willen zu Triest antntör » (« Scritto a Trieste nella nostra miseria e prigionia per la verità divina e a testimonianza dell'Evangelo »). La seconda postilla non sembra legata al contesto: « Ich will ein aufreitung machen den daz landt ist gantz befleckt, mit den unbillichen Verurtllen des unschuldigen Weis, und die stet sind voller grossen Lastern » (« Io voglio fare una descrizione perché il paese è tutto macchiato, con gli ingiusti persecutori del saggio innocente che sono sempre colmi di grandi vizi »). La sigla finale *Be.* forse si riferisce all'estensore del resoconto.

Dopo il processo triestino del 1540, in parte per la propaganda dei Fratelli hutteriti che erano riusciti a evadere dalle prigioni e a rifugiarsi almeno temporaneamente in Istria e in Slovenia, in parte e forse ancor più per l'ammirazione suscitata dal comportamento degli inquisiti di fronte al tribunale fino ad affrontare «cavallerescamente» la morte, cominciarono a pullulare conventicole di anabattisti o piuttosto di filoanabattisti ai confini orientali d'Italia[104]. Nel frattempo, altri confratelli hutteriti perseguitati nel territorio trentino-tirolese[105] avevano trovato generosa ospitalità fra le popolazioni pedemontane venete della Serenissima[106]. Più tardi si susseguirono altre infiltrazioni eterodosse radicali che rinvigorirono tanto il movimento anabattista da rendere necessaria la convocazione di un sinodo a Venezia nel 1550 per cercare di concordare le divergenze dottrinarie delle diverse comunità e prevalse un indirizzo nuovo, quello antitrinitario, in antitesi stridente con quello teologico originario hutterita[107]. La persecuzione degli anabattisti antitrinitari, in seguito alla delazione del Manelfi nell'autunno del 1551, fece rifluire in Moravia numerosi eterodossi veneti, dalmati, istriani, e così Trieste da centro di raccolta degli anabattisti transalpini divenne città di transito per i profughi cisalpini, che nei compagni di fede giuliani potevano certo contare per essere aiutati a raggiungere i confratelli moravi, eludendo la sorveglianza degli inquisitori[108].

Qui non è possibile, per i complessi ed eterogenei aspetti di una problematica storica che investe argomenti solo indirettamente collegati al documento hutterita sopraindicato e che richiederebbe l'esame critico di altri documenti ancora inediti[109], trarre delle con-

---

104. Cfr. nota 8.
105. Cfr. E. H. CORRELL, *Anabaptism in Tyrol, a preview and discussion*, «Mennonite Quarterly Review», I, 1927, pp. 49-60; G. LOESCHE, *Geschichte des Protestantismus im vormaligen und in neuen Oesterreich*, Wien-Leipzig, 1930², pp. 345-52; E. TOMEK, *Kirchengeschichte Oesterreichs*, Innsbruck-Wien, 1949, II, p. 298; U. GASTALDI, *op. cit.*, pp. 333-9.
106. Per non sovrabbondare nelle citazioni bibliografiche, mi permetto di rinviare al mio vol. *Dall'anabattismo* cit., pp. 16-23.
107. Cfr. nota 51; inoltre: E. ZILLE, *Gli eretici a Cittadella nel Cinquecento*, Cittadella, 1971, pp. 133-9.
108. Cfr. A. STELLA, *Anabattismo e antitrinitarismo* cit., pp. 152-68; ID., *Dall'anabattismo* cit., pp. 87-113.
109. La lettera teologica, per esempio, che nel 1563 Francesco Della Sega riuscì a far pervenire dal carcere veneziano ai confratelli hutteriti di Moravia e che ho già avuto occasione di esaminare (*Dall'anabattismo* cit., pp. 114-7; *Anabattismo e antitrinitarismo* cit., pp. 168-82; *Ecclesiologia degli anabattisti* cit., pp. 21-7).

clusioni sulla diffusione e sugli sviluppi dottrinari o ecclesiologici dell'anabattismo in Italia, soprattutto in terra veneta. Mi sembra però che sia opportuno, per evitare e confutare equivoci, un breve cenno sui risultati di miei precedenti lavori e sui problemi storici che rimangono aperti.

I movimenti eterodossi italiani, e in particolare l'anabattismo, non sono autoctoni, ma traggono motivi e ispirazioni da quelli d'oltralpe; quindi, per la storia delle idee s'impone sempre il problema di distinguere e valutare gli elementi acquisiti da quelli elaborati ed aggiunti. Sostanzialmente, o almeno prevalentemente, autoctono è invece l'antitrinitarismo o soprarazionalismo evangelico, che risale ad alcuni liberi pensatori provenienti dalle file dell'umanesimo, aristocratico ed ermeneutico, detto poi socinianesimo. Nelle conventicole venete e nel sinodo del 1550 a Venezia l'antitrinitarismo si accoppiò, per affinità di atteggiamento radicale più che per affinità dottrinali, con l'anabattismo ma non si fuse con esso, perché il cristianesimo intellettuale degli antitrinitari italiani non fu e non poteva essere popolare. Si diffonderà un po' dovunque, in seguito alla diaspora dall'Italia degli esuli *purioris religionis causa*, ma sempre nella cerchia ristretta dei dotti aristocratici, anche se Fausto Sozzini ebbe il merito di essere stato l'assertore di nuovi valori universali nell'interpretazione del messaggio evangelico.

Anabattismo e antitrinitarismo si evolvono, dunque, parallelamente pur talvolta con reciproche mutuazioni, senza mai fondersi. Gli anabattisti veneti di educazione hutterita hanno vivo il senso della Chiesa-comunità [110] e non ammettono che fuori della loro Chiesa vi sia possibilità di salvezza, mutuano quasi soltanto i postulati pratici della dottrina antitrinitaria e non hanno difficoltà a ripudiarne i presupposti teologici (appena pervenuti come esuli e tosto inseriti nelle comunità di Moravia) [111]. Al contrario i promotori dell'antitri-

---

110. Sull'esempio dei compagni di fede transalpini, che mantennero intatta l'organizzazione comunitaria e la esaltarono: « ...hat der Brueder Jacob Hueter die wahre Gemeinschaft durch die Hilff und Gnadt Gottes in ein ziemliche ordnung bracht, daher uns noch heut die Hueterischen heisst ». Cfr. *Die Geschichts-Bücher der Wiedertäufer in Oesterreich-Ungarn* (Fontes Rerum Austriacarum, II, 43), ed. J. BECK, Wien, 1883, pp. 47, 113-4; H. A. DE WIND, *Anabaptism in Italy*, «Church history», XXI, 1951, pp. 20-38; E. POMMIER, *Idée de l'Église chez les anabaptistes italiens au XVIe siècle*, in: *Atti del X Congresso internazionale di scienze storiche*, Roma-Firenze, 1955, pp. 791-3.

111. Una conferma alla mia interpretazione (*Anabattismo e antitrinitarismo* cit., pp. 11-2, 168-82), diversa da quella della storiografia mennonita che distingue troppo nettamente gli antitrinitari dagli anabattisti veneti, senza

nitarismo di estrazione umanistica mantengono e approfondiscono una concezione individualistica della vita religiosa, nella maggior parte dei casi non manifestano un'autentica e duratura sensibilità comunitaria, approdando a una sorta di liberalismo o piuttosto soggettivismo religioso, poiché ritengono che « ciascuno, interpretando il Testamento vecchio e nuovo in quel senso che gli par consonante, debba vivere secondo che gli detta la sua coscienza illuminata da questo lume » [112].

Per non cadere nell'astratto schematismo di qualche storico delle idee, che troppo insiste sulla presunta continuità, linearità e quasi necessità dello sviluppo ideologico dall'illuminismo religioso cinquecentesco al razionalismo e illuminismo laico dei secoli successivi, bisogna tener conto dell'aspetto sociologico [113] sia nella genesi dei

tuttavia condividere la tesi opposta di Waclaw Urban, si può riscontrare anche nella ben documentata testimonianza di JEAN CRESPIN, *Histoire des vrays martyrs...*, 1570, in-fol. 697r-698v (ripubblicata senza varianti nelle successive edizioni della *Histoire des martyrs*; cfr. l'edizione di Toulouse, 1889, III, pp. 590-4). Le informazioni di Crespin sono molto attendibili, perché risultano trasmesse dagli stessi compagni di prigionia degli anabattisti hutteriti giustiziati a Venezia e accennano alle « lettres consolatoires » ed altri scritti di Francesco Della Sega, di cui « aucuns ont esté preservez, les autres esgarez par la desloyauté d'un faux frère ». Ringrazio il dott. Jean-François Gilmont per avermi gentilmente segnalato la prima edizione dell'opera di Crespin.

112. Come affermava il medico padovano Nicolò Buccella, amico e fautore di Fausto Sozzini (*Alberti Bolognetti nuntii apostolici in Polonia epistolae et acta*, ed. E. KUNTZE, Cracoviae, 1938, II, p. 728; cfr. A. STELLA, *Dall'anabattismo* cit., pp. 141-4; ID., *Anabattismo e antitrinitarismo* cit., pp. 169-70, 221-2). L'espressione « coscienza illuminata da questo lume » è certo da intendersi riferendola al « testimonium Spiritus Sancti internum » (cfr. Z. OGONOWSKI, *Wiara w doktrynach religijnych socynian i Locke' a*, in: *Studia nad arianizmem*, Warszawa, 1959, pp. 425-50; L. SZCZUCKI, *W kregu myślicieli heretyckich*, Wroclaw-Warszawa-Kraków-Gdansk, 1972, p. 148, nota 101), e quindi va rilevato il soggettivismo religioso, non disgiunto da un aspetto etico d'individualismo attivo, ma si deve in pari tempo riconoscere la matrice razionalistica della tradizione patavina nel pensiero e nell'ecclesiologia del Buccella. Soltanto con la seconda generazione dei sociniani (A. WISZOWATY, *Religio rationalis seu de rationis iudicio in controversiis etiam theologicis ac religionis adhibendo tractatus*, Amsterdam, 1685; cfr. D. CANTIMORI, *Eretici italiani del Cinquecento*, Firenze, 1939, p. 360, nota 3) si pervenne alla netta distinzione del razionalismo dal soggettivismo religioso, e si finirà così col subordinare la Scrittura alla ragione, mentre precedentemente si insisteva piuttosto sull'intimo nesso tra coscienza illuminata dalla rivelazione e vita morale, cioè sulla coerenza di vita del vero cristiano. Cfr. Z. OGONOWSKI, *Le rationalisme dans la doctrine des sociniens*, in: *Movimenti ereticali in Italia e in Polonia nei secoli XVI-XVII*. Atti del Convegno italo-polacco (Firenze, 22-4 sett. 1971), Firenze, 1974, pp. 141-57.

113. Cfr. A. STELLA, *Anabattismo e antitrinitarismo* cit., pp. 12, 153-5, 217-9; ID., *Ecclesiologia degli anabattisti* cit., pp. 5-18.

movimenti eterodossi come pure nel drammatico esodo verso una nuova terra promessa. La ricerca storica in chiave sociologica implica un'adeguata conoscenza delle strutture economico-sociali ed anche culturali e politiche di una città o di un territorio in un determinato periodo di tempo. Ad esempio, il movimento riformatore nell'ambito della società triestina cinquecentesca non può essere studiato, e veramente compreso, prescindendo dai fattori storici locali, che sono in parte diversi da quelli delle stesse città istriane vicine. Trieste nella prima metà del Cinquecento continuava strenuamente a difendere la sua autonomia comunale: dopo essere riuscita a salvaguardarsi dall'espansione e dall'egemonia veneziana, cercava di allentare i vincoli della protezione asburgica e infatti riuscì a mantenere notevolmente diverse le sue condizioni politiche da quelle della contea di Pisino, o d'Istria, che invece fu sempre più legata con la Carniola e quindi con i dominii ereditari di casa d'Austria [114]. Questa singolare situazione, o atteggiamento di vigile e gelosa autonomia, va considerata per spiegare la ritrosia e talvolta il netto rifiuto delle autorità cittadine contro ogni tentativo d'ingerenza asburgica nelle questioni interne triestine, anche per quanto riguardava l'inquisizione religiosa [115].

Sulla composizione sociale infine dei gruppi anabattisti veneti si devono ancora fare sistematiche e approfondite ricerche negli archivi locali, prima di poter formulare conclusioni storicamente fondate. Mi sembra piuttosto preconcetta la tesi di chi [116], sulla base di troppo pochi e circoscritti esempi ed indizi, ritiene che il movimento anabattista veneto sia stato prevalentemente contadino; al contrario, dalla documentazione finora raccolta e vagliata risulta che erano del tutto preponderanti gli artigiani [117], travagliati anche

---

114. Cfr. nota 2; A. PITASSIO, *op. cit.*, p. 8.
115. Cfr. A. TAMARO, *Storia* cit., II, pp. 63-8, 93-4; ID., *Assolutismo e municipalismo* cit., 12-190; ID., *Capitoli* cit., pp. 7, 18; G. RILL, *Bonomo Pietro*, in: *Dizionario biografico degli Italiani*, vol. XII, Roma, 1970, pp. 341-46.
116. A. OLIVIERI, *Sensibilità religiosa urbana e sensibilità religiosa contadina nel Cinquecento veneto: suggestioni e problemi*, « Critica storica », IX, 1972, pp. 631-50.
117. Cfr. C. GINZBURG, *I costituti* cit., p. 25; A. STELLA, *Dall'anabattismo* cit., pp. 24, 35, 67-93; ID., *Anabattismo e antitrinitarismo* cit., 12, 152-5. Nel complesso, gli anabattisti veneti erano di modesta estrazione sociale (cfr. anche D. CACCAMO, *Eretici* cit., pp. 41-5), ma non contadina, o più esattamente sono rarissimi i casi riscontrati di contadini veneti anabattisti, forse per la loro tradizionale mentalità ultraconservatrice e mal disposta a qualsiasi novità. Propenderei quindi per l'interpretazione del GINZBURG (*Folklore, magia, religione*, in: *Storia d'Italia*, Torino, 1972, I, p. 645) di un mondo contadino sostanzialmente estraneo al movimento riformatore « nella tumultuosa agita-

dalle conseguenze della crisi economica veneziana. Numerosi contadini si riscontrarono fra gli anabattisti tirolesi subito dopo la guerra
rustica del 1525 [118], poi anche fra gli esuli trentino-tirolesi in Moravia
prevalsero minatori e artigiani; lo stesso Jakob Huter era stato un
cappellaio, donde gli venne appunto il soprannome [119]. D'altra parte,
è noto che non erano di estrazione contadina nemmeno tanti altri
anabattisti confluiti nelle comunità morave e boeme, che talvolta
stentarono ad avviarsi e a sopravvivere appunto per l'inesperienza
agricola dei confratelli.

A prescindere dalle temporanee mutazioni di motivi ed elementi
antitrinitari, si può nel complesso rilevare che gli anabattisti veneti,
triestini e dalmati, si mantennero fedeli all'indirizzo hutterita delle
origini, accentuando la tendenza pacifista e incline a un compromesso
nei rapporti tra Chiesa e stato [120], prodigandosi nell'attività missionaria con una consapevolezza nuova che, pur mantenendosi profondamente religiosa, avverte che è in atto un progresso umano e che gli
uomini eletti partecipano ad un'opera comune, divina e umana insieme, irreversibile di emancipazione e di rinnovamento radicale della
società: « Se questa opera », proclama l'anabattista rodigino Francesco
Della Sega di fronte al tribunale veneziano del Sant'Ufficio [121], « è da
Dio, nissuno signore né principe del mondo la potrà disciolvere, essendo
che Lui è omnipotente, et se ben noi fussimo disciolti et morti, non
perhò seria disciolta tal opera perché noi non siamo il principio et
neancho il fine, ma li minimi delli altri delli quali molti sono stati
inanzi a noi, sono et facilmente saranno dapoi (...) » [122]. Dall'attesa

zione religiosa che percorre gran parte del Cinquecento italiano ». Carattere
tutto particolare ebbe l'anabattismo nel Polesine, tuttavia anche lì non vi
parteciparono i contadini; cfr. S. FERLIN MALAVASI, *Sulla diffusione delle
teorie ereticali nel Veneto durante il '500: anabattisti rodigini e polesani*,
« Archivio Veneto », ser. V, vol. XCVI, 1972, pp. 5-24.
118. Cfr. H. AMMANN, *Die Wiedertäufer* cit., pp. 6-42.
119. Cfr. A. STELLA, *Dall'anabattismo* cit., pp. 20-3; U. GASTALDI, *op. cit.*,
pp. 333-41.
120. Significativa di tale atteggiamento è anche la lettera di Francesco Della
Sega ai patrizi veneti (cfr. A. STELLA, *Anabattismo e antitrinitarismo* cit.,
pp. 272-89).
121. Ivi, p. 276.
122. Ben lontani dall'individualismo e soggettivismo religioso, i Fratelli
hutteriti non si considerano mai atomi, bensì membri attivi di un corpo mistico che ha nella loro Chiesa-comunità la vera e sofferta manifestazione:
« Nel qual caso che tal opera sia da Dio et voi, clarissime Signorie, amazate o
consentite alla morte de membri di quella, venite ad amazar li membri de
Christo (...) perché lui reputa esser fatto a sé stesso tutto quello che vien
fatto alli suoi fideli sia bene sia male (*Matt.*, X, 40-2; XXV, 37-40), li quali

escatologica oppure chiliastica si stava ormai passando all'idea del progresso, con *forma mentis* che si potrebbe già dire moderna[123].

glorifica beati poiché patischono per la giustitia (*Matt.*, V, 4; *1 Petr.*, III, 12; IV, 12-9) et non per alcun malfatto ». Inoltre, anche di fronte agli inquisitori confermano la loro vocazione missionaria, con prospettive ecumeniche e non più esclusivamente settarie, come quando il vescovo anabattista Benedetto d'Asolo nel processo del 4 marzo 1551 osa dire e ripetere che gli rincresce soltanto di « non haver potuto predicar per tutto il mondo et a tutte le gente » (ivi, pp. 77, 276).

123. Diversa, poiché non considera la matrice socio-economica tirolese (cfr. A. STELLA, *Ecclesiologia degli anabattisti Hutteriti* cit., pp. 5-14) e la dinamica storica e anche i successivi eterogenei contributi dottrinali, è l'interpretazione di U. GASTALDI, *Il comunismo dei Fratelli Hutteriti*, « Protestantesimo », XXVIII, 1973, pp. 1-24.

Carlo Ossola

TRADIZIONE E TRADUZIONE DELL'«EVANGELIO DI SAN MATTEO» DI JUAN DE VALDÉS

TRADIZIONE E TRADUZIONE
DELL'«EVANGELIO DI SAN MATTEO» DI JUAN DE VALDÉS *

Nel corso di recenti ricerche sui volgarizzamenti della Bibbia nel Cinquecento, da me compiute presso la Biblioteca Nazionale di Torino, ho notato che nella sezione di «Supplemento» ai manoscritti posseduti dalla Biblioteca (fondo aggiuntivo la cui consistenza meriterebbe l'edizione di un catalogo completo e aggiornato), si conserva, sotto la segnatura R.V.21, un manoscritto anonimo del secolo XVI, ben conservato tranne erosioni e slabbrature e qualche traccia di umido ai margini inferiori, scritto in lingua volgare e consistente in 330 carte, di cm. 20 × 15, non numerate, marginate, costituite di 22 righe per pagina, composte con ogni evidenza nella redazione da consegnare al tipografo, e tracciate dunque con grafia chiara e regolare. Il manoscritto è rilegato e reca come frontespizio interno il titolo: *Opera di Valdés*. Tale indicazione ha suggerito la catalogazione del testo entro la produzione valdesiana, e la relativa scheda porta questa nota esplicativa, tratta dall'*incipit* del I Capitolo del Ms.: «Lo Evangelio di San Matteo tradotto fidelmente dal Greco in lingua vulgare et dichiarato secondo il senso litterale con molte considerazioni cavate dalla lettera molto necessarie al vivere cristiano».

L'esame del testo, mentre i tratti della grafia e la filigrana suggeriscono una datazione assai prossima alla metà del XVI secolo, conduce senza dubbio a riconoscere nel manoscritto la traduzione italiana, sin qui assolutamente sconosciuta e mai segnalata come esistente neppure nei secoli passati, dell'*Evangelio segun San Mateo, declarado por Juan de Valdés*, scoperto, nella redazione spagnola, da Eduardo

---

* Il presente lavoro costituisce un ulteriore e più organico approfondimento di un primo annuncio del Ms., apparso sulla «Rivista di storia e letteratura religiosa», IX, 1973, pp. 62-68.

Boehmer a Vienna, e da lui pubblicato per la prima volta a Madrid nel 1880 [1].

Avventurosa è già la storia del tardivo ritrovamento del Ms. spagnolo, anch'esso anonimo, e la cui vicenda merita ripercorrere per meglio cogliere l'ancor più fitto «silenzio» che ha circondato per quattro secoli il manoscritto italiano. Tra le fonti contemporanee l'unico ad accennare con sicurezza all'esistenza di un *Commento* di Valdés all'Evangelo di Matteo, è Josia Simler, discepolo del Vermigli e dunque ben informato del circolo valdesiano e della sua diaspora [2], il quale nella sua *Epitome* alla *Bibliotheca Universalis* del Gesner, tra le voci in asterisco da lui stesso aggiunte includeva queste brevi note sul Valdés: «IOANNES Valdesius, secretarius regis Neapolitani, scripsit dialogos Charuntem et Mercurium impressos Italice, Item considerationes pias et doctas itidem excusas, Item in Psalmos aliquot, in evangelium Matthaei et Joannis, et quaedam alia» [3].

1. E. BOEHMER, *El Evangelio segun San Mateo, declarado por Juan de Valdés. Ahora por primera vez publicado*, Madrid, Librería Nacional y Extranjera, 1880, pp. 537.
2. Tale precisa conoscenza affiora nella sua *Oratio de vita et obitu clarissimi viri et praestantissimi theologi D. Petri Martyris Vermilii divinarum literarum professoris in schola Tigurina, habita ibidem a Josia Simlero Tigurino*, Tiguri, apud Christophorum, 1573; in particolare alla c. 7v. possiamo leggere: « Joannes Valdesius hispanus, [...] posteaquam a Deo verae religionis agnitione donatus est, vitam suam in Italiam et precipue Neapoli egit, quo loco doctrina et sanctissimo vitae exemplo quamplurimos, praesertim nobiles, Christo lucrefecit, ac fuit eo tempore non spernenda ecclesia piorum hominum in urbe Neapolitana [...]. Quamvis autem huius ecclesiae prima laus debeatur Valdesio, nihilominus tamen Martyris quoque virtus commemoranda est ».
3. I. SIMLER, *Epitome Bibliothecae Conradi Gesneri, conscripta primum a Conrado Lycosthene Rubeaquensi: nunc denuo recognita et plus quam bis mille authorum accessione (qui omnes asterisco signati sunt) locupletata: per Iosiam Simlerum Tigurinum*, Tiguri apud Christophorum Froschoverum anno MDLV, p. 111v. Nella seconda edizione, nuovamente ampliata con l'immissione delle opere conservate alla Biblioteca imperiale di Vienna (*Bibliotheca instituta et collecta, primum a Conrado Gesnero: deinde in Epitomen redacta et novorum librorum accessione locupletata, tertio recognita, et in duplum post priores editiones aucta per Iosiam Simlerum: Iam vero postremo aliquot mille, cum priorum tum novorum authorum opusculis, ex instructissima Viennensi Austriae Imperatoria Bibliotheca amplificata, per Iohannem Iacobum Frisium Tigurinum*, Tiguri, anno MDLXXXIII, *ad vocem*, p. 506), nulla tuttavia veniva aggiunto alla primitiva lista, e da quel momento i successivi compilatori ripeteranno quella fonte. Naturalmente, giova sottolineare, il nome di Valdés non era presente nella primitiva *Bibliotheca universalis* del Gesner, pubblicata pochi anni dopo la morte del Nostro (*Bibliotheca universalis, sive catalogus omnium scriptorum locupletissimus, in tribus linguis, Latina, Graeca et Hebraica: extantium et non extantium, veterum et recentiorum in hunc usque diem, doctorum et indoctorum, publicatorum et in Bibliothecis latentium: authore Conrado Gesnero*, Tiguri, apud Christophorum Froschauerum, anno MDXLV).

Più vaghe rimasero invece le testimonianze dirette degli amici, e motivate forse dalla preoccupazione di evitare che troppo precise notizie potessero (come dimostrerà *ad abundantiam* il processo a Carnesecchi) mettere il Santo Officio nella condizione di reperire e sequestrare i manoscritti valdesiani che non avevano avuto la fortuna di emigrare con il Vergerio e di trovare, come le *Considerazioni*, un valido editore nel Curione [4].

In ogni modo, lontana ancora la tempesta, la pur libera e commossa rievocazione che Jacopo Bonfadio tracciava della vita del Valdés, scrivendo poco dopo la morte del maestro appunto al Carnesecchi, è tuttavia piuttosto scarna di riferimenti alle opere: « Piacesse a Iddio, che ci tornassimo [scil.: a Napoli]: ben che pensando d'altra parte, dove andremo noi, poi che 'l Signor Valdés è morto? È stata questa certamente gran perdita e a noi e al mondo, perché 'l Signor Valdés era uno de' rari uomini d'Europa: e quei scritti,

---

4. Scrive infatti il Curione nella *Epistola del primo editore* allegata all'edizione di Basilea delle *Considerazioni*: « E sapendo egli [scil.: il Vergerio] che le cose buone ed eccellenti tanto sono maggiori, megliori e più lodevoli quanto a più persone sono comunicate, lasciommi queste cento e dieci considerazioni acciocché io le facessi stampare, il che come vedete ho fatto, con quanta diligenza ho potuto e saputo » (cfr. ora J. DE VALDÉS, *Le cento e dieci divine considerazioni*, a cura di E. Cione, Milano, 1944, p. 526).
Per i manoscritti valdesiani rimasti in Italia la conservazione stessa, ben prima di ogni possibilità d'edizione, si fece con il tempo più difficile, e quindi sempre più vaghi gli accenni degli eventuali depositari: basti ricordare che uno dei capi principali di condanna nella *Sententia pro fisco contra dominum Petrum Carneseccum* è appunto quello di aver occultato i manoscritti di Valdés e di aver tramato per farli pubblicare clandestinamente: « [...] et tanto in Lione, nell'andare et tornare, quanto in Parigi et in quella corte legesti [scil.: tu Carnesecchi] li *Luochi communi* del Melantone et altri libri sospetti, et facesti venire d'Italia un libro asperso d'heresia del Valdes, et lo donasti, non ti rimovendo dalle dette false et heretiche opinioni. [...] Et trattasti di havere in Venetia li pestiferi libri et scritti prohibiti di detto Valdes da una persona tua complice che li teneva conservati per farne parte di quelli imprimere et publicare, non ostante la prohibitione fatta da questo Santo Offitio, o almeno che fussero occultati et nascosti, insegnando non essere peccato ritenere libri prohibiti, ma opera indifferente secondo la coscienza; offerendoti ancora esserne diligente custode, et affermando essere più peccato, quanto all'anima, bruciarli che conservarli. [...] Trattasti parimente nel 1564 con quella persona tua complice, et conservatrice di detti scritti et libri di Valdes, che si fossero mandati in Venetia per via sicura, sì per desiderio di conservarli, come anco per liberare quella persona dal pericolo che li soprastava tenendoli ». (La sentenza fu emanata il 16 agosto 1567 e pubblicata il 21 settembre successivo; è stata edita con gli estratti del processo da G. MANZONI, in *Miscellanea di storia italiana*, per cura della r. Deputazione di storia patria, Torino, 1870, tomo X, pp. 187-573; riedita ora da O. ORTOLANI, *Pietro Carnesecchi*, Firenze, 1963; le citazioni alle pp. 249, 251, 253).

ch'egli ha lasciato sopra le epistole di san Paulo, e i salmi di David, ne faranno pienissima fede. Era senza dubbio nei fatti, nelle parole, e in tutti i suoi consigli un compiuto uomo»[5]. Né più dettagliate notizie bibliografiche fornirà qualche anno più tardi, nel 1550, il Curione accompagnando con una sua *Epistola del primo editore* l'edizione in versione italiana delle *Cento e dieci divine considerazioni*, il cui manoscritto originale spagnolo era stato portato a Basilea dal Vergerio: « Or di questo sì grande e celeste tesoro ne siamo tutti debitori a M. Pietro Paolo Vergerio, come stromento della divina provvidenza in farlo stampare, acciò da tutti potesse esser veduto e posseduto. Egli venendo d'Italia e lasciando il finto Vescovato per venir al vero Apostolato al qual era chiamato da Cristo, portò seco di molte belle composizioni, e fece come si suol fare quando, o per incendio della casa propria o per sacco ed esterminio di qualche città, dove ogni uno scampa con le più care e preziose cose che egli si trova in casa, così il nostro Vergerio, non avendo cosa più cara che la gloria del Signor nostro Gesù Cristo, ne recò seco quelle cose le quali ad illustrarla e allargarla servir poteano. Lasciò adunque i tesori terreni e portossene seco i tesori celesti e divini, fra' quali questo ne è uno de' più belli e più rari che si potesse immaginare »[6]. Ma oltre il compiacimento per quella preziosa opera di recupero, non apprendiamo molto altro sui manoscritti inediti valdesiani, e neppure il compendio della vita dell'autore, posto a chiusura dell'*Epistola* del Curione, rivela molto di più: « Ha lasciato [scil.: Valdés] anco alcune altre belle e pie composizioni, le quali per opera del Vergerio, com'io spero, saranno comunicate »[7].

Bisognerà attendere la precisione inquisitoria del Santo Officio per avere dalla deposizione del Carnesecchi un quadro più preciso, seppure non completo, della destinazione dei manoscritti valdesiani dopo la morte dell'autore: negli *Estratti degli Atti di processo del Santo Officio* a carico di Pietro Carnesecchi, risalenti al 1567 e pubblicati da Giacomo Manzoni, figura il verbale (*Ex constituto ejusdem diei Mercurii 19 Februarii 1567, fol. 657*) dell'interrogatorio dedicato

5. La lettera di Jacopo Bonfadio a Monsignor Carnesecchi, data dal Lago di Garda, fu edita in *Lettere volgari di diversi nobilissimi uomini et eccellentissimi ingegni scritte in diverse materie. Con diligentia nuovamente ristampate*, Libro primo, In Venezia, Aldus, 1543, cc. 32-33; ora citata anche in E. CIONE, *Juan de Valdés. La sua vita e il suo pensiero religioso*, Bari, 1938, p. 69.
6. C. S. CURIONE, *Epistola del primo Editore*, in *Le cento e dieci divine considerazioni*, a cura di E. Cione, cit., pp. 525-526.
7. Ivi, p. 528.

in particolare all'opera di propaganda valdesiana intrapresa da Giulia Gonzaga. Il nocciolo della questione era naturalmente quello di sapere se c'era stata diffusione di manoscritti valdesiani e di quali:

Interrogatus si dicta domina Julia ab aliquo ex ipsis Viterbii existente fuerit rogata mittere aliquos libros ad eos et quos, et an miserit, et an ipse dominus constitutus super hoc scripserit, vel libros hujusmodi viderit, vel acceperit,

Respondit: Né anche di questo so rendere conto alcuno, ma so bene che il Flaminio haveva seco una parte delli scritti di Valdes, et credo che fussero il libro delle considerationi, et il commento sopra li psalmi, et che andava traducendoli di spagnolo in italiano per compiacere alla sudetta signora che n'haveva ricerco.

Interrogatus an etiam dicta domina Julia tunc miserit quandam expositionem super epistola Beati Pauli Apostoli, et cujus erat, et an Valdesii,

Respondit: Mentre ch'ero io a Viterbo, dove non stetti se non a pena un anno, non mi ricordo che la Signora mandasse né questa né altra scrittura di Valdes, ma se la mandò, tengo che non potesse esser d'altro che del Valdes, havendo egli scritto sopra tutte le epistole, eccetto sopra quella *ad Hebreos* [8].

Alla data della morte del Carnesecchi, possiamo schematicamente concludere, erano editi del Valdés soltanto l'*Alphabeto christiano, che insegna la vera via d'acquistare il lume dello spirito santo* (Stampata con gratia l'anno MDXLVI), il *Lacte spirituale col quale si debbono nutrire et allevare i figliuoli dei christiani in gloria di Dio* (Basilea, 1549 e Pavia, 1550), il *Modo che si dee tenere ne l'insegnare e predicare il principio della religione christiana* (Roma, MDXXXXV), tutti e tre anonimi, e infine *Le cento e dieci divine considerationi del S. Giovanni Valdesso*, edite a Basilea nel 1550, riedite in versione francese a Lione (1563 e 1565) e a Parigi (1565) [9]. Le altre opere manoscritte,

8. *Estratti degli atti di processo del Santo Officio* a carico di Carnesecchi, in O. ORTOLANI, *Pietro Carnesecchi* cit., p. 230. E al seguente *fol. 659*, esibita dal Santo Officio una lettera della Marchesa di Pescara a Giulia Gonzaga, nella quale figurava questo poscritto: « Ho inteso che V.S. ha mandato la espositione sopra San Paulo ch'era molto desiderata, et più da me che n'ho più bisogno, però più ne la ringratio et più quando la vedrò piacendo a Dio »; ed interrogato il Carnesecchi a che cosa alludesse la Marchesa di Pescara in quella lettera da Viterbo, confermava: « Et quella espositione di San Paulo credo che sia quella del Valdes, come ho detto di sopra » (*Estratti*, ed. cit., p. 232).

9. All'elenco vanno naturalmente aggiunte le opere apparse in lingua spagnola, e cioè il *Diálogo de doctrina christiana nuevamente composto por un religioso*, Alcalá de Henares, 1529 (anonimo, ed unica opera apparsa vivente il Valdés);

abbiamo visto dalle testimonianze sopra citate, e con particolare
concordanza di citazioni per il « commento sopra li psalmi » e sopra
le epistole di S. Paolo, erano divise e custodite almeno tra il Flaminio,
il Vergerio e Curione, il Carnesecchi, ma anche il Vermigli, se proprio
un suo discepolo, Josia Simler, è in grado nel 1555 di assicurare, unico
tra tutti, che il Valdés aveva scritto « In evangelium Matthaei et
Joannis ». Dall'opera solerte dei fuorusciti era già stato possibile,
entro il 1557, far pubblicare a Basilea le *Cento e dieci divine considerazioni* e a Ginevra i due commenti sopra l'*Epistola ai Romani* e la
I ai Corinti[10]. Ma oltre non si poté procedere: l'ultima grande impresa
del Valdés, il commento agli Evangeli, iniziato con ogni verosimiglianza
intorno al 1539, e lasciato certo incompiuto per la morte dell'autore,
voleva essere nelle intenzioni del Valdés il coronamento della sua
opera di esegesi e interpretazione del Nuovo Testamento, come sottolineava nella epistola introduttiva all'*Evangelio di San Matteo* che
è dedicata a una donna, forse la stessa Giulia Gonzaga (cito nella
versione italiana da me reperita a Torino):

> Et se così avessi fatto arei fatto un errore molto grande et quanto
> a voi et quanto a me, imperoché né io avrei così bene tradotti et inter-
> pretati gli Evangelii, s'io non avessi prima fatto così dell'Epistole, né
> l'Epistole senza il far prima il medesimo ne i Salmi; né voi sareste stata
> così capace della lezzione de gli Evangelii se non fuste stata prima instrutta
> nella lezzione delle Epistole, né della lezzione delle Epistole se non vi
> fuste prima exercitata nella lezzione de i Salmi.

Tale impegnativo esercizio, apprendiamo dallo stesso commento
a Matteo, oltre ad essere ormai compiuto per il primo dei sinottici,
doveva già essere stato intrapreso per Marco (« Sobre la estada de

il *Comentario ó declaración breve y compendiosa sobre la epistola de S. Paulo
apóstol á los Romanos, muy saludable para todo christiano. Compuesto por
Juan Valdesio pio y sincero theologo*, En Venecia, en casa de Juan Philadelpho,
MDLVI (ma l'edizione è quasi sicuramente ginevrina); il *Comentario ó declaración familiar y compendiosa sobre la primera epistola de San Paulo apóstol
alos Corinthios* [...]. *Compuesto por Juan VV. pio y sincero theologo*, En Venecia, en casa de Juan Philadelpho, MDLVII (anche questa è probabilmente
edizione ginevrina).
10. Recenti studi hanno dimostrato che Juan Philadelpho va identificato
con Jean Crespin, la cui attività di editore è documentata a Ginevra (e non
a Venezia); cfr. G. BONNANT, *Note sur quelques ouvrages en langue espagnole
imprimés à Genève par Jean Crespin (1557-1560)*, in « Bibliothèque d'Humanisme et Renaissance », XXIV (1962), pp. 50-57. Si vedano anche le note
di JOSÉ C. NIETO, *Juan de Valdés and the Origins of the Spanish and Italian
Reformation*, Genève, Droz, 1970, p. 6, nota 17.

Cristo en el desierto está una consideracion en San Marcos », si afferma nella nota a margine al Cap. IV, 1-4, di *Matteo*) [11], e forse pro-
gettato per Luca (« Esta forma del juicio final, quanto al condenar
y salvar, entiendo que está declarada por Cristo, Lucas 7, en el caso
de la mujer y del Fariseo, como lo mostraré allí », dichiara l'autore
nell'esposizione a *Matteo*, XXV, 31-46) [12]. Rimasta dunque l'impresa
esegetica del Valdés sugli Evangeli incompiuta per il sopravvenire
della morte, e pensata dall'autore come ideale proseguimento del
commento alle Epistole paoline, essa soggiacque forse, nella vicenda
editoriale, al suo stesso carattere di ultima *summa* del pensiero valdesiano. Dovendo infatti quel testo compiere e concludere il discorso
iniziato nel commento alle Epistole, parve forse ai discepoli conseguente il far precedere l'edizione ginevrina delle Epistole, riservando
ad un'ultima impresa la pubblicazione del finale commento a Matteo: mai venne il momento opportuno, e così dell'opera rimase quel-
l'unico accenno nell'*Epitome* del Simler.

Nei secoli successivi, pertanto, biografi e critici dell'opera non
poterono dire altro che non fosse la trascrizione delle note simleriane:
così Melchior Adamus nelle sue *Decades* [13], così soprattutto il Sand,
che a fine Seicento ci lascia dell'opera del Valdés il quadro più completo:

Johannes Valdesius, nobilis hispanus, jurisconsultus, secretarius Regis
Neapolitani. Fertur ex Germania secum Neapolim adduxisse scripta Lutheri,
Buceri, Anabaptistarum. Ab eo Bernardinus Ochinus sententiam suam
contra receptam de Trinitate opinionem imbibisse perhibetur. Floruit a.
1542. [...].
— Dialogi Charon et Mercurio impressi Italice. Considerationes piae
et doctae. In Psalmos aliquot. In Evangelium Matthaei. In Evangelium
Johannis. Commentarius in epistolam Pauli ad Romanos a. 1556. Comentario breve ó declaración compendiosa y familiar sobre la primera epistola de san Pablo á los Corinthios, muy util para todos los amadores

---

11. Cito dal manoscritto spagnolo, poiché nella versione italiana il Ms. è in
quella pagina eroso, e la notazione a margine, per quanto ricostruibile con
l'ausilio del Ms. viennese, è in sé mutila.
12. Qui invece il testo italiano è perfettamente conservato e suona così:
« Questa forma dell'ultimo giudizio quanto al condennare e salvare, intendo
ch'è dichiarata per Cristo, *Luc.* VII, nel caso della Dona del Fariseo, sicome
quivi lo mostrarò ».
13. MELCHIOR ADAMUS, *Decades duae continentes vitas theologorum exterorum
principum qui ecclesiam Christi superiori saeculo propagarunt et propugnarunt:
coactae a Malchiore Adamo Silesio*, Francoforte, sumptibus Yoanae Rosae
viduae, 1653, p. 31 (ripete l'elenco del Simler).

de la piedad Christiana. [...] Liber is prohibetur in indice expurgatorio hispanico, cum et sine nomine auctoris » [14].

Ma al di là delle notizie di repertorio, non erano fornite indicazioni precise sul destino dei manoscritti inediti, sinché un secolo dopo, a fine Settecento, Michael Denis, « primus custos » della Biblioteca imperiale di Vienna, compilando il catalogo completo dei *Codices manuscripti theologici bibliothecae palatinae vindoboniensis Latini aliarumque occidentis linguarum*, segnalava finalmente la presenza delle anonime *Declaraciones sobre los Evangelios di Sant Mattheo*, e con argomenti non privi di verisimiglianza le attribuiva proprio al Valdés, inserendole al numero DXIX dei *Codices polemici*, insieme dunque ai manoscritti hussiti, wicleffiani, luterani ecc. Merita riportare quella prima e unica circonstanziata descrizione del manoscritto, con le ragioni dell'attribuzione:

DXIX. Codex chartaceus hisp. Sec. XVI. Folior. 413. 4. Inscribitur: *Declaraciones sobre los Evangelios di Sant Mattheo*. Proemii initium: *Grandissimo testimonio dela verdad christiana es este, que quando el hombre en las cosas que pertenecen a ella, no se sirue en nada de su prudencia, ni de su razon humana, acierta, y quando se sirue yerra*, etc. In hoc *Prooemio* meminit Autor Interpretationis suae in *Psalmos* et in *Epistolas Pauli et Petri*, docetque, quis ex Evangeliorum lectione fructus capiendus sit. Commentarius ipse audit: *El Evangelio de San Matteo traduzido fielmente del Griego en Romance castellano y declarado segun el Sentido litteral con muchas consideraciones sacadas de la lettra muy necessarias al biuir christiano*. Autorem a Sacris catholicis alienum vel ea produnt, quae in C. XVI de Confessione *Petri* commentatur. Atque hinc mox se mihi obtulit *Joh. Valdesius* Hispanus, cujus dum Commentarium in *Ep. ad Rom.* et in *I ad Corinth.*, Venetiis 1556 et 1557, apud *Joh. Philadelphum*, ut quidem fert titulus, hispanice 8. editum perlustro, eadem inscriptio: *traduzida fielmente del Griego en romance Castellano*, eadem tractandi methodus, eadem phrasis adparet. Adde, quod in *Praef.* prioris *Comment.* ad *Juliam Gonzagam* diserte *Valdesius* versionis suae *Psalmorum* meminit, quemadmodum supra in nostro *Prooemio*, et quod *Sandius* in *Biblioth. Antitrinit.* inter ejus scripta Commentarium *in Evangelium Matthaei* recenset. Itaque hunc esse nostrum

14. Cfr. CHRISTOPHORUS SANDIUS, *Bibliotheca antitrinitariorum sive catalogus scriptorum et succincta narratio de vita eorum auctorum, qui praeterito et hoc seculo, vulgo receptum dogma de tribus in unico Deo per omnia aequalis personis vel impugnarunt, vel docuerunt solum Patrem D. N. J. Christi esse verum seu altissimum Deum. Opus posthumum*, Freistadii, apud Johannem Aconium, 1684, p. 2.

jam nullus ambigo, typis vero editum nunquam puto. De Autoris circa an. 1540 defuncti satis plurima collegit *Baylius* in *Dict.*, quem, si lubet, consule [15].

L'esauriente notizia fondava la propria ipotesi attributiva dunque, non solo sulle fonti di repertorio (Sand), ma su precise ricorrenze di formule, di stile, su richiami interni con le altre opere valdesiane: e sin dal commento al capitolo XVI di Matteo « de confessione Petri » arguiva trattarsi di autore non ortodosso, riconfermando infine che il Ms. non era « typis vero editum nunquam ».

La difficoltà tuttavia di orientarsi in un catalogo, come quello del Denis, fittissimo di dati, ma privo di indici, di rubriche e di ogni altro elemento che ne semplificasse la consultazione, fece sì che ancora per un intero secolo queste preziose notazioni rimanessero senza seguito, fino a che la paziente acribia di Eduardo Boehmer non risalì, sulla scorta del Denis, a quel manoscritto, procurandone l'edizione madrilena del 1880, sopra citata, che rimane ancora oggi l'unica a stampa di quelle *Declaraciones* valdesiane. Anche per questo, ultima vendetta di un destino ostile, la rarità dell'edizione e l'*unicum* costituito dal manoscritto hanno limitato una efficace circolazione dell'opera tra gli studiosi, favorendo una certa « emarginazione », anche nei critici più sensibili [16], del commento a Matteo dai più vivi nodi del pensiero e della spiritualità valdesiana.

Se tanto avventurosa è la tradizione del manoscritto spagnolo, ancora più misteriosa è l'origine di quello italiano, da me rèperito alla Biblioteca Nazionale di Torino: non solo infatti non ne esiste copia (almeno allo stato attuale delle ricerche) in altra biblioteca italiana, ma anche in quella di Torino il manoscritto risulta di recente adozione.

Il testo fu infatti acquisito solo nell'ottobre 1930, come dono del Ministero dell'Educazione Nazionale (a parziale integrazione, forse, dei danni subiti dalla biblioteca nell'incendio, anni prima, delle sale dei manoscritti), e porta, nei registri dell'annata, il numero d'ingresso

15. M. DENIS, *Codices manuscripti theologici bibliothecae palatinae vindobonensis Latini aliarumque occidentis linguarum*, vol. I, pars II, Vindobonae, anno MDCCXCIV, col. 1994-1995.
16. Esiguo spazio dedicano al commento a Matteo sia il CIONE, *Juan de Valdés* cit.; sia il più recente volume di FR. DOMINGO DE S.TA TERESA, *Juan de Valdés. 1498 (?) - 1541. Su pensamiento religioso y las corrientes espirituales de su tiempo*, Romae (« Analecta Gregoriana », vol. LXXXV, Sectio B, n. 13), 1957, pp. 423; sia, seppure con caute aperture, il pur esemplare saggio di JOSÉ NIETO, *Juan de Valdés* cit.

192777, con la seguente dicitura: «Opera di Valdés. Commentario al Vangelo di S. Matteo. 16º secolo. Ms. già appartenente alla Biblioteca di Berna». Quest'ultima, pur esigua, traccia mi induceva a rivolgermi alla Burgerbibliothek di Bern, il cui conservatore, Christophe von Steiger (cui va, insieme al professor Rotondò, la mia riconoscenza), così chiariva ulteriormente la storia di tale recente provenienza:

En 1929, le Gouvernement de l'Italie a fait don à la Suisse (c'est-à-dire à la Bibliothèque de Berne) d'un fonds important de manuscrits de notre grand érudit Albert de Haller qui, depuis 1778, se trouvaient dans les bibliothèques de Milano (Brera-Braidense) et Pavia (Universitaria). En retour la Suisse a donné à l'Italie un certain nombre de livres, reproductions et manuscrits. Parmi ces derniers a figuré précisément la traduction italienne du Commentaire de Valdés. Ce manuscrit de XVIᵉ siècle avait été acheté quelques années auparavant par le Dr. Hans Bloesch, Directeur de la Bibliothèque de Berne, en vue de l'échange de documents entre l'Italie et la Suisse dont on discutait déjà depuis 1920. Malheureusement, les rapports et listes qui existent sur cette affaire ne nous renseignent pas sur la question, à savoir où et de qui le Dr. Bloesch a pu faire cette acquisition [17].

La conferma indiretta a questo *iter* del manoscritto può venire dalla lettera autografa dell'insigne biblista G[iovanni] Luzzi acclusa al nostro *Evangelio*, datata da Poschiavo il 24 novembre 1924, in risposta a un quesito sulla possibile importanza del manoscritto formulato da un non meglio noto «professeur», ma che, alla luce dei chiarimenti offerti dal von Steiger, dovrebbe essere con tutta probabilità, per la coincidenza anche delle date, il dr. Hans Bloesch, che fu l'acquirente del manoscritto per la Burgerbibliothek. In essa veniva tracciata una breve storia del reperimento del Ms. spagnolo viennese, sulla base delle notizie date dal Boehmer nell'edizione del 1880; e alla fine il Luzzi così conchiudeva il proprio «parere»:

Que je sache, on n'a jamais eu et on n'a aucune nouvelle d'une traduction *italienne* de cet ouvrage. Il s'agit maintenant de savoir si le manuscrit qu'on vous a offert est ancien ou moderne. S'il est ancien, du XVIᵐᵉ siècle par exemple, il pourrait être la traduction du Commentaire faite par Curione ou un autre réformé de cet âge, et serait par conséquent très important. Et même s'il était plus moderne il ne serait pas sans intérêt.

17. Ch. v. Steiger, lettera da Berna allo scrivente, del 12 luglio 1973.

La storia « esterna » del manoscritto si ferma dunque al gesto anonimo di quel « qu'on vous a offert » che lascia, al più, supporre la provenienza da collezione privata dell'opera, ultima reticenza di un testo cui era stato comminato secoli prima l'eterno silenzio! Ma solide prove « interne » ci aiuteranno a fare migliore luce sul manoscritto: gioverà intanto rifarci alle osservazioni conclusive che il Boehmer apponeva nel breve *Prefacio del Editor* alla sua edizione madrilena del Ms. spagnolo:

habiendo examinado el manuscrito, efectivamente hallé que sin duda es obra de Juan de Valdés y una de sus postreras [...]; el códice fué escrito ántes de la muerte del autor ocurrida en 1541; pero no es autógrafo, pues que no se observan los principios ortográficos de Valdés expuestos en su Diálogo de la lengua. [...] La escritura es de un calígrafo, y dos correctores de aquel tiempo han revisado el manuscrito [18].

Le stesse caratteristiche sono ravvisabili nel Ms. italiano, anch'esso copiato da un « calígrafo », anch'esso sottoposto alla revisione di correttori contemporanei, dalla quale tuttavia non derivano al testo, rispetto al Ms. spagnolo, modificazioni né alterazioni di contenuto o di senso, tali da far supporre un filtro ideologico o particolari posizioni personali del traduttore; esso sembra anzi persona più sicura della lingua spagnola che di quella italiana: sulla prima viene infatti modellata la sintassi, ripetuta con gli stessi giri di frase, e ricavati parecchi calchi lessicali (per esempio: « el mosquito » = « il moschitto »; « cajetas ó arquillas » = « casciette o archiglie »). A margine vi sono inoltre, per tutto il manoscritto, notazioni, spesso successive alla prima stesura e di mano diversa, di due tipi: alcune rinviano, secondo le indicazioni puntate a margine dello stesso *Commento* originale, alle *Considerazioni* del Valdés (ad es.: « che cosa sia scandalo, l'ho detto in una considerazione », in margine: « Consid.: 76 »; e cfr. ediz. Boehmer, p. 489), oppure a citazioni di luoghi biblici; altre costituiscono una semplice didascalia riassuntiva dei singoli argomenti in cui è articolato il *Commento* e che il Boehmer afferma essere stati aggiunti al Ms. originale e pertanto non pubblica, togliendo così, con qualche arbitrio, un utile elemento di confronto.

Infine il testo, per le prime cinque pagine in maniera sistematica, meno fittamente per i capitoli successivi, presenta una rigorosa

---

18. E. BOEHMER, *El Evangelio segun San Mateo, declarado por Juan de Valdés*, Madrid, 1880, pp. IV-V.

revisione linguistica, operata da altri che il copista, volta ad una
migliore versione italiana: le correzioni sono puntate da accuratissimi
segni diacritici, che fanno pensare ad una imminente destinazione
alle stampe. I principali tipi di interventi in queste pagine mirano:

a) a liberare il testo dai più meccanici ricalchi delle forme sintattiche e lessicali spagnole; ad esempio:

s = y estando fundadas las epístolas;
i_1 = et stando fundate le epistole;
i_2 = et le epistole essendo fundate [19];

s = por ser tenida comunmente esta escritura;
i_1 = per essere tenuta communemente questa scrittura;
i_2 = per essere questa scrittura tenuta comunemente...;

b) a chiarire le forme verbali che una troppo letterale aderenza
allo spagnolo renderebbe in italiano ambigue nel significato (la im-
percettibile sfumatura stilistica dell'esempio sotto proposto sembra
ravvisata da persona esperta e dell'italiano e della teologia):

s = Y aunque no tengo temor que vos hayais de caer en ninguno de
estos dos inconvenientes, todavía...;

i = Et benché io non tema che voi ⟨ [i_1] habbiate a / [i_2] siate per ⟩ cadere in
alcuno di questi due inconvenienti, tuttavia...;

c) a modificare le scelte lessicali, ove possibile, verso un maggiore impegno stilistico; di tale intento è esempio illuminante la revisione del seguente brano:

s = Porque habeis de saber que, así como á un villano, siendo tomado
por hijo del emperador, le seria propuesta y dada una instruccion...;

i = Perché avete a sapere che si come ad un villano, ⟨ [i_1] essendo pi- / [i_2] se fosse tol-
gliato per figlio dell' / to per figliuolo de l' ⟩ imperatore gli sarebbe ⟨ [i_1] proposta e data / [i_2] posta innanzi ⟩ una
instruttione...

Altre volte il calcolo stilistico si manifesta semplicemente nella
scelta del sinonimo più specifico, più colto:

---

19. s = testo spagnolo; i_1 = prima traduzione italiana; i_2 = correzione definitiva.

s = guardando el decoro;
i_1 = servando il decoro;
i_2 = osservando il decoro;

o del metaplasma meno usuale, più ricercato:

s = hijo;
i_1 = figlio;
i_2 = figliuolo;

d) a integrare quelle righe o parti di testo saltate dal copista, o lasciate bianche dal primo traduttore, incerto del corrispettivo italiano di certe voci:

s = ni les faltará quien torne por ellos cuando los hombres los maltratarán;

i = né loro mancherà chi $\left\langle \begin{array}{l} \nearrow [i_1] [\qquad] \\ \searrow [i_2] \text{ procuri} \end{array} \right\rangle$ per loro quando gli huomini li stratieranno.

Chiariti i vari livelli d'intervento nella traduzione italiana, va infine rilevato, sulla genesi del manoscritto torinese, che pare piuttosto diretta e stretta la parentela e l'affinità di redazione con il manoscritto conservato a Vienna; porterò soltanto alcune dimostrazioni filologiche « interne » al testo, prima di passare ad argomenti di ordine storico.

In un caso, per altro non difficile da risolvere nel contesto semantico della frase italiana, viene lasciato incompleto un aggettivo a desinenza, per altro, quasi obbligata; la reticenza del traduttore si spiega solo nella dipendenza dal manoscritto spagnolo che, per la parola in questione, presenta incertezze di scrittura tali da determinare, nelle due diverse desinenze, sensi opposti alla frase: il traduttore preferisce astenersi da una scelta, che pure il *climax* dei predicati sembrerebbe orientare in un solo senso:

s = Cristo [...] era áspero, riguroso y $\left\langle \begin{array}{l} \nearrow [s_1] \text{ reprehensible (?)} \\ \searrow [s_2] \text{ represor (?)} \end{array} \right\rangle$ contra los escribas;

i = Cristo [...] era aspero rigoroso et ripren[   ] contra li Scribbi.

Altro caso esemplare è quello della traduzione di *Matteo*, XVI, 1-3. In esso l'ambiguità semantica, che colpisce l'ipocrisia e falsa sapienza dei Farisei, nel doppio πυρράζει ὁ οὐρανός, già sciolta nella vulgata latina: «Facto vespere, dicitis: Serenum erit, *rubicundum est* enim caelum. Et mane: Hodie tempestas, *rutilat* enim *triste* caelum», viene ulteriormente precisata nella versione prima spagnola e poi italiana:

s = Venida la tarde, decís: sereno (hará), porque el cielo está colorado; y mañana: hoy (habrá) tempestad, porque el cielo tiene color triste;

i = Venuta la sera dicete: Sereno (farà), perché il cielo sta rosso, et demane: hoggi (farà) tempestate perché il cielo tiene colore triste.

L'ambiguità semantica di πυρράζει è ormai chiaramente risolta nella duplice e autonoma precisazione di «sta rosso» e di «tiene colore triste». Tuttavia nel commento che segue la traduzione del passo, il manoscritto italiano lascia bianco lo spazio corrispondente al secondo aggettivo (nella sintassi compl. ogg.); atteggiamento inspiegabile, data la precedente ben netta distinzione, se non alla luce del manoscritto di Vienna il quale, nella esposizione, presenta e giustifica il «color triste» con una *gradatio* (color triste →colorado triste →mustio) che, lungi dal precisare il termine, ne allarga la sfera semantica:

s = Por lo que aquí dice: «color triste» el griego dice: está colorado triste, pero entiende lo que decimos: está mustio.

La versione italiana lascia in bianco sia la seconda che la terza definizione: in realtà il «colorado triste» era già, a termini separati, stato tradotto precedentemente, ma ora l'introduzione del nuovo termine «mustio», sovrapponendo la propria sfera semantica, impedisce una netta distinzione; un successivo (da quel che lascia trasparire la grafia pressata tra limiti di spazio già esistenti) intervento risolve in «rosso malinconicamente» il «colorado triste», invadendo però con l'avverbio la sfera semantica di «mustio» che rimane, ancora, irrisolto:

i = Per quello che qui dice «colore triste», il greco dice sta $\Big\{\begin{matrix} i_1 [\quad] \\ i_2 \text{ rosso} \end{matrix}$

$i_1 [\quad]$ malinconicamente, $\Big\rangle$ però intende quel che diciamo sta $\Big\{\begin{matrix} i_1 [\quad] \\ i_2 [\quad] \end{matrix}.$

In definitiva, la traduzione italiana, nel caso di *Matteo*, XVI, 1-3, pur disponendo di tutti termini noti e già tradotti, modifica la *gradatio* del testo:

$$s = \text{color triste} \quad \text{colorado triste} + \text{mustio}$$
$$i = \text{colore triste} \quad \text{rosso malinconicamente} + [\quad].$$

L'intervento insomma e sovrapposizione d'un nuovo aggettivo nel commento spagnolo influenza estensivamente la scelta avverbiale (« malinconicamente » per il più letterale « cupo » o « triste »), la quale tuttavia finisce per saturare lo spazio semantico disponibile per « mustio », determinando così un vuoto nella traduzione, non altrimenti giustificabile se non accettando appunto la diretta ed esclusiva discendenza di *i* da *s*.

Infine la versione della Biblioteca di Torino è conservativa anche di quelle soluzioni sintattiche pleonastiche irregolari che già risultano atipiche nella lingua spagnola:

s = Conosce Dio nuestra mala masa, y por tanto no es así riguroso con nosotros como somos nosotros unos con otros, y es así *que de* los que de nosotros non conocen del sér hombre lo que conoce Dios.

i = Conosce Dio la nostra mala massa et pertanto non è così rigoroso con noi altri come siamo noi l'uno con l'altro et è così *che di* quelli che di noi non conoscono dell'esser dell'omo quel che ne conosce Dio.

In conclusione, la strettissima vicinanza dei due manoscritti, spagnolo di Vienna e italiano di Torino, la loro identica struttura di redazione che presenta, nell'uno e nell'altro, una prima stesura, con successivi interventi di revisori, sia per l'apparato dei riferimenti alle opere di Valdés, lasciati in qualche punto incompleti, sia per la lingua, farebbe persino supporre la presenza di una comune officina [20], la spinta redazionale di un circolo o di un sodalizio abbastanza omogeneo. È ipotesi tutt'altro che inverisimile, se ricordiamo che anche il Ms. spagnolo di Vienna, per comune riconoscimento del Boehmer e del Nieto [21], non è il testo autografo, e che dunque

20. Rimangono comuni persino alcuni evidenti svarioni biblici, che dal testo spagnolo migrano in quello italiano: « Alegando Cristo aquellas palabras de Jeremías [anziché *Zacarías*] ⟨heriré al pastor⟩ » = « Allegando Cristo quelle parole di Jeremia ⟨Ferirò il Pastore⟩ ».
21. Cfr. E. BOEHMER, *op. cit.*, pp. IV-V; il Nieto conferma a sua volta: « *El Evangelio de San Mateo declarado por Juan de Valdés*. First edited by Boehmer

anch'esso dipende da un originale valdesiano, andato disperso. È perciò conseguente pensare a una redazione clandestina di « certe persone pie e degne », come avrebbe detto il Curione per *Le cento e dieci divine considerazioni*, che dall'originale andasse trascrivendo le due copie, secondo lo schema seguente:

$$V \swarrow \searrow \atop V_s \quad V_i \qquad\qquad \text{oppure anche:} \qquad\qquad V \swarrow \atop V_s \rightarrow V_i{}^{22}$$

In qualunque modo si voglia risolvere la questione di « priorità » tra i due manoscritti, rimane l'evidenza di un più avanzato stadio di elaborazione per quello italiano, passato ormai dalla fase di revisione testuale a quella di ripulitura stilistica, come dimostrano i fitti emendamenti compiuti sulle prime pagine dell'epistola introduttiva al Commento, che appare quindi prossimo alle stampe; rimane soprattutto palese l'intervento di una « officina di copisti valdesiani » dedita alla trascrizione e alla diffusione delle opere del Maestro, minacciate ormai, a pochi anni dalla morte, di rapida dispersione. Ma dove, e da chi guidato, operava questo sodalizio? Se ora, tratteggiate le caratteristiche del nostro manoscritto e di quello viennese, le confrontiamo con quanto il Cione premette alla sua edizione delle *Cento e dieci divine considerazioni*, con la sua dettagliata ricostruzione delle peculiarità della versione italiana:

Senonché, per studiare nel testo completo le *Considerazioni* bisogna pur sempre (almeno fino a quando un caso non faccia uscir fuori, se ancora esiste, l'originale) leggere la traduzione italiana curata da quella tale « persona pia e degna » che rimane avvolta nel velo dell'anonimo [...]. La versione non è certamente riuscita un capolavoro letterario perché lo stile ne è alquanto involuto e pesante, con una costruzione macchinosa ed un lessico pretenzioso: ciò per non parlare dei frequenti spagnolismi i quali inducono a pensare che la traduzione italiana sia stata piuttosto ricalcata pedissequamente e letteralmente sull'originale che rielaborata e ripensata nelle forme proprie del nostro idioma.

in Madrid, 1880, from a Spanish MS., (not the original), which he found in the Oesterreichische Nationalbibliothek, Vienna » (*op. cit.*, p. 7). La conferma è tanto più rilevante in quanto il Nieto (cfr. *op. cit.*, nota 22, p. 7) è l'unico, dopo il Boehmer, ad aver consultato, seppure in microfilm, il manoscritto spagnolo di Vienna.

22. V = originale valdesiano; V_s = copia spagnola di Vienna; V_i = copia italiana di Torino.

Il testo del 1550 offre moltissima varietà nell'uso dei termini che spesso presentano forme ed ortografie diverse che non si sa bene se riportare allo scrittore od al compositore; inoltre alcuni periodi riescono claudicanti e di senso non chiaro. [...] È quindi evidente che l'opera composta a Basilea da maestranze, che non bene masticavano l'italiano, è stata rivista assai negligentemente sulle bozze [23];

e se ancora ai rilievi dello studioso aggiungiamo le consimili ammissioni dello stesso Curione, il promotore dell'edizione di Basilea, accluse alla citata *Epistola del primo editore:*

Queste considerazioni, come sanno molti, furono prima dall'autore scritte in lingua Spagnuola, ma poi da una certa persona pia e degna in lingua Italiana tradotte, e però non hanno in tutto potuto lasciar le maniere di parlar che della Spagna proprie sono; e oltre di ciò vi sono anco qualche parole, ma poche però, del linguaggio dell'autore. [...] E se la lingua non vi par tanto pulita e leggiadra come quella del Boccaccio, ricordatevi di quel che dice quel gran Paolo Apostolo di Gesù Cristo, che il regno di Dio consiste nella virtù dello spirito e non nella bellezza del parlare [24];

ritroviamo davvero una sorprendente affinità di tratti tra la traduzione delle *Cento e dieci divine considerazioni* e la nostra versione del commento a Matteo: stesso letterale ricalco del testo spagnolo, stesso « fluere lutulentum » della sintassi modellata sulle « maniere di parlar che della Spagna proprie sono », stessa « varietà nell'uso dei termini » con oscillazioni continue nella grafia: sì che non pare azzardato avanzare l'ipotesi che anche il Ms. torinese sia stato esemplato a Basilea per impulso e sotto la direzione e revisione del Curione, al quale potrebbero dunque appartenere i precisi emendamenti stilistici riscontrati nelle prime pagine del nostro manoscritto. In ogni caso, la versione italiana del commento a Matteo dimostra la vitalità della scuola valdesiana, e anzi il suo irradiarsi, anche e soprattutto dopo la morte del maestro, attraverso l'opera alacre e perigliosa di diffusione dei manoscritti da parte dei discepoli e dei fuoriusciti italiani, che fecero di lui e dell'Ochino gli emblemi di una

23. E. CIONE, *Prefazione* a J. DE VALDÉS, *Le cento e dieci divine considerazioni*, ed. cit., pp. XXIX-XXXI.
24. C. S. CURIONE, *Epistola del primo editore*, in J. DE VALDÉS, *Le cento e dieci divine considerazioni*, ed. cit., pp. 526 e 529.

« riforma delle coscienze » germinata nella *humus* umanistica dell'Italia, alla quale idealmente meglio consentivano spiriti colti, maestri di « grammatica » come il Curione, giuristi come il Vergerio, piuttosto che non il riconoscersi, quali li dipingeva il Santo Officio, lontani imitatori della « pestifera » setta luterana.

Ma l'*Evangelio di San Matteo* non ha soltanto un valore documentario sulla diffusione della spiritualità valdesiana in Italia: esso è soprattutto un prezioso testimonio della parabola conclusiva del pensiero dell'autore: il commento a Matteo, dichiara il Valdés nel-nell'introduzione, è l'ultimo lavoro [25] d'esegesi non solo come sequenza cronologica, ma anche come itinerario spirituale di penetrazione della parola di Dio:

> Et gli Evangelii essendo fundati nella medesima rigenerazion cristiana et in esprimere la vita et le parole del proprio figliuol di Dio Jesu Christo nostro Signore, non è dubbio che a me per tradurre et interpretare et a voi per intendere et gustare, fu cosa convenientissima pigliar prima i Salmi per ciò che noi siamo più capaci delle cose che appartengono al dever della generazion umana, che di quelle che appartengono al dever della rigenerazion cristiana, essendo queste come contrarie alla nostra naturale inclinazione, et quelle come proprie ad essa. Et pigliar poi le Epistole prima che gli Evangelii, percioché è ancor vero [ques]to, che noi siamo più capaci dei concetti et de' sensi che li Apostoli di Christo ebbero nel negozio de la rigenerazione cristiana, che dei concetti et sensi che nel medesimo negozio ebbe il proprio Christo.

L'impegno interpretativo corrispondeva dunque a una *gradatio* nella conversione stessa, poiché dopo il messaggio dei Salmi, appartenenti al tempo della Legge, della « generazion umana », la comprensione data dalla fede aveva introdotto l'autore nel mistero della « rigenerazion cristiana », svelata prima attraverso la parola, umana, degli Apostoli, e cercata poi, con l'aiuto della grazia – dirà poco dopo – nei Vangeli, che sono la parola stessa di Dio. L'esegesi che il Valdés si appresta dunque a compiere è proprio quella della Verità immutabile: ed è su queste premesse di responsabilità assoluta di coscienza che va valutato il commento a Matteo, collocandolo, secondo la volontà stessa dell'autore, al vertice della sua riflessione religiosa.

---

25. Ulteriore prova è alla fine della epistola introduttiva alla « signora »: « In questa traduzione ho seguito la lettera greca sicome la seguii nella traduzione delle Epistole ».

Nel commento ai singoli passi si confermano le grandi linee portanti della spiritualità valdesiana, ridotte all'essenzialità ed intensità di una esperienza profonda e persuasa della propria fondatezza, e che ancora vibrano nella pur modesta traduzione dell'anonimo. Si veda infatti, a conclusione dell'intero commento, quasi estreme righe dell'autore poco prima della morte, la riconferma di un ideale di vita cristiana, basata sulla fiducia e sull'amore, anziché sul timore e la « distanza » da Dio:

L'altra cosa che qui impariamo si è quanto sia pericoloso il temore poi che alli timidi avenerà quel ch'avenne al mal servo. Gli uomini che senza spirito cristiano leggono le Sante Scritture, vedendo che quasi tutta la pietà delli Santi della legge stava fondata in timore, vanno canonizzando il timore e non considerano che a quelli santi che stavano sotto la legge era tanto proprio et tanto annesso il timore, sicome è proprio et annesso l'amore alli santi dell'Evangelio, che sicome dice San Paulo, non stanno sotto di legge ma sotto di grazia [...]. Per il che tenendo io per certissimo che quanti giranno per la via del timore, il quale non può essere già divino se non umano, per molto che lo vogliano incolorire intitulandolo «Timore filiale», averanno di Dio et di Christo la medesima opinione ch'avea il mal servo del suo signore: conseglierò sempre alle persone che si ritroveranno con duoni spirituali et cristiani che s'appartino della via del timore et si accostino alla via dell'amore, et risulterà certissimo che sarà mezzi più efficace, per farli vivere vita spirituale et divina, una carata di amore che cento di timore. (*Esposizione a Matteo*, XXV, 14-30).

Altro caposaldo del pensiero valdesiano che viene, ancora in ultimo, confermato – contro ogni prevaricazione nei Riformati della « sola littera » delle Scritture e contro anche ogni invadenza impositiva del Magistero – è l'interiorità della fede, lo spirare « ubi vult », ma sempre *in interiori homine*, dello Spirito che vivifica: così infatti alla « signora » il Valdés attesta il proprio atto di fede:

Et di me tanto vi certifico, che penso che sentirei più fastidio et mi offenderebbono più gli Evangelii quando li ritrovassi conformi in tutto e per tutto senza che discrepassero in cosa niuna, che ritrovandoli come li ritrovo che nella apparenzia sono disconformi in alcune cose; sì perché mi rallegro che la mia fede non dipenda da scritture né stia fundata in quella, ma che dipenda da inspirazioni et esperienzie, et stia fundata in quelle, sicome stette la fede di quelli di Samaria, da poi che avendo visto Christo et avendolo inteso parlare, credendo per inspirazione et per esperienzia, diceano alla Donna che già non credeano più per la sua rela-

zione ma per la esperienzia che essi n'aveano; sì perché veggo chiaramente
che l'intento di Dio nelle Scritture è stato di dar tanta luce quanta basta
ad illuminare coloro che hanno le inspirazioni interiori et non darne tanta
quanta potesse bastare ad illuminar la Prudenzia umana.

Ed è su queste basi di interiore ispirazione e conversione che si
fonda la dottrina della « giustificazione per la fede », per la professione della quale venne condannato il Carnesecchi: è stato a lungo
discusso il grado d'ortodossia o – nel campo opposto – di ereticalità
della proposizione, spesso sfumata, del Valdés; è certo tuttavia che
verso la fine della vita, nel sempre più chiaro « restringersi di spazi »
per una riforma all'interno della Chiesa di Roma, il suo pensiero
dovette radicalizzarsi, se nel proemio del commento troviamo affermazioni come la seguente:

Et perciò che l'uomo non rigenerato più tosto si inclina a pensar
di giustificarsi per le sue opere senza la fede, che a pensare di giustificarsi
per la sua fede senza le opere; et essendo ancor vero che il fondamento
della Chiesa cristiana è la fede cristiana, cioè l accettazione della grazia
dell evangelio, et che le opere tanto son buone, quanto colui che le fa è
ben fondato nella fede cristiana, perché come dice San Paulo: senza fede
è impossibile piacere a Dio, non è dubbio ch'egli è minore l'inconveniente
nel quale può cader l'uomo leggendo con discuido le Epistole, che leggendo
con discuido gli Evangelii.

E se la provvisoria conclusione è più « limitata » delle premesse,
premendo al Valdés sottolineare la differenza tra le Epistole, che
insegnano a operare secondo la fede che l'Evangelo propone, e gli
Evangeli che certificano quella giustificazione nella fede che va vis-
suta e predicata nell'amore; nel corso del commento tuttavia la posizione riemerge più volte in tutta nettezza, in particolare commentando i passi della guarigione della figlia di Giairo (*Matteo*, IX, 18-26)
e dei due ciechi (*Matteo*, IX, 27-31):

Et dicendo Christo: « la fede tua ti ha liberata », pare che pretendi
togliere alla Donna la opinione che arebbe potuta tener, che il toccar la
fimbria della veste di Christo l'avesse sanata, acciochè essendo certa che
non l'avea sanata se non la fede con che avea toccato, attribuisse la sua
sanità non al toccar ma alla fede con che toccò. Et qui intendo che li santi
ebrei che si giustificavano operando quel che commandava la legge, non

attribuivano le sue giustificazioni all'opere sue, eccetto che alla fede con
che credeano esser giusti operando [...].

Per il che considero che sicome l'opere che operava la fede in questi
Ciechi erano il girsene dietro a Christo gridando et chiedendoli sanità,
così l'opere che opera la fede in coloro che, credendo in Christo, preten-
diamo conseguir immortalità et vita eterna per Christo, sono il girne
dietro a Christo gridando et chiedendoli immortalità et vita eterna [...].

Coloro che pretendono di conseguire immortalità et vita eterna per
le proprie opere non vanno gridando dietro a Christo; et così il viver loro
non è simile a quel di Christo, né le loro orazioni sono orazioni cristiane,
non essendo fundate in Christo.

Anzi il fermissimo accento del Valdés sulla precedenza e necessità
della fede non porta solo a svalutare le opere, opere della legge, ma
anche quell'attività spirituale, come l'orazione appunto, che non
parta come espressione, manifestazione e atto di fede «inspirato e
non insegnato»:

Dico ancora che l'orazione che è senza fede non vale niente, et che
allora la mia orazione è con fede quando tengo per certo che Dio mi darà
quel che gli chiedo; et dico che, sempre ch'io conosco in me questa certifi-
cazione, mi posso assicurar che oro inspirato e non insegnato. (*Esposizione
a Matteo*, XXI, 18-22).

Si può dunque comprendere come su questo «articulo della giustificazione per la fede» si basi tutta la deposizione (e i motivi d'accusa)
di Carnesecchi, il quale più volte, nel corso del processo, ricordando
il proprio viaggio a Napoli nel 1540, farà risalire alle conversazioni
con Valdés la propria «conversione», la persuasione che la vera interpretazione della dottrina cattolica (seppure l'espressione vada intesa
nell'ottica difensiva in cui fu pronunciata) risiedeva nell'esegesi proposta da quel maestro, e che soprattutto l'«articulo» di cui rimase,
sino al Concilio di Trento, fermamente persuaso, fu appunto la «giustificazione per la fede»; si vedano infatti, tra le molte testimonianze
dell'interrogatorio, le seguenti esemplari conferme:

Quello che dico poi di esser stato introdutto nel regno di Dio per
mezzo della Signora [Giulia Gonzaga], non vuol dire altro che l'havere
io con l'occasione dell'andata mia a Napoli nel anno 1540 più per visitare
detta Signora che per altro appresso alla dottrina di Valdes, la quale già
era stata admessa e accettata da lei per buona.

Et per quelli ch'io dicevo che Dio non lasciava tentare sopra le forze, intendevo li veri et fideli cristiani, tra quali mi reputavo me ancora con li altri ch'erano discepoli di Valdes [26].

Ex constituto diei Lunae 21 Aprilis 1567, fol. 752:

Resta ora che dichi dell'articulo della giustificatione per la fede, il qual articulo dico haver tenuto affirmativamente, secondo l'opinione di Valdes, insin a tanto ch'il tenni che fusse conforme alla fede ortodoxa et catholica, sì perché vedevo approbare da persone dotte et catholiche i scritti dell'authore di tale dottrina, sì ancora perché non mi pareva che in essa potesse esser errore, atteso che attribuendosi, secondo tal dottrina, la nostra salute alla gratia et misericordia di Dio, mediante la fede infusa dal spirito suo nelli cuori nostri, intendendo di quella fede che opera per charità, pareva che ne resultasse maggior gloria a Dio, che se dependesse dal merito delle opere nostre. [...].

Ho ancora tenuto che l'uomo, che si sentisse giustificato conforme alla dottrina di esso Valdes, si potesse reputare per uno delli eletti, et per conseguente rendersi sicuro, o almeno confidare grandemente d'havere essere salvo, facendo però quella vita che conviene a un vero membro di Cristo, et mostrando la fede sua con le buone opere et con li buoni costumi, quando havesse tempo et occasione di farlo, *et non aliter nec alio modo*, et questa opinione similmente ho havuto insin a tanto che l'ho lassata insieme con quella dell'articulo della giustificatione per la fede, secondo il quale articulo però, conforme alla dottrina di Valdes, ho tenuto che le sudette opere se dovessero fare dal christiano giustificato, come è detto, più presto per gratitudine del beneficio recevuto, et per glorificare Dio, che per acquistare, mediante quelle, la vita eterna, presupponendosi, secondo la sudetta dottrina, ch'ella sia acquistata per li meriti di Cristo participati dal cristiano per fede [27].

Secondo le esposizioni all'Evangelo di Matteo, e nella testimonianza che offrirà poi il Carnesecchi, le opere manifestano ma non acquistano la « giustificazione »: essa è partecipata per fede *dal* e *nel* « beneficio di Cristo »; ed è la coscienza di questa elezione a dettare, come « charità » cioè segno gratuito – non necessario, non meritorio – di gratitudine, le opere « per glorificare Dio ». Quanto tale dottrina, « et la conformità che haveva con le opinioni delli heretici » [28], secondo l'ammissione dello stesso Carnesecchi, partecipasse del movimento della Riforma è stato a lungo discusso; né qui potremmo avere motivi

---

26. Cfr. *Estratti dagli atti del processo del Santo Officio*, in O. Ortolani, *Pietro Carnesecchi* cit., p. 215.
27. Ivi, pp. 238-239.
28. Ivi, p. 239.

sufficienti per decidere, se nello stesso processo non fosse rimproverato all'imputato un altro capo, più grave, d'accusa: e cioè quello di
aver biasimato in una lettera alla Gonzaga i « cedimenti » del cardinal
Pole, nel suo testamento, all'autorità romana, di contro al più coerente silenzio di Valdés. Il passo contestato sottolineava infatti:
« Ma quello che importa più vi è una dechiaratione et quasi protestatione fatta di havere sempre tenuto il Papa, et particularmente
questo per vero successore di Pietro et vicario di Christo, et d'haverlo
sempre reverito et obedito come tale » [29]; il rilievo mosso dal Santo
Officio costringe non solo il Carnesecchi ad un « distinguo » che radicalizza la posizione valdesiana:

> Perché noi interpretiamo che quella fede, nella quale il Cardinale
> confessava di havere constantemente perseverato, non fusse quella iusti
> ficante *ex fide sola*, la quale noi tenevamo, iusta la dottrina di Valdes,
> per la vera et catholica, ancora che fusse chiamata catholica quell'altra,
> per esser più universalmente tenuta da tutti [30];

ma consente, con tale ammissione, all'Inquisitore di rilevare, nelle
riserve al testamento del Pole, una grave deviazione « non solum
circa articulum justificationis, sed etiam circa primatum beati Petri
apostolorum Principis et romani Pontificis ejus successoris »: la risposta del Carnesecchi, accostando la « protestatione » del Pole e il
silenzio di Valdés, fa implicitamente parere quel riserbo, estraneità,
quel tacere « differentia »:

> Io non nego che secondo il contesto delle parole non si possi inten
> dere che fusse improbata da noi quella dechiaratione tutta integra, ma
> d'altra parte considerando la collatione ch'io fo della morte del Cardi
> nale con quella di Valdes, et sapendo che ditto Valdes non haveva, né nel
> suo testamento, né nelli ragionamenti fatti innanzi alla morte, fatto men
> tione nessuna dell'autorità del Papa, né della successione sua nel apostolato
> di Pietro, ma solamente testificato che moriva con quella fede con la quale
> era vissuto, vengo in opinione che la sudetta dechiaratione fusse impro
> bata da noi solamente quanto a quella parte che concerneva la fede [31].

Nonostante l'interpretazione difensiva e restrittiva avanzata dall'imputato nell'ultimo capoverso, il tribunale dell'Inquisizione con

29. Ivi, p. 202.
30. Ivi, pp. 202-203.
31. Ivi, p. 203.

dannò il Carnesecchi anche per questo sospetto silenzio valdesiano sul primato dei successori di Pietro, e nella sentenza si leggerà: « Biasimasti et improbasti insieme con una persona tua complice, come superflua e scandalosa, la confessione della fede catholica fatta nell'estremo della sua vita da un gran personaggio, nella quale tra le altre cose confessava il Papa, et proprio quello che all'hora presideva, essere vero Vicario de' Cristo et successore di San Pietro, lodando molto più il Valdés, nel fine della sua vita, che 'l detto personaggio » [32].

Ma per quanta parte, nella dottrina valdesiana, è davvero « superfluo » (e la sentenza non poteva trovare aggettivo migliore per quel silenzio: *superfluo* perché non necessario, cioè « scontato » o « inutile »?) « confessare il Papa », e quanto invece potrebbe addebitarsi a quel « trapassare il segno » valdesiano (« et se bene quando le scrissi havevo dalla parte mia trapassato in alcuna cosa il segno della dottrina di Valdés », riconosceva nel processo) [33] da parte del discepolo Carnesecchi?

Ebbene, « nel fine della sua vita », abbiamo ora il commento a Matteo che rompe per un attimo quel silenzio di Valdés: si tratta naturalmente dell'esposizione a *Matteo*, XVI, 13-20, alla cosiddetta « confessione di Pietro », sulla quale il Valdés si impegna in nove fitte pagine di serrato commento, che giova qui riportare, prima di qualunque giudizio, nei tratti essenziali: innanzi tutto, a premessa della propria esegesi, un avvertimento ad astenersi, « nelle cose spirituali », dalle inutili dispute; è già un riferirsi velatamente alle polemiche in corso, un invito a badare alla propria rigenerazione nello spirito:

> Et per tanto saria sanissimo conseglio a tutti gli uomini il guardarsi di prender opinione alcuna nelle cose spirituali et divine mentre che sono uomini non rigenerati né rinnovati per Spirito Santo; et anche allora sta loro bene di attenersi alla Ancora della fede cristiana, et nel resto non ligarsi ad opinione veruna, perché come si ligano ad una si obbligano ad difenderla et come la vogliono difender s'appartano dalla mansuetudine et dal decoro cristiano.

L'allusione alla contesa sull'autorità del papato romano è trasparente, come la certezza che per la « mansuetudine » cristiana sia più giovevole « non ligarsi ad opinione veruna »: ciò non impedisce tut-

32. Ivi, p. 251.
33. Ivi, p. 219.

tavia all'autore di esplicare (come sunteggia la nota a margine) « come sta fundata la chiesa sopra la confessione di San Pietro »: ebbene nessun accenno, in ciò, a una trasmissione d'autorità, a un primato dei suoi vicari, ma piuttosto il ricorso allo « stabile fundamento » della fede che è *Jesu nazareno*, il quale non è soltanto il Messia che « publicò » il beneficio della salvezza, ma anche quello che nel presente lo « fa publicar » (con un certo indizio di « non necessità » dunque della mediazione dei suoi vicari):

Come gratificando et confirmando Christo la confessione di San Pietro, intendo che dice « Et io ancora ti dico, ec. » come se dicesse: « Tu hai confessato me per Messia figlio di Dio vivo, et io ti dono a te questo dono di pietra, per la fermezza che è in questa tua confessione che è come pietra, et ti dico di più, che sopra questa Pietra edificherò la chiesa mia, ec. ». Ove intendo che dice Christo che avea ad edificare la chiesa sua sopra la confessione di San Pietro, intendendo che il fundamento della chiesa è confessare Christo per Messia figlio di Dio vivo, percioché coloro che accettando la gratia dell'Evangelio, la remission di peccati et riconciliazione con Dio per la giustizia di Dio già esseguita in Cristo, sempre che sono sollecitati a dubitare di questa verità, ricorrono a questo fermo et stabile fundamento, dicendo colui che n'ha fatto questo beneficio et colui che lo publicò et fa publicar nel mondo è *Jesu nazareno*, il quale è il Messia promesso nella legge di Dio, et è figlio di Dio, et poi che questo è verità, è ancor verità quel che publicò et fa publicare, il che è l'indulto et il perdono generale del quale godono coloro che lo credono. Di questa maniera intendo che la Chiesa cristiana sta fundata sopra creder di Christo quel che qui confessa San Pietro.

« Il fundamento della Chiesa [e dunque non soltanto della fede] è confessare Christo per Messia »; la Chiesa è quindi il corpo visibile di quelli che confessano il Christo: Valdés non ci dice che essa sia, o in essa vi sia, altro; ma anche più chiaro manifesta il proprio pensiero quando passa a commentare l'« uso delle chiavi », cioè quel privilegio d'autorità in materia di fede che il vescovo di Roma avoca a sé. Riporto integralmente il passo, per le sfumature che esso, nei diversi capoversi, suggerisce, e per le oscillazioni che pare di poter cogliere:

Volendo Christo ancora più gratificar la confessione di San Pietro per confirmarla più et stabilirla più, gli dice: « Et ti darò le chiavi del Regno de' Cieli ec. »; et intendendo che dichiarando che chiavi sono queste dice: « Et quel che ligherai sopra la terra ec. ». Di maniera che queste chiavi consistono nello ligar et nello sciogliere. Queste chiavi intendo che le tenne Christo mentre che visse corporalmente tra gli uomini, et intendo che pronunziando qui San Pietro per beato et confirmandolo nella fede che tenea di lui, usò una delle chiavi, et l'altra intendo che usava quando pronunziava per infedeli Corozaim Bethsaida et Capernau, et quando pronunziava per ipocriti i Pontifici, Scribbi, Sadducei et i Pharisei. [...] Di maniera che l'uso di queste chiavi sia confirmar la fede di colui che credendo nel core per Spirito Santo, confessa per la bocca quello che crede, affirmandogli che la sua fede è buona come fece qui Christo con San Pietro: la qual cosa è necessariissima nella chiesa perché l'animo dell'omo è tanto sollecitato a dubitare che, per assai grandi inspirazioni interiori ch'abbia, sempre ha necessità del testimonio esteriore. Et di manera che sia eziandio l'uso di queste chiavi condennare l'infidelità tanto di colui che non crede di Christo quel che credette San Pietro, quanto di colui che, se ben confessa per la bocca quel che confessò San Pietro, mostra nel suo mal vivere che non lo confessa col core, che parla insegnato et non inspirato, et che parla per relazione di carne et di sangue et non per rivelazione di Spirito Santo.

Pare dunque che in questo capoverso, pur non essendo mai nominato né il Papa né l'autorità episcopale, ne sia però riconosciuta, in certo limitato modo, la funzione: nel senso almeno che l'uomo, sempre pronto a dubitare, ha anche bisogno, oltre della necessaria e primaria «ispirazione interiore», la «necessità del testimonio esteriore». L'uso delle chiavi è perciò quello di confermare nella fede, ma anche quello di discriminare l'ipocrisia, di «condennare l'infidelità» persino (e l'ammissione è, in questo contesto, piuttosto rilevante). Ma appena esposto tale duplice uso delle «chiavi», il Valdés soggiunge subito, nel paragrafo successivo, con il quale si chiude l'esposizione al passo di Matteo, che è tuttavia per rivelazione di Dio, e non d'autorità umana, che conosciamo Cristo: non solo, ma «accettando la grazia dell'Evangelio», abbiamo il perdono di tutti i peccati «fatti e per farsi», sottraendo così con quest'ultima proposizione alla gerarchia e al ministero, non solo la remissione dei peccati che precedono la rivelazione della grazia, – «indulto» che è proprio del confessare Cristo come Messia, del «convertirsi» allo Spirito – ma anche dei peccati che sono «per farsi», e dunque in definitiva quell'uso delle chiavi che dovrebbe «condennare l'infidelità»:

Qui aggiungerò questo che per rivelazion di Dio conosciamo Christo, quando n'apre Dio gli occhi perché lo conosciamo per il Messia e lo conosciamo per figlio di Dio, conoscendolo per figlio di David secondo la generazione umana e per figlio di Dio secondo la generazione divina.

Coloro che conoscono in questa guisa Christo, accettando la grazia del-
l'Evangelio, si tengono per perdonati di tutti i loro peccati fatti e per
farsi, et tenendosi per amici di Dio amano Dio, et riconoscendosi figli
di Dio si applicano ad imitar Christo, con intento di guardare il decoro
di figli di Dio. Coloro che conoscono Christo per relazione d'uomini o di
scritture, non si tengono giamai per perdonati da Dio, né per amici di Dio,
né per figli di Dio, et così non amano Dio, né si applicano ad imitar
Christo. Questo è quel che al presente intendo in queste parole, lequali
sono di tanta importanzia che, benché mi para di restar sodisfatto con
questa intelligenzia, tuttavia resto con desiderio di conseguir altra migliore:
et così prego Dio me la dia, o per Sé medesimo, o per mezzo d'alcun
servo suo, però in quanto ave ad servir per gloria sua et del suo unigenito figlio Jesu Christo mio signore.

Per quanto il Valdés resti « con desiderio di conseguir altra migliore » esegesi del brano in questione (dimostrando in ciò l'effettiva
coscienza delle implicazioni d'ortodossia o d'eresia che il passo cela),
è tuttavia certo di essere ormai fuori e al di là degli uomini che « conoscono Christo per relazioni d'uomini o di scritture »; sentendosi rigenerato nello Spirito, riteneva retaggio dell'« uomo vecchio » l'entrare
ancora in polemica, come metteva in guardia proprio all'inizio del
commento a questi versetti, con i partigiani « d'uomini o di scritture ».
La polemica non ha più senso né luogo nel regno del definitivo, tra i
giustificati nel beneficio di Cristo: in tale luce Valdés, con il suo silenzio, dimostra davvero che il « confessare il Papa » o meno è *superfluo*,
perché ciò che importa è confessare Cristo: egli non è pro o contro
– sarebbe ancora « relazione d'uomini o di scritture » – ma è oltre.
In simile prospettiva non solo va forse sfumata la troppo perentoria
affermazione del Nieto a proposito di questo passo:

When Valdés' own views on the subjet are approached in this new
light gained by the present analysis of Carnesecchi's, Giulia's and Pole's
words, his cautious and restrained commentary on *Matthew* 16: 17-19,
so enigmatic in its silence about the Pope as Peter's successor and the
powers of the keys, reveals that his silence is in fact a clear rejection
of the papal authority and that both Carnesecchi and Giulia complete,
at this point, what he did not want to commit to writing [34];

ma va intesa nella sua piena portata la riflessione che il Valdés stesso,
ripensando alla propria opera di guida d'anime, affidava alla pagina

34. Cfr. J. C. NIETO, *op. cit.*, p. 156.

applicando a sé (nei confronti della Chiesa) quel che Cristo diceva
di sé e degli apostoli rispetto ai discepoli del Battista, stupiti che i
seguaci di Gesù non digiunassero. Commentando infatti *Matteo*, IX,
14-16, il Valdés farà proprie quelle parole dell'Evangelo: « et niuno
mette ripezzo di panno nuovo in veste vecchia »: inutile insomma,
in un abito logoro, ogni ricucitura, inutile ogni toppa. Così immaginava fosse stato il discorso di Cristo ai discepoli di Giovanni:

> Non soglio io insegnare li Pharisei, né coloro che non sono miei di-
> scepoli, che non digiuneno, per l'inconveniente che ne seguirebbe, per-
> cioché non potendo con li costumi vecchi di pretensione di Santità star
> la nova dottrina che è propria di coloro che sono miei discepoli, veneria
> ad essere che da superstiziosi et cerimoniosi diventeriano viziosi et licen-
> ziosi;

così egli stesso, pensando ai proprii discepoli, concludeva:

> Conformandomi con questo, soglio io molte volte dire che non s'ha
> da proponer la dottrina del viver cristiano et spirituale se non a coloro
> che, avendo accettato l'indulto e perdono generale che publica l'Evan-
> gelio, cominciano a dar segnali di sé mostrando che la fede è efficace in loro,
> com'è in tutti coloro che credono per inspirazione et divina rivelazione.

Il Valdés ebbe dunque coscienza che la sua era « la nova dottrina »,
ma era messaggio che non si poteva insegnare partendo dai « costumi
vecchi »: infatti – spiegava poco sopra – « non potendo il panno vecchio della veste resistere alla forza del ripezzo del panno nuovo,
viene a stracciarsi et così li fa maggiore la rottura o il bugio della
veste ». Confessare o non confessare il Papa, « fa solo maggiore la
rottura » dell'abito vecchio; molto più importa cominciare a « dar
segnali di sé » nella veste nuova di rigenerati nello Spirito Santo.
Un abito vecchio non si può rattoppare, ed è ridicolo stracciarlo
dove già ci sono buchi: il silenzio di Valdés rimane perciò quel
« cristiano decoro », con cui l'educazione umanistica gli suggeriva
di riporre l'abito vecchio, divenuto ormai nella « nuova dottrina »
davvero « superfluo », anche per le parole.

Uwe Plath

DER STREIT UM C. S. CURIONES
«DE AMPLITUDINE BEATI REGNI DEI»
IM JAHRE 1554 IN BASEL

DER STREIT UM C. S. CURIONES
« DE AMPLITUDINE BEATI REGNI DEI »
IM JAHRE 1554 IN BASEL

Daß Celio Secondo Curione his heute eine uns fesselnde und unter den italienischen « Reformatoren » greifbare Gestalt geblieben ist, verdankt er auch seinem Werke *De amplitudine beati regni Dei*. Der Inhalt dieser Schrift, ihre Entstehungsgeschichte und die Untersuchung, die wegen ihr im Jahre 1557 gegen Curione geführt wurde, sind von der Forschung beschrieben worden [1].

Berührt wurde auch, daß Curione die Druckerlaubnis für dieses Werk in Basel nicht erhalten konnte und daß er es deshalb im Herbst 1554 in Graubünden erscheinen ließ [2]. Die Hintergründe dieses Tatbestandes sowie nähere Einzelheiten darüber sind jedoch unbekannt geblieben. Aufgrund einiger ungedruckter oder in diesem Zusammenhang noch nicht beachteter Dokumente können wir heute neues Licht auf diese Geschehnisse werfen.

1. J. G. SCHELHORN, *Amoenitates literariae*, tom. 12, Frankfurt und Leipzig, 1730, S. 592-627 (« Historia Dialogorum Coelii Secundi Curionis de Amplitudine beati Regni Dei »); F. C. CHURCH, *The Italian Reformers*, New York, 1932, S. 208, 267 ff., 287; D. CANTIMORI, *Eretici Italiani del Cinquecento*, Florenz, 1939, S. 184 ff., 198 ff.; DERSELBE, *Italienische Häretiker der Spätrenaissance*, deutsch von W. KAEGI, Basel, 1949, S. 174 ff., 190 ff.; M. KUTTER, *Celio Secundo Curione. Sein Leben und sein Werk (1503-1569)* (Basler Beiträge zur Geschichtswissenschaft, Bd. 54), Basel, 1955, S. 185-212. In Basel (Universitätsbibliothek, Ms. C. VIª 43) finden sich zu den Ereignissen des Jahres 1557 einige bislang unbekannte Dokumente - u. a. die « Formulae Acta iudicialia », die bei einer künftigen Darstellung des Streites zu berücksichtigen sind.
2. SCHELHORN, a. a. O., S. 592: « Quum vero deinde Basileam concessisset, ibique illud prelo subjicere decrevisset, librorum Censores ac verbi divini Ministri judicaverunt, haud e re atque tempore esse, ut Basiliensibus typis excuderetur »..., dennoch habe Curione sein Buch durch seinen Sohn Horatio in Graubünden drucken lassen. An SCHELHORN knüpfen größtenteils an: F. TRECHSEL, *Die protestantischen Antitrinitarier vor Faustus Socin*, Bd. 1, Heidelberg, 1839, S. 215; CHURCH, a. a. O., S. 208 f.; CANTIMORI, *Eretici*, a. a. O., S. 199 (ders., *Häretiker*, a. a. O., S. 191); KUTTER, a. a. O., S. 203.

1. *Curione wendet sich wegen des Druckes an W. Wissenburg.*

Vermutlich in den ersten Monaten des Jahres 1554 legte Curione das Manuskript des *De amplitudine* W. Wissenburg, dem Professor des Neuen Testamentes, vor. Dieser amtete zu der Zeit als Dekan der theologischen Fakultät und war damit eine der entscheidenden Personen in Fragen der Zensur und Druckerlaubnis. Wissenburg teilte Curione zuerst mündlich mit, was er von dessen Schrift halte. Auf Curiones Bitte hin faßte er seine Meinung schriftlich zusammen, damit sie J. Oporin oder einem anderen Drucker vorgelegt werden könne. Dieses Schriftstück hat sich als Abschrift Curiones erhalten. Es ist zwar undatiert, aufgrund des Inhaltes können wir das Datum einigermaßen genau bestimmen: April 1554. Die folgenden vier Punkte hebt Wissenburg in seinem Gutachten hervor:

1. Er verstehe Curiones Schrift nicht; er könne sie daher weder billigen noch verwerfen.

2. Er müsse Curiones Lehren « über das Heil Israels » und « die Zahl der tausend Jahre » als « fremd und in unserer Kirche nicht üblich » zurückweisen.

3. Da Wissenburg den Inhalt des *De amplitudine* nicht verstehe, rate er Curione, sich an klügere Leute zu wenden; zum Beispiel an Martin Borrhaus oder an Simon Sulzer, die ebenfalls für die Zensur verantwortlich seien. Deren Urteil wolle er, Wissenburg, sich anschließen.

4. Curione möge in seinem Vorwort besonders darauf hinweisen, daß er – wie es bei Dialogen üblich sei – « in utramque partem disputare », daß er sich also der eigenen Meinung enthalte und sie « dem frommen und gerechten Leser und der orthodoxen Kirche » überlasse. In Curiones Werk gebe es sicherlich mehrere Stellen, die Anstoß erregen würden. Die möge Curione überprüfen. Sei das geschehen, könnten Wissenburg und einige « andere » dem Drucke leichter zustimmen.

Es ist aufschlussreich zu sehen, wie vorsichtig sich Wissenburg äußert, wie gleichsam zwei Seelen in seiner Brust schlagen: Achtung und Verehrung für Curione selbst; Ratlosigkeit und Zurückhaltung dessen Werke gegenüber. So ist es zu erklären, daß Wissenburg zwar auf einige Punkte hinweist, wo Curione abweiche « a plerisque veteris ecclesiae viris orthodoxis »; daß er auch notwendige Verbesserungen andeutet, jedoch grundsätzlich zu verstehen gibt: er begreife den Inhalt des *De amplitudine* nicht. Er könne es daher weder billigen noch verwerfen.

Ja, er bittet Curione (« mi Coeli amice et frater optime ») mit dem besonderen Hinweis auf sein « Gewissen » geradezu um Entschuldigung dafür, falls er sich gegen eine Veröffentlichung aussprechen müsse: « Obsecro ut per dominum non aegre feras, si quid hic a me fit, quod neque tu neque ego volebamus. Nam tuis votis ex animo ac lubens responderem, si me non detineret conscientia » [3].

2. *Curione wendet sich an die anderen Zensoren und die Geistlichen Basels.*

Wie es ihm Wissenburg nahelegte, wandte sich Curione auch an andere Zensoren der Stadt: zum einen vermutlich an M. Borrhaus, der schon Jahre zuvor, als ein erster Entwurf des *De amplitudine* vorlag, von einer Veröffentlichung abgeraten hatte [4], zum anderen an den Antistes S. Sulzer; schließlich an einige Geistliche Basels. Aber auch sie sprachen sich gegen den Druck aus [5].

3. *Der Streit unter den Gelehrten Basels. Johannes Jungs Bericht darüber (4. Mai 1554).*

Damit gab sich Curione nicht zufrieden. Mit « improbis postulationibus » soll er den Zensoren und Prädikanten gegenüber auf den Druck gedrängt und unter anderem die Meinung vertreten haben: Falls die Veröffentlichung untersagt werde, werde nicht nur er, Curione, verachtet; sondern es werde auch die « Wahrheit » die ihm offenbar geworden sei, unterdrückt.

3. S. Anhang I nebst Fußnoten. Ueber Wissenburg s. K. R. HAGENBACH, *Die theologische Schule Basels und ihre Lehrer*, Basel, 1860, S. 12 f.; K. GAUSS, *Der Basler Reformationspfarrer Wolfgang Wissenburg*, in: *Christlicher Volksfreund*, 41-46, 1925, S. 487 ff., 498-502, 508 ff., 524 f., 533 ff., 548 f.
4. CANTIMORI, *Eretici*, a. a. O., S. 198 (*Häretiker*, S. 190).
5. Basel, Universitätsbibliothek, Ms. C. VI[a] 43, fol. 118[r] (Vergerios Bericht als « legatus principis », Mai 1557): « D. Coelius dederat eum [das Manuskript des *De amplitudine*] inspiciendum atque examinandum Do. Wissenburgio, D. Sulcero et reliquis pastoribus, nam cupiebat Basileae imprimere. Pastores responderunt D. Coelio se non posse librum talem probare et reiecerunt... » Vgl. Vergerio an Amerbach, 7. März 1556 (TRECHSEL, a. a. O., 2, S. 463): « Hic liber est, Clarissime Bonifaci, quem Basilienses theologi, quem Argentinensis theologi, quem Tigurini quoque reiecerunt, at praeclarus autor Pusclavii in Raetia excudi curavit per Horatium eius filium atque in Poloniam misit quasi Basileae aeditum, ut regnum tali dogmate inficeret... ». Zu dem Vorwurf, die Theologen Straßburgs, Zürichs etc. hätten sich gegen eine Veröffentlichung ausgesprochen, nimmt Curione in seiner *Defensio* des Jahres 1557 ausführlicher Stellung (Basel, Universitätsbibliothek, Ms. C. VI[a] 43, fol. 122-123). Vgl. auch das *Iudicium Censorum*: unsere Fußnote 7).

Nun war ja Curione nicht irgendwer in Basel, sondern das Haupt der Italienergemeinde, ein angesehener, weithin anerkannter Gelehrter, Professor an der Universität. Und er fand mit seinen im *De amplitudine* vertretenen theologischen Gedanken zahlreiche Anhänger («sectatores»). Er stand mit seiner Forderung, sein Buch zu veröffentlichen, nicht allein; auch einige andere («alii quidam») unterstützen ihn dabei. Deren Zahl war so groß, daß wegen dieser Frage ein «heftiger Streit» unter den Gelehrten Basels ausbrach: «aliquid gravioris discordiae».

Dies erfahren wir von J. Jung, dem Pfarrer zu St. Peter, der direkt an diesem Streite beteiligt war. Es ist interessant, auch sein Urteil über Curiones Buch zu hören. Denn Jung gibt wohl eine weithin vertretene Meinung wieder, wenn er das *De amplitudine* zwar lobt als «sane erudite ac terse scriptum», aber folgendes tadelt: zum einen, daß Curione gegen die «veteres et recentiores theologi» die Lehre vertrete: «plures esse salvandos quam damnandos»; zum anderen, daß er dabei eine «nova et hactenus inaudita scripturarum interpretatio» anwende; schließlich, daß er chiliastische Häresien zu billigen scheine; endlich, daß Curione glaube, die Bekehrung der Juden «zu Christus» stehe unmittelbar bevor.

Hinzu kommt ein anderer Grund, den Jung in den beiden letzten Sätzen seines Berichtes andeutet: nämlich daß es angesichts der Zeitverhältnisse für die junge reformatorische Kirche besser sei, wenn Lehren, wie sie Curione vertrat, unterdrückt und nicht erörtert würden [6]. Im Hintergrund steht auch die von Basel aus gegen Calvin geführte Toleranzkontroverse.

4. *Die Zensoren und Prädikanten sprechen sich endgültig gegen die Veröffentlichung des* De amplitudine *aus.*

Der Gedanke, daß Curiones Schrift im Hinblick auf die Zeitverhältnisse besser nicht gedruckt werde, scheint die Basler Zensoren und Prädikanten endgültig dazu bewogen zu haben, sich gegen eine Veröffentlichung auszusprechen -trotz der Unterstützung, die Curione bei manchen Einwohnern fand. Dieser Beschluß hat sich zwar nicht erhalten; aber in dem «Iudicium Censorum» des Jahres 1557 wird auf den Entscheid des Jahres 1554 zurückgegriffen. Es heißt dort: die verordneten Zensoren und Prädikanten hielten an dem Beschluß

---

6. S. Anhang 2. Zu Jung s. K. GAUSS, *Johannes Jung von Petershausen*, «Basler Jahrbuch», 1914, S. 333 ff.

fest, der einige Jahre zuvor im Hinblick auf das *De amplitudine* ausgegangen sei; nämlich: « daß es zu dieser Zeit besser ungedruckt als gedruckt » werde [7].

5. Der heimliche Druck des « De amplitudine » in Graubünden wird im Herbst 1554 in Basel bekannt.

Durch dieses Verbot ließ sich Curione nicht davon abhalten, das *De amplitudine* an anderem Orte zu veröffentlichen. Es erschien einige Monate später heimlich in Poschiavo, wahrscheinlich in der Offizin der Landolfi; und zwar mit Curiones Namen, aber ohne Angabe des Druckers und Druckortes. Die dem Werke vorangestellte Widmung an den polnischen König Sigismund August schloß mit den dick gedruckten, kaum zu übersehenden Worten: « Basileae, Anno Christi Servatoris MDLIIII ». Es wurde dadurch also der Eindruck erweckt, als sei das Buch in Basel selbst erschienen [8].

Drei Jahre sollten vergehen, ehe der Basler Rat Curione wegen der Veröffentlichung des *De amplitudine* zur Rechtfertigung vorlud. Daß dies nicht früher geschah, hat man bislang als Erfolg « jener

---

7. SCHELHORN, a. a. O., S. 615 (*Iudicium Censorum*): « Des andern Büchlis halb, dessen Titel ist, de Amplitudine etc. das ist von der Weitte des Säligen Reich Gottes, so Caelium Sec. Curionem belangt: lassends wirs beleiben bey dem Urthel so vor etlichen Jahren durch die verordnetten Censores und Herren Predicanten gefelt ist; namlich, daß es zu disser Zeit besser ungetrukt denn getrukt were. Dieweyl wir aber nitt weitteren Gewalt dann so vyl Ewer Gnaden Ehren Statt Baßel antriffet; achten wir nitt, daß e. E. wiß noch uns niemands deshalb in keinem Verdacht billichen haben möge... ». KUTTER, a. a. O., S. 203 f hat, bezugnehmend auf diesen Text, bereits richtig vermutet: « Aus dem weiteren Wortlaut des iudiciums muss man vermuten, dass Curione schon früher versucht hatte, das Werk in Basel zu drucken, die Zensur aber nicht passieren konnte ». Weitere Hintergründe waren ihm jedoch entgangen. Zur Basler Zensur s. C. ROTH, *Die Bücherzensur im alten Basel*, « Zentralblatt für Bibliothekswesen », 31, Heft 2, 1914, S. 62 ff.; M. STEINMANN, *Johannes Oporinus. Ein Basler Buchdrucker um die Mitte des 16. Jahrhunderts* (Basler Beiträge zur Geschichtswissenschaft, Bd. 105), Basel-Stuttgart, 1967, S. 22 ff.
8. Vgl. Vergerio an Amerbach, 6. März 1556 (s. unsere Fußnote 5) und Curiones Verteidigung dazu (SCHELHORN, a. a. O., S. 617 f.) KUTTER, a. a. O., S. 203 f. hat überzeugend nachgewiesen, daß das *De amplitudine* nicht in Basel selbst-wie man meinte- sondern in Poschiavo gedruckt worden sei. Zur Offizin der Landolfi s. J. A. SPRECHER, *Die Offizin der Landolfi in Poschiavo. 1549-1615*, in: Bibliothek und literarische Chronik der Schweiz, 1879, S. 83 ff., 114 ff., 145 ff., 182 ff., 207 ff. und G. FUMAGALLI, *Lexicon typographorum italiae* (xerogr. Nachdruck), Florenz, 1966, S. 316 (« L'imprimerie de Landolfi très connue dans l'histoire de la Valteline, devint une forge de livres hérétiques »).

halb geheimen Verbreitung» des gedruckten Werkes erklärt und außerdem gemeint, die Nachricht von dem erfolgten Drucke sei erst im Frühjahr 1556 in Basel bekannt geworden: durch den Hofrat Christoph von Württembergs, P.P. Vergerio, der Bonifacius Amerbach davon berichtete [9].

Doch das ist ein Irrtum! Der Druck des *De amplitudine* ist bereits im Oktober 1554 in Basel bekannt geworden. Und zwar auch einigen für die Basler Zensur Verantwortlichen.

a) *Amerbach erhält das gedruckte* De amplitudine *wahrscheinlich im Herbst 1554 von Curione.*

Im Oktober 1554 sandte Curione nicht nur, wie man weiß, ein Exemplar des gerade gedruckten Büchleins an Heinrich Bullinger in Zürich und Johannes Sturm in Straßburg [10], sondern höchstwahrscheinlich auch an Bonifacius Amerbach in Basel. Das glauben wir einem undatierten Brief Curiones entnehmen zu können; einem Brief, den man bislang in den Zeitraum «Ende 1552 oder Anfang 1553» gelegt und als Begleitbrief angesehen hat für das Amerbach zur Begutachtung übersandte Manuskript des Werkes [11].

In diesem Brief bittet Curione den Freund Amerbach («Bonifaci patrone singularis»), «hosce dialogos nostros» zu lesen das heißt höchstwahrscheinlich: das soeben gedruckte Werk und nicht das Manuskript! Und es solle geschehen, bevor Amerbach mit irgendeinem Menschen darüber gesprochen habe. Curione bitte Amerbach deshalb darum, «quo melius meam integritatem adversus aemulos, si qui erunt, tuearis». Denn in dieser Zeit seien die meisten solche schlechten Poeten («suffeni») geworden, «ut nihil sit ab invidorum dentibus tutum». Amerbach möge den «candida ingenia» weiterhin beistehen. Curione schließt seinen Brief mit der Warnung: In der

---

9. Vergerio an Amerbach, 7. März 1556 (TRECHSEL, a. a. O., 2, S. 463 f.) CHURCH, a. a. O., S. 233, 267 ff. CANTIMORI, *Eretici*, a. a. O., S. 198 («E questo tentativo di diffusione semiclandestina, limitata consapevolmente ad una sola regione, mentre nelle altre il libro non veniva pubblicato, ebbe successo per un certo tempo: la prima notizia della disubbidienza commessa dal Curione col pubblicare un libro senza il permesso del collegio dei censori, giunse a Basilea solo un anno e mezzo circa dopo che il libro era uscito per le stampe dall'officina...»), DERS., *Häretiker*, a. a. O., S. 190; KUTTER, a. a. O., S. 204.
10. KUTTER, a .a. O., S. 204 f., 298 Nr. 112 (Curione an Bullinger, 15. Oktober 1554), 299 Nr. 115 (Sturm an Curione, 3. Dezember 1554).
11. CHURCH, a. a. O., S. 208; CANTIMORI, *Eretici*, a. a. O., S. 199 Anm. 3 («la lettera non datata, con la quale il Curione accompagna l'invio del manoscritto del suo libro all'Amerbach»); DERS., *Häretiker*, a. a. O., S. 449 Anm. 49; KUTTER, a. a. O., S. 201.

Sache, welche Amerbach und Curione miteinander abgemacht hätten, müsse besonders darauf achtgegeben werden, daß keiner der Basler Theologen etwas davon erfahre: « Qua de re inter nos egimus, una cautio in eo est, ne ullus theologorum id resciscat. Quamquam nihil erat opus docere Minervam ».

Der Hinweis auf die « aemuli, si qui erunt », die Anspielung auf die « suffeni » jener Zeit, auf die « invidiorum dentes », besonders die Warnung, vor den Theologen Basels auf der Hut zu sein, kurz: die Tatsache, daß Curione Angriffe auf seine Person voraussieht, sind wohl kaum anders zu verstehen als nach den Streitigkeiten der Maitage desselben Jahres, als Curione der Druck des « De amplitudine » untersagt worden war - sowie dem inzwischen heimlich erfolgten Druck des Streitobjektes.

Curione wird diesen Brief höchstwahrscheinlich in den ersten Oktobertagen des Jahres 1554 an Amerbach geschrieben und diesem zusammen mit dem frisch gedruckten Büchlein übersandt haben; vermutlich noch bevor Heinrich Bullinger und Johannes Sturm ein Exemplar erhalten hatten [12].

Der vertrauliche Ton des Briefes, besonders der Hinweis auf die Übereinkunft zwischen Amerbach und Curione (« qua de re inter nos egimus »), berechtigen außerdem zu der Vermutung, daß Curione erst nach gemeinsamen Beratungen mit dem Juristen Amerbach, nach Klärung der möglichen Folgen einer Veröffentlichung der Schrift in Poschiavo, dort sein Buch hat drucken lassen. Das Wagnis dieses Schrittes war vermutlich gut durchdacht worden, wahrscheinlich nicht nur mit Amerbach, sondern auch mit einigen anderen, die schon zuvor für den Druck des *De amplitudine* eingetreten waren [13]. Zu den letztgenannten wird auch Amerbach gehört haben [14].

b) *S. Sulzers Klage über Curiones Ungehorsam.*

Ende Oktober trat das ein, was Curione gerade hatte vermeiden wollen. Die Basler Theologen erfuhren von der inzwischen erfolgten Veröffentlichung des *De amplitudine*; und zwar der Antistes Simon

12. Zum Text s. den Anhang 3. In Basel, Universitätsbibliothek (F. O. VI.² 8.) hat sich das Exemplar des *De amplitudine* erhalten, das Curione Amerbach schenkte. Es trägt die folgende handschriftliche Widmung: « 1554. Clariss. iurisconsulto Bonifacio Amerbachio Patrono singulari, C. S. S. Donavit ».

13. Vgl. unsere Fußnote 23.

14. Es wäre eine interessante Aufgabe, Amerbachs Beteiligung an dem « Fall Curione », besonders seine Unterstützung Curiones im Jahre 1557, näher zu untersuchen.

Sulzer, einer der maßgebenden Männer in Fragen der Zensur und Druckerlaubnis. Vermutlich hatte ihn Heinrich Bullinger davon unterrichtet; denn in einem Brief an seinen Zürcher Kollegen versichert er Ende Oktober, wie sehr er, Sulzer, es bedaure, daß Curione nicht dem Rate Bullingers, Sulzers und anderer «Gutgesinnter» gefolgt sei [15].

Ebenso wie Sulzer werden noch einige andere von Curiones Tat erfahren haben. Dennoch unternahm die Basler Zensur im Jahre 1554 – so viel wir wissen – keine Schritte gegen Curione [16].

15. Zürich, Staatsarchiv, E II 336, fol. 381 (30. Oktober 1554). «...Coelium magis sibi quam tuo, nostro aliorumque bonorum consilio obsequutum valde doleo, et ubi librum ediderit miror, cum hic ut ederetur non fuit concessum. Utinam haec ingenia sua conferrent dona potius ad aedificationem quam ad destructionem constituerent».
16. Weitere Einzelheiten, besonders die Stellung des *De amplitudine* im Zusammenhang mit der Toleranzkontroverse gegen Calvin sowie Curiones Beteiligung daran, werden wir in unserer demnächst erscheinenden Arbeit über «Calvin und Basel in den Jahren 1552-1556» berichten.

ANHANG

1.

WOLFGANG WISSENBUG AN CELIO SECONDO CURIONE
(Basel, April 1554)

Coelio Curioni S[alutem] domino et fratri suo.

Quamquam, Coeli clariss[ime] et frater in domino observande, meam de tuis dialogis sententiam nuper coram ita me exposuisse visus sum, ut rursus ad eam provocare opus non fuerat: quoniam vero ita tibi visum est, in scriptis ad te eam repetam, ut vel Oporino [1] vel alteri, cui volueris, offerre aut ostendere possis. Dixi autem.

1. Tuum de amplit[udine] regni dei scriptum me nondum posse capere (eo enim verbo apud te usus sum) atque ideo nec probare nec improbare, posse facile tum concedere, ut in iis quae ad salutis rationem proprie non pertinent, suo quisque sensu habundet.

2. De totius Israelis salute et mille annorum numero doctrinas non posse recipere, sed veluti peregrinas atque in nostra ecclesia non usitatas respuere atque contemnere: praesertim cum videam a plerisque veteris ecclesiae viris orthodoxis explosas et sufflatas.

3. Atque ideo mihi placere, ut Domino Doctori Martino Borrhao [2] legendum tradas: aut, si magis libeat D[omino] Sulcero [3]. Nam et hunc inter censores nunc haberi videam. Non enim ignoro Borrhaum iam olim in hac versatum harena [4]. Is igitur, si admittendum ac imprimendum censuerit, me non repugnaturum nec prohibiturum. Nam de iis, quae non intelligo, me iudicare non posse, sed prudentiorum velle stare sententiae.

4. Quod si et hic meam plane contendis audire sententiam, hoc mihi videri, ut hac de re nihil statuas aut certo definias. Quin potius in ipsa praefatione haec addas id ipsum te tuis facere scriptis quod dialogorum

---

1. Basel, Universitätsbibliothek, C. VI^a, 43, fol. 128 (Apograph Curiones). Aufgrund des Inhaltes können wir diesen Brief zeitlich vor Jungs Brief vom 4. Mai 1554 (s. Anhang 2) legen: in den April 1554.

1. Zu Johannes Oporin s. M. STEINMANN, *Johannes Oporinus*, a.a.O.
2. Zu Borrhaus s. B. RIGGENBACH, *Martin Borrhaus (Cellarius), ein Sonderling aus der Reformationszeit*, Basel, 1900; CANTIMORI, *Häretiker*, a.a.O., S. 102 ff.
3. Simon Sulzer wirkte seit dem Frühjahr 1553 als Antistes der Basler Kirche. Über ihn s. HADORN, *Artikel « Sulzer »*, in: RE, 19³, 1907, S. 159-162; M. GEIGER, *Die Basler Kirche und Theologie im Zeitalter der Hochorthodoxie*, Zürich, 1952, S. 11 ff.
4. CANTIMORI, *Eretici*, a.a.O., S. 198 (DERS., *Häretiker*, a.a.O., S. 190). Vgl. unsere Fußnote 4.

est proprium in utramque scilicet disputare partem: iudicium autem penes pium et aequum lectorem ac orthodoxam relinquere ecclesiam. Et si quae sunt, quae diversum sentientes (ut sunt nonnulla) sugillant aut durius perstringunt, expungas. Tum enim et me et alios forte liberius posse subscribere editioni.

Quare, mi Coeli amice ac frater optime, cum ea te aequitate et prudentia esse non dubitem, qui a me vel flagites vel effectum cupias, quod aut non sentio aut non intelligo. Rogo per dominum Jesum, ut D[omini] D[octoris] Borrhai iudicium scriptum ad me transmittas. Tum enim lubens (quandoquidem ita contendis, licet vel id solum typographo poterat sufficere) meum nomen addam: plus tum illius eruditione et doctrina, quam meo confisus iudicio. Obsecro, ut per dominum ne egre feras, si quid hic a me fit, quod neque tu neque ego volebamus. Nam tuis votis ex animo ac lubens responderem, si me non detineret conscientia. Vale in domino Jesu.

Tuus totus Vuolfgangus Wissenburg.

2.

JOHANNES JUNG AN AMBROSIUS BLARER
(Basel, 4. Mai 1554)

... De rebus novis quae scribam non habeo, nisi quod vereor, ut hic apud nos aliquid gravioris discordie gliscat inter eruditos. Eius occasio est liber scriptus a D. Coelio De amplitudine regni dei, quem satis improbis postulationibus, ut excudatur, urget et ipse et alii quidam [1]; rursus doctor Volfgangus, theologici ordinis nunc decanus [2], adeoque nos, qui in ministerio verbi sumus, nolumus, ut in publicum exeat. Ego ex integro perlegi librum sane erudite ac terse scriptum; sed quominus accedere possim, ut excudatur, causa est, quod status libri est plures esse salvandos quam damnandos contra veterum et recentiorum theologorum sententiam, deinde quod pro confirmanda illa nova opinione novam et hactenus inauditam adfert scripturarum interpretationem adeoque

---

2. Gedruckt in *Briefwechsel der Brüder Ambrosius und Thomas Blaurer*, 1509-1567, bearbeitet von T. Schiess, Bd. 3, Freiburg, 1912, S. 252 ff. An dem Datum gibt es keinen Zweifel. Wir haben das Original des Textes auf diese Frage hin nocheinmal überprüft (St. Gallen, Vadiana, VII, fol. 312).

1. Diese Angabe wird bestätigt durch die Nachricht Hospinians aus dem Jahre 1557, nachdem wegen des *De amplitudine* in Basel bereits eine Anzeige eingegangen war (Zürich, Staatsarchiv, E II 366, fol. 299, Hospinian an Bullinger, Basel, 25. August 1557): ... « deinde dolet mihi et hoc quam maxime multos ex nostris hominibus (ut audio) non fuisse ignaros illum [Curione] et talem librum scripsisse et edere cogitare, non aut editionem impedivisse aut saltem damnasse, ne hoc pudore iam afficeremur, ut dicerent nostri hostes admonendos non fuisse per exteros ».

2. Gemeint ist Wolfgang Wissenburg, vgl. Fußnote 3.

chiliastarum de mille annis dogma videtur adprobare, item de Iudeorum instante ad Christum conversione. Arbitor autem futurum, ut non excudatur. Sed interim et plausibile est argumentum et invenit sectatores etiam inter doctos, adeoque Coelius pollet authoritate inque eam venit persuasionem, ut non se solum contemni, sed veritatem sibi manifestam violenter supprimi conqueratur. Roga ergo dominum, mi frater, ut ecclesiam alias nostro tempore satis turbulentam conservet etc. [3]. Video quosdam sibi polliceri nescio quod novum regnum ecclesie ac tentari etiam a piis in speciem viris usitatam ab emergente doctrinam nostram.

3.

CELIO SECONDO CURIONE AN BONIFACIUS AMERBACH
(Basel, Oktober 1554)

Salve. Velim te per ocium hosce dialogos nostros legere, Bonifaci patrone singularis, priusquam eum ullo mortalium communices: idque oro ut facias, quo melius meam integritatem adversus aemulos, si qui erunt, tuearis. Namque hoc tempore plerique adeo suffeni sunt, ut nihil sit ab invidorum dentibus tutum. Vale [et] quemadmodum coepisti candidis ingeniis fave. Qua de re inter nos egimus una cautio in eo est, ne ullus theologorum id resciscat [1]. Quamquam nihil erat opus docere Minervam. Tuus ex animo.

C. S. S.

---

3. Vgl. den Hinweis auf die « Zeitverhältnisse » im *iudicium Censorum* (s. unsere Fußnote 7) und Curiones Brief an Amerbach Anhang 3 ... « namque hoc tempore... »).

3. Basel, Universitätsbibliothek, Ki. Ar. 18ª, fol. 172. Gedruckt in D. Cantimori, *Eretici*, a.a.O., S. 199 Anm. 3 (Ders., *Häretiker*, a.a.O., S. 449 Anm. 49).

1. « resciscat » korrigiert nach dem Original für « rexiscat » (Cantimori).

Manfred E. Welti

L'ECONOMIA D'UN ESILIO:
IL CASO DI GIOVANNI BERNARDINO BONIFACIO

L'ECONOMIA D'UN ESILIO:
IL CASO DI GIOVANNI BERNARDINO BONIFACIO

Nella storiografia dell'emigrazione [1] italiana del Cinquecento, le questioni economiche e sociali non hanno finora attirato molto l'attenzione dei ricercatori. Sappiamo che gli esuli appartenevano a tutti i ceti della popolazione, ad eccezione dei contadini. Sappiamo che i mercanti e i professionisti sono stati uomini di una fertilità eccezionale per la storia intellettuale, religiosa ed economica, ma se preponderassero anche numericamente non si può affermare. Infatti, molto rimane ancora da investigare: la fluttuazione della popolazione italiana nelle varie città d'esilio nel corso degli anni, la curva delle nascite e delle morti, le parentele con i cittadini indigeni come indizio dell'innesto, ed altro ancora. Un modello per una tale impostazione delle ricerche ci è offerto da E. William Monter [2]. Valendosi dei metodi elaborati dalla scuola delle « Annales », lo studioso americano ci ha spiegato come J.-B.-G. Galiffe, ottimo conoscitore della Ginevra del Cinquecento, ma avversario dei seguaci francesi di Calvino, abbia potuto constatare con una certa ragione che l'immigrazione italiana diede alla città un'impronta più forte di nobiltà (nel senso vasto del termine) che non quella francese. Galiffe si sbagliava nel ritenere che i nobili, gli artisti e gli intellettuali italiani si stabilissero in numero considerevolmente più elevato che i Francesi delle stesse classi nella Ginevra di Calvino e di Bèze, ma aveva sostanzialmente ragione

1. Questo termine viene adoperato per designare genericamente il complesso degli emigrati, esuli e rifugiati. Non essendoci una parola comprensiva nemmeno per indicare gli uomini che vivono nell'emigrazione, l'esilio o il rifugio, li ho chiamati tutti « esuli ». A proposito di questo problema semantico cfr. le pagine dedicate all'analisi della medaglia del Bonifacio e dell'abbreviazione « O.T.E.S. » nel vol. II della mia biografia del Bonifacio, di prossima pubblicazione.
2. *The Italians in Geneva (1550-1600): A New Look*, in: *Genève et l'Italie. Études publiées à l'occasion du 50e anniversaire de la Société genevoise d'études italiennes par Luc Monnier*, Genève, 1969, pp. 53-77.

nel vedere predominare queste classi nella colonia italiana dal 1600 in poi. Le ragioni che determinavano questo orientamento erano di carattere materiale e solo marginalmente teologico. La peste, la carestia, e la natalità più elevata nelle classi superiori, facevano sì che la colonia assumesse un carattere sempre più elitario.

Ricerche su gruppi di esuli geograficamente delimitati ed ispirate al modello dato dal Monter dovrebbero essere accompagnate da altre sulle imprese commerciali fondate da Italiani all'estero. Sappiamo ancora poco sull'attività bancaria che gli Arnolfini esercitarono a Ginevra, Lione, Parigi ed Anversa, poco anche su quella di spedizionieri come i Ravellaschi e i Calderini, come Bartolomeo Verzasca, cognato di Pietro Perna, come Francesco Isola e Cristoforo d'Annone; non sappiamo quasi nulla sui Torrisani o Torregiani di Norimberga, originari di Firenze, che già intorno al 1530 esercitavano il commercio dei tessuti orientali, giungendo fino a Danzica, e in casa dei quali giovani Fiorentini imparavano il mestiere mercantile [3]. Ma anche dove l'impostazione s'indirizza nel senso di una biografia individuale, l'aspetto economico-sociale merita attenzione particolare. Basti ricordare l'importanza di quel nesso fra anabattismo e antitrinitarismo su cui Delio Cantimori ha insistito e che consiste nell'accentuazione comune dell'umanità di Cristo a sfavore della sua divinità [4]. Cantimori derivava la sua constatazione da un'interpretazione degli scritti di Fausto Sozzini e Giorgio Biandrata, ponendosi così sul piano della storia intellettuale. La verifica sul piano della vita pratica non gli fu possibile, perché la sua conoscenza delle singole biografie era necessariamente ancora più lacunosa della nostra. Ma certo ne avrebbe ammesso la legittimità, dato che non riconosceva una scissione tra aspetti intellettuali e aspetti morali e pratici. Ciò che egli non poté fare tocca ora a noi, anche se rischiamo di riprendere atteggiamenti per cui la vecchia, e certo in generale erronea interpretazione razionalistica del Dunin-Borkowski e dello Harnack, dovrebbe essere sottolineata [5].

3. A. SCHULTE, *Geschichte des mittelalterlichen Handels und Verkehrs zwischen Westdeutschland und Italien mit Ausschluss von Venedig*, Berlin, 1900 (reprint 1966), vol. I, p. 596; vol. II, p. 267. Per ciò che riguarda Lione e gli Arnolfini, la situazione è migliorata (dopo la stesura di queste pagine) grazie all'eccellente opera di R. GASCON, *Grand commerce et vie urbaine au XVIe siècle: Lyon et ses marchands*, Paris, 1971.
4. *Eretici italiani del Cinquecento*, Firenze, 1939 (reprint 1967), pp. 29-35, 322 segg., 363 segg.
5. A questo proposito cfr. anche la mia recensione del libro di D. CACCAMO, *Eretici italiani in Moravia, Polonia, Transilvania (1558-1611)*, Firenze-Chicago, 1970, in « Bibliothèque d'Humanisme et Renaissance », XXXIV, 1972, pp. 194-197.

Parlando della situazione economica dell'esule Giovanni Bernardino Bonifacio, non si corre il rischio di dover prendere posizione per una cristologia spiritualizzante o per una razionalizzante, perché Bonifacio non è mai stato eretico nel senso in cui il termine è inteso dal Cantimori. Egli era un seguace di Melantone, un luterano umanista e un moralista antidogmatico. Ciò non vuol dire che abbia respinto il dogma della Trinità, anzi ci credeva; sembra tuttavia che lo abbia considerato come un *adiaphoron*. Non era un estremista teologico, né di destra né di sinistra, e se il suo atteggiamento di fronte al maggior problema teorico del capitalismo nascente, cioè la riscossione di interessi, è in un certo senso radicale, esso esprime un radicalismo individuale all'interno del luteranesimo. Di questo radicalismo economico non si saprebbe nemmeno indicare la tendenza in termini teologico-politici moderni, cioè se fosse di destra o di sinistra. Negli anni decisivi, Bonifacio può aver avuto contatti con anabattisti a Slavkov, aveva forse conosciuto l'ex-gesuita Adam Höller a Vienna, nonché protestanti di varie sfumature, fra cui probabilmente anche dei conservatori in materia d'economia. È però certo che la base principale del suo radicalismo, la *radix*, era la Bibbia.

Nel 1557, esattamente alla metà della sua vita, a 40 anni, Bonifacio si trovò in quella « selva oscura », attraverso la quale lo condusse la via verso l'esilio transalpino e la sua patria celeste. Dietro di lui c'era l'altra patria, il regno di Napoli, dove aveva passato la giovinezza nella cerchia della sua famiglia, dei suoi fratelli maggiori spentisi precocemente, e delle due sorelle. Nel 1536 era succeduto al padre Roberto nel governo del marchesato d'Oria, Francavilla e Casalnuovo in Terra d'Oltranto, nonché nell'onorifica carica ereditaria di giustiziere degli scolari dell'Università di Napoli. Davanti a lui, c'erano le asprezze d'un esilio che lo avrebbe condotto ovunque: in Isvizzera, Germania, Austria, Cecoslovacchia, Polonia, Lituania, Bulgaria, Danimarca, Inghilterra e Francia. La sua decisione di seguire il comando della coscienza e d'abbandonare una pratica che pare si debba qualificare di nicodemismo, non era stata presa precipitosamente, come dimostrano i lunghi preparativi finanziari che precedettero la sua partenza per il Nord. Se non sappiamo ancora molto su questi preparativi, che consistevano sostanzialmente nell'ipotecare i suoi beni[6], siamo in grado di giudicare la somma minima di cui

---

6. Esistono però documenti indicativi delle somme approssimative e saranno sfruttati nel vol. I della biografia del Bonifacio.

Bonifacio disponeva all'inizio del suo esilio e che sarebbe diminuita
probabilmente di poco nel primo decennio dei suoi viaggi nell'Europa
centrale ed occidentale. Così ci collochiamo ormai nel centro della
nostra problematica.

Arrivato a Basilea il 2 agosto 1557, Bonifacio entrò subito in contatto con la cerchia dirigente della città-Stato e dell'Università.
La persona più influente e forse anche di più alto livello morale e
intellettuale era Bonifacius Amerbach. Senza Amerbach, professore
di legge, rettore dell'Università e consigliere confidenziale dei Consigli
cittadini, nonché senza suo figlio Basilio, terzo ed ultimo rappresentante della famiglia a Basilea, non sapremmo quasi nulla del-
l'esilio di Bonifacio. La parte conservata del carteggio bonifaciano si
compone quasi esclusivamente di lettere agli e dagli Amerbach, di
lettere che devono la loro conservazione alla diligenza scrupolosa
con la quale i due giuristi trattavano ogni cosa di cui entravano in
possesso o di cui assumevano la custodia. Basilio Amerbach era un
collezionista appassionato e può essere considerato come il principale
fondatore della collezione d'arte del Kunstmuseum e di quella di
manoscritti della Universitätsbibliothek di Basilea.

Bonifacius Amerbach (1495-1562) fu instancabile nell'aiutare il
Bonifacio in ogni senso durante il suo soggiorno basilense del 1557-58,
e il figlio Basilio (1533-1591) fece lo stesso durante i due soggiorni del
Bonifacio a Lörrach, nel marchesato di Baden-Durlach, a 10 chilo-
metri di distanza da casa sua, nel 1567-68 e nel 1574-75. Il consiglio
e l'aiuto dei due permetteva anche all'esule di trovare soluzioni più
o meno soddisfacenti ai suoi problemi economici.

Pochi mesi dopo il suo arrivo nella città renana, e valendosi delle
relazioni di Bonifacius Amerbach, Bonifacio tentò di dare in prestito
una parte del denaro che aveva portato con sé oltr'Alpe [7]. Si indirizzò
agli Herwart o Herwarten ad Augusta, una delle grandi ditte commerciali e bancarie della Germania meridionale. La famiglia era
stata nobilitata da Carlo V all'apogeo del suo potere imperiale, nel
1548: in primo luogo perché aveva sempre sostenuto finanziariamente
gli Asburgo, e poi perché Hans Herwart era rimasto fedele a fianco
dell'imperatore nella guerra smalcaldica. Quale fosse l'atteggiamento
religioso dei figli Hans Paul (1519-1586) e Hans Heinrich (1520-1583),

---

7. Per questo tentativo cfr. i manoscritti della Universitätsbibliothek di Basilea
(d'ora in poi: UB), G. II, 26, ff. 129 segg.

l'ignoriamo. Certo è che si interessarono al denaro di Bonifacio e che gli offrirono un interesse dell'8 per cento, col diritto per i due contraenti di disdire il contratto osservando un preavviso di sei mesi. Siccome si trattava di una faccenda sicura, il tasso era normale per la Germania del Sud, forse un po' basso [8]. Bonifacio si dispose a prestare 7500 coronati napoletani a queste condizioni, con la riserva però di ricevere l'interesse in coronati napoletani e in rate trimestrali di 150 coronati (ciò che avrebbe leggermente elevato il tasso oltre l'8 per cento). Alcuni incidenti imprevisti sembrano aver impedito la conclusione dell'«Augustanum negotium», ma quello che sappiamo delle trattative (e che esporrò più avanti) ci basta per dedurne due constatazioni importanti. La prima è che il Bonifacio dei primi anni dell'esilio era ricco, che disponeva di un capitale di – *mutatis mutandis* – almeno un milione di franchi svizzeri, rapportati al valore che questa valuta ebbe alla seconda metà degli anni 1960. La seconda constatazione è che, prestando il suo denaro ad altri, si sforzava di ottenere il saggio più alto possibile. Le due caratteristiche sono quelle di un capitalista classico. In tale categoria il patrizio napoletano e feudatario salentino era infatti entrato con l'ipotecazione dei suoi beni e il suo trasferimento nel Nord.

Supponiamo che le trattative con gli Herwart – che in quel momento erano ancora lontani dalla crisi finanziaria del 1576, accaduta in seguito al fallimento dei Manlich [9] – si fossero concluse. Bonifacio avrebbe goduto della cospicua entrata annua di 600 coronati napoletani, pagabili in rate trimestrali. Giacché il coronato era quotato 23 *batzen* a Strasburgo nel marzo 1558, egli avrebbe potuto contare su un interesse di 600 x 23 = 13.800 *batzen* pari a 862,5 fiorini renani. La somma sarebbe stata circa l'ottuplo del salario in moneta e natura di un professore della facoltà di lettere come Celio Secondo Curione [10] e circa il quintuplo delle entrate di un professore di medicina, se si tiene conto della sua possibilità di praticare la professione privatamente [11]. Il quoziente diminuirebbe, se facessimo un confronto con le entrate di grandi mercanti come Cornelio, Claudio e Stefano Pel-

---

8. R. EHRENBERG, *Das Zeitalter der Fugger*, Jena, 1896, vol. II, pp. 65-68, 170, 251.
9. Ivi, p. 220.
10. R. THOMMEN, *Geschichte der Universität Basel (1532-1632)*, Basel, 1889, p. 349 (tab. IX); M. KUTTER, *C. S. Curione*, Basel-Stuttgart, 1955, pp. 124, 212.
11. A. BURCKHARDT, *Geschichte der medizinischen Fakultät zu Basel*, Basel, 1917, pp. 414 segg.

lizzari (che non si erano peraltro ancora stabiliti a Basilea), ma non scenderebbe mai all'unità. Bonifacio era senza dubbio un uomo che poteva ben vivere degli interessi del suo capitale senza toccare quest'ultimo. Chissà poi se il denaro che portava costantemente con sé, più le eventuali somme che collocava altrove, non equivalesse a quanto offriva agli Herwart! Quando nell'estate del 1561 si dolse di disporre ancora solo di un terzo di quel patrimonio che aveva portato dall'Italia quattro anni prima, impiegò una di quelle bugie convenzionali delle quali i ricchi di tutti i tempi si sono serviti [12]. Se gli fosse sopravvenuta una perdita consistente, ce ne sarebbe certo rimasta traccia nelle lettere. Mancando lamentele esplicite di questo genere, i suoi mezzi dovevano subire la diminuzione normale, determinata dal suo tenore di vita. Le sue spese per la vita quotidiana erano certamente più alte di quelle d'un Castellione o d'un Curione, ambedue padri di famiglia, perché i viaggi sono sempre costati molto e i libri, prima dell'introduzione di edizioni tascabili, sono sempre stati piuttosto oggetti di lusso che di consumo. Con la « familia » di serve e servitori che conduceva con sé nel primo periodo dell'esilio, Bonifacio spendeva certo parecchie volte di più di quello che i suoi compagni d'esilio più sedentari potevano permettersi: forse il triplo, forse anche di più, ma difficilmente l'ottuplo od oltre. Finché Bonifacio era disposto a collocare il suo denaro e a coglierne i frutti, correva altrettanto pochi rischi d'impoverire quanto un milionario che affidi i suoi soldi ad una banca svizzera.

Questo ci porta ad un secondo aspetto importante delle trattative finanziarie con gli Herwart del 1557-58, cioè che Bonifacio intendeva percepire interessi sul suo capitale, anzi si sforzava di ottenere il saggio più favorevole nei limiti di sicurezza che si prescriveva. I precetti biblici in proposito gli erano noti [13], ma non determinavano ancora il suo comportamento. Il progetto di contratto mostra che preferiva pagamenti trimestrali o quadrimestrali, in modo da non avere mai troppo denaro con sé e ricavare il maggior frutto dal suo capitale.

---

12. UB, ms. Gl II. 31, f. 30: « Proinde videns iam eam pecuniam quam mea ex patria mecum detuli (quam tu probe scis) ita esse consumptam, ut vix ad tertias partes sit redacta... ».
13. Biblioteka Gdańska PAN (d'ora in poi: BG), Hd. 23636, 2⁰: G. B. FOLENGO, *In psalterium Davidis... commentarii*, Basel, M. Isengrin, 1557, f. 42*r*.

In seguito, per anni, le fonti tacciono sulle questioni economiche, tranne per un tentativo di collocare a Vienna qualche migliaio di ducati, se, come pare probabile esso è da datare al 1560[14]. È anche probabile che, dal 1568 in poi, Bonifacio abbia depositato denaro presso i Torregiani a Norimberga, rinunciando ad interessi, ma accettando volentieri alcuni servizi in cambio, come la spedizione di lettere. Chissà se qualche dubbio sulla legittimità degli interessi era già vivo in lui? La discussione sul divieto canonico e la sua base scritturale non era di data recente, ma stava piuttosto ravvivandosi che indebolendosi in quegli anni. Nel 1564-65, a Rudolstadt in Turingia, alcuni teologi luterani dibatterono il problema. Quattro anni dopo, Bonifacio fu ancora disposto ad accettare il saggio di $16^2/_3$ per cento dal re di Polonia, mentre Melantone, il suo maestro venerato, non aveva ammesso oltre il 5 per cento[15]. L'impulso più forte a ripensare il problema gli fu dato probabilmente in occasione del suo lungo soggiorno viennese dal 1570 al 1573, e pare che gli venisse – tramite uno o più intermediari – principalmente da coloro che egli considerava come i suoi avversari più temibili: i gesuiti[16].

Come la maggioranza delle discussioni teologiche del secolo XVI, quella sulla legittimità degli interessi oltrepassava le barriere confessionali, ponendo in dubbio presso i cattolici la proibizione canonica. Con i gesuiti, la discussione s'accese negli anni 1560, alimentata forse dalla loro lotta contro il calvinismo, il ramo «filocapitalistico» del protestantesimo. Si trattava di decidere se il saggio del 5 per cento, che il domenicano Johann Eck aveva ammesso 50 anni prima, dovesse essere accettato generalmente. Quando Bonifacio si trattenne a Vienna, la questione non era ancora decisa, il che spiacque molto al Provinciale dell'Ordine, Lorenzo Maggio. Nell'ottobre 1571, Maggio scrisse a Girolamo Nadal, vicario del Generale Francesco Borgia, che ogni transigenza in materia era pericolosa a causa degli eretici. I protestanti ed eterodossi viennesi, cui alludeva, erano dunque più unanimi nella loro condanna, fondata su argomenti scritturali, di quanto non lo fossero i gesuiti. Questi si decisero infine tiepidamente ad ammettere prestiti del 5 per cento a condizioni molto restrittive,

---

14. A. WELSIUS, *Oratio de vita et morte I. B. Bonifacii*, in: *Miscellanea hymnorum, epigrammatum et paradoxorum quorundam d. Ioh. Bernhardini Bonifacii Neap.*, Dantisci, Jacob Rhode, 1599, p. 11.
15. E questo solo per un prestito richiesto dal debitore e concesso per un tempo illimitato. Cfr. B. N. NELSON, *The Idea of Usury*, Princeton, 1949, pp. 64 segg.
16. I dettagli verranno esposti in uno studio a parte sulle relazioni fra il Bonifacio e i gesuiti.

accomodando la pratica alle usanze locali. A Vienna credettero opportuno continuare a considerare come usura la riscossione del 5 per cento, e ciò a causa, da una parte, della fermezza della posizione protestante, dall'altra, della mancanza d'imprese cattoliche che necessitassero di grandi capitali[17].

All'arrivo nella capitale austriaca, nell'estate 1570, Bonifacio progettò di collocare il denaro, di cui voleva disporre più agevolmente, presso il Monte di Pietà[18]. Malgrado l'inflazione, gli fu offerto il 15 per cento, cioè un saggio molto più alto di quanto era usuale per questa istituzione ecclesiastica e che si spiega con la fuga di capitali davanti alla minaccia turca e con l'eccezionale carestia causata dalla peste. Bonifacio fu incline ad accettare il saggio, ponendosi implicitamente sul piano del diritto canonico, del diritto della vecchia Chiesa. Occorre tener presente che le Chiese e denominazioni nuove non avevano ancora elaborato in cambio un'etica monetaria comune. È improbabile, però, che il Bonifacio abbia effettuato il desposito. Quando intraprese il pericoloso viaggio per la Bulgaria, egli lasciò i suoi soldi non a Vienna, ma presso Prospero Provana a Cracovia[19]. Dopo il ritorno, nell'autunno 1573, avvenne l'adesione al rifiuto completo di qualsiasi riscossione d'interessi. Bonifacio consultò la *Politica* d'Aristotele per informarsi sul suo problema dal Greco, maggiore esponente dell'antico pensiero sul diritto naturale e l'ἐπιείχεια. Nella traduzione di Joaquin Périon trovò la frase seguente: « Iure quidem optimo in hominum odia incurrit foeneratio, quoniam ipsa pecunia fructus eius est, nec ad permutandas res, cuius causa comparata est, refertur. Foenus autem pecuniam auget et amplificat, ex quo etiam nomen invenit, quoniam quae procreata sunt, similia sunt procreatoribus, et foenus ex pecunia pecuniam parit »[20].

Confrontando il testo con quello di un'altra edizione della *Politica*, scoprì una lacuna nella traduzione di Périon ed annotò in margine: « Heic omisit: Quaproter maxime contra naturam hic est adquirendi modus ».

17. B. Duhr S. J., *Geschichte der Jesuiten in den Ländern deutscher Zunge*, Freiburg, vol. I, 1907, pp. 716; 728 segg.
18. UB, ms. G. II. 31, f. 150: « Mihi tamen ita constitutum erat, ut pecuniam nostram communi domui huius provinciae (vulgo dicitur Lontaus [sic]) eo modo darem, quem tibi dixi. Offerunt siquidem XV pro singulis C ».
19. UB, ms. G. II. 31, f. 225.
20. BG, Cc. 4612, 8°: Aristoteles, *De republica... libri VIII*, Basileae, Johannes Oporin, febbraio 1544, p. 36.

Non sorprenderebbe che l'ex-feudatario salentino avesse condiviso l'antica opinione che l'economia naturale, con lo scambio di merce diretto o indiretto, fosse l'economia normale. Egli non pare aver avuto vedute molto aperte e chiare circa le esigenze della vita mercantile nelle grandi città. Oltre la *Politica* d'Aristotele consultò anche il trattato *Quod non oporteat mutuo accipere* di Plutarco [21], del quale purtroppo non si riesce a rintracciare l'esemplare da lui utilizzato.

Di maggior peso che questi testi dell'antichità classica era certo per Bonifacio la sacra Scrittura. Il divieto canonico si basava principalmente su *Deut.*, XXIII, 19 segg., *Ps.*, XIV, 5 ed *Ez.*, XVIII, 8, 13. Mentre *Deut.*, XXIII, 20 permetteva la riscossione di interessi da persone completamente estranee, tutti gli altri luoghi la condannavano, in parte con e in parte senza una restrizione esplicita nei confronti della cerchia di persone in questione. Il cristianesimo, non riconoscendo più persone completamente straniere dentro i suoi confini e sostituendo all'elemento etnico e paleotestamentario di casata la concezione di un'umanità universale sotto la Croce, accentuò il carattere proibitivo dei luoghi citati del Vecchio Testamento. Così nacque il divieto canonico. Esso non fu mai assoluto, giacché le città e il commercio internazionale col suo bisogno di grandi capitali rifiorivano già quando fu codificato. La messa in questione del divieto avvenne però solo nella grande crisi della Riforma. L'attacco principale non fu portato da Lutero (malgrado il famoso rogo della bolla d'anatema papale insieme ad un esemplare del *Corpus iuris canonici*), ma da riformatori e riformati più propizi al capitalismo borghese, come Calvino. Esaminando il luogo citato del *Deuteronomio*, Calvino interpretò il divieto divino come indirizzato esclusivamente agli Ebrei, non ai pagani. Dato che costoro percepivano interessi, la ragione d'uguaglianza (*ratio analogica*) e il diritto di difendersi contro lo sfruttamento altrui permettono al popolo di Dio – cioè ora ai cristiani – di fare lo stesso.

Bonifacio non possedeva nessun libro di Calvino e non consultò il famoso commentario a *Deut.*, XXIII, 19 segg. del Riformatore ginevrino, quando volle risolvere i suoi dubbi. Ricorse invece a tutto quanto poteva trovare in materia di testi patristici e biblici. Nel trattato *De Tobia* di Ambrogio, uno dei primi commenti espliciti

---

21. Cfr. BG, Hb. 3304, 2°: AMBROSIUS, *Omnia... opera*, Basileae, Froben, 1538, vol. II, t. IV, p. 307.

al luogo del *Deuteronomio*, rilevò l'osservazione che la riscossione d'interessi è causa di bugie e di mancanza di parola, e che non c'è differenza fra *foenus* e *funus* [22]; che chiunque rinunciava ad interessi perdeva poco in terra, ricevendo molto in Cielo. Le frasi in cui Ambrogio, conforme alla bivalenza del luogo del *Deuteronomio*, esorta alla riscossione d'interessi dai nemici del popolo di Dio, non furono messe in rilievo da Bonifacio.

Il Bonifacio consultò sul problema anche Basilio [23], ma non dimenticò che la fonte più pura era la Bibbia e che il progresso della filologia aveva potuto far nascere delle possibilità d'interpretazione sconosciute ai Padri della Chiesa. Trasferitosi a Lörrach nell'estate 1574, insistette presso Amerbach per settimane con le sue richieste di testi biblici in lingua ebraica, aramaica e caldaica. Dato che ignorava le lingue semitiche, aveva anche bisogno di interpreti, oltre che di libri. Amerbach cercò di esaudire entrambi i suoi desideri, sebbene fosse difficile. Prima propose a Bonifacio l'acquisto della famosa Bibbia poliglotta d'Anversa, pubblicata da Cristoforo Plantin fra il 1569 e il 1573 [24]. Bonifacio rifiutò: i commentari del teologo spagnuolo Benedetto Arias Montano non gli piacevano, e forse non stimava nemmeno una parte delle traduzioni [25]. Amerbach, lontano dall'essere offeso, si scusò, ringranziandolo del giudizio e continuando le sue ricerche [26]. Nelle sue lettere successive si leggono varie notizie sull'argomento: che le Bibbie ebraiche lasciate dal teologo Borrhaus contenevano pochi commenti e non potevano servire a Bonifacio, che le spiegazioni esegetiche di Corrado Pellicano non valevano di più e che i commenti di Sebastian Münster ai luoghi in discussione non erano, secondo lui, istruttivi [27]. Nondimeno trascrisse quello che Münster aveva da dire riguardo a *Deut.*, XXIII, 19 segg. e Bonifacio lo ringraziò cortesemente, facendogli sapere che non cercava «nostros doctores Rabinorum sententias referentes..., sed ex ipsorum Rabinorum libris sententias totidem verbis conversas» [28]. L'argomento

---

22. Ivi, vol. II, t. IV, p. 309.
23. Ivi, vol. II, t. IV, p. 307.
24. *Biblia sacra, Hebraice, Chaldaice, Graece et Latine*, 6 voll.
25. UB, ms. G. II. 31, ff. 69, 74: « In Biblia Antverpiana praeter linguarum varietatem nihil est quod speres. Nunquam profecto vidi inutiliorem et cariorem. Siquis mihi dono daret, ambigo an acciperem ».
26. UB, ms. Ki. Ar. 14, f. 35.
27. UB, ms. Ki. Ar. 14, ff. 30², 54².
28. UB, ms. G. II. 31, f. 76.

sparisce dalle lettere verso Natale e la fine dell'anno, perché in quei giorni Amerbach aveva certo altro da fare oltre a correre dietro a testi biblici e rabbinici per il suo corrispondente di Lörrach. In gennaio però poté offrirgli la traduzione moderna di tre luoghi del *Pentateuco* insieme agli scolii rabbinici rispettivi [29]. Ignoriamo la reazione epistolare, ma è sicuro che da quel momento Bonifacio rinunciò definitivamente agli interessi.

Vediamo quali furono le circostanze nelle quali prese la sua decisione, che poteva essere gravida di conseguenze. Che un capitalista, e soprattutto uno privo di proprietà immobiliari, rinunciasse a raccogliere i frutti del suo denaro, era certo cosa straordinaria. Ma l'idea stessa che gli interessi non sarebbero un bene lecito, non era originale. La vecchia Chiesa l'aveva sempre affermata, distorcendola in parte essa stessa nella pratica, mentre le Chiese nuove avevano preso atteggiamenti teoricamente e praticamente discordi. L'originalità di Bonifacio risiede nel modo in cui egli partecipò a una discussione fluttuante da decenni. Questo modo era ricettivo, ma nondimeno del tutto individualistico. Le due caratteristiche, compatibili grazie al suo eclettismo, si incontrano spesso in lui. Il suo procedimento era inoltre severamente filologico e biblicistico. Anche questi tratti non sono nuovi, ma l'esclusività radicale con la quale si manifestano in lui è impressionante. Questa sua esclusività si riferisce non tanto alla maniera in cui il Bonifacio s'appropriava del punto di vista protestante della « sola Scriptura »: insieme con la Bibbia consultava infatti anche qualche interprete, Padri della Chiesa e autori moderni, né sdegnava i giudizi d'Aristotele e di Plutarco. È soprattutto un'esclusività radicale, che si riferisce in primo luogo all'astrazione quasi totale dalle condizioni esterne, al suo astrarre dalle opinioni dei contemporanei e dalla situazione personale. Per quanto dovesse stimare Melantone sulla base del suo pensiero teologico, non lo seguiva nella questione degli interessi. Neppure si può rintracciare un influsso diretto di Amerbach. Ma più ancora impressiona l'assenza di ogni presa in considerazione delle opportunità. In nessun luogo del suo carteggio e, pare, in nessun luogo rilevato durante le sue letture d'allora, s'affaccia la domanda: posso permettermi questo? Bonifacio se la sarà proposta in petto, naturalmente, e forse più di una volta,

---

29. UB, ms. Ki. Ar. 14, f. 11: « Percommodum accidit quod ancilla literas Amplitudinis tuae attulit, nam ante tempus exiguum literas Norimberga, ut puto, scriptas a Minoe nostro Celso accepi, et interpretationem trium locorum Mosis ex Rabinis conversos accepi, tardius quidem, sed quod magis male me habet, brevius quam antehac Rabinos scripsisse putaram ».

ma era una preoccupazione che non lo dominava affatto. Preferiva correre il pericolo di terminare la sua vita in povertà piuttosto che commettere ripetutamente e coscientemente un'azione di cui non poteva rispondere davanti alla coscienza. La guida suprema della sua coscienza era tuttavia la Bibbia, la Bibbia esaminata e interpretata secondo i criteri della filologia. Siccome questi criteri erano stati sviluppati nella forma moderna da Lorenzo Valla, troviamo alla base del pensiero economico di Bonifacio quella stessa compenetrazione fra protestantesimo e umanesimo che caratterizza il suo pensiero teologico [30] e quello di tutta la scuola melantoniana. Per valutare con esattezza l'importanza della sua opzione di coscienza, bisogna ricordare anche il clima economico generale dell'epoca. È risaputo che la seconda metà del Cinquecento, in ispecie il ventennio dopo la morte di Carlo V, fu turbata da una forte inflazione, accompagnata da una grave crisi d'approvvigionamenti e da altre difficoltà commerciali di tipo non monetario. A Cracovia, il prezzo medio d'una derrata basilare come il frumento salì al doppio fra il 1563 e il 1571; a Strasburgo al triplo e oltre; e a Vienna, dove il Bonifacio passò circa due anni in quel periodo, salì al sestuplo [31]. Vienna era certo una delle città in testa alla carestia generale, ciò che naturalmente era ancora una volta causato in parte dalla minaccia turca.

Se dopo un lungo soggiorno in un tale centro d'inflazione Bonifacio si decise a rinunciare agli interessi, doveva essere ben sicuro della necessità di questa rinuncia. In caso di un incidente grave, di una lunga malattia o di una vita eccezionalmente lunga, la decisione poteva equivalere ad un suicidio economico. La coscienza di Bonifacio era perfettamente intatta, qualunque fosse lo stato della sua psiche.

Si pone a questo punto la questione di che cosa Bonifacio faceva del suo danaro. Era abbastanza prudente da non metterlo in una calza o da portarlo con sé, conoscendo la scarsa protezione giuridica dello straniero e del viaggiatore solitario. Arrivando a Lörrach, volle depositarlo presso il fisco di Basilea in cambio di qualche rimunerazione. Amerbach glielo sconsigliò, spiegando che lo Stato non

---

30. Cfr. M. E. WELTI, *Die Theologie G. B. Bonifacios, des Marchese d'Oria (1517-1597)*, « Bibliothèque d'Humanisme et Renaissance », XXXIII, 1971, pp. 525-555.
31. W. ABEL, in: *Handbuch der deutschen Wirtschafts- und Sozialgeschichte*, Stuttgart, vol. I, 1971, p. 407.

pagava interessi, che restituiva il capitale in una valuta conveniente a lui ma non necessariamente anche al prestatore, e che considerava come vincolante il corso di cambio locale, non quello di Francoforte. Con commercianti, invece, il denaro sarebbe stato sicuro, e anche l'editore-stampatore Episcopius sarebbe stato sempre disposto a ricevere prestiti a breve scadenza [32].

Bonifacio non aveva ancora la sicurezza, alla fine d'ottobre 1574, se gli interessi fossero o no legittimi, ma si decise a non riscuoterne più per il momento. Dopo qualche esitazione accettò la proposta di Amerbach di affidare il denaro a persone private solvibili [33]. I depositari furono Ambrosius Froben, i fratelli Pellizzari, Eusebius Episcopius e Pietro Perna [34]. Eccetto Perna, nessuno aveva avuto rapporti di qualche continuità con Bonifacio; le relazioni furono dunque allacciate da Amerbach. Ambrosius Froben, nipote dell'editore d'Erasmo, ebbe la parte del leone: 2000 fiorini renani, versati in qualche moneta imperiale. I Pellizzari e Eusebius Episcopius ricevettero mille fiorini ciascuno, quelli di Episcopius pagati in giulii papali. Perna infine prese 380 fiorini [35]. In nessun caso il prestito era legato a una impresa particolare del ricevente. Ambrosius Froben avrà utilizzato la sua parte per preparare l'edizione del *Talmud* babilonese, realizzata in 42 fascicoli dal 1578 al 1581 [36]. Claudio e Cornelio Pellizzari, ricchi commercianti di Piur stabilitisi a Basilea da poco più di un anno, nutrivano dei progetti ambiziosi per la cui realizzazione ogni offerta di denaro non poteva spiacere loro. Che fossero dei grandi capitalisti – forse i primi a Basilea, insieme al loro zio Stefano – non importava a Bonifacio, poiché la sua critica della riscossione di interessi non diventò mai critica del sistema capitalistico. Per ciò che concerne Eusebius Episcopius, altro nipote di Johann Froben, e Pietro Perna, sarebbe azzardato avanzare qualche ipotesi sul loro uso delle somme prestate.

32. UB, ms. Ki. Ar. 14, f. 20.
33. UB, ms. G. II. 31, ff. 66, 67, 68.
34. Per essi e le loro relazioni con Bonifacio cfr. il vol. II della biografia del Bonifacio.
35. UB, ms. Ki. Ar. 14, ff. 15, 30.
36. E. STAEHELIN, *Des Basler Buchdruckers Ambrosius Froben Talmudausgabe und Handel mit Rom*, « Basler Zeitschrift für Geschichte und Altertumskunde », XXX, 1931, pp. 7-37; J. e B. PRIIS, *Die Basler Hebräischen Drucke (1492-1866)*, Olten-Freiburg i. Br., 1964, pp. 175 segg.

Ci si deve domandare se nel comportamento di Bonifacio vi fosse una componente di mecenatismo. Il marchese d'Oria era stato un mecenate nella sua patria, soprattutto durante i decenni 1540 e 1550 [37]. In esilio sovveniva ancora sporadicamente qualche conoscente, come Wilhelm Holtzmann (Xylander) o Mino Celsi [38]. Ma i prestiti dati ai tre stampatori-editori e ai Pellizzari non erano prestiti di un mecenate. La rinuncia ad interessi non era una rinuncia fatta per aiutare altri. Ripetiamo che Bonifacio non intendeva sostenere qualche progetto, editoriale o d'altro genere, ma trovare una collocazione sicura per una parte del suo denaro. L'assenza di scopi altruistici si rivela anche nel comportamento dei suoi soci d'affari. Lungi dal sentirsi obbligati verso l'esule ricco, essi prendevano il denaro così offerto come cosa usuale. Essi sapevano meglio di Bonifacio che il mercato generale era caratterizzato da una grande liquidità e che il prestatore, pur rinunciando agli interessi, non voleva rinunciare a un cambio vantaggioso. Il cambio era quello da valute più colpite dalla svalutazione (interna, diremmo oggi) in valute che soffrivano meno di questa malattia concomitante dell'inflazione. Bonifacio desiderava soprattutto convertire i suoi giulii, moneta d'argento papale, in qualche buona valuta del territorio imperiale, preferibilmente in talleri.

Il tallero si dimostrava in quegli anni la valuta più resistente al processo di svalutazione. La Dieta, assemblea suprema degli Stati imperiali, aveva tenuto conto del fatto già nel 1566, proclamando il tallero valuta pilota del suo sistema monetario. Il valore in argento della moneta diminuì in seguito, di modo che il valore commerciale dei pezzi coniati alla metà del secolo salì al di là del corso ufficiale. Il tallero diventò una valuta di tesaurizzazione, sparendo dal commercio intorno al 1580 [39].

---

37. Cfr. M. E. WELTI, *La contribution de G. B. Bonifacio, marquis d'Oria, à l'édition princeps du « De haereticis an sint persequendi »*, «Bollettino della Società di Studi Valdesi», n. 125, giugno 1969, pp. 45-49.

38. BG, Cc. 5266, 4º: DION CASSIUS NICAEUS, *Romanae historiae libri... Guilielmo Xylandro Augustano interprete;* IOANNES XIPHILINUS, *Dionis Nicaei... epitome, Guilielmo Blanco Albiensi interprete,* Basileae, Johannes Oporin, marzo 1558. Dedica autografa sul frontespizio: «Illustrissimo principi Ioanni Bernardino Boni[faci]o (carta perforata), Auriae marchioni, bonarum artium maecenati, domino suo colendissimo, Guilielmus Xylander Augustanus observantiae ergo dd.». Per Celsi: UB, ms. Ki. Ar. 14, ff. 43, 57.

39. A. DIETZ, *Frankfurter Handelsgeschichte,* Frankfurt a. M., vol. III, 1921, p. 189.

Se questa evoluzione sfuggiva al Bonifacio, la percepirono certo i Torregiani, coi quali i suoi debitori basilensi si erano dovuti impegnare a restituire le somme prese in prestito. I Torregiani, banchieri di Norimberga e consulenti finanziari non interamente disinteressati dell'esule, dichiararono di poter accettare solo una buona valuta del territorio imperiale [40]. Bonifacio dovette prendere sul serio questa stipulazione, perché i servizi dei Torregiani gli erano utili e perché progettava un ritorno in Germania. I suoi interessi collimavano con quelli dei Torregiani. Malgrado la sua generosità e le spese di viaggio che si permetteva, voleva collocare e amministrare il suo patrimonio il meglio possibile. Dalla Bibbia credeva di sapere che il cristiano non doveva aumentare il suo possesso per mezzo degli interessi. Ma nessun luogo biblico gli proibiva di preferire una certa valuta per la conservazione di questo possesso. Difendendo il suo patrimonio mediante la conversione di valute « molli » in talleri relativamente stabili, non infrangeva né una legge divina né una legge umana. Non riprendeva con una mano quello che dava con l'altra, rinunciando ad interessi. Le due intenzioni si pongono su livelli diversi, parlando in termini di diritto divino. Quando Bonifacio ebbe l'impressione che Amerbach volesse abolire questa bivalenza per riparare alla perdita che il nobile fiducioso doveva subire per opera dei suoi debitori basilensi, si oppose energicamente: « Nam quod dicis de pecunia mutuo danda, ut integra postea reddatur summa, primum esset contra conscientiam, ut scis, deinde nescirem cui dari possit, a quo in reddenda similes expectandae non essent difficultates. Nisi his ipsis Turrisanis, qui quidem semper hactenus tenuerunt gratis » [41].

Il tentativo di Bonifacio di volgersi dalle valute principalmente minacciate dalla crisi monetaria ed economica verso l'area delle monete imperiali, specialmente del tallero, fallì. Il fallimento cominciò dal Consiglio di Basilea, il quale si riservava di decidere in quale specie di denaro avrebbe restituito un prestito [42]. Il fallimento continuò con gli editori, poco entusiasti delle stipulazioni connesse con i loro prestiti. Solo dal Perna pare che Bonifacio non sia stato deluso. Episcopius invece promise oralmente di rendere i suoi 5000 giulii, equivalenti a Basilea a 1000 fiorini, in una valuta imperiale e finì col pagare il debito in filippi, scudi d'argento milanesi correnti a

40. UB, ms. Ki. Ar. 14, ff. 19, 43.
41. UB, ms. G. II. 31, f. 87.
42. UB, ms. Ki. Ar. 14, ff. 6, 20 [1,3].

Francoforte [43]. Froben ebbe la sua parte in qualche valuta imperiale e la restituì in giulii, basandosi, come Episcopius, su un corso di cambio francofortese svantaggioso per Bonifacio [44]. Lo stesso successe con i Pellizzari, tranne che il loro calcolo del cambio non pare aver irritato Bonifacio [45]. Il comportamento degli editori-stampatori però l'adirò molto, e pensò di procedere giudizialmente contro di loro per riavere i 75 (o più) fiorini perduti. Amerbach non si oppose a un tale procedimento in via di principio, perché la somma contestata era cospicua. Come giurista giudicò però necessario avvertire il suo corrispondente che, mancando contratti espliciti, era difficilissimo ricuperare il denaro. Non vedeva nessun modo di vincere la causa sul piano del diritto privato positivo (l'unico cui fare appello), perché Bonifacio, aderendo alla richiesta dei suoi contraenti di poter restituire il prestito in una moneta corrente a Francoforte, non aveva considerato che nella metropoli sul Meno circolavano anche valute « molli » ed estranee all'Impero. Non ci sarebbe stato modo di vincere la causa perché Bonifacio, contando di ricevere monete imperiali alla scadenza dei prestiti, aveva naturalmente omesso di farsi garantire scrupolosamente i corsi di cambio del giulio e del filippo a Francoforte di fronte al fiorino renano. L'unica argomentazione possibile in favore della causa di Bonifacio sarebbe stato il ricorso all'*aequitas*. Amerbach l'effettuò, scrivendo che l'equità esigerebbe la restituzione in monete di uguale valore di un prestito ricevuto in buona moneta [46]. È lecito congetturare che pensasse anche al vantaggio che i depositari del denaro avevano tratto dal fatto che Bonifacio non prendeva interessi. Se tacque questo argomento, lo fece perché non volle incoraggiare il suo corrispondente, estraneo agli usi e agli infingimenti della vita mercantile, ad iniziare un processo sulla base d'accuse di violazione dell'equità. Contro l'imprudenza negli affari non ci sono mai stati mezzi giuridici, se non per chi voglia rendersi ridicolo.

L'atteggiamento di Amerbach fu determinato da un ulteriore fattore. Essendo cittadino di Basilea, anzi esponente fra i più eminenti del ceto dirigente della città, si sforzò di evitare che Bonifacio, in qualche maniera suo ospite, corresse il rischio di perdere in modo

---

43. UB, ms. Ki. Ar. 14, ff. 29, 32, 46; C. VI^a. 54, f. 109; G. II. 31, f. 83.
44. Ivi.
45. UB, ms. C. VI^a. 54, f. 155.
46. Ivi: « Aequum erat illos bonam reddere, cum bonam accepissent, non nego; atqui cum mercatores sint, id est lucri avidi, lucrum quaerunt. Nolunt amplius quam cogantur scripto cogi, aequitatis parum rationem habentes ».

ridicolo un processo in città, suscitando clamore e reagendo presumibilmente con diffamazioni personali e generiche. Amerbach volle evitare che il secondo soggiorno a Lörrach terminasse in amarezze simili a quelle del soggiorno basilense del 1557-58[47]. Perciò deviò le mire processuali del Napoletano verso Francoforte, con l'intento di lasciare a quei giudici l'ingrato compito di provocare l'indignazione di Bonifacio[48]. Figlio di una città d'artigiani e commercianti, i suoi studi e soprattutto il suo viaggio della primavera 1556 nel regno di Napoli[49] gli avevano fatto conoscere anche la mentalità dei nobili meridionali con il loro senso dell'equità fortemente sviluppato. Egli sapeva che lo spirito commerciale, che permeava la vita in empori come Venezia, Basilea e Francoforte, non poteva non dispiacere a un discendente di patrizi e feudatari del Sud, e che massime come quella della liceità di qualsiasi comportamento, entro i limiti del diritto positivo, allo scopo di ricavare il maggior guadagno possibile, gli ripugnavano. Poiché questo contrasto di mentalità fra Bonifacio e il Consiglio di Basilea si sarebbe ugualmente manifestato, Amerbach aveva sconsigliato sin dall'inizio un deposito di denaro presso il fisco di Basilea. Quando i suoi timori si rivelarono fondati, gli imbroglioni (agli occhi di Bonifacio) erano se non altro due persone private, non i consiglieri della città. E di questi privati, Eusebius Episcopius e Ambrosius Froben, Amerbach discolpò il primo, perché le leggi gli avrebbero permesso di sfruttare con molto minor ritegno l'imprudenza di Bonifacio. Severamente reprensibile, anzi condannabile, era per Amerbach solo Froben. Tuttavia, anche il comportamento dei Torregiani, i quali – pur non avendo mai pagato interessi a Bonifacio – si mostravano estremamente schifiltosi nell'accettare altri capitali dal loro maldestro compatriota, gli pareva almeno pretestuoso[50]. Non esitò comunicare questi giudizi al suo corrispon-

47. Cfr. M. E. WELTI, *Il progetto fallito di un'edizione cinquecentesca delle opere complete di Antonio De Ferrariis, detto il Galateo*, « Archivio storico per le province napoletane », 3ª serie, vol. X, 1971, pp. 179-191. Più ampi dettagli nel vol. II della biografia del Bonifacio.
48. UB, ms. Ki. Ar. 14, f. 29: « ...et interea vel hic vel Francofurti, si videbitur, contra Frobenios et Episcopios actio instituatur. At commodius videtur Francofurti fieri posse; illic enim facilius sciri poterit (in quo totius controversiae punctus consistit) quae philippicorum fuerit aestimatio ».
49. UB, ms. G. I. 8, f. 76 seg.: « Ego visa Roma Neapolim, florentissimam non Campaniae modo, verum etiam Italiae urbem adii, qua perlustrata Romam redii,... dein sanus Bononiam perveni ».
50. UB, ms. Ki. Ar. 14, ff. 12 [1,2], 16, 18.

dente, impedendo così che la delusione finanziaria provocasse un'aggressività generica contro Basilea o contro certi ambienti cittadini.

Il corso della vita di Bonifacio presenta simmetrie stupefacenti, e se condividessimo la sua fede nel significato profondo del numero e dell'allegoria [51], le dovremmo sottolineare con insistenza. Degli 80 anni della sua vita ne visse 40 in patria e 40 in esilio. Dei 40 anni della vita d'esilio ne visse 34 a spese sue, il resto a spese altrui. Dei 34 anni durante i quali si sostenne da sé, ne visse la metà – cioè i 17 anni dal 1557 al 1574 – come un capitalista « normale », percependo interessi. La seconda metà di questo periodo d'autonomia economica, i 17 anni dal 1574 al 1591, li visse come capitalista « anormale », consumando le sue sostanze. Dopo aver discusso la crisi della fine del 1574, ci rimangono da investigare le conseguenze della decisione presa allora.

Bonifacio ha sempre detestato l'avarizia e la fame del possesso, ma il suo odio per questi vizi si può valorizzare pienamente solo tenendo conto della sua situazione economica dal 1574 in poi. Pur vedendo diminuire ogni giorno i resti del suo patrimonio, egli non diventò mai avaro. Il chierico leccese Scipione Ammirato, informato probabilmente tramite canali ecclesiastici, non avrebbe certo tralasciato di riportare tale avarizia, se se ne fosse trovata traccia nel Bonifacio degli anni 1580, nel Bonifacio eremita lituano. Gli elementi che per i lettori dell'Ammirato comportavano una valutazione negativa e che egli annotò con piacere, sono elementi ascetici e cinici. Che siano veri ce l'attesta Andrea Dudith, compagno di sventura di Bonifacio e non male intenzionato verso di lui. Dopo il loro incontro a Paskov, nell'estate del 1578, scrisse al medico Thomas Jordan che l'ex-marchese « pecuniosus fuit; nunc res ei ad restim, ut dici solet, rediit. Quo etiam miserabilior est, id aetatis homo, etiam corpore parum firmus, quod magis debilitat inedia et crude potu » [52].

Ma anche Bonifacio stesso era cosciente di vivere piuttosto « more cynico » che « academico », cioè secondo gli ideali di Socrate. Nel 1584 scrisse da Przewałki presso Grodno a Amerbach: « Nullam tamen

---

51. Cfr. il capitolo sull'esoterismo nel vol. II della biografia del Bonifacio.
52. Forschungsbibliothek Gotha, cod. A 404, f. 309*v*. Ringrazio il dottor Lech Szczucki per avermi segnalato questo documento interessantissimo, stampato (purtroppo con qualche errore) in « Odrodzenie i Reformacja w Polsce », XVI, 1971, p. 200.

speculam usquam perspicio, uti hoc ingenti gravique saxo sperem levari, atque cynicis relictis sordibus ad academicas aliquando transire mundicias »[53].

Il dualismo fra il mondo fisico e quello metafisico non è l'unica opposizione espressa in questa frase; l'altra, immanente, è l'opposizione fra due modi di condurre l'esistenza[54], dei quali il Bonifacio dei primi decenni d'esilio preferì chiaramente quella « academica ». Se il suo tenore di vita cambiò in seguito, se – dopo la sparizione delle schiave e il manifestarsi di una leggera mania di persecuzione – insistette dappertutto a prepararsi lui stesso i cibi, se ridusse anche il suo vitto fino a nutrirsi solo di latte, latticini, uova, frutta e acqua, se infine si trascurò nel vestire e se nelle brume della Lituania rinunciò talvolta persino alle stufe (in generale fastidiose per lui), questa « cinizzazione » della sua esistenza fu un processo graduale, incominciato già prima della decisione cruciale del 1574 e corroborato più tardi da diversi fattori. I principali sono: la diffidenza, la misantropia e l'irrigidimento mentale concomitanti con la vecchiaia, con l'aggiunta, forse, di una tendenza ad economizzare. Alla base dell'irrigidimento senile c'era la concezione, già cara al Bonifacio del primo esilio, che l'ascesi e il distacco dal possesso sono i mezzi più sicuri per giungere alla tranquillità dell'anima[55]. La tendenza ad economizzare pare esprimersi nel fatto che, dopo il suo secondo soggiorno a Lörrach, Bonifacio ridusse sensibilmente gli acquisti di libri, procedendo presto a una prima inventariazione della sua biblioteca. La tendenza, se c'era, non si esprime però in relazione ad un altro elemento molto costoso del suo tenore di vita: i viaggi. Questi continuano, e anche se Bonifacio si avviava a diventare parsimonioso, il tratto di carattere non poteva purtroppo sopprimere il suo « peregrinandi studium et fatalem quandam inconstantiam », per dirla con Dudith.

Il passaggio dalla vita di capitalista « anormale » all'ultima fase economica dell'esistenza di Bonifacio fu determinato da quell'incidente al quale Danzica deve la sua antica Biblioteca, che porta oggi il nome di Biblioteka Gdańska Polskiej Akademii Nauk. Il 25 agosto

---

53. UB, ms. G. II. 31, f. 102.
54. Cfr. UB, ms. G. II. 31, f. 170, del 5 giugno [1569]: « ...Interim, ut Socratice vivam, cum Iulia mea alumna moror; ita ne in Diogenicas illas sordes redeam pertimesco. ...Non efficiar rursus Diogenes, moriar prius ».
55. M. E. WELTI, Die Theologie cit., p. 545.

1591, tornando dal suo terzo soggiorno a Londra, Bonifacio naufragò nella baia di Danzica. L'eterno viaggiatore salvò la maggioranza dei suoi libri, ma perse la vista nonché quel peculio che dopo una tale odissea gli era forse rimasto. Molto non era, perché nella donazione dei suoi libri al Liceo cittadino di Danzica, fatta un mese dopo la sciagura, Bonifacio si lamentò del duro colpo che la sua salute aveva ricevuto, ma non menzionò gravi danni materiali [56]. Egli, che aveva poca fiducia negli uomini, aveva evidentemente tanta fiducia in Dio e nella sua promessa di aiutare il bisognoso [57] che nei 17 anni del secondo periodo « capitalistico » della sua vita aveva consumato tutto quanto possedeva. L'aiuto « divino » sarebbe normalmente intervenuto per mezzo di qualche connazionale benestante o di qualche nobile, onorato dalla presenza sul suo feudo di un ultimo rappresentante della cultura decadente e quasi decaduta del Rinascimento italiano. Chissà se Bonifacio, lasciato l'*entourage* del nuovo ricco Orazio Pallavicino magnate d'affari e diplomatico, quando naufragò vicino a Danzica non si trovasse in viaggio verso la corte di Krzysztof Mikołai « Piorun » Radziwiłł, voivoda protestante di Vilna? Il naufragio fece sì che toccasse alla città anseatica il ruolo di protettrice.

Il 28 settembre 1591 Bonifacio donò al Liceo di Danzica l'unico avere rimastogli, la biblioteca parzialmente danneggiata, ma poco depauperata nell'incidente dell'agosto. Non potendo più leggere, si decise a offrirla alla città, della quale sapeva naturalmente che possedeva allora solo i libri delle chiese e dei monasteri secolarizzati. Può darsi che si informasse anche su una eventuale ricompensa concreta, ma non fece né vitalizio né un contratto che gli garantisse la libera dimora. Non voleva mettersi al livello di un commerciante. Voleva donare senza obblighi, sapendo che il dono sarebbe stato gradito, e fu disposto ad accettare in cambio qualcosa che sperava di proprio gradimento e che gli alleviasse i suoi bisogni materiali. Bonifacio ha portato l'impronta nobiliare sino alla fine della sua vita. Poteva contare di essere compreso, giacché Danzica, pur essendo una città commerciale, era anche una città polacca, una città di un paese in cui le forme del comportamento erano pochissimo influenzate da fattori commerciali.

---

56. Wojewódzkie Archiwum Państwowe w Gdańsku, Księgi ławnicze, tom. 18 (1590-92), ff. 294v-295v, n. 537.
57. *Giobbe*, XXXVI, 15; *Salmi*, CVI, 41; ecc.

Il Consiglio di Danzica non ebbe a deliberare molto sul modo di ringraziare l'illustre straniero per il suo dono principesco. Gli fornì un alloggio comodo nell'antico chiostro dei Francescani, nello stesso edificio in cui collocò la biblioteca accanto alle classi del Liceo. Inoltre, gli fece versare un fiorino ungherese ogni settimana[58], ciò che corrisponde a una somma fra 30 e 32 batzen. 36 batzen sarebbero equivalsi a 2 talleri, sulla quale somma Fernard Braudel ci riporta un'osservazione eloquente[59]. Nell'inverno precedente l'arrivo di Bonifacio, ci fu a Danzica l'agente diplomatico veneziano Marco Ottoboni. Questi si rallegrò del basso costo della vita, scrivendo che per due talleri la settimana uno può fare banchetti mattina e sera. Giacché l'alloggio di Bonifacio era gratuito, egli si trovava appunto in questa situazione. Solo il salario da pagare alla domestica[60] riduceva forse un pochino gli agi che gli consentiva la generosità dei suoi ospiti.

I Danzichesi erano soddisfatti anch'essi? Pur osservando le leggi dell'ospitalità sempre in vigore presso i Polacchi, i consiglieri cittadini dovevano fare dei conti anche loro: non foss'altro, per essere rieletti. Supponendo che l'ultimo viaggio in Lituania, fatto certamente a spese d'Elżbieta Ostrogska, quarta sposa del Radziwiłł sopra ricordato, durasse un semestre, Bonifacio passò cinque anni nella città anseatica, riscuotendo una pensione di 520 fiorini renani, più alloggio gratuito. Danzica invece ricevette un regalo di circa 1150 volumi[61]. Quanto sarebbero costati sul mercato? È difficilissimo rispondere. Quanto valevano per i Danzichesi? È ancora più difficile dirlo, essendo il valore di una biblioteca del tutto soggettivo, soprattutto nel caso in cui la maggioranza dei libri fossero in edizioni esaurite. Fortunatamente conosciamo un avvenimento biografico che ci permette di suggerire una risposta congetturale alla prima domanda. Nell'autunno 1574, Amerbach comprò per Bonifacio 20 volumi di vario argomento, di vario sesto, di varia legatura e di varia età: libri nuovi e d'antiquariato[62]. Rappresentano sotto questi aspetti

---

58. BG, ms. 837, ff. 3v, 7v, 9r.
59. *La méditerranée et le monde méditerranéen à l'époque de Philippe II*, vol. I, Paris, 1966², p. 173.
60. A. WELSIUS, *Oratio* cit., pp. 18, 23.
61. F. SCHWARZ, *Analyse eines Katalogs*, in: *Königsberger Beiträge. Festgabe zur vierhundertjährigen Jubelfeier der Staats- und Universitätsbibliothek zu Königsberg*, Königsberg, 1929, pp. 236-338; in particolare la p. 333. Per una cifra esatta rimando al libro *Die Bibliothek G. B. Bonifacios*, che è in preparazione.
62. UB, ms. Ki. Ar. 14, f. 30.

abbastanza bene l'insieme della sua biblioteca d'allora, che Amerbach giudicò comprendere « mille volumina vel etiam plura »[63]. I 20 volumi costarono « fl. 11, sh. 18, d. 0 », cioè 11,72 fiorini renani. Se è lecito trasporre il tasso di $\dfrac{11,72}{20}$ fl., che costituì il prezzo medio di un libro, nella Danzica degli anni 1590, il dono di Bonifacio aveva un valore approssimativo di $\dfrac{11,72 \cdot 1150}{20}$ fl. pari a 674 fiorini. Per chi tiene conto del fatto che Danzica, al contrario di Basilea, era tutt'altro che un emporio di libri, e che la svalutazione generale era progredita durante i 17 anni trascorsi fra le due date, la somma calcolata pare indicare piuttosto una cifra minima che massima. Si può solo obiettare che tutti i libri non eranó più nuovi, anzi che erano pieni di segni e note marginali, nonché in parte danneggiati dall'acqua marina. Queste particolarità diminuivano certo il valore oggettivo, ma potevano aumentare il valore soggettivo, come lo fa l'ex-libris o l'autografo su un libro tramandato da una persona stimata. I Danzichesi potevano essere contenti del loro ospite anche dal punto di vista materiale. E questo, invece, non era costretto a chiedere l'elemosina.

In termini sociologici, come vogliamo designare il Bonifacio cieco di Danzica? Se per il periodo dal 1574 al 1591 la qualifica di capitalista si poteva ancora adoperare con restrizioni, non si adatta più all'ultimo Bonifacio dal 1591 al 1597. Bonifacio non considerò i suoi libri come un capitale di cui vivere, e li diede via senza ricompensa contrattuale. La ricompensa libera che ricevette era una pensione vitalizia. L'ultimo Bonifacio era un pensionato. Diciamo: un pensionato *propter meritos*, nel senso vago di questo termine[64], perché le ragioni che sono alla base della decisione dei Danzichesi ci sfuggono – come conviene che ci sfuggano.

63. UB, ms. Ki. Ar. 14, f. 52.
64. Sull'epitaffio, che il Bürgermeister di Danzica, Bartholomaeus Schachmann, fece collocare in memoria di Bonifacio nella chiesa ex-francescana, si legge l'espressione analogamente vaga di « virtus » come riassunto delle qualità del defunto. Cfr. P. BUXTORF, *Das Epitaph des G. B. Bonifacio*, « Basler Zeitschrift für Geschichte und Altertumskunde », XLVIII, 1949, pp. 218 segg.

P. S. Ringrazio vivamente i professori Luigi Firpo e Antonio Rotondò nonché il dottor Giancarlo Morel, per l'aiuto prestatomi nella revisione linguistica del testo.

LUIGI FIRPO

ESECUZIONI CAPITALI IN ROMA
(1567-1671)

ESECUZIONI CAPITALI IN ROMA
(1567-1671)

Nel giugno 1879 Francesco Fiorentino e Bertrando Spaventa visitarono insieme Venezia e non mancarono di sostare, quasi in reverente pellegrinaggio, di fronte ai fascicoli dell'Archivio dei Frari che documentano la prima fase del processo inquisitorio contro Giordano Bruno [1]. Ma mentre il secondo dei due studiosi riprendeva tosto il cammino tra le meraviglie della città, il Fiorentino preferì trattenersi « a sfogliare ed a studiare quelle pagine luttuose », raffrontandole con l'edizione che undici anni avanti ne aveva fornito per la prima volta Domenico Berti con l'ausilio di più collaboratori egregi, ma senza averle mai esaminate di persona [2].

Non era, mentre scorreva riga per riga quei fogli, perfettamente sereno: vedere attraverso pur inoppugnabili documenti il suo eroe del libero pensiero « mettersi a pregare in ginocchioni » i propri giudici, addirittura « piagnucolare come una donnicciuola » (cosa quest'ultima che gli atti non dicono e che solo l'amarezza fece scrivere allo studioso), lo spingeva inconsciamente a negar valore a quelle testimonianze, a ricusarle come dissacranti. E un certo risentimento si riverberava anche sul biografo del Bruno, che quei documenti aveva

---

1. Venezia, Archivio di Stato, *Savi all'eresia*, busta 69.
2. D. BERTI, *La vita di G. Bruno da Nola*, Torino, 1868. I documenti, trascritti nel 1848 dal paleografo Cesare Foucard, dieci anni dopo erano stati da lui promessi in copia al Berti per le insistenze di Niccolò Tommaseo; ma solo il 2 gennaio 1862 gli vennero spediti con una lettera da Genova che il Berti stesso pubblicò in « Nuova Antologia », II, 1867, vol. IV, pp. 223-224. Due mesi dopo lo studioso piemontese assumeva l'ufficio di segretario generale del Ministero di Agricoltura e Commercio nel primo gabinetto Rattazzi e fu poi ministro della Pubblica Istruzione dal dicembre 1865 al giugno del '67, poco tempo rimanendogli da dedicare agli studi. Tuttavia, proprio in quell'ultimo mese, fece eseguire una nuova copia dei documenti ad opera del giovane Alberto Errera, facendola collazionare poi dall'erudito Tommaso Gar, direttore dell'Archivio. Cfr. V. SPAMPANATO, *Vita di G. Bruno*, Messina, 1921, pp. 671-673 e 769.

divulgato e ai quali aveva prestato – come meritavano – intera fede.
Fu perciò giudice severissimo dell'edizione, ne rivelò con cipiglio le
veniali inesattezze e accusò addirittura il Berti di aver «proceduto
leggermente», omettendo parole cancellate e postille marginali, oppure introducendo di suo zeppe ed emendamenti. Nacque così nel
luglio successivo quella sua lunga «lettera» spedita da Bocca d'Arno
allo Spaventa, che, subito pubblicata, non mancò di destare qualche
strascico polemico [3].

In quell'occasione il Fiorentino ebbe tuttavia il merito di aprire
un nuovo spiraglio alle ricerche sul processo bruniano, additando
per la prima volta un documento inaccessibile, ma intorno al quale
aveva avuto oralmente suggestivi ragguagli. «A Roma», scrisse allora,
«mi fu narrato da chi ha potuto leggere un breve cenno della sua
morte negli Atti della Confraternita di S. Giovanni Decollato, che a
lui, dopo la condanna, furono messe ai fianchi tre coppie di frati,
una di domenicani, una di gesuiti, una di agostiniani, se non erro,
tutt'e tre con la intenzione di strappargli una disdetta. Lo tortura-
rono otto giorni, e non riuscirono. Il cronista della Congregazione
assicura che quell'anima indurata ed incorreggibile piombò diritta
nell'inferno» [4].

È facile oggi per noi, con il testo di quel verbale sott'occhio, rilevare le inesattezze di questi accenni, perché sette e non sei furono i
confortatori, non agostiniani bensì oratoriani i due padri «della
Chiesa nuova», non per otto giorni fu assillato il condannato ma
tutt'al più per otto ore, e da ultimo non v'è cenno alcuno al tuffo
nell'inferno, solo notandosi che il Bruno non volle «lasciar la sua
ostinazione con la quale finalmente finì la sua misera e infelice vita» [5].
Ma quella che il Fiorentino additava era pur sempre una traccia,
preziosa non solo per documentare in modo inoppugnabile l'esecuzione sul rogo, che pochi anni dopo, con ingenua improntitudine,
sarebbe ancora stata negata da Théophile Desdouits [6], ma di incom-
parabile ausilio per investigare tutte le esecuzioni capitali consumate
in Roma, così di eretici come di condannati con le motivazioni più
varie, lungo un arco di quasi quattro secoli.

3. F. Fiorentino, *Una lettera al prof. Bertrando Spaventa*, «Giornale napoletano di filosofia e lettere», n. s., I, 1879, pp. 446-459.
4. F. Fiorentino cit., p. 456.
5. V. Spampanato cit., p. 785; scorretta la successiva ristampa in V. Spampanato, *Documenti della vita di G. Bruno*, Firenze, 1933, p. 197.
6. T. Desdouits, *La légende tragique de J. Bruno. Comment elle a été formée,
son origine suspecte, son invraisemblance*, Paris, 1885.

Infatti, la venerabile Arciconfraternita di S. Giovanni Decollato della Nazione fiorentina in Roma, detta anche della Misericordia, istituita da Innocenzo VIII l'8 maggio 1488 e da lui confermata con bolla del 25 febbraio 1490, oltre ad assicurare ai confratelli le funzioni consuete della vita ecclesiale, sepolture e suffragi, conforti agli ammalati, sussidi ai pupilli e alle vedove, doti alle nubili orfane, aveva il compito precipuo di assistere nelle ultime ore i condannati a pena capitale, di indurli con ogni insistenza ad una conversione *in extremis*, di inoltrare le loro ultime lettere, di dare sepoltura ai miseri resti nella propria chiesa o nell'attiguo chiostro, di eseguire infine le loro ultime volontà, sempre che non morissero impenitenti, venendo privati perciò non della vita soltanto ma anche della facoltà di testare. Per geloso privilegio ad essa spettavano le vesti dei giustiziati e il loro esiguo corredo del carcere, dalla cui vendita immediata soleva ricavare somme non cospicue, ma spesso sufficienti a pagare cassa e cera, inumazione e facchinaggio, e perfino quel rinfresco di vin greco e confetti o « biscotti di Savoia » che confortava, a cose fatte, i confortatori, dopo le notturne fatiche e l'orrore degli spettacoli di mazzolati, scannati, appiccati, decapitati, squartati ed arsi, cui avevano dovuto assistere con pio zelo stranamente congiunto alla più distaccata indifferenza. L'unico punto che sembra stare a cuore ai confratelli è che il condannato salga il patibolo « con buoni sentimenti », cioè riconciliato con la Chiesa e « contrito », « disposto », « rimesso », « con edificazione di tutti », senza mai esprimere una riflessione sull'enormità dei delitti o sull'atrocità delle pene; chi recalcitra viene psicologicamente aggredito, frastornato, assillato; si ricorre a « tavolette » con pitture suggestive; si chiamano a rinforzo religiosi di diversi ordini, distinti per eloquenza e pietà; si lotta con infelici terrorizzati e disperati per giungere ad una sorta di espugnazione trionfale. Chi mostra timore viene arcignamente biasimato; chi tenta con futili espedienti di rinviare di poche ore l'esecuzione è deplorato solo perché « diede pochissima edificazione ai fratelli della Compagnia » [7]; ostinazione e impenitenza finale sono sentite come mostruosità disumane, quasi manifestazioni di mera follia, senza che mai affiori il minimo dubbio sulla coerenza evangelica delle repressioni, o un senso di rispetto per quelle coscienze inflessibili.

Della vita religiosa, assistenziale, economica dell'Arciconfraternita, e in particolare dei suoi interventi alle pubbliche « giustizie », che si protrassero senza interruzioni dagli ultimi anni del Quattrocento

7. Cfr. in appendice, doc. II, n. 44.

sino alla caduta del potere temporale nel 1870, gli «scrivani» che
via via si avvicendarono nell'ufficio tennero nota accurata in una
serie di verbali adunati nel «Giornale» o «Libro grande del Proveditore», nonché – fino al 1582 – in una parallela serie di «Testamenti»
dei giustiziati [8]. Non appena il Fiorentino ebbe rivelato l'esistenza di
questa documentazione preziosa, si aperse tra gli studiosi una gara
per essere ammessi a consultarla. Cominciò Domenico Berti, punto
sul vivo dalle censure, a ripubblicare in un volumetto a sé stante i
documenti del processo bruniano, ma del resoconto dell'archivio del-
l'Arciconfraternita poté riferire, solo per sentito dire, che esso faceva
«cenno in modo particolareggiato dell'orribile supplizio bruniano»,
aggiungendo sconsolatamente: «Ci duole di non potere qui riferire
le parole... avendone avuto solo comunicazione orale e non scritta» [9].
Da allora l'atteggiamento dei responsabili dell'Arciconfraternita, timo-
rosi di dar esca agli scandali, non si scostò dal «persistente rifiuto
opposto in diversi tempi al guardasigilli Mancini ed ai professori
Berti, Fiorentino, Villari e Labanca, che prima o poi, con altri non
pochi, avevano chiesta notizia, od almeno il permesso d'esaminare
l'archivio» [10]; e se una volta se ne scostò, fu a beneficio di un Prete
della Missione, il P. Raffaele De Martinis, che veniva componendo
una biografia curiale del Nolano: ma, per errori grossolani di lettura
e per l'intenzionale omissione del brano ultimo, l'edizione che egli
diede del documento sul Bruno sembra una parodia piuttosto che una
trascrizione [11].

A spezzare quel rifiuto provvide infine, con drastico provvedi-
mento, il presidente del Consiglio in persona, Francesco Crispi, il
quale decretò nel 1889 una «ispezione» all'Archivio di S. Giovanni
Decollato ed avocò allo Stato l'intera serie dei «Libri del Proveditore» [12]. Il 23 novembre 1891 quelle carte vennero versate all'Archivio
di Stato di Roma (dove tutt'ora costituiscono un autonomo fondo)

---

8. Dal 1582 in avanti anche le copie dei testamenti vennero accolte nella serie
principale dei «Libri del Proveditore»; fa eccezione un volume autonomo per
gli anni 1841-1870 (l'attuale vol. 35 del fondo).
9. D. BERTI, *Documenti intorno a G. Bruno da Nola*, Roma, 1880, p. 75.
10. A. POGNISI, *G. Bruno e l'Archivio di S. Giovanni Decollato*, Torino, 1891,
p. 63.
11. R. DE MARTINIS, *G. Bruno*, Napoli, 1886, [*rectius*: 1889], pp. 217-218. Per
la rettifica della data cfr. i richiami (pp. 229 segg.) alle celebrazioni bruniane
dell'89.
12. Tutto il rimanente del vasto materiale archivistico è tuttora conservato in
Roma presso la storica sede dell'Arciconfraternita in via S. Giovanni Decollato 22.

nelle mani del R. Commissario Achille Pognisi, il quale in quell'anno medesimo poteva pubblicare la trascrizione e il facsimile fotografico del sospirato documento, giubilando perché un complesso di testimonianze tanto prezioso, «provvidamente tolto dalla muffa e dalla clausura, nelle quali la Compagnia si compiacque e si ostinò di tenerlo fino a pochi mesi or sono», veniva finalmente «rivendicato... alle indagini degli studiosi», sebbene presentasse «non poche e deplorevoli lacune»[13].

Il materiale acquisito constava allora di quaranta volumi o filze sciolte, oltre ad una generale Rubrica dei giustiziati (l'attuale n. 285 degli *Inventari* dell'Archivio di Stato di Roma), sulla quale dovrò tornare fra breve; il Pognisi si affrettò a notare in calce ai singoli tomi, con rustica grafia e non rade inesattezze, i termini cronologici delle registrazioni, la data d'ingresso, qualche rinvio; provvide anche, non senza arbitrio, a far legare qualche fascio di quinterni sciolti e lacunosi, nell'intento di ricostruire antiche sequenze smembrate; finì per causare egli stesso un imperdonabile danno, perché volle pubblicare per esteso nel suo libretto il verbale relativo all'esecuzione capitale del giudaizzante portoghese Alvarez, seguita il 19 marzo 1640, e finì per trattenere presso di sé o per smarrire l'originale, che si leggeva alle carte 128-131 dell'attuale vol. 19, oggi mancanti[14].

In realtà, la gravità delle lamentate lacune e la loro origine se non altro sospetta non è stata mai sottolineata con l'enfasi dovuta. Se infatti la serie dei «Testamenti» dal 1497 al 1582 corre quasi con-

---

13. A. POGNISI cit., pp. 7-8; la trascrizione è a p. 62; il facsimile, molto nitido, occupa una tavola fuori testo tra le pp. 66 e 67. Lo stesso facsimile, ma molto più sbiadito, e una trascrizione diplomatica accuratissima vennero pubblicati, sempre in quell'anno, a cura di Felice Tocco e Girolamo Vitelli, in J. BRUNI NOLANI, *Opera latine conscripta*, vol. III, Firenze, 1891, p. IX e tavola fuori testo in calce. A testimonianza d'un civile costume d'altri tempi, aggiungo ancora che una delle «poche copie fotografiche del documento» venne subito inviata «quasi debito di cortesia» e «a mezzo del nostro Ministro plenipotenziario a Parigi, al professor Desdouits» per mostrargli garbatamente l'inconsistenza delle sue tesi (A. POGNISI cit., pp. 63-64). Il Pognisi era allora ispettore centrale per l'Istruzione Superiore e le Biblioteche presso il Ministero della Pubblica Istruzione.

14. A. POGNISI cit., pp. 67-75. Già denunciava le modalità della scomparsa, riproducendone il testo con le sue evidenti inesattezze, D. ORANO, *Liberi pensatori bruciati in Roma dal XVI al XVIII secolo*, Roma, 1904, pp. 99-104. Lo stesso ORANO (pp. X-XI) parla di una consistenza globale di soli 32 volumi, perché numera minute e copie duplicate con un'unica cifra (sono in due tomi i nn. I, XXIV, XXVI e XXVII del suo elenco; in tre tomi il n. XXV) e perché non tiene conto di due volumi recenziori: gli attuali n. 35 (i già ricordati «Testamenti», 1841-1870) e n. 40 (un «Registro degli ordini ricevuti dai tribunali per l'esecuzione delle sentenze» dal 1731 al 1754).

tinua, persino con duplicazioni, tranne la lacuna che va dal 1533 al
1540 [15]; se la serie più recente dei « Giustiziati » (1740-1870) appare
completa, salvo una mutilazione di 30 carte che interessa il periodo
1º maggio 1740-20 gennaio 1741 [16], per contro nella parte più antica
del fondo – senza paragone la più densa e preziosa – è avvenuta una
vera e propria falcidia. Basti pensare che dei venti tomi che attual-
mente la compongono ben nove sono in buona parte meri doppioni
(cioè minute di verbali di cui possediamo anche la bella copia, o tra-
scrizioni reiterate), sicché undici soli volumi corrispondono alla serie
organica originaria, che sappiamo invece composta di ben 39 tomi.
Data la partizione varia della materia nei minutari e nelle copie, le
lacune cronologiche effettive sono alquanto minori [17], ma pur sempre
smisuratamente più vaste di quanto non supponesse l'Orano, che
parla d'una perdita di « sei volumi » per « uno spazio di 54 anni » [18].
Si tratta invece di ben 28 volumi, per un arco di tempo di oltre un secolo
e mezzo, cioè di due terzi esatti del periodo abbracciato (1499-1739).

Dovendosi escludere le perdite per incuria in un archivio così
gelosamente custodito, né restando memoria di rovinose calamità
naturali, verrebbe fatto di pensare che i legittimi proprietari di quelle
carte, piegandosi alla dura mano dello Stato, ne avessero eluso le
pretese sottraendo una parte cospicua del fondo a quella che non
poteva apparire ai loro occhi se non come un'odiosa usurpazione.
Convalida questo sospetto la già menzionata Rubrica, che rappresenta – archivisticamente parlando – una sorta di « oggetto misterioso ». Essa registra infatti, distinti per lettera alfabetica secondo
l'iniziale del cognome (o del nome, ove il primo manchi), tutti i giustiziati dal 1499 al 1870, fornendo un brevissimo regesto del verbale,
l'anno dell'esecuzione, nonché il rinvio al tomo (secondo la numerazione antica) e alla carta dell'originale. La compilazione tiene conto
dell'intera serie del fondo antico, prima che si avessero a lamentare

---

15. Si tratta degli attuali volumi 25-34, corrispondenti ai nn. XXIV-XXVIII
dell'elenco dell'ORANO (p. XI). Si ignora la numerazione originaria di questi
tomi nell'Archivio di S. Giovanni Decollato, sicché è impossibile accertare
altre perdite.
16. Si tratta dei quattro volumi attuali 21-24, corrispondenti ai nn. XX-XXIII
dell'ORANO e segnati in antico: libro I-libro IV.
17. E tuttavia, in due casi almeno, anche maggiori. Infatti il vol. 19 (antico
n. 23) è mutilo, oltre che del ricordato inserto relativo all'Alvarez, anche delle
pp. 1-108 (gennaio 1638 - novembre 1639) e il vol. 20 (antico n. 28) è mutilo
delle pp. 147-178 (luglio - settembre 1766) e delle pp. 331-624 (dicembre 1667 -
settembre 1670).
18. D. ORANO cit., p. XII.

perdite di sorta, sicché essa costituisce oggi, malgrado le non infrequenti scorrettezze, una fonte primaria per ricostruire, sia pure sommariamente, la trama dei volumi smarriti. Tutto ciò non desterebbe stupore, se non si aggiungesse che il registro è vergato su carta a mano del secolo XIX, con uniforme grafia linda e professionale degli ultimi decenni del medesimo, e che esso ha un preciso termine *ante quem non* nel 1870, data finale del « libro IV » antico, di cui fornisce – come di tutti i precedenti – lo spoglio. La Rubrica fu dunque vergata tra il 1870 e il 1891, data del suo ingresso nell'Archivio di Stato romano, e sembra attestare in modo eloquente la piena disponibilità, in un momento così recente, del fondo antico nella sua completezza. Poiché è da escludere che tale spoglio sia frutto dello zelo di un segretario dell'Arciconfraternita che al momento dell'esproprio si sarebbe fatta premura di facilitare il compito dei futuri consultatori abusivi e profani, e poiché è impossibile che sia stato compilato da funzionari dell'Archivio di Stato dotati di poteri divinatori nei confronti dei volumi perduti [19], si può solo supporre che fosse stato redatto a S. Giovanni per uso interno, prima del decreto crispino, forse per facilitare le ricerche documentarie (dichiarazioni di morte, ubicazione di sepolture, tenore di testamenti) che discendenti o interessati inoltravano di tempo in tempo all'Arciconfraternita [20]. Inutile aggiungere che, se davvero quei 28 volumi erano ancora disponibili un secolo fa, da qualche parte si dovrebbero poter trovare anche oggi.

Quanto all'importanza storica del fondo, sembra superfluo aggiungere parola. Esso getta lume in primo luogo sui processi capitali per causa d'eresia, fornendo notizie autentiche e peculiari su tante e tante vittime dell'Inquisizione romana [21]; inoltre, permette di cogliere in

19. Può riuscire fuorviante in tal senso il titolo apposto a penna sul piano anteriore esterno della legatura, in grossi caratteri: « Nomi dei giustiziati assistiti negli ultimi momenti dall'Arciconfraternita di S. Giovanni Decollato (detta della Misericordia) in Roma. Desunti dai Registri del Pio Sodalizio, depositati nell'Archivio Romano di Stato il 23 novembre 1891, che principiano coll'anno 1499 e terminano col 1870 ultimo della dominazione Pontificia ». All'interno della partizione alfabetica delle iniziali dei nomi, l'ordinamento è cronologico in base all'anno dell'esecuzione; mese e giorno sono omessi, ma la successione cronologica è assicurata dalla progressione costante dei rinvii ai volumi e alle carte.

20. A rigore non si può escludere che il compilatore si limitasse a trascrivere rubriche o schedari più antichi, forse deperiti; ma si tratta di ipotesi macchinosa, tenuto conto del costo dell'operazione e dell'utilità irrisoria, dal punto di vista strumentale, di un indice di tomi ormai irreperibili.

21. Nel suo volumetto cit. D. ORANO ha pubblicato 86 documenti relativi a esecuzioni poste in atto fra il 1553 e il 1761, ma delle quali ben 79 caddero nel

atto il processo di assimilazione fra repressione dell'eterodossia e repressione della trasgressione politica, attraverso l'imputazione di « lesa maestà divina e umana » con riferimento alla duplice dignità incarnata dal pontefice ed estesa ai suoi rappresentanti e ministri civili; infine offre materiali amplissimi per un'indagine sulla criminalità comune in rapporto ai tipi di reato e di punizione, alle classi sociali dei trasgressori, al variare delle sanzioni a seconda dell'andazzo dei tempi e della qualità dei personaggi chiamati in causa.

Sarà dunque da riprendere lo studio sistematico di queste vecchie carte, con metodo più rigoroso di quello posto in atto dal pur benemerito Orano, soprattutto badando ad estrarre dalla Rubrica tutte le laconiche ma preziose notizie che essa è in grado di fornire. Quanto ai tomi oggi irreperibili, le loro testimonianze possono essere in qualche misura supplite da due spogli o regesti raccolti da un compilatore anonimo che ai tempi di Clemente X, non molto dopo il 1671, pose in carta un duplice *Diario delle giustizie fatte in Roma*, avendo l'occhio nel primo alle « persone eretiche e religiose », nel secondo ai « titolati, nobili e altre persone riguardevoli »[22]. Si tratta di un lavoro frettoloso e qua e là scorretto, con omissioni vistose (nel primo elenco, ad esempio, non si fa cenno al Bruno) e parecchie sviste, sicché condannati che non furono né eretici né sacerdoti appaiono nella prima lista, mentre preti o frati, nonché eretici palesi, trovan luogo nella seconda. Ciò tuttavia non sminuisce il valore surrogatorio dei due elenchi: basti pensare che delle 22 esecuzioni capitali registrate nel primo, otto non sono più documentate in Archivio, e lo stesso deve dirsi per ben 45 delle 80 raggruppate nel secondo.

La prima soltanto di queste liste era stata segnalata fin dal 1927 dal Pastor, che ne stampò in nota un breve estratto; la seconda, serbata nello stesso codice miscellaneo, ma non contigua, è molto più diffusa e sembra affatto sconosciuta[23]. Sono conservate entrambe, l'una alle cc. 365r.-367v., l'altra alle cc. 426r.-442r., nella *Miscellanea*

secolo XVI. Talune fra esse tuttavia non riguardano condanne per eresia, come mostrerò più oltre.

22. Il primo spoglio copre gli anni 1567-1657, il secondo gli anni 1569-1671. La più tarda notizia registrata (6 giugno 1671) ricorda un omicida che ebbe « il capo esposto in una gabia di ferro a Ponte Molle, che oggi anche si vede ». Quel monito orrendo poté restare in mostra solo per un tempo relativamente breve. L'uno e l'altro *Diario* sono dichiaratamente tratti dai registri di S. Giovanni Decollato.

23. L. VON PASTOR, *Geschichte der Päpste... Clemens VIII*, Freiburg i.B., 1927, pp. 733-4; traduz. ital., *Storia dei Papi*, Roma, vol. XI, 1929, pp. 754-5. La parte edita corrisponde ai nn. 7-12 del doc. I qui pubblicato in appendice.

(Arm. III.8) dell'Archivio segreto Vaticano, ch'è la parte II, perciò numerata da 365 a 756 [24], del tomo IV, di una « Miscellanea Indulti, Relationi, Lettere, Manifesti et altro», composta di varie scritture politiche, giudiziarie e amministrative – le più a penna, ma taluna anche a stampa – inframmezzate da lunari, privilegi, pareri e altre carte disparate, quasi tutte attinenti alla curia romana nel trentennio 1650-1680 e verosimilmente adunate in Roma sotto il pontificato di Innocenzo XI.

Il contributo che gli elenchi così ricuperati arrecano a una miglior conoscenza delle tragiche cronache dell'Inquisizione romana non è trascurabile. Cinque sono gli « eretici » accolti nella silloge dell'Orano, che è possibile ora depennare dal novero delle vittime della repressione religiosa. Il domenicano napoletano Valerio Marliano fu impiccato il 16 febbraio 1590, ma il suo cadavere non venne incenerito, il che sembra escludere implicazioni ereticali; fra Clemente Mancini e don Galeazzo Porta, entrambi milanesi, decapitati il 9 novembre 1599, erano falsificatori di bolle apostoliche; un omonimo Giovanni Mancini, pugliese, impiccato e bruciato il 28 ottobre 1613, era un maniaco recidivo nel recitar messa senza possedere gli ordini sacri, cioè un sacrilego ma non un eterodosso; infine il prete Giovan Giacomo Fello da Celano, decapitato il 10 giugno 1657, era solo un violatore dei bandi sul prelievo di robe infette dalle case degli appestati [25].

Per contro, nuovi nomi di possibili eretici vengono in luce, come don Marcello de' Conti da Melfi, impiccato e poi arso il 10 aprile 1601, o quell'Andrea Pacini da Siena, cui toccò la stessa sorte il 9 marzo 1614, o l'Antonio di Jacomo di Francesco, forse della diocesi di Troyes, calvinista, che abiurò la sua fede e venne impiccato il 15 dicembre 1609 [26]. E nuovi particolari illustrano la fine del minorita veneziano Fulgenzio Manfredi, anticurialista e sarpiano fervente, attirato a Roma con illusorie blandizie e là, in Campo di Fiori, impiccato ed arso come relasso il 5 luglio 1610 [27].

Tre sono i nomi di parenti dei papi – due futuri, uno da poco defunto – che risuonano in queste cronache sinistre: Filippo Borghese da Siena, eretico formale, decapitato e incenerito il 1º maggio 1569;

---

24. Una recente numerazione meccanica distingue ora le carte con le cifre 1-360. I documenti qui pubblicati sono alle cc. 1-3 e 61-77 della nuova numerazione.
25. Cfr. in appendice il doc. I, nn. 4, 8, 16 e 22; D. ORANO cit., nn. LXVIII, LXXVI, LXXXI e la p. 119.
26. Cfr. il doc. I, nn. 10, 17 (nota 21) e 13.
27. Cfr. il doc. I, n. 14.

Giovan Bernardino Ghislieri, processato dal Sant'Uffizio e strozzato
segretamente in carcere il 25 ottobre 1574; Francesco Barberini, impiccato, forse per reati comuni, il 9 maggio 1597 [28].

Il concetto di lesa maestà divina, con la conseguente pena del
fuoco, tende a confondersi con quello di offesa alla dignità pontificia
nella sua duplice sovranità spirituale e temporale. Raffaello Tarugi
da Montepulciano paga con la testa nel giugno del '92 un colpo di
spada dato in S. Giovanni in Laterano «mentre si diceva la messa
alla presenza di Nostro Signore». Sacrilegio perpetrato in un tempio
insigne o «temerità» oltraggiosa verso il pontefice regnante? Molti
anni più tardi, nel gennaio 1649, cadrà anche la testa del romano
Giovan Camillo Zaccagna, reo di non so che oltraggio contro la persona di Lazzaro Pallavicini, prefetto dell'Annona e futuro cardinale:
la condanna precisa «per delitto di lesa maestà». Mentre nel 1611 ci
si accontenta di impiccare un notaio falsificatore e nel '52 il famoso
monsignor Mascambruno, infedele sotto-datario di Innocenzo X, avrà
il capo spiccato «per molte gravi falsità», tredici anni dopo un Nicolas
Thibault di Verdun, «falsificatore di brevi apostolici», sarà impiccato
«e poi brugiato» [29]. Il caso più clamoroso, e d'altronde ben noto, è
quello di Giacinto Centini, nipote di un cardinale autorevole, impiccato il 22 aprile 1635 con tre frati complici (che dalla forca vennero
calati sul rogo) «per crimen laesae maiestatis divinae et humanae»,
in quanto aveva tramato la morte di papa Urbano VIII con mezzi
così poco idonei come incanti e sortilegi: segno, se non altro, che i
giudici e la vittima designata condividevano le medesime superstizioni del velleitario attentatore. Riferisce un gazzettiere che il papa,
un anno prima della condanna, aveva «detto a più d'uno che il delitto
è esecrando per mille considerazioni, e che la minore è forse la lesa
maestà divina e umana», sicché – come argutamente notava Luigi
Amabile – «la maggiore non poteva esser altra che la lesa maestà
Barberina» [30].

Col passar dei decenni l'eresia, soffocata dalla repressione e dal
terrore, si dilegua fino a svanire del tutto, ma la potestà inquisitoria
rimane e, per sopravvivere come istituzione, tende a dilatare la propria sfera d'intervento. La commistione dei due poteri ammanta di
sacralità anche la gestione temporale; l'offesa ad un funzionario cu-

28. Cfr. il doc. II, nn. 1, 4 e 35.
29. Cfr. il doc. II, nn. 22, 69, 47, 71, 77.
30. Cfr. il doc. II, 59. L. AMABILE, *Fra T. Campanella ne' Castelli di Napoli*
ecc., Napoli, 1887, vol. I, p. 497, dov'è pubblicato l'*Avviso* del 25 marzo 1634.

riale si riverbera sul sovrano e offende Iddio medesimo. Non a caso, anche sul piano della politica mondana, non si tarderà a configurare il reato d'opinione e gli scrittori di parole incaute pagheranno con la vita ogni accenno di censura, di satira, di dissenso. Tra il 1605 e il 1636 ben cinque teste caddero per giudizi severi sul papa, « per libelli famosi », « per aver tenuto e letto molte scritture malediche » [31]. Anche questi episodi minori, con la loro stolta ferocia, aiutano a capire – tra gli anni del processo di Bruno e quelli del processo di Galileo – come operò una burocrazia di sadici divoti per estirpare ogni più esile, ogni più insignificante radice di libertà.

31. Cfr. il doc. II, nn. 42, 50, 54, 60 e 61.

APPENDICE

I.

[365 r]. Diario delle giustitie fatte in Roma di persone eretiche e religiose dall'anno 1567 fino al 1657, cavato dall'Archivij della Compagnia di San Giovanni Decollato della natione fiorentina [1].

[1]. 1567. Pietro Carnesecchi e fra Giulio Macesio, della città di Cetona, dell'ordine de' frati Minorili; furono prima tagliate le teste e a dì 1º ottobre 1567 furono brugiati per eretici [2].

[2]. 1585. A dì 22 marzo 1585 Jacomo del *quondam* Teodoro Paleologo, già frate di S. Domenico, doppo anco fatto professione della fede, fu nel cortile di Torre di Nona decapitato et il corpo portato in Campo di Fiore e ivi abrugiato [3].

[3]. 1587. A dì 5 agosto 1587 Gasparo Ranchi, che morì impenitente e rilapsato; don Pomponio Rustici, eretico e infedele; don Antonio Nuntio, pernicioso; fra Giovanni Bellinello negromante et idolatro, furono in Campo di Fiore appiccati e poi brugiati; morirono li tre ultimi con buoni sentimenti [4]. [365v.].

[4]. 1590. A dì 16 febraro 1590 fra Valerio Marliano napolitano frate professo, già sacerdote, dell'Ordine de' predicatori, fu condotto in Ponte, ove fu appiccato. Morì disposto [5].

---

1. Nel Ms. segue: « Carte... » senza altri riferimenti ai fogli dei registri dell'Archivio di S. Giovanni Decollato.
2. Documenti integrali editi in D. Orano cit., nn. XXI-XXII, pp. 22-24. Fra Giulio Maresio non «Macesio» non era di Cetona (a sud di Chiusi), ma di Cividale del Friuli; cfr. E. Comba, *I nostri protestanti*, Firenze, vol. II, 1897, pp. 672-4.
3. Documento integrale in D. Orano cit., n. LXVIII, pp. 73-74. In ASR si legge non solo nel vol. 12, cc. 185v.-186r., ma anche nel vol. 13, c. 89r.-v.
4. Documento integrale in D. Orano cit., n. LXX, pp. 75-78; il suo rinvio inesatto all'ASR va corretto in: vol. 14, cc. 74r.-75r. Il compilatore trascrisse i nomi in modo impreciso, scrivendo « Ranchi » per « Ravelli » e « Nuntio » per « Nantrò »; il Bellinelli si chiamava « Giovanni Antonio ».
5. Documento integrale in D. Orano cit., n. LXXI, pp. 78-80. Non sembra trattarsi di un eretico.

[5]. 1590. A dì 8 aprile 1590 don Giulio Saracino da Tivoli, monaco di Mont'Oliveto e cellerario di Santa Maria Nuova, che prima degradato nella cappella delle carceri, e suor Marta Vallati romana, monaca nel monastero di Torre di Specchi, la quale scrisse un viglietto chiedendo perdono alle dette monache: ambedue furono decapitati in Ponte e morirono con buoni sentimenti. Il corpo di detta suor Marta vien concesso a' parenti, che lo fecero sepelire in S. Adriano in Campo Vaccino [6].

[6]. 1591. A dì 6 febraro 1591 in Torre di Nona fra Andrea, figlio del *quondam* Giovanni Angelo Forzati da Castellaccio, diocesi di Capua; Flaminio del *quondam* Girolamo Fabrio da Mediolaro; Francesco Serafino, figlio del *quondam* Nicolò, venetiano, sacerdote professo et apostata dell'ordine di San Benedetto, furono tutti [366r.] appiccati et abbrugiati in Campo di Fiore [7].

[7]. 1597. A dì 4 febraro 1597 fra Pietro Paulo Pallotto da Vitorchiano, già frate di S. Agostino, fu appiccato in Ponte, e si dispose assai bene [8].

[8]. 1599. A dì 9 novembre 1599 fra Clemente Mancini e don Galeazzo Porta, ambedue milanesi, furono in Ponte decapitati sopra un palco [9].

[9]. 1600. A dì 9 giugno 1600 don Francesco Moreno da Minerbino, diocesi di Bari, fu appiccato e brugiato in Ponte [10].

6. Processo per fornicazione sacrilega, omesso perciò dall'ORANO. Cfr. ASR, vol. 14, cc. 175v.-177r.

7. Inizia da questo capoverso il brano edito con varie inesattezze da L. VON PASTOR cit., pp. 754-755; documento con omissioni in D. ORANO cit., n. LXXIV, pp. 84-86. Il compilatore lesse male il documento, perché il Forzati, il Fabrizi e il Serafini vennero in effetti impiccati in Campo di Fiori, ma solo i cadaveri dei due primi vennero arsi. La stessa mattina altri cinque condannati (forse complici minori, o forse puniti per diverso delitto) vennero impiccati in Ponte; furono Giovan Battista Carobinacci di Assisi, Giovanni Antonio de Marinis di Rosario (Jesi), Alessandro d'Arcangelo di S. Vito, Fulvio Camparino di S. Gemini e Francesco d'Alessandro di Castel Palombo (Spoleto). Consueti errori del compilatore, che scrisse « Giovanni Angelo » per « Giovan Antonio », « Castellaccio » per « Castelluccio », « Fabrio » per « Fabritio », « Mediolaro » per « Mediolano ».

8. Questa notazione, omessa in un primo tempo, venne aggiunta dal compilatore alla c. 367r. dopo quella del 5 luglio 1610. Manca il riscontro in ASR per la perdita del registro relativo (vol. 15 antico, c. 208); nella Rubrica (p. 391) si legge: « Pallotta fra Pietro Paolo, agostiniano, impiccato a Ponte. 1597 ». Sembra da escludere che si tratti di un eretico.

9. Documento integrale in D. ORANO cit., n. LXXVI, pp. 87-88, con la dubitativa: « Eretico? ». In realtà i due sacerdoti milanesi finirono sul patibolo per aver falsificato lettere apostoliche di dispensa in complicità con fra Antonio Carrara di Napoli e un tal Francesco Bruno di Cava dei Tirreni, probabilmente gravati da minori responsabilità, perché scamparono al boia. Tutti e quattro erano entrati nelle carceri del Sant'Uffizio romano il 26 marzo 1599 (cfr. il documento del 5 aprile 1599 edito da L. VON PASTOR cit., p. 755). Che il Mancini e il Porta nulla avessero a che fare con l'eresia risulta anche dal fatto che i loro cadaveri non vennero bruciati. Erra perciò E. RODOCANACHI (*La Reforme en Italie*, Paris, vol. II, 1921, p. 434) nel definirli « deux hérétiques».

10. Documento integrale in D. ORANO cit., n. LXXVIII, pp. 89-90.

[10]. 1601. A dì 10 aprile 1601 furono appiccati in Ponte don Livio Palasto modanese e don Marcello de' Conti da Melfi, il quale doppo morte fu anche abbrugiato [11].

[11]. 1601. A dì 10 maggio fra Giovan Tomaso Caraffa, cavaliere Gerosolimitano e gentiluomo napolitano, e fra Onorio Gostanzio Gostanzio [12] dell'ordine di S. Francesco de' Conventuali furono condotti in Ponte: a fra Giovan Tomaso fu tagliata la testa e fra Onorio fu appiccato, e dopo ambedue furono abbrugiati [13].

[12]. 1609. A dì 7 aprile 1609. Ordinasi dal nostro governatore a due fratelli acciò faccino diligenza negl'atti di monsignor Governatore di trovare un decreto fatto da monsignor Ruccellai, allora governatore [14], contro i guardiani delle carceri, [366v.] che proibisce il levare i panni a' condennati a morte; e fu detto dovesse essere dall'anno 1593 fino al 1595 [15].

[13]. 1609. A dì 15 dicembre 1609 Antonio di Jacomo di Francesco da Faira, diocesi di Troia, eretico, quale [fu] persuaso a convertirsi e però furono chiamati padri di S. Domenico e San Francesco; e doppo una gran fatica finalmente confessò la Chiesa romana, anatematizzando la ginevrina, che disse esser falsa; e udita la messa, fu condotto in Campo di Fiore e ivi appiccato. Piaccia a Dio che abbi detto con il core ciò che disse con la lingua [16].

[14]. 1610. A dì 5 luglio 1610 in Torre di Nona fra Fulgentio del *quondam* Ludovico Manfredi, venetiano, eretico relapso e abiurato, era dell'ordine de' Minori Osservanti di San Francesco [17]. Furono a tal effetto

---

11. Originale in ASR, vol. 16, cc. 159v.-162r. Non registrati dall'ORANO; ma almeno Marcello de' Conti non è da escludere che fosse eretico. «Palasto» è errore di lettura per «Palazzo».

12. «Gostanzio» è scritto due volte anche nell'originale dell'ASR, e può ben stare così, se il nome di battesimo duplicava il cognome.

13. Documento integrale in D. ORANO cit., doc. LXXX, pp. 92-93.

14. Annibale di Luigi Rucellai fu elemosiniere di Caterina de' Medici in Francia e venne a Roma nella primavera del 1568 quale ambasciatore di Carlo IX; il 1º aprile 1569 fu nominato vescovo di Carcassonne; in curia ebbe vari uffici di rilievo, fra cui quello di Governatore di Roma dal 1592 (?) al '95, quando venne sostituito da Domenico Toschi. In Roma morì il 29 gennaio 1601. Cfr. L. PASSERINI, *Genealogia e storia della famiglia Rucellai*, Firenze, 1861, pp. 109-111.

15. Qui termina il brano edito dal PASTOR nel 1927. La presente notazione e le tre che seguono non trovano riscontro in ASR per la perdita del registro relativo agli anni 1608-1612 (antico 18).

16. Forse un ugonotto di Fays, a sud di Troyes? L'originale era in ASGD, vol. 18, c. 110; la Rubrica (p. 13) registra: «Antonio di Jacopo della diocesi di Troia, condannato ad essere bruciato come eretico, ma essendosi convertito in cappella fu impiccato in Campo di Fiore. 1609» (edito in D. ORANO cit., p. 119).

17. L'originale era in ASGD, vol. 18, c. 134; la Rubrica (p. 311) registra: «Manfredi fra Fulgenzio, veneziano, minore osservante, eretico relasso, impiccato e poi bruciato in Campo Vaccino, e abiurò. 1610» (edito con omissioni in D. ORANO cit., p. 119). Il francescano Fulgenzio Manfredi aveva vigorosamente predicato in Venezia contro le pretese curiali al tempo dell'Interdetto. Attirato a Roma con salvacondotto, partì da Venezia il 5 agosto 1608; piegatosi all'abiura segreta, ricusò quella pubblica, sicché la notte del 10 febbraio 1610 venne arrestato e rinchiuso nel carcere dell'Inquisizione; una pretestuosa revisione dei suoi scritti motivò la condanna come eretico impenitente, che gli fu letta in S. Pietro il 4 luglio (cfr. P. SARPI, frammento di *Continuazione*

chiamati quattro teologi domenicani. Si dispose benissimo, fu condotto in Campo di Fiore e su [18] la scala delle forche si disdisse de' suoi errori e ne chiese perdono ad ognuno ad alta voce, e prima a Dio e al sommo pontefice, e protestò voler morire in grembo di santa Chiesa; fu appiccato e poi abbruggiato. [367r.]

[15]. 1612. A dì 20 febraro 1612 fu appiccato in Ponte messer Giuseppe Forzini da Terni [19].

[16]. 1613. A dì 28 ottobre 1613 Giovanni, figlio del *quondam* Giovanni Mancini, *alias* Cortese, della terra di Casa Massime, diocesi di Bari, relapso della santa Inquisitione di Roma per sacrilegio commesso per aver celebrato messa e consacrato senza esser sacerdote, ma solo laico; fu appiccato ad un palo in Campo di Fiore e poi abbrugiato [20].

[17]. 1614. A dì 9 marzo 1614 fra Silvio di Giulio d'Amelia fu decapitato nel cortile di Torre di Nona et il suo corpo portato in Ponte [21].

[18]. 1614. A dì 9 settembre 1614 don Patritio del *quondam* Paulo Vitali dal Poggio di Piacenza fu condotto per Roma sopra un carro e nella piazza detta Pizzomerlo, vicino alla Chiesa Nuova, fu appiccato [22].

[19]. 1621. A dì 13 luglio 1621 Paulo Martinozzi da Lodi fu appiccato in Ponte, e fu detto che era prete [23].

[20]. 1622. A dì 22 giugno 1622 Giovanni di Giulio Buzzio da Mendozza, diocesi di Como, prete, fu appiccato in ponte per omicidio [24]. [367v.].

[21]. 1630. A dì 10 aprile 1630 Vittorio Pannigiani del *quondam* Zenobio, senese, sacerdote, fu prima degradato e poi appiccato per molte cause contenute nel processo; fu sepolto nella nostra chiesa sotto la predella dell'altare della Presentazione [25].

---

della *Istoria dell'Interdetto*, in: *Istoria dell'Interdetto e altri scritti* ecc., Bari, 1940, pp. 231-233); lo stesso Sarpi, scrivendo il 14 settembre a Jérôme Groslot de l'Isle, dichiarava, quanto a fra Fulgenzio, « esser opinione anco delli stessi cortigiani romani, che gli sia stato violato la fede » (P. SARPI, *Lettere ai Protestanti*, Bari, 1931, vol. I, p. 138).

18. « su » è scritto due volte, per errore.

19. L'originale era in ASGD, vol. 18, c. 213; la Rubrica (p. 230) registra: « Forzini Giuseppe da Terni, impiccato a Ponte. 1612 ». Non si tratta certamente di un eretico e, a quanto sembra, neppure di un ecclesiastico.

20. Documento integrale in D. ORANO cit., n. LXXXI, pp. 93-95; il rinvio all'originale in ASR va corretto in: vol. 17, cc. 23r.-24r. Si tratta palesemente di un sacrilego, non di un eretico.

21. Originale in ASR, vol. 17, c. 56r.; a quanto sembra, fra Silvio non venne condannato per eresia, ma si noti che lo stesso giorno un « Andrea di Giovanbattista Pacini, sanese » venne « appiccato e abbruciato » in Ponte.

22. Originale in ASR, vol. 17, c. 72r.-v. Sembra escluso che si tratti di un eretico.

23. La presente notazione e la seguente non trovano riscontro in ASR per la perdita del registro relativo agli anni 1621-1625 (antico 20); questa, relativa al Martinozzi, si leggeva alla c. 34; la Rubrica (p. 312) registra: « Martinozzi Paolo, da Lodi, impiccato a Ponte. 1621 ». Sembra escluso che si tratti di un eretico.

24. L'originale era in ASGD, vol. 20, c. 64; la Rubrica (p. 70) registra: « Buzzi Giovanni della diocesi di Como, prete, impiccato a Ponte per omicidio. 1622 ».

25. Originale in ASR, vol. 18, c. 206r.-v. Non si tratta di un eretico. Il nome corretto è « Pianigiani ».

[22]. 1657. A dì 10 giugno 1657 Giovan Giacomo Fello da Celano, indegno sacerdote, fu condannato ad esser decapitato in piazza Montanara, condotto in carozza a due cavalli alla scoperta per aver trasportato robbe prestate da casa infetta in luogo non infetto. Si dispose e fu sepolto nelle nostre tombe [26].

26. L'originale era in ASGD, vol. 26, c. 333; la Rubrica (p. 233) registra: « Fello Gio. Jacomo da Celano, sacerdote, decapitato in piazza Montanara per trasporto di robe da casa infetta in casa non infetta. 1657 ». Non si comprende perciò come D. ORANO (*op. cit.*, p. 119) abbia potuto supporre che si trattasse di un eretico, anziché di un contravventore ai bandi della Sanità sulle masserizie e panni appestati.

II.

[426 r.]. Diario delle giustitie fatte dall'anno 1569 sino al 1671 di titolati, nobili e altre persone riguardevoli, con la descrittione in molti delle cagioni per le quali ànno meritato la morte, cavato dall'Archivio della Compagnia di S. Giovanni Decollato della natione fiorentina [1].

[1]. 1569. A dì primo maggio 1569 fu tagliata la testa, e brugiato doppo il suo cadavero, al signor Filippo Borghese senese [2].

[2]. 1570. L'illustre signor Paris, figlio del conte Girolamo della Genga, doppo lunga ostinatione ravvistosi finalmente, fu decapitato in piazza Giudecca a dì 24 luglio 1570 [3].

[3]. 1574. Il conte Giovanni Aldobrandini da Ravenna fu decapitato nel cortile delle carceri, et il corpo dalla giustitia fu portato in Ponte, dove la Compagnia di S. Giovanni Decollato mandò 4 torcie, e ciò fu a dì 8 luglio 1574 [4].

[4]. Il signor Giovan Bernardino Ghisilerio, figlio di Bernardino da Pinarolo, morì da buon cristiano, e nella prigione [426v.] a ore cinque di notte fu strangolato, e alla medema ora fu portato a sotterrare a S. Giovanni Decollato, si disse, condannato dal Sant'Offitio [5].

1. A chiusa del titolo il compilatore pose per errore la data « 1569 », che è in realtà quella del primo regesto seguente.
2. Questo parente del futuro papa Paolo V era stato condannato dall'Inquisizione; documento integrale in D. ORANO cit., n. XXX, pp. 30-31.
3. Originale in ASR, vol. 7, cc. 196r.-198v.
4. L'originale era in ASGD, vol. 12, c. 64; la Rubrica (p. 254) registra: « Gio. Aldobrandino (conte), da Ravenna, decapitato di notte nel cortile delle Carceri. 1574 ».
5. La data è omessa, ma dal documento integrale (D. ORANO cit., n. LI, pp. 53-54) risulta che l'esecuzione ebbe luogo il 25 ottobre 1574 e che la prigione era quella « del Ofitio della Santissima Inquisizione ». La procedura inusitata dello strangolamento in carcere seguito da immediata sepoltura, senza arsione del cadavere, fa sospettare che nel caso di questo Ghislieri, non troppo lontano parente di Pio V (cioè di un papa defunto da poco più di due anni), si volesse soprattutto evitare lo scandalo. A Luigi Amabile, che per primo accennò a questa sentenza (Il S. Offizio della Inquisizione in Napoli, Città di Castello, 1892, vol. II, p. 18), non parve dubbio che il Ghislieri venisse condannato per eresia, ma non escluderei che l'Inquisizione avocasse a sé il giudizio, invocando eventuali colpe di lesa Maestà divina e umana, solo per assicurare la segretezza del processo. Più d'uno fra la miriade di nipoti e cugini di Pio V calati a Roma dopo la sua esaltazione fece parlare di sé le cronache criminali: un fratello dell'infelice strangolato nel '74, cioè Gianfrancesco di Bernardino Ghislieri da Pinerolo, già uomo d'armi in Fiandra, accorse a Roma in miseria, ma nel '68, implicato in una rissa, venne processato e sbandito; un altro Giovan Francesco sarebbe stato condannato a morte nel '72 per aver ucciso a tradimento un suo creditore; infine Paolo Ghislieri, benvoluto dal Papa, che lo riscattò dalla prigionia turca e lo fece governatore di Borgo (maggio 1567), venne esautorato ed esiliato nell'ottobre del '68 per scostumatezza ed eccessi (P. L. BRUZZONE, I Ghislieri, « Gazzetta letteraria, artistica e scientifica » [Torino], VIII, n. 41, 4 ottobre 1881, pp. 321-322).

[5]. 1581. A dì 8 decembre 1581 fu tagliata la testa a Cesare de Totis, cavaliere Gerosolimitano, il quale mal volontieri si dispose, per il che furono chiamati i Capuccini e misser Cesare della Chiesa Nuova [6], e in fine si rese e si dispose benissimo [7].

[6]. 1582. A dì 11 marzo 1582 fu decapitato Fulvio di Tiberio Alberini, cavaliere gerosolimitano, nel cortile di Torre di Nona [8].

[7]. 1583. A dì 13 giugno 1583 fu decapitato il capitan Giovan Battista Pace, già barigello di Roma, nel cortile di Torre di Nona [9].

[8]. 1583. A dì 8 luglio 1583, doppo aver scritto due lettere sensatissime a' suoi, fu tagliato la testa ad Alfonso Ceccarello, medico di Bevagna, e li fu fatta in Ponte [10].

[9]. 1584. A dì 10 aprile 1584 il capitan Fabio Nini d'Ascoli fu giustitiato in Ponte sopra un palco: bendati gl'occhi, percosso con un maglio [427r.] in testa, fu poi scannato e squartato [11].

[10]. 1584. A dì 2 aprile 1584 Giovanni d'Agostino da Bertinoro, figlio di Chiara Amaducci dimorante in Bertinoro, fu appiccato in Ponte Sant'Angelo [12].

[11]. 1586. A dì 30 maggio 1586 fu decapitato in Ponte il conte Vittorio Monte Mellino [13].

[12]. 1586. A dì 28 luglio 1586 il capitan Nicolò Azzolino, che lasciò esecutore del suo [testamento] il cardinal Azzolino [14], fu decapitato in Ponte [15].

---

6. Cesare Baronio (1538-1607), il futuro cardinale, allievo prediletto di S. Filippo Neri.

7. Originali in ASR, vol. 11, cc. 142v.-143r.; vol. 12, c. 43r.-v.

8. Originale in ASR, vol. 12, c. 53r.-v.

9. Originali in ASR, vol. 12, cc. 103r.-104r.; voll. 13, cc. 60r.-61r. L'infelice bargello, la sera del 26 aprile, aveva tentato di arrestare due banditi rifugiati in casa di Lodovico Orsini, provocando una zuffa sanguinosa tra i propri sbirri e un manipolo di nobili facinorosi; aizzato da costoro, il popolaccio insorse, tanto che Gregorio XIII dovette chiudersi in Vaticano e mettere in postazione le artiglierie. Con l'usata debolezza il papa finì per abbandonare gli sbirri al furore popolare, cui offerse anche la testa del loro capo, reo solo di aver tentato di imporre il rispetto della legge (cfr. L. VON PASTOR cit., vol. IX, 1925, p. 781).

10. Originali in ASR, vol. 12, cc. 107r.-108v.; vol. 13, cc. 64r.-65v.; vi sono trascritte le due lettere indirizzate dal condannato, sull'alba del 9 luglio, al cognato G. B. Ciccoli e ai famigliari. Su Alfonso Ceccarelli (1532-1583), famigerato falsario di ogni sorta di documenti antichi, cfr. la mia nota: *Il « primo scrittore politico italiano » non esiste*, « Italia medioevale e umanistica », III, 1960, pp. 213-225. La data dell'esecuzione risulta anticipata d'un giorno rispetto a quella correttamente indicata da A. MERCATI (*Per la storia letteraria di Reggio Emilia*, « Atti e Memorie della R. Deputaz. di Storia patria per le province modenesi », ser. V, XII, 1919, p. 72), perché i confortatori iniziavano il loro lugubre lavoro al tramonto, mentre l'esecuzione aveva luogo all'alba successiva.

11. Originali in ASR, vol. 12, c. 142r.; vol. 13, c. 98v.

12. Originali in ASR, vol. 12, cc. 143v.-144r.; vol. 13, c. 100v.

13. Originali in ASR, vol. 12, cc. 249v.-250r.; vol. 14, c. 23r.-v.

14. La parola « testamento » è supplita su lacuna del Ms.; Decio Azzolini (1549-1587) fu segretario di Sisto V, che gli concesse la porpora il 18 dicembre 1585 e lo ebbe carissimo, ma non esitò pochi mesi più tardi a far decapitare questo suo nipote, reo di ripetuti omicidii (L. VON PASTOR cit., vol. X, 1928, p. 71).

15. Originali in ASR, vol. 12, cc. 259v.-261r.; vol. 14, cc. 33v.-36r.

[13]. 1587. A dì 19 febraro 1587 il signore Virgilio di Mantaco romano fu decapitato nel cortile di Torre di Nona [16].

[14]. 1587; A dì 13 agosto 1587 il signore Ramberto Malatesta, domicello romagnuolo, fu decapitato in Ponte [17].

[15]. 1588. A dì [11 maggio] [18] 1588 Martino de Suria spagnuolo, nipote, come disse, della buona memoria del dottor Navarro [19], lascia alcuni censi alla Compagnia della Resurrettione di San Giacomo de' Spagnuoli, e all'altre uno [427v.] di duecento, quali li lasciò il detto dottor Navarra; fu impiccato nella piazza di San Pietro; fu da' nostri portato la sera alla Traspontina, di dove lo levò la detta Natione e lo portò a San Giacomo.

[16]. 1589. A dì 4 marzo 1589 al cavaliere Druso Delfino d'Amelia fu tagliata la testa in Ponte [20].

[17]. 1589. A dì 28 aprile 1589 fu decapitato Antimo Capizucchi romano nel cortile di Torre di Nona e il giorno seguente fu dalla giustitia fatto portare in Ponte [21].

[18]. 1589. A dì 23 maggio fu decapitato Girolamo del *quondam* Lelio de' Massimi in Torre di Nona e a dì 24 detto fu portato il di lui corpo a Ponte [22].

[19]. 1589. A dì 12 ottobre 1589 [23] fu decapitato Camillo Voltri, gentiluomo bolognese, nel cortile delle prigioni di Torre di Nona, e poi il corpo fu portato in Ponte a dì 13 di detto mese [24].

[20]. 1590. A dì 25 maggio 1590 Mutio Treppet da Vienna, nipote di Massimiliano [428r.] Trippet canonico di Vienna e cappellano de' serenissimi arciduchi d'Austria, doppo aver scritto una lettera latina al detto suo zio, fu impiccato in Ponte [25].

[21]. 1592. A dì 17 aprile 1592 in Castel Sant'Angelo l'illustrissimo signor Troilo Savelli, barone romano, fu condotto nel cortile di abasso della fortezza et ivi fu decapitato, et il corpo portato da ministri di giustitia in Ponte sopra palco fatto a posta, ove stette fino a ore 20 e poi fu levato dalla Compagnia di S. Giovanni Decollato. Nell'istessa notte furono con-

16. Originale in ASR, vol. 14, cc. 57r.-58r.
17. Originale in ASR, vol. 14, cc. 76r.-77r. Il Malatesta, famigerato capo di banditi, era stato arrestato in Toscana e tradotto a Roma il 26 giugno 1587 (L. VON PASTOR cit., vol. X, pp. 65-66).
18. La data è in bianco nel Ms.; la supplisco grazie all'originale in ASR, vol. 14, cc. 109r.-110r. Da esso risulta che il Suria lasciò un unico censo di 200 scudi alla Compagnia della Risurrezione.
19. Il celebre canonista e moralista Martín de Azpilcueta (1493-1587), detto « doctor Navarrus » dal regno in cui ebbe i natali, era morto a Roma il 21 giugno dell'anno precedente.
20. Originale in ASR, vol. 14, cc. 138v.-140v.
21. Originale in ASR, vol. 14, cc. 142 r.-143v.
22. Originale in ASR, vol. 14, c. 146r.
23. Corretto su « 13 maggio 1590 ».
24. Originale in ASR, vol. 14, cc. 158v.-160v. Il nome corretto è «Volta».
25. Originale in ASR, vol. 15, cc. 6r.-7v.; nella lettera allo zio, il condannato confessa la propria colpa: aver stretto un patto col demonio per ottenere denaro. Il suo nome era Mattia non Muzio.

segnati alla detta Compagnia nove condennati, che la mattina seguente si giustitiorno. Il detto Savelli morì assai contrito e rimesso, con edificatione di tutti [26].

[22]. 1592. Vennerdì mattina li 26 giugno 1582 [27] a ore 12 fu fatto intendere che la Compagnia [andasse] a Corte Savella, che allora [428v.] si doveva far giustitia; e andati alle tre ore, fu consegnato alla detta Compagnia il signor Rafaello d'Accursio Tarugi da Monte Pulciano, il quale si confessò da un padre di Santa Maria in Vallicella e disse di conoscere di meritare questa morte: fu la gran temerità usata in percuotere uno con la spada in S. Giovanni Laterano mentre si diceva la messa alla presenza di Nostro Signore, per il qual delitto era condennato a morte. A ore 15 incirca fu condotto in Ponte e ivi tagliatagli la testa; ad ore 17 fu levato il corpo da quelli della Compagnia e portato alla loro Chiesa [28].

[23]. 1592. La sera di detto giorno, che fu li 28 giugno del detto anno, furono consegnati alli fratelli della Compagnia il capitan Ceccone di Sebastiano da Monte Santo, Polifemo de Utozzi di Servigliano, napolitano, Giacomo di Michelangelo Grifoni da Righello, senese. Condotti prima sopra Cavorza e tormentati per molti luoghi di Roma [429r.] e attenagliati; e in Banchi discesero alla casa di Francesco Antonio Benazzi e fu a detto Giacomo ivi tagliata la mano destra; poi condotti in Ponte e quivi accoppati, scannati e squartati [29].

[24]. 1592. A dì 11 settembre 1592 il signore Cornelio Clementini da Orvieto, in Castello, nella cappella del Maschio, fu consegnato, scrisse una lettera e fece molti lasci. Entrò poi in cappella il bargello dell'A[uditore della] C[amera] per cui sentenza era condennato, e il detto condotto nel cortile di Castello, accompagnato da' nostri fratelli che dicevano per esso le litanie, et ivi fu decapitato un'ora avanti giorno. L'istessa mattina all'alba fu portato in Ponte, dove stette sino alle 15 ore, e lo consegnorno doppo a' parenti, che lo sepelirno in Aracaeli [30]. [430v.]

[25]. 1593. A dì 15 giugno 1593 capitan Nofrio Tartaro da Montefalco fu appiccato in compagnia di cinque altri e di uno mazzolato, e fu sepolto nelle nostre tombe [31]. [431r.].

26. Originale in ASR, vol. 15, cc. 86v.-88v. Il Savelli, nobile romano, aveva commesso fin dall'adolescenza vari delitti (L. VON PASTOR cit., vol. XI, 1929, p. 630).
27. Così per errore, in luogo di « 1592 ».
28. Originale in ASR, vol. 15, cc. 99v.-100r.
29. Originale in ASR, vol. 15, c. 100r.-v. « Utozzi » è storpiatura del Ms. per « Vecchi », ch'era notaio e probabilmente non « napolitano » perché Servigliano (« Serviglione » nel Ms.) è nelle Marche; anche « Righello » è da correggere in « Rigella ».
30. Originale in ASR, vol. 15, cc. 111v.-114r. Seguono qui nel Ms., per erronea trasposizione, i regesti relativi a Marcantonio Massimi e alla famiglia Cenci (giugno-settembre 1599), che restituisco al dovuto ordine cronologico.
31. Questa notazione e le undici che seguono non trovano riscontro in ASR per la perdita del registro relativo agli anni 1593-1598 (15 antico); questa prima vi occupava la c. 9; la Rubrica (p. 457) registra: « Tartaro capitano Onofrio e Tartaro Bernardino da Monte Falco, impiccati a Ponte. 1593 ».

[26]. 1593. A dì 20 agosto 1593 furono giustitiati Giovanni Stuniga da Seranzar e Marco de Tussi, frate, con cinque altri, tutti appiccati e sepolti nel cemeterio della Compagnia [32]. [430v.]

[27]. 1593. A dì primo ottobre 1593 fu appiccato in Ponte il sacerdote Alessandro Cioschi da Supino [33].

[28]. 1593. A dì 22 ottobre 1593 Antonio Benozzi fiorentino, accoppato, fu squartato in Ponte [34].

[29]. 1593. A dì 12 dicembre 1593 Prospero Grifoni romano, doppo essersi ben disposto, fece molti lasci e fu decapitato in Ponte. A ore 22 fu levato e portato in S. Orsola e, d'ordine di monsignor Governatore, consignato a' parenti, e fu sepolto nella Minerva [35]. [431r.]

[30]. 1594. A dì 22 aprile 1594 fu impiccato Luigi Perez de Roa spagnuolo [36].

[31]. 1595. A dì 12 maggio 1595 Mercurio Grillo da Cervetri fu appiccato in piazza Giudea [37].

[32]. 1596. Francesco Pichio a dì 20 settembre 1596, da Cantalupo, notaro, fu condotto in Ponte sopra carretto e ivi appiccato [38].

[33]. 1596. A dì 6 agosto 1596 Sebastiano d'Andrea Ancarani da Spoleto e il cavalier fra Gesualdo, suo fratello carnale, furono consegnati alla nostra Compagnia. Sebastiano nel principio si stentò a ridurlo, mostrando grand'ostinatione, che però furono chiamati due padri Capuccini e pregati gli altri padri a pregare per il detto condannato, colli quali poscia si dispose sì l'uno come l'altro, sebene [431v.] il cavaliere sin dal principio si mostrò molto facile; si communicorno con buona dispositione [39] e alle 10 ore fu condotto il detto Sebastiano nel cortile delle carceri, accompagnato da'

32. L'originale era in ASGD, vol. 15, c. 16; la Rubrica (pp. 440 e 457) registra: « Stuniga Giovanni da Siracusa, impiccato a Ponte. 1593 »; « Tussi (de) Marco, da Savignano, frate, impiccato a Ponte. 1593 ». Il compilatore omise sulle prime questo regesto e rimediò poi, inserendolo dopo il n. [30].
33. L'originale era in ASGD, vol. 15, c. 25; la Rubrica (p. 128) registra: « Ciocchi Alessandro, da Supino, prete, impiccato a Ponte. 1593 ». Il compilatore assegna questa notazione e la seguente al 1583, ma la successione in seno al suo elenco, la paginazione del registro originale e le indicazioni della Rubrica rendono certa l'emendazione.
34. Il compilatore collocò questa notazione subito dopo quella del 12 dicembre 1593, ma con la data «1583». Dato che il nome del Benozzi manca nella Rubrica, l'emendazione è solo congetturale; si avverta tuttavia che il 16 ottobre 1583 si ebbe l'esecuzione di «Pietro de Montoia spagnuolo» e il 30 ottobre quella di «Antonio Mancinello, Francesco Mutos e Hieronimo di Cola» (ASR, vol. 12, cc. 120-121; vol. 13, cc. 77-78); il 22 ottobre 1583 non furono giustiziati né il Benozzi, né altri.
35. L'originale era in ASGD, vol. 15, c. 27; la Rubrica (p. 259) registra: « Grifoni Prospero, romano, decapitato a Ponte e sotterrato alla Minerva. 1593 ».
36. L'originale era in ASGD, vol. 15, c. 51; la Rubrica (p. 390) registra: « Perez Luigi, spagnolo, impiccato alla Traspontina. 1594 ». La data erronea del 1584, vergata dal compilatore, può essere corretta con sicurezza (cfr. la nota 33).
37. L'originale era in ASGD, vol. 15, c. 106; la Rubrica (p. 259) registra: « Grilli Mercurio da Cervetri, impiccato in Piazza Giudea. 1955 ».
38. L'originale era in ASGD, vol. 15, c. 157; la Rubrica (p. 391) registra: « Picchio Francesco da Cantalupo, notaro, impiccato a Ponte. 1596 ».
39. « si communicorono con buona dispositione » è ripetuto per errore.

confortatori, e qui li fu tagliata la testa. Doppo nel medemo modo e nel medemo luogo fu tagliata la testa al cavaliere e detto il *Miserere*. Li corpi [40] de' condennati furono portati dalla giustitia in Ponte in due cataletti fatti per ciò portare dal nostro facchino nelle carceri, e con 4 torcie furono lasciati nel solito luogo della giustitia. Ad ore 19 vennero alcuni, mandati da' parenti de' giustiziati, con mandato di monsignor Governatore che si levassero i corpi di Ponte e se li concedessero, come fu fatto con loro ricevuta, e furono portati a san Gregorio, dove andorno i sagrestani per i vestiti, e gl'ebbero [41].

[34]. 1596. A dì 17 agosto 1596 furono consegnati alla Compagnia l'illustrissimo signor Oratio di Federico Conti romano, fratello carnale dell'illustrissimo signor Camillo Conti duca di Carpineto, e il Ulivieri [432r.] Saracinello da Orvieto, li quali si disposero assai bene. Alle ore 9 il detto signor Oratio, condotto dalla corte nel cortile de' prigioni, fu decapitato [con] il signor Oliverio. A ore 16 furono levati i loro capi da Ponte per ordine di monsignor Governatore di Roma e portati in S. Orsola; doppo dett'ordine pure di detto monsignor Governatore, pure furono consegnati i corpi a' parenti; quello del signor Oliviere fu sepolto nell'Aracaeli e quello del signor Oratio a San Gregorio, e da tutti due si ebbero i panni [42].

[35]. 1597. A dì 9 maggio 1597 Francesco Barberini da... impiccato a Ponte [43].

[36]. 1598. A dì 15 aprile 1598 capitan Giovanni Calcalara da Camerino si dispose cristianamente; fu appiccato in Ponte [44]. [429r.]

[37]. 1599. A dì 16 giugno 1599 il signore Marc'Antonio Massimi, nobile romano, in Torre di Nona chiede la benedittione da Sua [429v.] Santità, e il mastro di Camera con biglietto gl'avvisa la concessione con altro etc.; si dispone benissimo, e a ore 11 condotto in Ponte e tagliatagli la testa, poi sopra un palco squartato. A ore 18 vien ordine che sii levato e consegnato a' parenti, che lo sepelirno in San Lorenzo in Damaso [45].

[38]. 1599. A dì 10 settembre 1599 il signor Giacomo Cenci e il signor Bernardo Cenci, figli del *quondam* signore Francesco Cenci, esistenti pri-

40. Il Ms. per errore: « cordi ».
41. L'originale era in ASGD, vol. 15, c. 181; la Rubrica (p. 11) registra: « Ancaiano Sebastiano e cavaliere fra Farraldo [*sic*] suo fratello, da Spoleto, decapitati nel cortile delle Carceri e poi esposti in Ponte e seppelliti in S. Gregorio. 1596 ».
42. L'originale era in ASGD, vol. 15, c. 183; la Rubrica (pp. 129 e 440) registra: « Conti signor Orazio, romano, decapitato nel cortile delle Carceri e poi esposto a Ponte, e fu sepolto in S. Gregorio »; « Saracinelli signor Olivieri, d'Orvieto, decapitato nel cortile delle Carceri e poi esposto a Ponte e seppellito in Aracaeli. 1596 ».
43. Manca il riscontro nella Rubrica, forse per scrupolo reverenziale; la lacuna è nel Ms. Un Francesco Barberini, protonotario apostolico e referendario di entrambe le Segnature, intorno al 1585 ospitò in casa propria il giovane nipote Maffeo, destinato alla tiara col nome di Urbano VIII (L. von Pastor cit., vol. XIII, 1931, p. 246).
44. L'originale era in ASGD, vol. 15, c. 259; la Rubrica (p. 129) registra: « Calcalara capitano Giovanni, da Camerino, impiccato a Ponte. 1598 ».
45. Originale in ASR, vol. 16, cc. 51r-53v. Marcantonio Massimi, dopo aver assassinato, insieme ai tre fratelli, la giovane matrigna, aveva anche avvelenato il fratello maggiore Luca per farsi capo del casato (L. von Pastor cit., vol. XI, 1929, p. 630).

gioni nelle carceri di Torre di Nona, si dispongono e confermano con la volontà di Dio, danno la pace ad un tal Emilio come nominato nella querela dell'omicidio del signor Rocco lor fratello. Doppo giunse alle carceri il signor Tranquillo, sustituto del Fiscale, che portò nuova al signor Bernardo, che Nostro Signore li aveva fatta gratia della vita, ma che doveva esser condotto in Ponte ad assistere alla morte del signore Giacomo e degl'altri. Nelle carceri di Corte Savella l'istessa [430r.] sera furono consegnate alla nostra Compagnia la signora Beatrice Cenci, figlia del *quondam* Francesco Cenci, e la signora Lucretia Petronij, moglie del *quondam* Francesco Cenci, che anche loro si disposero benissimo e fecero alcuni lasci. A ore 11 si communicò una, e doppo fino all'ora d'andare al patibulo si esercitorno in opere e attioni meritorie. A ore 15½ in circa da' ministri della giustitia furono cavati da Torre di Nona il signor Giacomo e signore Bernardino, e il signor Giacomo fu posto sopra un carro e condotto per Roma e attenagliato, e il signore Bernardo sopra un altro carro, ma senza lesione [46], accompagnato però da' nostri fratelli ma senza tavoletta [47], poiché non doveva morire; e arrivati a corte Savella, si fermò la corte con le carozze; e dette signore Lucretia e Beatrice furono cavate di carcere e condotte in Ponte a piedi avanti alle dette carozze, accompagnati tutti dalla nostra Compagnia secondo il solito. Arrivati in Ponte, a dette due signore Lucretia e Beatrice fu tagliata la testa e Giacomo su lo stesso palco fu accoppato e squartato, tutti continuando [430v.] in buona cristiana dispositione. Il detto signor Bernardo stette sempre sopra il detto palco. A ore 20 il corpo della signora Beatrice fu concesso alla Compagnia delle Stimmate di S. Francesco e portato con molt'onore processionalmente a San Pietro Montorio. Il corpo della signora Lucretia fu concesso a' suoi parenti, che il sepelirono a S. Gregorio. Quello del signor Giacomo fu portato alla nostra Chiesa e poi dato a' parenti, che lo sepelirno a San Tomaso al Monte Cenci [48]. *Quorum animae per misericordiam Dei requiescant in pace.* [432r.]

[39]. 1602. A dì 18 gennaro 1602 chiamati con segretezza alle carceri di Torre di Nona e poi inviati in Castello Sant'Angelo, dove in cappella li fu consegnato il signor Prospero Gaetano [49], che [432v.] si dispose con buonissimi sentimenti. A ore 13½ fu condotto da' ministri nel cortile da basso, vicino al pozzo, accompagnato da confortatori e cappellano, al quale chiese che per penitenza gli imponesse che accettasse volontieri la morte; e doppo, recitando il *Te Deum* e replicando il santo nome di Giesù, fu decapitato. Il corpo da' ministri della corte fu portato in Ponte e ad ore

---

46. Senza tormento di tenaglie.
47. La tavoletta dipinta con scene edificanti, che si mostrava al condannato condotto al patibolo per indurlo a pentimento (D. ORANO cit., p. VIII).
48. Originale in ASR, vol. 16, cc. 65v.-68r. Sul processo dei Cenci cfr. L. VON PASTOR cit., vol. XI, 1929, pp. 625-629.
49. Della famiglia illustre dei Caetani.

20, d'ordine di monsignor Governatore, fu da 30 de' nostri levato e, doppo, consegnato a' parenti, che lo sepelirno ad Aracaeli [50].

[40]. 1603. A dì 31 gennaro 1603 Marc'Antonio Albrizi romano, che lui proprio volse servire la messa, fu appiccato in Ponte [51].

[41]. 1604. A dì 30 gennaro 1604 fu fatto intendere che [52] andassero fino a sei de' nostri segretamente in Torre di Nona, di dove fu ordinato si andasse in Castello Sant'Angelo, dove, arrivati nella cappella di sopra, li fu consegnato l'illustrissimo signor Onofrio Santacroce, barone romano, il quale ad ore 13 fu da' ministri di giustitia menato nel cortile del [433r.] Castello d'abbasso, accompagnato da' nostri confortatori, perseverando in buona dispositione, e quivi li fu tagliata la testa; e detto il salmo e l'orationi solite, si ritornò in detta cappella a spogliarsi; ad ore 14 fu da' ministri di giustitia fatto portare il suo corpo in Ponte e ad ore 16 fu per ordine di monsignor Governatore levato e portato [53] a Sant'Orsola, di dove a 2 ore di notte con molt'onore fu portato da fraterie alla Madonna della Scala [54].

[42]. 1605. A dì 2 settembre 1605 in Torre di Nona il signor Giovan Battista Piccinardo cremonese fu decapitato in Ponte et ad ore 20, d'ordine di monsignor Governatore, fu levato e consegnato a' parenti, che lo sepelirono alla Trinità de Monte [55].

[43]. 1606. A dì 29 settembre 1606 fu appiccato in Ponte Bonifacio Falconieri, nativo di Trevi [56].

[44]. 1607. A dì 13 agosto 1607 in Torre di Nona il signor Carlo Vitelli, gentiluomo romano, doppo esser stato lungo tempo ostinato in una sua opinione [433v.] stravagante, cioè che il tempo breve datoli dalla corte non li bastasse a fare una buona confessione, come aveva di bisogno, stante massime che allora si trovava tutto alterato per la nuova della morte, finalmente alle 7 ore della notte incirca si risolvé confessarsi dal

---

50. Originale in ASR, vol. 16, cc. 191v.-192r.

51. Questa notazione e le nove che seguono non trovano riscontro in ASR per la perdita dei registri relativi agli anni 1602-1607 (n. 17 antico) e 1608-1612 (n. 18 antico). L'originale della presente era in ASGD, vol. 17, c. 20; la Rubrica (p. 12) registra: « Albrizzi Marcantonio, romano, impiccato a Ponte. 1603 ».

52. Il Ms. ripete « che » per errore.

53. Il Ms. per errore « portasi ».

54. L'originale era in ASGD, vol. 17, c. 58; la Rubrica (pp. 440-441) registra: « Santa Croce signor Onofrio, romano, decapitato nel Castel S. Angelo di notte e poi esposto a Ponte per due ore. 1604 ». Il Santacroce era stato condannato come istigatore del matricidio per motivo di lucro compiuto dal fratello Paolo, che s'era messo in salvo con la fuga; cfr. F. ISOLDI, Processo e morte del marchese Onofrio Santacroce ecc., « Studi storici », XIX, 1910, pp. 227-236. Nella stessa Miscell. Arm. III, 8 dell'Archivio Segreto Vaticano (cc. 341-348) si conserva una « Relatione della giustitia fatta di Onofrio Santacroce ».

55. L'originale era in ASGD, vol. 17, c. 124; la Rubrica (p. 392) registra: « Piccinardo signor Giovan Battista, cremonese, decapitato a Ponte e sepolto nella Trinità de' Monti. 1605 ». Il condannato era reo di aver scritto una Vita di Clemente VIII nella quale il pontefice defunto pochi mesi avanti veniva paragonato a Tiberio (cfr. L. VON PASTOR cit., vol. XII, 1930, p. 61).

56. L'originale era in ASGD, vol. 17, c. 132; la Rubrica (p. 230) registra: « Falconieri Bonifazio da Trevi, impiccato a Ponte. 1606 ».

nostro cappellano e poi chiese il santissimo sagramento, che li fu dato, e il ricevé con molta divotione. Finita la messa e già facendosi giorno, i ministri della giustitia erano in ordine per menar abasso il detto signor Carlo per eseguire la sentenza, ma il detto dommandò in gratia di poter disporre di alcune sue cose, e li fu concesso. Sendo ormai vicino alle 9 ore, il detto signore Carlo dalli ministri della giustitia fu menato a basso nel cortile di Torre di Nona, accompagnato sempre dalli nostri confortatori con buoni e santi ricordi, e quivi, doppo aver il detto cercato d'allungar la vita sotto varij e diversi pretesti, nel che diede [434r.] pochissima edificatione alli fratelli della Compagnia et ad altri che vi si trovorno presenti, finalmente li fu tagliata la testa e i confortatori, ritornati in cappella, si licentiorno. Ad ore 10 fu da' ministri della giustitia fatto portare il suo corpo in Ponte, dove stette per spatio di due o 3 ore; di poi, ad istanza de' parenti, per ordine di monsignor Governatore, il detto corpo fu levato di Ponte e portato alla chiesa di San Celso, dove, presentitosi questo dalla nostra Compagnia, come cosa che era in pregiuditio di essa, avendo i privilegij chiari de' sommi Pontefici che tutti li corpi de' giustitiati si prevengano a lei, si ricorse da monsignor Governatore predetto, il quale ordinò a' preti di San Celso che restituissero detto corpo alla nostra Compagnia; e così, radunati buon numero de fratelli nell'Oratorio della Pietà; e la sera stessa fu consegnato a' parenti, che il portorno a sotterrare nella [434v.] chiesa di San Marcello [57].

[45]. 1609. A dì 12 maggio 1609 Lelio Cenci romano, bastardo, per tosare di monete condotto per Roma con collana di testoni tosati, in Ponte fu poi impiccato [58].

[46]. 1609. A dì 9 decembre 1609 furono consegnati alla nostra Compagnia il signor Giovan Alfonso Lignaro, senatore bolognese, il signor Tarquinio Trissino vicentino; il signor Giovan Alfonso [fu] decapitato nel cortile di Torre di Nona e al signor Tarquinio all'apparire del giorno fu tagliata la testa in Ponte [59].

[47]. 1611. A dì 11 marzo 1611 Ridolfino de' Ridolfini da Narni, notaro falsario, doppo esser stato un pezzo renitente a disporsi alla volontà di Dio, e però chiamati due Capuccini, finalmente si convertì; e poi fu in Ponte appiccato [60].

---

57. L'originale era in ASGD, vol. 17, c. 213; la Rubrica (p. 230) registra: « Vitelli signor Carlo, gentiluomo romano, decapitato nel cortile delle Carceri e poi esposto a Ponte. 1607 ».
58. L'originale era in ASGD, vol. 18, c. 85; la Rubrica (p. 131) registra: « Cenci Lelio, romano, bastardo, impiccato a Ponte per tosatore di monete. 1609 ».
59. L'originale era in ASGD, vol. 18, a carte imprecisate; infatti la Rubrica (p. 458) registra un « Trissino signor Tarquinio, vicentino, decapitato a Ponte », ma con la data del 1614 e il rinvio al vol. 19 (antico), c. 78, cioè ricalcando per errore la scheda contigua di un tal « Tribonio di Niccolò da S. Britio (Spoleto) ». Quanto a Giovan Alfonso Lignaro, la Rubrica lo omette del tutto, sicché il rinvio esatto manca per entrambi. Il compilatore scrisse « Tussino » per « Trissino ».
60. L'originale era in ASGD, vol. 18, c. 171; la Rubrica (pp. 421-422) registra: « Ridolfini Ridolfino, notaro, da Narni, impiccato per falsità fatte. 1611 ».

[48]. 1611. A dì 17 luglio 1611 al capitan Gherardo Gherardatio da Recanati fu tagliata la testa in Ponte, il corpo fu poi [435r.] consegnato a' parenti e paesani, che lo sepelirno in Sant'Eustachio [61].

[49]. 1611. A dì 25 settembre 1611 fu decapitato il signore Guglielmo Rebul, francese, nel cortile delle carceri di Torre di Nona [62].

[50]. 1614. A dì 26 agosto 1614 fu decapitato il signor Roberto Fedeli da Rimini nel cortile di Torre di Nona e doppo il suo corpo fu portato in Ponte, da dove di poi fu portato alla Chiesa Nuova, ove fu sepolto [63].

[51]. 1615. A dì 7 agosto 1615 il signor Martio Maceri romano fu decapitato nel cortile delle carceri di Torre di Nona, e poi il corpo portato in Ponte, dove stette fino alle 22 ore. Indi fu levato dalla nostra Compagnia e sepolto in San Giovanni Decollato, vicino all'altar grande, in una cassa fatta fare dal nostro padre guardiano [64]. [435v.]

[52]. 1617. A dì 5 novembre 1617 furono decapitati per furti in Ponte Sebastiano, figlio del *quondam* Sebastiano Stampini bolognese, e Giuseppe Leria, figlio del *quondam* Vespasiano da Gravina, decapitati come sopra [65].

[53]. 1618. A dì 3 luglio 1618 il signor Giovan Francesco, figlio di Marc'Antonio Garzoni, venetiano, fu ad ore otto cavato da cappella e condotto nel cortile di Torre di Nona; ivi fu decapitato, invocando sul ceppo più volte il nome di Giesù; fu cantato privatamente il *Miserere* e subito il cadavero, posto sopra un cataletto, fu portato privatamente nella nostra Chiesa dal nostro Proveditore, senza sacco, che lo fece porre nell'oratorio serrato a chiave. Doppo fu fatto fare una cassa, nella quale postovi il detto cadavere, fu sepolto nelle sepolture a man manca, vicino all'altar maggiore, sì come io intesi [66]. [436r.]

[54]. 1623. A dì 21 giugno 1623 fu decapitato nel cortile di Torre di Nona don Antonio Montenegro per libelli famosi, e sepolto a S. Giovanni Decollato [67].

[55]. 1628. A dì 22 settembre 1628 a Benedetto Chiaravalle d'Amelia li fu tagliata la testa nella piazza di Ponte, e sepolto nella sepoltura della chiesa in San Giovanni Decollato [68].

---

61. L'originale era in ASGD, vol. 18, c. 183; la Rubrica (p. 263) registra: « Gerarduzio capitano Gerardo, da Recanati, decapitato a Ponte e sepolto in S. Eustacchio. 1611 ».
62. L'originale era in ASGD, vol. 18, col. 197; la Rubrica (p. 422) registra: « Robul signor Guglielmo, francese, decapitato nel cortile delle Carceri e poi esposto a Ponte e sepolto nella Trinità de' Monti. 1611 ».
63. Originale in ASR, vol. 17, cc. 66v.-68r. Il Fedeli era reo di aver composto « libelli famosi in materia del Papa e de' cardinali »; cfr. F. CERASOLI, *Diario di cose romane degli anni 1614, 1615, 1616*, « Studi e documenti di storia e diritto », XV, 1894, p. 279.
64. Originale in ASR, vol. 17, cc. 106v.-107v.
65. Originale in ASR, vol. 17, cc. 203v.-205r.; mentre i due venivano decapitati, si procedette anche all'impiccagione di Giulio Lorenzini da Bologna, Marcantonio Jorio da Matera e Cesare Portigliano da Pisa.
66. Originale in ASR, vol. 17, cc. 237v.-239r.
67. L'originale era in ASGD, vol. 20, c. 130; la Rubrica (p. 312) registra: « Montenegro Antonio decapitato nel cortile delle Carceri e poi esposto a Ponte per libelli famosi. 1623 ». Il vol. 20 antico (anni 1621-1625) è perduto.
68. Originale in ASR, vol. 18, c. 140r.-v.

[56]. 1634. A dì 11 luglio 1634 Scipione Leoni d'Anagni, dottore di legge, fu condannato ad essere appiccato per aver acclamato mentre era preso e ritenuto dalli sbirri vicino al palazzo dell'Ambasciatore di Francia[69], come seguì. Stette lungo tempo dolendosi del suo caso, e poi si dispose[70].

[57]. 1634. A dì 11 agosto 1634 Marc'Antonio Lenzi bolognese, condannato [436v.] ad esser appiccato per diversi furti. Stette per lo spatio d'un'ora con grandissimo timore e tremore e sbattimento di denti, senza potere o voler dire parola; finalmente si dispose[71].

[58]. 1634. A dì 19 novembre 1634 fu condannato Giovanni Marcellino da Fabriano ad esser decapitato nella piazza di Ponte per ferite date di suo mandato e alla sua presenza etc. e per esser andato di notte sotto nome di corte[72]. I parenti fecero istanza per aver il corpo e chiesero l'ordine a monsignor Governatore. Ma perché da monsignore fu fatta difficoltà, il nostro padre guardiano, col parere d'alcuni fratelli, ordinò si sotterrasse in San Giovanni della nostra Natione, e le spese tutte le fecero i di lui parenti[73].

[59]. 1635. A dì 22 aprile 1635 Giacinto Centini del quondam Giovanni da Ascoli, [437r.] condannato dal sant'Uffitio per crimen laesae maiestatis divinae et humanae ad essergli tagliata la testa in Campo di Fiore, e per il medemo delitto fra Diego, figlio di Giuseppe Guaglioni da Palermo dell'ordine de' Minori Osservanti, fra Bernardino da Montalto eremita e fra Cherubino del quondam Rafaello Serafini d'Ancona, dell'ordine de' Minori Osservanti, furono anche chiamati per esser abbrugiati e appiccati in Campo di Fiore. Tutti si disposero benissimo[74]. Il detto signore Giacinto fu sepolto nella nostra chiesa in una cassa vicino all'altar maggiore[75].

---

69. Cioè, presso Palazzo Farnese. Ambasciatore di Francia era allora il marchese François de Noailles (1584-1645), giunto a Roma il 15 aprile 1634 per sostituire l'ambasciatore straordinario e maresciallo di Francia Charles de Créqui, che lasciò la città l'8 luglio, giusto in tempo per non assistere a quell'esecuzione.

70. Questa notazione e le sei seguenti non trovano riscontro in ASR, perché il vol. 22 antico (anni 1632-1637) è andato perduto. L'originale era in ASGD, vol. 22, c. 156; la Rubrica (p. 284) registra: «Leoni Scipione, dottore di leggi e notaro, da Anagni, impiccato a Ponte per aver gridato aiuto mentre era preso dai sbirri vicino al palazzo dell'Ambasciatore di Francia, e fattosi liberare. 1634».

71. L'originale era in ASGD, vol. 22, c. 160; la Rubrica (p. 285) registra: «Lenzi Marc'Antonio, bolognese, impiccato a Ponte per ladro».

72. Cioè, facendosi passare per sbirro.

73. L'originale era in ASGD, vol. 22, c. 173; la Rubrica (p. 265) registra: «Giovanni Marcellino, capitano, da Fabriano, decapitato a Ponte per ferite date di suo mandato ed in sua presenza. Fu sepolto in S. Giovanni de' Fiorentini. 1634». Il compilatore assegna questa notazione al 1630, ma la successione in seno al suo elenco, la data attestata dalla Rubrica e la paginazione del registro originale rendono certa l'emendazione.

74. Nella stessa Miscell. Arm. III, 8 dell'Archivio Segreto Vaticano (cc. 229-233) si conserva una «Relatione del processo del Santo Uffizio contro Giacinto Centino al tempo di papa Urbano».

75. L'originale era in ASGD, vol. 22, c. 169 (forse da leggere: 189); la Rubrica registra: «Serafini fra Cherubino d'Ancona, minore osservante, impiccato e bruciato in Campo di Fiore per sentenza del S. Ofizio per delitto di lesa maestà divina e umana» (p. 442); «Giavaloni fra Diego di Palermo, minore osservante, impiccato e bruciato in Campo

[60]. 1635. Monsignor Giovan Giacomo Amadei, venetiano, fu condannato ad essergli tagliata la testa per molte truffe e per omicidio seguito in persona di Giovanni Gogi mercante e per aver tenuto e letto molte [437v.] scritture malediche. Si dispose benissimo, e seguì la giustitia nelle medeme prigioni di Torre di Nona. Doppo il corpo fu portato in un cataletto in Ponte, dove statici un'ora e mezza, venne ordine di levarlo, come fu fatto, e portato a Sant'Orsola; la sera ad un'ora di notte fu portato a S. Giovanni Decollato, ove fu sepolto nella tomba della chiesa vicino all'altar maggiore [76].

[61]. 1636. A dì 30 novembre 1636 l'illustrissimo signor marchese Francesco Manzoli, condannato ad essergli tagliata la testa all'aurora nel cortile delle Carceri per libelli famosi, mostrò molto senso della morte, fece con molt'esattezza alcuni ricordi e si dispose con patienza. Li ricordi li sottoscrisse egli medemo con le seguenti formali parole: «Francesco Manzoli, l'ultimo giorno di mia vita infelice». Fu sepolto nella nostra chiesa [77].

[62]. 1637. A dì 26 marzo 1637 Giovan Battista d'Antonio Masotti bergamasco fu condannato ad esserli tagliata la testa in Ponte per aver portato il terzarolo carico per Roma, e doppo morte ad esserli anche posto il detto terzarolo alli piedi. Si dolse fortemente del suo miserabile stato, ma [438r.] finalmente si dispose, massime sentendo doversegli tagliar la testa [78]. Alle 23 ore fu condotto in Ponte et eseguita la sentenza; doppo portato in S. Orsola e fatte l'esequie, fu consegnato a' parenti, che lo fecero sepelire in S. Giovanni della nostra Natione [79].

di Fiore per delitto di lesa maestà divina e umana» (p. 265); «Centini Giacinto da Ascoli, decapitato in Campo di Fiore per sentenza del S. Offizio *pro crimine lesae maiestatis divinae et humanae*» (p. 133); cfr. D. ORANO cit., p. 119. Giacinto Centini era nipote del cardinal Felice Centini (c. 1570-1641), ch'era stato anch'egli minorita e aveva avuto la porpora da Paolo V nel 1611; alla insaputa dello zio, ma sperando di aprirgli la via alla tiara, prese a tramare la morte di Urbano VIII in combutta con gli eremitani Diego «Gucciolone» e Bernardino da Montalto, l'agostiniano Domenico Zancone di Fermo, il minorita Cherubino Serafini; tra il 1633 e il '35 vennero posti in atto più volte attentati superstiziosi alla vita del Papa attraverso malìe e sortilegi; infine lo Zancone si assicurò l'impunità denunciando il complotto all'Inquisizione. Cfr. M. ROSI, *La congiura di G. Centini contro Urbano VIII*, «Archivio della Società romana di storia patria», XXII, 1899, pp. 347-370; L. VON PASTOR cit., vol. XIII, 1931, p. 622. Il Serafini era riuscito a evadere dal carcere, ma venne ben presto catturato daccapo a Foligno (L. AMABILE, *Fra T. Campanella ne' Castelli di Napoli* ecc., Napoli, 1887, vol. I, pp. 496-497).

76. L'originale era in ASGD, vol. 22, c. 197; la Rubrica (p. 14) registra: «Amadei rev. Iacopo, veneziano, decapitato nelle Carceri ed esposto a Ponte per truffe e scritture malediche. 1635 ».

77. L'originale era in ASGD, vol. 22, c. 256; la Rubrica (p. 313) registra: «Manzoli signor marchese Francesco, decapitato all'aurora nel cortile delle Carceri e poi esposto a piè del Campidoglio. 1636 ».

78. Trattato, cioè, come un gentiluomo, non impiccato come un plebeo.

79. L'originale era in ASGD, vol. 22, c. 276; la Rubrica (p. 313) registra: «Masotti Giovan Battista, da Bergamo, decapitato a Ponte per aver portato un terzarolo carico per Roma. 1637 ». Il terzaruolo era una sorta di archibugio corto o pistolone.

[63]. 1639. A dì 10 gennaro 1639 Giovan Battista Robutti romano per cappeggiatore fu condannato ad essere decapitato in Ponte sopra un palco; si dispose benissimo, e il di lui cadavere fu sepolto alla Minerva [80].

[64]. 1639. A dì detto Alessandro Magnifico da Velletri, pure per capeggiatore, fu condannato ad esserli tagliata la testa in Ponte, e fu sepolto nelle nostre tombe [81].

[65]. 1639. A dì 3 agosto 1639 Carlo di Filippo Filippi di Ancona e il chierico Andrea Filippi, suo fratello carnale, furono condennati, il primo, per esser scannato e squartato, e il secondo, come chierico, esser appiccato, per aver ammazzato e rubbato due corteggiane. Si disposero benissimo [82].

[66]. 1642. A dì 9 settembre 1642 il signor Alessandro Brandagli d'Arezzo fu condannato ad esser decapitato nelle carceri per tosatore di monete; fu sepolto nella nostra chiesa presso l'altar maggiore [83].

[67]. 1648. A dì 21 settembre 1648 il capitan Cesare Guadagnulli Codronchi, abitante in Imola, [438v.] fu condannato ad esserli tagliata la testa in Ponte per aver participato e procurato l'omicidio commesso in Imola, di notte, nella persona di Santi Verdiani e Sabatina sua moglie, osti, con fuga da queste carceri, con male arti e per confugio al palazzo di persona grande. Si dispose benissimo. Fu portato alle 22 ore alla nostra chiesa e sepolto nella tomba vicino all'altar grande [84].

[68]. 1648. A dì 6 novembre 1648 Francesco Antonio del *quondam* Giuseppe Angelini e Onofrio di Giulio Antonelli da Leonessa furono condennati ad esserli tagliata la testa in Ponte per omicidij proditorij commessi in persona del chierico e dottor Carlo et Agostino de' Mongalli, per delatione d'archibugietto, e il secondo per omicidio di Francesco Argesio, sacerdote, e fuga dalle carceri e confugio. Si disposero benissimo; furono decapitati e alle 22 ore portati a sepelire e posti nella tomba vicino all'altar maggiore [85].

80. L'originale era in ASGD, vol. 23, c. 66 (volume corrispondente all'odierno n. 19 in ASR, che è però mutilo delle cc. 1-108); la Rubrica (p. 423) registra: « Robutti Giovan Battista, romano, decapitato a Ponte per cappeggiatore e seppellito alla Minerva. 1639 ». Cappeggiatore vale letteralmente « ladro di cappe », tagliaborse.
81. Complice del precedente e menzionato anch'egli nel vol. 23, c. 66; la Rubrica (p. 313) registra: « Magnifico Alessandro da Velletri, decapitato a Ponte per cappeggiatore. 1639 ».
82. L'originale era in ASGD, vol. 23, c. 92; la Rubrica (p. 232) registra: « Filippi Carlo e Filippi Andrea suo fratello, d'Ancona, impiccato a Ponte per avere scannato due meretrici e per furti sacrileghi. 1639 », tacendo che l'Andrea era chierico.
83. Originale in ASR, vol. 19, cc. 282v.-284v.
84. Questa notazione, e le nove che seguono, non trovano riscontro in ASR per la perdita dei volumi antichi 25 (anni 1646-1650), 26 (anni 1651-1657) e 27 (anni 1657-1664). L'originale era in ASGD, vol. 25, c. 168; la Rubrica (p. 134) registra: « Codronchi capitan Cesare, da Imola, decapitato a Ponte per partecipazione d'omicidio. 1648 ».
85. L'originale era in ASGD, vol. 25, c. 180; la Rubrica (p. 15) registra: « Angelini Francesco Onofrio e Antonelli Onofrio, ambedue da Leonessa, impiccati a Ponte per più omicidii proditorii e grassazioni. 1648 ».

[69]. 1649. A dì 3 gennaro 1649 Giovan Camillo Zacchegna, romano, per delitto di lesa maestà commesso contro la persona dell'illustrissimo e reverendissimo monsignor Pallavicino, chierico di camera e prefetto dell'Annona [86], fu condannato ad esser decapitato in Ponte ad esempio [439r.] degl'altri, acciò non commettano tali delitti. Si dispose benissimo, pregò che si chiedesse perdono a suo nome a detto monsignor Pallavicino. Alle 20 ore fu condotto al patibulo, et il detto condannato porse prontamente, avanti d'uscire dalle carceri, le mani al mastro per legarle di dietro. Fu in Ponte eseguita la giustitia, perseverando fino al fine in ottima dispositione; alle 22 ore fu portato alla nostra chiesa il cadavero e lasciato con 2 candele sotto le loggie, aspettando li frati del Popolo, li quali vennero poco doppo e lo sepelirno nella loro chiesa [87].

[70]. 1650. A dì 9 febraro 1650 Camillo, figlio del *quondam* Lutio Colonna romano, condannato ad esser decapitato nel cortile delle carceri in Torre di Nona avanti giorno e il cadavero portato in Ponte per aver con uomini armati di nottetempo preso li denari [88] ad un pizzicarolo a Monti. Si dispose benissimo e fu seguita, conseguente il mandato, la giustitia; il corpo fu portato con 2 torcie in Ponte e vi fu esposto alle 12 ore; e d'ordine de' superiori levato [439v.] dalla nostra Compagnia alle 13 e posto in S. Orsola, dove tutto quel giorno stette ritirato in sagrestia; e fattoli fare una cassa, vi fu messo dentro e la sera, senza lumi e senza accompagnatura, fu dal beccamorto portato a S. Giovanni Decollato e sepolto nella sepoltura de' gentiluomini vicino all'altar grande [89].

[71]. 1652. A dì 15 aprile 1652 monsignor Francesco Canonici, detto Mascambruno, datario di Nostro Signore Innocenzo X e canonico di San Pietro, fu condannato ad esserli tagliata la testa nel cortile di Torre di Nona e poi il corpo portato in Ponte, per molte gravi falsità e altri delitti, come nella sentenza. Fu degradato in S. Salvatore in Lauro; all'Ave Maria fu consegnato a' nostri confortatori; si dispose benissimo, fece molte attestationi e memorie, disse solo alla sfuggita parenti aver avuto gran persecutione. Alle 11 ore fu decapitato, perseverando in buon proposito. A ore 16 fu levato di Ponte dalla nostra Compagnia e, portato in Sant'Orsola, [440r.] fu posto in una cassa e la sera portato alla chiesa di San Giovanni Decollato [90].

---

86. Lazzaro Pallavicini (1603-1680) di Genova, già prefetto dell'Annona in Roma, ebbe la porpora da Clemente IX il 29 novembre 1669.
87. L'originale era in ASGD, vol. 25, c. 192; la Rubrica (p. 541) registra: « Zaccagna Giovan Cammillo, romano, decapitato a Ponte per delitto di lesa maestà, e fu sepolto alla Madonna del Popolo. 1649 ».
88. Il Ms. per errore: « tenari ».
89. L'originale era in ASGD, vol. 25, c. 264; la Rubrica (p. 135) registra: « Colonna signor Cammillo, romano, decapitato nel cortile delle Carceri avanti giorno e poi esposto a Ponte per furti commessi con violenza e uomini armati. 1650 ».
90. L'originale era in ASGD, vol. 26, c. 94; la Rubrica (p. 135) registra: « Canonici Francesco, detto monsignor Mascambruno, sotto-datario del Papa, degradato il giorno avanti in S. Salvadore in Lauro, decapitato nelle Carceri e poi esposto a Ponte. 1652 ». Francesco Canonici, sotto-datario di Innocenzo X, uomo acuto e negoziatore abilis-

[72]. 1656. A dì 28 luglio 1656 capitan Domenico Mestri napolitano fu condannato ad esser appiccato a Ripa Grande per aver partecipato in condurre malamente da Roma a Napoli l'alfier Francesco Camosa e consegnatolo in potere della corte regia. Si dispose prontamente. Eseguita che fu la giustitia, la Compagnia andò a spogliarsi nell'oratorio della Madonna dell'Orto, dove il giorno si radunò; e fu sepolto sotto le loggie etc. [91].

[73]. 1657. A dì 8 gennaro 1657 Flaminio Paciani fu condannato ad esser decapitato sopra un palco incontro all'Arco di Portogallo per aver [92] aperte case infette chiuse per occasione della sanità e per aver liberato gente serrata in quelle avanti il tempo, senza rescritto della Congregatione della Sanità e senza ordine del prelato, per mezzo di danaro, o per non aver fatto rinchiudere alcuni che per detta occasione si dovevano chiudere, per danaro. Si dispose prontamente; [440v.] fu condotto [93] al patibolo alle 17 ore in carozza senza cielo e senza bandinelle [94], in mezzo a due confortatori, andando avanti alla nostra Compagnia un trombetta che publicava la causa della pena. Ivi decapitato, continuando sempre in buona dispositione, e i nostri furono a spogliarsi a S. Biagio a Monte Citorio. Fu doppo portato nella nostra chiesa e fu sepolto nella sepoltura de' nobili avanti l'altar maggiore [95].

[74]. 1657. A dì 6 maggio 1657 Giovanni Pecch francese per monetario falso fu condannato ad esser appiccato in Ponte. Vien fatta attestatione che egli è gentiluomo della città di Biscen. Il nostro proveditore, stante ciò, chiede licenza di poterlo far levare di Ponte, eseguita la giustitia: che gratiosamente li vien concessa, e doppo mezz'ora tornò la Compagnia a levarlo di Ponte e, fattogli l'essequie in Sant'Orsola, fu la sera portato alla nostra chiesa, dove fu posto in una delle sepolture [96].

[75]. 1657. Giovanni del *quondam* Sebastiano Pocovena a dì 8 giugno 1657 fu condannato ad esserli tagliata la testa per omicidio commesso con qualità proditoria et assassino. Fu condotto per Roma in una ca-

simo, approfittò della fiducia del papà per fargli firmare documenti falsificati; lo perdettero l'avversione dell'intrigante Olimpia Pamphili e l'ascesa al cardinalato di Fabio Chigi, il futuro Alessandro VII, che gli era avverso e lo aveva denunciato al papa (L. VON PASTOR cit., vol. XIV, parte I, 1932, pp. 35-36).

91. L'originale era in ASGD, vol. 26, c. 312; la Rubrica (p. 315) registra: « Mestri capitano Domenico, napolitano, impiccato a Ripa Grande per avere consegnato uno in potere della corte regia. 1656 ». Dovette trattarsi di una estradizione abusiva alla volta di Napoli, eseguita con la forza.

92. Il Ms. ripete per errore: « aver ». L'Arco di Portogallo sorgeva sul Corso, presso l'odierno largo Goldoni.

93. Il Ms. ripete per errore: « prontamente fu condotto ».

94. Cioè, su un carro scoperto, senza tettuccio né tendine.

95. L'originale era in ASGD, vol. 26, c. 339; la Rubrica (p. 396) registra: « Pariani Flaminio decapitato incontro all'Arco di Portogallo per avere aperte case infette e liberata gente serrata in esse. 1657 ».

96. L'originale era in ASGD, vol. 27, c. 1; la Rubrica (p. 396) registra: « Pecch Giovanni, francese, impiccato per monetario falso e sepolto in nostra chiesa perché era di famiglia nobile. 1657 ».

rozza e in Ponte decapitato d'un decano [97] [441*r.*] del collegio de' mazzieri di Nostro Signore; et ad istanza de' detti mazzieri, fatta la gran premura al nostro proveditore, fu sepelito in una tomba di chiesa [98].

[76]. 1659. A dì 5 ottobre 1659 Rosato Rosati da Buon Marzo per omicidio proditorio et assassino in persona di Ascanio Loia fu condannato ad esser amazzolato e scannato sopra un palco in Campo di Fiore. Mostrò grandissima timidità; in fine si dispose benissimo [99].

[77]. 1665. A dì 27 marzo 1665 Nicolò Teobaldo da Verdun, provincia di Lorena, *alias* Monsù Tibò, per falsificatore di brevi apostolici fu condannato prima ad esser condotto in caretta per i luoghi soliti e poi in Ponte apiccato e poi brugiato. Si dispose benissimo, e disse essere in età d'anni 26 [100].

[78]. 1666. A dì 8 giugno 1666 Giovanni Tomasini da Cosignano, dottore in medicina, condannato in contumacia ad esserli tagliata la testa nella piazza di Ponte per omicidio pensatamente commesso da lui nel mese di aprile 1661 in persona del dottor Gidio da Montefiore, medico nella terra di Cossignano sudetta. Questo fu [441*v.*] ostinatissimo, e il suo caso si è notato altrove; in fine si ridusse e fu sepelito sotto le loggie della nostra chiesa [101].

[79]. 1670. A dì 13 giugno 1670 Giulio Cesare di Domenico Antonio Pellegrino da Sora, confesso d'omicidio con latrocinio in persona di Carlo di Girolamo Perugino vignarolo, fu condannato ad esser decapitato sopra un palco in Ponte. Si dispose con sensi di grandissima edificatione e fu detto che, per esser egli nipote *ex sorore* della tanto veneranda memoria del cardinal Cesare Baronio [102], fosse decapitato, meritando il delitto pena maggiore, con i compagni. Fu sepolto nelle tombe solite [103].

[80]. 1671. A dì 6 giugno 1671 Francesco Maria di Lorenzo dell'Alessandri da Monte Santo Pietro, contado di Bologna, sotto li 16 aprile del detto anno venne da Bologna; fu condannato ad esser mazzolato, squartato e scannato respettivamente in Ponte, e il capo esposto in una gabia di ferro

97. Per errore del compilatore sembrerebbe che il «decano» fosse l'esecutore della decapitazione, mentre era la vittima che ricopriva quella dignità.
98. L'originale era in ASGD, vol. 27, c. 4; la Rubrica (p. 396) registra: «Pocavena Giovanni, decano de' mazzieri del Papa, decapitato a Ponte, e Pocavena Antonio, impiccato a Ponte: ambedue per omicidio e assassinio. 1657».
99. L'originale era in ASGD, vol. 27, c. 105; la Rubrica (p. 423) registra: «Rosati Rosato, da Bomarzo, mazzolato per omicidio proditorio e rubamento. 1659».
100. Originale in ASR, vol. 20, pp. 22-27. Questo «monsieur Nicolas Thibault» aveva tracciato sulle pareti della cella curiose iscrizioni divote, che il verbale non manca di trascrivere.
101. Originale in ASR, vol. 20, pp. 130-138. Cossignano e Montefiore dell'Aso sono piccoli centri delle Marche tra Ascoli e Fermo. Per il suo delitto il Tommasini era stato condannato in contumacia, a Montalto, fin dal 4 luglio 1661.
102. Secondo G. CALENZIO (*La vita e gli scritti del card. C. Baronio*, Roma, 1907, p. 8) i genitori del Baronio «fuori di questo figliuolo non ebbero altra prole».
103. L'originale era in ASGD, vol. 28, pp. 573 segg.; tale volume è oggi il n. 20 di ASR, ma è mutilo, tra l'altro, delle pp. 331-624. La Rubrica (p. 397) registra: «Pellegrino Giulio da Sora, decapitato a Ponte per omicidio con latrocinio. 1670».

a Ponte Molle, che oggi anche si vede, per mandato di monsignor Governatore e del signor Andrea Alberetti, luogotenente criminale di detto monsignore. La causa fu un omicidio commesso per denari in Roma con sparo di pistola alla persona di Guido Pobien, me-[442r.]-dico. Fu condotto su la carretta per Roma e alla Sapienza, dove aveva commesso il delitto, si fermò per qualche spatio la carretta. Fece giro molto lungo, perché passò ancora per Campo di Fiore, per piazza Navona e pel Corso; e si dispose benissimo [104].

104. Originale in ASR, vol. 20, pp. 704-709. La data va corretta in « 5 » giugno.

INDICI

INDICE DELLE PERSONE CITATE

INDICE DEL VOLUME

Stampato dalla
Tipografia Torinese
Stabilimento Poligrafico S.p.A.
Torino - Novembre 1974